Juristische ExamensKlausuren

For further volumes:
www.springer.com/series/3939

Bernd-Dieter Meier • Sarah Noetzel

Fallsammlung
zum Sanktionenrecht

Professor Dr. Bernd-Dieter Meier
Sarah Noetzel
Universität Hannover
Juristische Fakultät
Lehrstuhl für Strafrecht, Strafprozessrecht
und Kriminologie
Königsworther Platz 1
30167 Hannover
meier@jura.uni-hannover.de
sarah@noetzel24.de

ISSN 0944-3762
ISBN 978-3-540-89073-7   e-ISBN 978-3-540-89074-4
DOI 10.1007/978-3-540-89074-4
Springer Dordrecht Heidelberg London New York

Die Deutsche Nationalbibliothek verzeichnet diese Publikation in der Deutschen Nationalbibliografie; detaillierte bibliografische Daten sind im Internet über http://dnb.d-nb.de abrufbar.

© Springer-Verlag Berlin Heidelberg 2009
Dieses Werk ist urheberrechtlich geschützt. Die dadurch begründeten Rechte, insbesondere die der Übersetzung, des Nachdrucks, des Vortrags, der Entnahme von Abbildungen und Tabellen, der Funksendung, der Mikroverfilmung oder der Vervielfältigung auf anderen Wegen und der Speicherung in Datenverarbeitungsanlagen, bleiben, auch bei nur auszugsweiser Verwertung, vorbehalten. Eine Vervielfältigung dieses Werkes oder von Teilen dieses Werkes ist auch im Einzelfall nur in den Grenzen der gesetzlichen Bestimmungen des Urheberrechtsgesetzes der Bundesrepublik Deutschland vom 9. September 1965 in der jeweils geltenden Fassung zulässig. Sie ist grundsätzlich vergütungspflichtig. Zuwiderhandlungen unterliegen den Strafbestimmungen des Urheberrechtsgesetzes.
Die Wiedergabe von Gebrauchsnamen, Handelsnamen, Warenbezeichnungen usw. in diesem Werk berechtigt auch ohne besondere Kennzeichnung nicht zu der Annahme, dass solche Namen im Sinne der Warenzeichen- und Markenschutz-Gesetzgebung als frei zu betrachten wären und daher von jedermann benutzt werden dürften.

Einbandentwurf: WMXDesign GmbH, Heidelberg

Gedruckt auf säurefreiem Papier

Springer ist Teil der Fachverlagsgruppe Springer Science+Business Media (www.springer.com)

Vorwort

Soweit in den universitären Vorlesungen das Recht der strafrechtlichen Sanktionen behandelt wird, stehen meist die Sanktionskategorien, die mit ihnen verfolgten Ziele, die Strafzumessungstheorien und die Ergebnisse der empirischen Sanktionsforschung im Mittelpunkt. Das Sanktionsrecht bleibt bei dieser Herangehensweise für die Studierenden oft eine nur schwer verständliche Materie, die zwar abstrakt gelernt und beherrscht werden kann, deren Bedeutung für die praktische Strafverfolgung sich ihnen aber nicht erschließt. Die Grundidee der vorliegenden Fallsammlung ist es, diese Problematik dadurch aufzufangen, dass die aus den dogmatischen Fächern bekannte Falllösungstechnik übernommen und auf sanktionsrechtliche Fragestellungen übertragen wird. Indem für ausgewählte Fälle der in der Praxis einzuschlagende Lösungsweg dargestellt wird, sollen die Grundstrukturen des strafrechtlichen Sanktionssystems und das Ineinandergreifen der einzelnen Regelungskomplexe anschaulich und in ihrer praktischen Bedeutung besser verständlich gemacht werden.

Die Fallsammlung verfolgt einen dezidiert praxisorientierten Ansatz. Viele an der Universität relevante Streitfragen werden nicht behandelt, wenn sie für die Lösung eines konkreten Falls aus der Sicht der Praxis nicht ernsthaft zu erörtern sind. Ausgeglichen wird dieses gewollte Theoriedefizit dadurch, dass die sanktionsrechtlichen Fragen in der Regel in einen prozessualen Kontext eingebettet werden. Gefragt wird beispielsweise: Welches Strafmaß soll der Verteidiger fordern? Welche Anträge soll der Staatsanwalt stellen? Wie ist der Urteilstenor zu fassen? Hätte eine Revision Aussicht auf Erfolg? Die Beschäftigung mit der Fallsammlung setzt dementsprechend nicht nur sanktionsrechtliches Wissen, sondern auch vertiefte Kenntnisse im Prozessrecht voraus. Das wirkt auf den ersten Blick vielleicht schwierig, ist aber – so hoffen wir jedenfalls – ein geeigneter Weg, um die praktische Bedeutung des Sanktionsrechts für die Strafverfolgung klarer hervortreten zu lassen.

Die 12 Fälle sind überwiegend aus der jüngeren höchstrichterlichen Rechtsprechung entnommen. Mit einem kurzen Einleitungstext versuchen wir, auf die Problematik des jeweiligen Falls hinzuweisen und ggf. auf einen weitergehenden Kontext aufmerksam zu machen. Die Aufgaben können in der angegebenen oder einer ähnlichen Form in Klausuren und Hausarbeiten gestellt werden, die in den kriminalwissenschaftlichen Schwerpunkten anzufertigen sind; sie können aber auch zur Vorbereitung auf die mündlichen Prüfungen herangezogen werden. Die Fälle haben einen unterschiedlichen Schwierigkeitsgrad, der aus der Kennzeichnung mit ein bis drei Sternchen (*) hervorgeht. Bei längeren Textpassagen sind wichtige Begriffe durch Fettdruck hervorgehoben. Das ausführliche Sachverzeichnis erleichtert das Auffinden spezieller Fragestellungen; Querverweise ermöglichen den

Vergleich zwischen den einzelnen Aufgaben. Als Vertiefung kann für sämtliche Fälle auf das ebenfalls im Springer-Verlag erschienene Lehrbuch *Strafrechtliche Sanktionen* verwiesen werden; die einschlägigen Stellen im Lehrbuch werden bei jedem Fall genannt.

Für die Unterstützung bei der Erstellung der Fallsammlung bedanken wir uns bei dem gesamten Lehrstuhlteam, namentlich bei Frau *Nina Poltrock* für die Entwicklung des Falls zum Umgang mit wiederholt Auffälligen. Besonders bedanken möchten wir uns aber vor allem bei Frau Richterin *Anne Homuth* und Frau Staatsanwältin *Bernadette Pape*, die uns mit ihren kritischen Anmerkungen und vielen nützlichen Tipps zur Seite gestanden haben. Die Verantwortung für das Werk tragen wir indes allein; wir freuen uns über jeden weiterführenden Hinweis an meier@jura.uni-hannover.de

Hannover und Dortmund, März 2009

Bernd-Dieter Meier
Sarah Noetzel

Inhaltsverzeichnis

Abkürzungen IX

Fall 1 (*) Der Abend am See 1
Strafzumessung nach der Spielraumtheorie - Modalitäten der Tatbestandsverwirklichung - nicht angeklagte Taten - Abschreckungserwägungen - Gesamtstrafenbildung

Fall 2 (*) Ein teures Schnäppchen 11
Vor- und Nachtatverhalten - Bemessung der Geldstrafe nach dem Tagessatzsystem - nachträgliche Gesamtstrafenbildung - Zahlungserleichterungen - Ersatzfreiheitsstrafe

Fall 3 (*) Tools and more 29
Einspruch gegen den Strafbefehl - Beschränkung auf die Rechtsfolgen - Bemessung der Geldstrafe nach dem Tagessatzsystem - Bestimmung der Anzahl der Tagessätze - Berechnung der Tagessatzhöhe

Fall 4 (**) Dieser Weg wird kein leichter sein 43
Vorstrafen - kurze Freiheitsstrafe - erheblich verminderte Schuldfähigkeit bei Suchtmittelabhängigkeit - Gesamtstrafenbildung - Strafaussetzung zur Bewährung - Legalprognose bei Suchtmittelabhängigkeit

Fall 5 (***) Zwei ungleiche Ganoven 61
Strafzumessung bei mehreren Tatbeteiligten - Indizwirkung der Regelbeispiele - Strafaussetzung zur Bewährung - Vorgehensweise bei der Erstellung einer Legalprognose - Nebenentscheidungen im Bewährungsbeschluss

Fall 6 (**) Eine verhängnisvolle Autofahrt 87
Strafzumessung bei Fahrlässigkeit - Wahl zwischen Geld- und Freiheitsstrafe - Strafaussetzung zur Bewährung - Verteidigung der Rechtsordnung - Entziehung der Fahrerlaubnis - Sperrfristbemessung

Fall 7 (***) Eifersucht ist eine Leidenschaft... 109
Zusammentreffen von Milderungsgründen - erheblich verminderte Schuldfähigkeit und Strafrahmenverschiebung bei Alkoholisierung - Voraussetzungen des Täter-Opfer-Ausgleichs

Fall 8 (**) Spiel mit dem Feuer 127
Erheblich verminderte Schuldfähigkeit bei Persönlichkeitsstörung - doppelte Strafrahmenmilderung - Gesamtstrafenbildung - Unterbringung im psychiatrischen Krankenhaus

Fall 9 (**) Wiederholt auffällig 145
Fehlender Strafantrag - Vorstrafen - Gesamtstrafenbildung - Unterbringung in der Sicherungsverwahrung - Widerruf der Strafaussetzung zur Bewährung

Fall 10 (**) Vorsicht besser als Nachsicht? 165
Nachträgliche Anordnung der Sicherungsverwahrung - neue Tatsachen - Gefährlichkeitsprognose - Hang zu erheblichen Straftaten - prozessuale Voraussetzungen

Fall 11 (**) Wenn der Fernsehmechaniker zweimal klingelt 179
Revisibilität der Strafzumessungsentscheidung - Begründung der Strafzumessung im Urteil - unvertretbar niedriges Strafmaß - Beschränkung der Revision auf die Rechtsfolgen

Fall 12 (***) Rache ist süß 199
Revisionsbegründungsfrist - Begründung der Strafzumessung im Urteil - Begründungsfehler - Entscheidungsmöglichkeiten des Revisionsgerichts - Erfolg des Rechtsmittels im Kostenrecht

Literatur 217

Sachverzeichnis 219

Abkürzungen

a.F.	alte Fassung
AG	Amtsgericht
Alt.	Alternative
BAK	Blutalkoholkonzentration
BGB	Bürgerliches Gesetzbuch
BGH	Bundesgerichtshof
BGHR	BGH-Rechtsprechung Strafsachen, hrsg. von den Richtern des Bundesgerichtshofs
BGHSt	Entscheidungen des Bundesgerichtshofs in Strafsachen
BRAO	Bundesrechtsanwaltsordnung
BT-Drucks.	Bundestagsdrucksache
BtMG	Betäubungsmittelgesetz
BVerfG	Bundesverfassungsgericht
BVerfGE	Entscheidungen des Bundesverfassungsgerichts
BZRG	Bundeszentralregistergesetz
EGStGB	Einführungsgesetz zum Strafgesetzbuch
EGMR	Europäischer Gerichtshof für Menschenrechte
EMRK	Europäische Konvention zum Schutz der Menschenrechte und Grundfreiheiten
GA	Goltdammmer´s Archiv für Strafrecht
GG	Grundgesetz
GKG	Gerichtskostengesetz
GS	Großer Senat für Strafsachen
GVG	Gerichtsverfassungsgesetz
HK-GS/*Bearbeiter*	Handkommentar Gesamtes Strafrecht, hrsg. von *Dölling/Duttge/Rössner*
h.M.	herrschende Meinung
i.S.	im Sinne
i.V.m.	in Verbindung mit
JGG	Jugendgerichtsgesetz
JR	Juristische Rundschau
JuMoG	Justizmodernisierungsgesetz
JuS	Juristische Schulung
KK StPO-*Bearbeiter*	Karlsruher Kommentar zur Strafprozessordnung, hrsg. von *Hannich*
KV	Kostenverzeichnis

LG	Landgericht
LK-*Bearbeiter*	Strafgesetzbuch. Leipziger Kommentar, hrsg. von *Laufhütte/Rissing-van Saan/Tiedemann*
LR-*Bearbeiter*	Löwe-Rosenberg. Strafprozessordnung und Gerichtsverfassungsgesetz
MDR	Monatsschrift für deutsches Recht
MüKo-*Bearbeiter*	Münchener Kommentar zum Strafgesetzbuch, hrsg. von *v. Heintschel-Heinegg*
NJW	Neue Juristische Wochenschrift
NK StGB-*Bearbeiter*	Nomos Kommentar Strafgesetzbuch, hrsg. von *Kindhäuser/Neumann/Paeffgen*
Nr.	Nummer
NStZ	Neue Zeitschrift für Strafrecht
NStZ-RR	NStZ-Rechtsprechungs-Report Strafrecht
NZV	Neue Zeitschrift für Verkehrsrecht
OLG	Oberlandesgericht
RGSt	Entscheidungen des Reichsgerichts in Strafsachen
RiStBV	Richtlinien für das Strafverfahren und das Bußgeldverfahren
Rn.	Randnummer
RVG	Rechtsanwaltsvergütungsgesetz
SK StGB-Bearbeiter	Systematischer Kommentar zum Strafgesetzbuch, von *Rudolphi u.a.*
SK StPO-Bearbeiter	Systematischer Kommentar zur Strafprozessordnung, von *Rudolphi u.a.*
S/S-*Bearbeiter*	Schönke/Schröder, Strafgesetzbuch, Kommentar
StGB	Strafgesetzbuch
StraFo	Strafverteidiger Forum
StrRG	Strafrechtsreformgesetz
StPO	Strafprozessordnung
StV	Strafverteidiger
StVG	Straßenverkehrsgesetz
StVO	Straßenverkehrsordnung
StVollzG	Strafvollzugsgesetz
VO	Verordnung
VRS	Verkehrsrechtssammlung
VV	Verwaltungsvorschriften
wistra	Zeitschrift für Wirtschafts- und Steuerstrafrecht
ZPO	Zivilprozessordnung

Fall 1 (*)

Der Abend am See

Strafzumessung nach der Spielraumtheorie – Modalitäten der Tatbestandsverwirklichung – nicht angeklagte Taten – Abschreckungserwägungen – Gesamtstrafenbildung

Sachverhalt

Die vor der großen Strafkammer des Landgerichts K durchgeführte Beweisaufnahme hat Folgendes ergeben:[1]

Am späten Abend des 4.8.2006 fuhr der angeklagte A mit der ihm flüchtig bekannten O zu einem abseits der Straße gelegenen See. Das dortige Gelände war zu dieser Zeit menschenleer. Nachdem er sich zunächst – wie zuvor angekündigt – mit O lediglich unterhalten hatte, drückte er sie plötzlich gewaltsam auf den Boden, entkleidete sie und setzte sich auf die Brust der sich heftig wehrenden O. Zuerst versuchte A vergeblich, O zum Oralverkehr zu zwingen. Anschließend sagte er, um sie gefügig zu machen und ihr Schreien zu unterbinden: „Wenn du nicht das Maul hältst, schlag ich dich." Sodann führte er sein Glied (ohne dass es zum Samenerguss kam) ungeschützt in ihre Scheide ein. Dann ließ A vorerst von O ab.

Nachdem sie sich wieder angekleidet hatte, lief O zu dem Fahrzeug des A, um ihre Handtasche zu holen und sodann fortzulaufen. A, der erneut den Entschluss gefasst hatte, unter Ausnutzung der einsamen Lage den Geschlechtsverkehr mit O auszuführen, folgte ihr und drang in das Fahrzeug ein, in das O geflüchtet war. Dort zog er die sich heftig wehrende O aus und führte sein Glied erneut ungeschützt in ihre Scheide ein, und zwar bis kurz vor dem Samenerguss, der außerhalb ihres Körpers erfolgte.

A ist ein 28 Jahre alter Versicherungsangestellter. Er ist ledig und hat keine Kinder. In der Hauptverhandlung hat A ein umfassendes Geständnis abgelegt und bekundet, dass ihm das Geschehene leid tue. Er hat angegeben, im früheren Verlauf des Abends in einer Diskothek vergeblich versucht zu haben, eine ehemalige

---

[1] Fall in Anlehnung an BGH NStZ 1999, 505; erstmals veröffentlicht in *Coester-Waltjen* u.a. (Hrsg.), Jura Sonderheft Examensklausurenkurs, 3. Aufl., Berlin: de Gruyter, 2008, S. 69-72, Wiederabdruck mit freundlicher Genehmigung des Verlags.

Freundin zum Geschlechtsverkehr zu überreden. Verärgert über seinen Misserfolg habe er den Plan gefasst, den Geschlechtsverkehr mit O durchzuführen und sich dabei, falls seine Annäherungsversuche wieder scheitern sollten, über ihren Willen hinwegzusetzen.

O ist 17 Jahre alt und geht noch zu Schule. In ihrer Vernehmung hat sie angegeben, dass sie vor allem bei dem zweiten Vorgang Todesangst empfunden habe und danach völlig am Boden zerstört gewesen sei.

Die weitere Beweisaufnahme hat ergeben, dass der nicht an Alkohol gewöhnte A zur Tatzeit erheblich alkoholisiert war; die Blutalkoholkonzentration betrug 1,4 ‰. Der Bundeszentralregisterauszug des A weist zwei frühere Verurteilungen wegen vorsätzlicher Körperverletzung auf; die Bewährungszeit der letzten Strafe (6 Monate Freiheitsstrafe) ist einen Monat vor der Tat abgelaufen.

Aufgabe

Zur Vorbereitung seines Plädoyers bittet Sie V, der Verteidiger des A, um eine kurze Stellungnahme zur Strafbarkeit des A sowie um ein ausführliches Gutachten zum Strafmaß, mit dem A zu rechnen hat. Schöpfen Sie den Strafzumessungssachverhalt hierfür soweit wie möglich aus und machen Sie deutlich, ob und warum die für relevant erachteten Strafzumessungstatsachen A belasten oder entlasten. Gehen Sie dabei auch auf die folgenden Punkte ein:

- Darf das Gericht berücksichtigen, dass die Staatsanwaltschaft von der Verfolgung der Straftat nach § 316 StGB gem. § 154 StPO abgesehen hat?
- Darf das Gericht die Straffe besonders hart bemessen, um andere Männer von vergleichbaren Taten abzuschrecken?

Schließen Sie Ihr Gutachten mit einem Vorschlag, welches Strafmaß V fordern soll.

Lösung

Der vergleichsweise einfache Fall dient der Einführung in die Grundlagen der Strafzumessung. Von einem Bearbeiter wird erwartet, dass für den Antrag zum Strafmaß eine strukturierte Begründung entwickelt wird. Die Begründung muss sich soweit wie möglich an den gesetzlichen Grundlagen des Strafzumessungsrechts orientieren, in erster Linie also an § 46 StGB und dem gesetzlichen Strafrahmen. Für die Einordnung des Falls in den Strafrahmen sind die Grundsätze heranzuziehen, die die höchstrichterliche Rechtsprechung für die Strafzumessung entwickelt hat (namentlich BGHSt 7, 28 [32]; 20, 264 [266 f.]). Danach muss innerhalb des Strafrahmens nach dem wesentlich engeren Schuldrahmen gefragt werden, innerhalb dessen die Strafe unter Ausschöpfung des gesamten strafzumessungsrelevanten Sachverhalts gefunden werden muss. Diese unter der Bezeichnung „Spielraumtheorie" bekannte Vorgehensweise ist im akademischen Schrifttum nicht unumstritten; in der Praxis gibt es hierzu jedoch keine Alternative.

Lehrbuch: Teil 4, Abschnitt 1 bis 9 (S. 140-225)

I. Strafbarkeit des A

Indem A versuchte, die sich heftig wehrende O zum Oralverkehr zu zwingen, hat er eine versuchte Vergewaltigung nach § 177 Abs. 1, Abs. 2 Satz 2 Nr. 1, §§ 22, 23 Abs. 1 StGB begangen. Er hat Gewalt angewandt und die besondere Lage des abseits gelegenen Sees ausgenutzt, um O zur Vornahme sexueller Handlungen zu nötigen, wobei der angestrebte Oralverkehr mit einem Eindringen in den Körper der O verbunden sein sollte. Die versuchte Vergewaltigung ist in eine vollendete Vergewaltigung nach § 177 Abs. 1, Abs. 2 Satz 2 Nr. 1 StGB übergegangen, indem A der O zusätzlich mit Schlägen drohte und sie zur Duldung des Vaginalverkehrs zwang. Da bei der versuchten und der vollendeten Vergewaltigung dieselbe Zwangslage ausgenutzt wurde, liegt nur eine Tat nach § 177 Abs. 1, Abs. 2 StGB vor.[2]

Indem A die O kurze Zeit später im Fahrzeug erneut zur Duldung des Vaginalverkehrs zwang, hat er eine zweite vollendete Vergewaltigung nach § 177 Abs. 1, Abs. 2 Satz 2 Nr. 1 StGB begangen. Unabhängig davon, ob die vorangegangene Gewaltanwendung als konkludente Drohung mit weiterer Gewalt zu verstehen war, hat A hier jedenfalls die schutzlose Lage ausgenutzt, in der sich O befand, und damit jedenfalls die Tatbestandsvariante des § 177 Abs. 1 Nr. 3 StGB erfüllt. Eine Zusammenfassung der ersten und der zweiten Vergewaltigung zu einer natürlichen Handlungseinheit i.S. des § 52 StGB kommt trotz des engen räumlichen und zeitlichen Zusammenhangs nicht in Betracht; das Ankleiden und Fortlaufen bilden ebenso eine Zäsur wie die Feststellung des Gerichts, dass A „erneut" den

---

[2] BGH NJW 1999, 1041 (1042); S/S-*Lenckner/Perron/Eisele*, § 177 Rn. 28; *Fischer*, § 177 Rn. 99.

Entschluss zur Tat gefasst habe.[3] Die beiden Tatbestandsverwirklichungen stehen daher im Verhältnis der Tatmehrheit (§ 53 StGB) zueinander.

II. Gutachten zum Strafmaß

1. Strafmaß für die erste Vergewaltigung

a) Strafrahmen[4]

Der Regelstrafrahmen für die Vergewaltigung beträgt 2 Jahre bis 15 Jahre Freiheitsstrafe (§ 177 Abs. 2, § 38 Abs. 2 StGB). Zu prüfen ist die Möglichkeit einer **Strafrahmenverschiebung nach §§ 21, 49 Abs. 1 StGB**, weil A zur Tatzeit erheblich alkoholisiert war. Hierfür müssen zwei Voraussetzungen vorliegen: Die Schuldfähigkeit muss erheblich vermindert gewesen sein und es dürfen keine Umstände vorliegen, die der nur fakultativ in Betracht kommenden Strafrahmenverschiebung entgegenstehen.

Die erste Voraussetzung ist **nicht schematisch** allein **anhand** der **Blutalkoholkonzentration** zu beurteilen (etwa in dem Sinn, dass § 21 StGB erst ab einer BAK von mehr als 2,0 ‰ in Betracht kommt[5]), sondern auf der Grundlage einer Gesamtwürdigung sämtlicher psychodiagnostischer Beurteilungskriterien, die einen Rückschluss auf die Schuldfähigkeit zur Tatzeit erlauben.[6] Zu berücksichtigen ist in diesem Zusammenhang, dass A nicht an Alkohol gewöhnt war und sich infolge der Zurückweisung durch seine ehemalige Freundin in einer aufgewühlten Stimmung befand. Auf der anderen Seite sprechen gegen eine erhebliche Verminderung der Schuldfähigkeit die fortdauernde Zielorientierung des Handelns an der Durchführung des Geschlechtsverkehrs und die planmäßige Ausführung der Tat (Aussuchen der nur flüchtig bekannten O und Verbringen an den abseits gelegenen See). Da zu weiteren Ausfallerscheinungen keine Feststellungen getroffen wurden, ist deshalb davon auszugehen, dass die Voraussetzungen des § 21 StGB nicht vorliegen. Auf die in der jüngeren Rechtsprechung problematisierte weitere Frage, ob die Strafrahmenverschiebung versagt werden darf, wenn der Täter die Verminderung der Schuldfähigkeit zu verantworten hat[7], braucht damit nicht eingegangen zu werden.

---

[3] BGH NStZ 1999, 505.
[4] Der Aufbau des Gutachtens folgt den Empfehlungen von *Schäfer/Sander/van Gemmeren*, Praxis der Strafzumessung, Rn. 487 ff.
[5] So die frühere Rspr., vgl. BGHSt 37, 231 (233 ff.).
[6] BGHSt 43, 66 (71 ff.); BGH NStZ 2005, 92; *Maatz/Wahl*, in: *Geiß u.a.* (Hrsg.), 50 Jahre Bundesgerichtshof, 2000, 531 ff.; zu den insoweit in Betracht zu ziehenden Umständen genauer *Foerster*, in: *Foerster/Dreßing* (Hrsg.), Psychiatrische Begutachtung, 242 ff.
[7] BGHSt 49, 239 (240 ff.); BGH NJW 2003, 2394; *Verrel/Hoppe* JuS 2005, 308 ff.

b) Schuldrahmen, § 46 Abs. 1 StGB

Nach der in der Praxis maßgeblichen **Spielraumtheorie** ist innerhalb des Strafrahmens der Schuldrahmen zu bilden, der nach unten durch die schon und nach oben durch die noch schuldangemessene Strafe begrenzt wird. Die präventiven Strafzwecke können nur innerhalb der durch den Schuldrahmen gezogenen Grenzen berücksichtigt werden.[8]

Den wichtigsten Anknüpfungspunkt für die Bestimmung des Schuldrahmens bilden die **Modalitäten der Tatbestandsverwirklichung**, bei § 177 StGB also die Art und Schwere der eingesetzten Nötigungsmittel sowie die Art und Schwere der vorgenommenen sexuellen Handlungen. Die gegenüber O angewandte Gewalt war erheblich; indem sich A auf die Brust der O setzte, spielte er seine körperliche Überlegenheit gegenüber O aus. Auch die Drohung mit Schlägen war nicht unerheblich und stellte O in der konkreten Tatsituation, in der A auf ihrer Brust saß, eine fühlbare Misshandlung in Aussicht.[9] Bei den sexuellen Handlungen steht die vollendete Erzwingung des Vaginalverkehrs im Mittelpunkt, die jedoch mangels weiterer Feststellungen zur Intensität des Eindringens und Schmerzhaftigkeit für O nicht eigenständig gewürdigt werden kann. Berücksichtigt werden müssen indes die beiden (gegenläufigen) Umstände, dass A einerseits schuldsteigernd keine Schutzvorkehrungen ergriffen hat,[10] es andererseits aber auch nicht zum Samenerguss kam, was trotz der gleichwohl bestehenden Gefahr von Schwängerung und Infizierung[11] aus der Sicht der Verteidigung positiv festzuhalten ist.[12] Die im Wege der Gesetzeskonkurrenz zurückgetretene versuchte Erzwingung des Oralverkehrs verwirklicht zusätzliches Handlungsunrecht und wirkt schuldsteigernd.[13] Weitere sexuelle Erniedrigungen, die über die vollendete und die versuchte Verwirklichung des Regelbeispiels nach § 177 Abs. 2 Satz 2 Nr. 1 StGB hinausgehen, haben nicht stattgefunden. Über körperliche Verletzungen der O ist nichts bekannt geworden. Von einer tatbedingt ungewöhnlich starken seelischen Erschütterung, die zum Anknüpfungspunkt für eine eigenständige Würdigung gemacht werden könnte, ist nach den Feststellungen des Gerichts ebenfalls nicht auszugehen; O hat angegeben, „vor allem bei dem zweiten Vorgang" Todesangst empfunden und „am Boden zerstört" gewesen zu sein.

O hat zu der Tat keinen Anlass gegeben; für ein schuldminderndes Mitverschulden gibt es keine Anhaltspunkte. Die **Verärgerung über den Misserfolg** bei seiner ehemaligen Freundin entlastet A nicht; sie liefert das Motiv der Tat, aber keinen Grund, der seine Einsichts- und/oder Steuerungsfähigkeit als eingeschränkt erscheinen lässt. Die Verärgerung war eine frustrationsbedingte normale seelische

---

[8] BGHSt 7, 28 (32); 20, 264 (266 f.); *Fischer*, § 46 Rn. 20; *Schäfer/Sander/van Gemmeren*, Praxis der Strafzumessung, Rn. 461 ff.; MüKo-*Radtke*, Vor §§ 38 ff. Rn. 63; NK StGB-*Streng*, § 46 Rn. 101.
[9] Vgl. BGH NStZ 1999, 505; StV 2001, 679 (680).
[10] BGHSt 37, 153 (155 f.); BGH NStZ 1999, 505 f.
[11] Hierauf stellt BGH NStZ 1999, 505 (506) ab.
[12] Vertiefend *Schall/Schirrmacher* Jura 1992, 624 ff.
[13] BGH NJW 1999, 1041 (1042).

Reaktion, die das Maß der Vorwerfbarkeit der Tat nicht berührt. Der Umstand, dass A den Tatentschluss schon geraume Zeit vor der Tat gefasst hatte, erhöht dagegen den Handlungsunwert.

Auch wenn die Voraussetzungen von § 21 StGB nicht vorliegen, schränkt die erhebliche **Alkoholisierung** die Steuerungsfähigkeit ein und wirkt entlastend. Dazu dass A den Tatentschluss schon gefasst hatte, bevor oder während er den Alkohol konsumierte, ist nichts festgestellt worden, auch nicht dazu, dass die Tat für ihn schon zu diesem Zeitpunkt vorhersehbar war. Die Feststellung, dass A nicht an Alkohol gewöhnt war, spricht gegen die Vorhersehbarkeit. Die strafmildernde Berücksichtigung der Alkoholisierung ist daher auch nach den Grundsätzen der neueren Rechtsprechung nicht ausgeschlossen.

Die nicht zur Anklage gebrachte Trunkenheitsfahrt darf dann bei der Strafzumessung verwertet werden, wenn A in der Hauptverhandlung hierauf nach § 265 StPO hingewiesen worden ist.[14] Sie erhöht das Handlungsunrecht der Tat. Die zwei vom Gericht festgestellten **Vorstrafen** erhöhen die Vorwerfbarkeit. Die Vorverurteilungen betrafen einschlägige Taten; zwischen den früheren Körperverletzungen und der Vergewaltigung, die sich nicht nur gegen die sexuelle Selbstbestimmung, sondern auch gegen die körperliche Unversehrtheit der O richtete, besteht ein innerer Zusammenhang. Mangels anderweitiger Feststellungen muss davon ausgegangen werden, dass die Vorverurteilungen A gewarnt und seine Verbotskenntnis geschärft haben.[15] Auch die Kürze des Zeitraums zwischen dem Ablauf der letzten Bewährungszeit und der Vergewaltigung erhöht die Schuld, wenn man sie als Indiz für eine besondere Geringschätzung des Rechts und der von der letzten Verurteilung ausgehenden Warnung deutet.

Auf der anderen Seite begründet das **Geständnis** einen eigenständigen, positiven Handlungs- und, soweit die Beweisaufnahme hierdurch erleichtert wurde, Erfolgswert, der dem Unwert der Tat entgegengestellt werden kann.[16] Die mangels gegenteiliger Anhaltspunkte ernst gemeinte Reue drückt aus, dass sich die Einstellung des A zum Recht gewandelt hat und lässt das Maß der Vorwerfbarkeit der Vergewaltigung geringer erscheinen. Während A seine Vorstrafen bei der Strafzumessung belasten, wird er durch sein im Prozess gezeigtes positives Verhalten begünstigt.

Fazit: Die erste Vergewaltigung weist alle Anzeichen eines Falls auf, wie er „immer wieder" vorkommt. Das Maß der angewandten Gewalt ist durchaus erheblich, aber die Folgen für das Opfer gehen nicht über das Maß dessen hinaus, was bei Vergewaltigungen „üblich" ist. Die Vorstrafen belasten A, die Alkoholisierung und das Geständnis entlasten ihn. Der Fall ist damit als (statistischer) Regelfall einzuordnen, für den die „Einstiegsstelle" unterhalb der Mitte[17], in der Regel im

---

[14] BGHSt 30, 147 (148); 165 (165 f.); *Fischer*, § 46 Rn. 41.
[15] BGHSt 24, 198 (200); S/S-*Stree*, § 46 Rn. 31; MüKo-*Franke*, § 46 Rn. 40; vertiefend *Meier*, Strafrechtliche Sanktionen, 180 f.
[16] *Schäfer/Sander/van Gemmeren*, Praxis der Strafzumessung, Rn. 383 ff.; *Meier*, Strafrechtliche Sanktionen, 195; kritisch S/S-*Stree*, § 46 Rn. 41a.
[17] BGHSt 27, 2 (4 f.); BGH StV 1999, 576 (577); *Fischer*, § 46 Rn. 17.

unteren Drittel des Strafrahmens zu suchen ist.[18] Der für die Tat ermittelte Schuldrahmen braucht nicht benannt zu werden.[19]

c) Überlegungen zur Prävention

Nach der Spielraumtheorie können innerhalb der durch den Schuldrahmen gezogenen Grenzen die präventiven Strafzwecke berücksichtigt werden. Mit Blick auf die Spezialprävention sind dabei zunächst die beiden Vorstrafen zu würdigen. Der Umstand, dass A **Wiederholungstäter** ist, ist Anhaltspunkt für eine erhöhte Rückfallgefahr und damit eine eher ungünstige Prognose. Auch der geringe Grad an sozialer Einbindung (ledig, keine Kinder) deutet auf eine ungünstige Prognose hin. Der Gesichtspunkt des Schutzes vor Wiederholungstaten lässt daher ein Strafmaß angezeigt erscheinen, das sich im oberen Bereich der schuldangemessenen Strafe bewegt. Auf der anderen Seite ist zugunsten von A zu berücksichtigen, dass die Möglichkeiten zur Resozialisierung im Strafvollzug – auch in der Sozialtherapie, in der A die Strafzeit voraussichtlich abbüßen wird (§ 9 StVollzG) – nur begrenzt sind. Der Strafzweck der positiven Spezialprävention spricht deshalb dafür, die Strafe eher am unteren Rand des Schuldrahmens anzusiedeln, da der Gefahr einer noch weitergehenden Entsozialisierung des A nur durch eine möglichst kurz bemessene Strafzeit entgegengewirkt werden kann.[20]

Eine Strafschärfung, um andere Männer von vergleichbaren Taten **abzuschrecken**, kommt nur dann in Betracht, wenn das Gericht eine gemeinschaftsgefährliche Zunahme solcher Taten festgestellt hat.[21] Da insoweit keine Feststellungen getroffen wurden, dürfen in der Strafzumessung keine Erwägungen zur Abschreckung angestellt werden.

d) Zwischenergebnis

Eine Strafe am unteren Rand des Strafrahmens kommt nicht in Betracht, da dieser Bereich für die denkbar leichtesten Fälle von Vergewaltigung reserviert ist[22], wovon angesichts des Ausmaßes der angewandten Gewalt keine Rede sein kann. Da die schuldangemessene Strafe nach der Spielraumtheorie keine punktförmige Größe ist, sondern innerhalb des durch die Schuld gezogenen Rahmens unterschiedlich schwere Strafen zulässig sind, muss A für die erste Vergewaltigung mit einer Freiheitsstrafe rechnen, deren Dauer sich im Bereich zwischen 3 Jahren und 6 Monaten und 6 Jahren bewegt.

---

18 SK StGB-*Horn*, § 46 Rn 87; *Meier*, Strafrechtliche Sanktionen, 207 f.
19 *Schäfer/Sander/van Gemmeren*, Praxis der Strafzumessung, Rn. 812.
20 NK StGB-*Streng*, § 46 Rn. 102; *Streng*, Strafrechtliche Sanktionen, Rn. 484; *Meier*, Strafrechtliche Sanktionen, 198.
21 BGH NStZ 1986, 358; StV 1994, 424; *Fischer*, § 46 Rn. 11.
22 BGHSt 27, 2 (3); BGH NStZ 1984, 117; S/S-*Stree*, Vorbem §§ 38 ff. Rn. 42.

2. Strafmaß für die zweite Vergewaltigung

Die Überlegungen zum Strafmaß für die zweite Vergewaltigung können sich im Wesentlichen an denjenigen für die erste Tat orientieren, allerdings sind zwei Besonderheiten zu beachten. Zum einen war die **Vorgehensweise** bei der zweiten Vergewaltigung eine andere. Zwar hat das Gericht keine Feststellungen dazu getroffen, inwieweit A bei der zweiten Tat körperliche Gewalt angewandt und O bedroht hat. Schuldsteigernd wirkt sich jedoch aus, dass er O gefolgt und in den Pkw eingedrungen ist. A hat damit nicht nur wie im ersten Fall die allgemein schutzlose Lage ausgenutzt, in der sich O am See befand, sondern er ist zur Begehung der Tat überdies in den Raum (Pkw) eingedrungen, in den sich O nach der ersten Tat auf der Suche nach Schutz geflüchtet hatte. Die Art und Weise, in der er die Schutzlosigkeit der O ausgenutzt hat, weist damit einen gegenüber der ersten Tat deutlich erhöhten Handlungsunwert auf. Dem entspricht es, dass das Vorgehen von O im zweiten Fall auch als gravierender empfunden wurde („vor allem bei dem zweiten Vorgang") und bei ihr zu einer ungewöhnlich starken seelischen Erschütterung geführt hat („Todesangst", „völlig am Boden zerstört").

Zum anderen fand die zweite Vergewaltigung in einem engen **räumlichen und zeitlichen Zusammenhang** mit der ersten Tat statt. Zwar ist dieser Umstand in erster Linie bei der Gesamtstrafenbildung zu würdigen (§ 54 Abs. 1 Satz 3 StGB). Die Nähe der ersten Tat kann sich jedoch auch auf das Schuldmaß für die zweite Tat auswirken und damit auch schon bei der Bemessung der Einzelstrafe relevant werden.[23] In seinen Auswirkungen ist dieser Gesichtspunkt allerdings nicht eindeutig: Die Hemmschwelle zur Tat war im zweiten Fall niedriger als im ersten; nachdem A die schutzlose Lage der O bereits zu dem ersten Angriff ausgenutzt hatte, fiel ihm die Überwindung des von O geleisteten Widerstands beim zweiten Mal leichter, so dass die Vorwerfbarkeit geringer ist.[24] Auf der anderen Seite ergibt sich aus dem nahen Zusammenhang ein erhöhtes Handlungsunrecht: Der zweite Angriff erfolgte, als O mit keinen weiteren Angriffen rechnete; O flüchtete nicht sofort, nachdem A von ihr abgelassen hatte, sondern hatte sich wieder angekleidet und holte ihre Handtasche. Der zweite Angriff musste bei ihr den Eindruck entstehen lassen, dass es jetzt keineswegs „nur" noch um die Durchführung des Geschlechtsverkehrs gehe, sondern auch darum, sie zur Verdeckung des ersten Angriffs zu töten. Die Feststellung, dass O bei der zweiten Tat Todesangst empfunden hat, wird erst aus dem engen Zusammenhang mit der ersten Tat plausibel.

Fazit: Angesichts des größeren Handlungsunwerts ist für die zweite Vergewaltigung ein deutlich höheres Strafmaß wahrscheinlich als für die erste Vergewaltigung. A muss für die zweite Vergewaltigung mit einer Freiheitsstrafe rechnen, deren Dauer sich im Bereich zwischen 4 Jahren und 6 Monaten und 7 Jahren bewegt.

---

[23] Umstritten; wie hier *Montenbruck* JZ 1988, 336 f.; a.A. etwa NK StGB-*Frister*, § 54 Rn. 8 m.w.N.

[24] Vgl. BGH StV 1995, 470; *Schäfer/Sander/van Gemmeren*, Praxis der Strafzumessung, Rn. 366; MüKo-*Franke*, § 46 Rn. 36.

3. Gesamtstrafenbildung

Aus den beiden Einzelstrafen ist nach den Grundsätzen des § 54 Abs. 1 Satz 2, Abs. 2 StGB der **Strafrahmen** für die Gesamtstrafe zu bilden. Auszugehen ist von der Einsatzstrafe – hier der Strafe für die zweite Vergewaltigung –, die entsprechend der Schwere von Unrecht und Schuld des Gesamtgeschehens und den sich hierin ausdrückenden Präventionserfordernissen zu verschärfen ist. Das Mindestmaß der Verschärfung liegt bei einem Monat (vgl. § 39 StGB). Die Summe der beiden Einzelstrafen darf nicht erreicht werden (§ 54 Abs. 2 Satz 1 StGB). Bei der Bildung der Gesamtstrafe müssen die Person des Täters und die einzelnen Straftaten zusammenfassend gewürdigt werden (§ 54 Abs. 1 Satz 3 StGB). **Abwägungskriterien** sind vor allem die Zahl der Taten und ihr Zusammenhang, ihre größere oder geringere Selbständigkeit, die Gleichheit oder Verschiedenheit der verletzten Rechtsgüter und der Begehungsweisen sowie das Gesamtgewicht des abgeurteilten Sachverhalts.[25] Bei der Gesamtstrafenbildung muss dem engen zeitlichen, sachlichen und situativen Zusammenhang Rechnung getragen werden, in dem die beiden Vergewaltigungen stehen. Zwischen den Taten liegt zwar eine Zäsur, die durch das Ankleiden und Fortlaufen der O sowie die erneute Entschlussfassung des A gebildet wird. Auf der anderen Seite verging bis zum erneuten Tatentschluss nur wenig Zeit; der Tatablauf war in beiden Fällen sehr ähnlich und der motivatorische Hintergrund derselbe. Beide Vergewaltigungen richteten sich gegen dasselbe Opfer. In diesen Fällen, in denen zwischen den mehreren gegen dasselbe Opfer gerichteten Taten ein enger zeitlicher, sachlicher und situativer Zusammenhang besteht, muss die Erhöhung der Einsatzstrafe nach der Rechtsprechung niedriger ausfallen als in anderen Fällen.[26] A muss daher mit einer Gesamtstrafe rechnen, die sich im unteren Drittel des aus den beiden Einzelstrafen gebildeten Strafrahmens bewegt, konkret: mit einer Gesamtfreiheitsstrafe zwischen 5 und 8 Jahren.[27]

III. Antrag des V zum Strafmaß

Der Vorschlag für das von V zu fordernde Strafmaß muss sich am unteren Rand der aus dem Gutachten folgenden schon schuldangemessenen Strafe bewegen. V sollte in seinem Plädoyer Einzelfreiheitsstrafen von 3 Jahren und 6 Monaten bzw. 4 Jahren und 6 Monaten sowie eine Gesamtfreiheitsstrafe von 5 Jahren fordern.

---

[25] BGHSt 24, 268 (269 f.); *Schäfer/Sander/van Gemmeren*, Praxis der Strafzumessung, Rn. 661 ff.
[26] BGH StV 1993, 302; NStZ 1995, 77; *Schäfer/Sander/van Gemmeren*, Praxis der Strafzumessung, Rn. 662.
[27] Im konkreten Fall hat der BGH die Verurteilung zu einer Gesamtfreiheitsstrafe von 7 Jahren gebilligt.

Fall 2 (*)

Ein teures Schnäppchen

Vor- und Nachtatverhalten – Bemessung der Geldstrafe nach dem Tagessatzsystem – Nachträgliche Gesamtstrafenbildung – Zahlungserleichterungen – Ersatzfreiheitsstrafe

Sachverhalt

Die am 9. Dezember 2008 vor dem Amtsgericht K durchgeführte Beweisaufnahme hat Folgendes ergeben:
 Ende August 2008 verübte die gesondert verfolgte P gemeinsam mit ihrem Lebensgefährten zwei Wohnungseinbruchdiebstähle in K. Im Rahmen der ersten Tat entwendete P unter anderem eine Damenhandtasche der Marke „Louis Vuitton", welche einen Marktpreis von ca. 450 € hat. Beute der zweiten Tat war unter anderem eine Damengeldbörse der Marke „Dolce & Gabbana" mit einem Marktpreis von ca. 150 €. Am 2. September 2008 erwarb die 44 Jahre alte Angeklagte A aus K von ihrer langjährigen Bekannten P die Damenhandtasche der Marke Louis Vuitton zu einem Preis von 100 €. Etwa zwei Wochen später – am 15. September 2008 – erwarb sie außerdem die Damengeldbörse der Marke Dolce & Gabbana zu einem Preis von 50 €. A wusste um den deutlich höheren Marktpreis von Handtasche und Geldbörse. Auch war ihr bekannt, dass P bereits mehrfach wegen Diebstahls vorbestraft war und sich stets in finanziellen Nöten befand. Obgleich sie aufgrund dieser Umstände und verschiedener Andeutungen der P und ihres Lebensgefährten eine illegale Herkunft der Gegenstände zumindest vermutete, zögerte A nicht lange, als P ihr die Handtasche zum Kauf anbot. Den Vorschlag, auch die Geldbörse zu kaufen, machte die Angeklagte am 15. September 2008 von sich aus.
 Im Rahmen der Hauptverhandlung ließ A sich lediglich dahingehend ein, nicht explizit nach der Herkunft der Gegenstände gefragt und von den Einbrüchen somit nichts gewusst zu haben. Ihr sei es darauf angekommen, die von ihr schon lange begehrten Marken-Accessoires günstig zu erwerben, da sie sich diese auf anderem Wege bislang nicht habe leisten können. Die Angeklagte ist unverheiratet und hat eine 19 Jahre alte Tochter, die als ausgelernte Friseurin in einem Friseursalon arbeitet. Aufgrund ihrer eigenen Tätigkeit in einem Schreibwarengeschäft in K stehen A im Monat ca. 1.000 € netto zur Verfügung. Sie ist außerdem seit nun-

mehr zwei Jahren trockene Alkoholikerin. Zur Zeit ihrer akuten Abhängigkeit trat A mehrfach strafrechtlich in Erscheinung. In den Jahren 2004 bis 2006 erfolgten zwei Verurteilungen wegen Trunkenheit im Verkehr und eine weitere wegen Diebstahls geringwertiger Sachen. Die Angeklagte wurde jeweils zu geringen Geldstrafen verurteilt. Am 26. November 2008 erfolgte jedoch eine erneute Verurteilung wegen Trunkenheit im Verkehr. Der Akte zu diesem Verfahren – sie liegt dem nunmehr zuständigen Amtsrichter vor – ist Folgendes zu entnehmen:

Das Amtsgericht K verhängte wegen einer Trunkenheitsfahrt am 10. August 2008 eine Geldstrafe von 50 Tagessätzen zu je 30 €. Außerdem ordnete es gemäß §§ 69, 69a StGB die Entziehung der Fahrerlaubnis sowie die Einziehung des Führerscheins an und verhängte eine Sperrfrist für die Wiedererteilung der Fahrerlaubnis von 6 Monaten. Da sie bereit war, die Konsequenzen ihres einmaligen Rückfalls zu tragen, erklärte die Angeklagte bezüglich dieses Urteils den Verzicht auf Rechtsmittel. Dem schloss sich die Staatsanwaltschaft an. Eine Zahlung der Geldstrafe ist bislang noch nicht erfolgt.

Aufgabe

Der zuständige Amtsrichter R bittet Sie, ein umfassendes Gutachten zu dem in diesem Fall möglichen Urteil anzufertigen. Gehen Sie zunächst kurz auf die Strafbarkeit der Angeklagten ein und nehmen Sie sodann ausführlich Stellung zu dem zu verhängenden Strafmaß. Gehen Sie dabei auch auf die Frage ein, welche Konsequenzen drohen, wenn A zur Zahlung einer ausgeurteilten Geldstrafe nicht in der Lage ist. Schließen Sie Ihr Gutachten mit einem konkreten Tenorierungsvorschlag.

Lösung

Die Spielraumtheorie kann nicht nur zur Bestimmung des Strafmaßes bei der Freiheitsstrafe (→ Fall 1), sondern auch zur Bemessung der Geldstrafe herangezogen werden. Theoretisch muss dabei in der Weise vorgegangen werden, dass zunächst der Strafrahmen festgelegt und die Tat dann nach den Grundsätzen des § 46 StGB in den Strafrahmen genauer eingeordnet wird, ehe die Feststellung getroffen werden kann, dass als Strafart nur eine Geldstrafe in Betracht kommt. Erst wenn diese Feststellung getroffen ist, kann die weitere Frage erörtert werden, nach welchen Grundsätzen die Geldstrafe konkret zu bemessen ist. Diese aus der Spielraumtheorie abgeleitete induktive Vorgehensweise wird aus didaktischen Gründen auch der nachfolgenden Lösung zugrunde gelegt. Dies darf allerdings nicht darüber hinweg täuschen, dass in der Praxis im vorliegenden Fall sehr viel zielorientierter vorgegangen würde: Angesichts des sich aufdrängenden geringen Schuldgehalts der beiden von A begangenen Taten würden die Erörterungen in der Praxis ohne Umschweife sofort an die Geldstrafe als die intuitiv richtige Strafart anknüpfen und die notwendigen Erwägungen zur Schuldschwere erst im Rahmen der Geldstrafenbemessung anstellen. In der Sache steht in dem nicht allzu schweren Fall die Geldstrafe im Mittelpunkt. Es wird verdeutlicht, wie bei der Bemessung der Geldstrafe nach dem Tagessatzsystem vorzugehen ist, wobei auch auf die Frage eingegangen wird, wie einer drohenden finanziellen Überforderung der A entgegengewirkt werden kann und welche Konsequenzen ihr bei Uneinbringlichkeit drohen. Das zweite Sachproblem betrifft die Frage, wie mit dem amtsgerichtlichen Urteil vom 26. November 2008 umzugehen ist. Ein Bearbeiter muss wissen, dass dieses Urteil in das nunmehr zu erlassende Urteil nach den Grundsätzen über die nachträgliche Gesamtstrafenbildung (§ 55 StGB) einzubeziehen ist.

Lehrbuch: Teil 3, Abschnitt 4 (S. 55-75), Teil 4, Abschnitt 3.3.2 (S. 161-163)

I. Strafbarkeit der A

1. Ankauf der Handtasche

Indem A am 2. September 2008 die von der gesondert verfolgten P zuvor gestohlene Handtasche der Marke „Louis Vuitton" zu einem Preis von 100 € erwarb, hat sie sich wegen Hehlerei gemäß § 259 Abs. 1 StGB strafbar gemacht. P erlangte die Handtasche durch einen Diebstahl, so dass es sich hierbei um ein taugliches Tatobjekt der Sachhehlerei handelt. Der von A vorgenommene Ankauf der Handtasche zu einem Preis von 100 € stellt ein Sichverschaffen dieses Gegenstands i.S. des § 259 Abs. 1 StGB dar. Das Ankaufen bildet einen Unterfall der Tathandlung und ist nur exemplarisch hervorgehoben. Unter dem Sichverschaffen selbst ist die Herstellung tatsächlicher eigener Herrschaftsgewalt über die Sache im Einverständnis mit dem Vortäter zu verstehen. Dabei erhält der Hehler die durch den Vortäter geschaffene rechtswidrige Besitzlage aufrecht.[1]

Einer Strafbarkeit steht nicht entgegen, dass A von der Herkunft der Tasche aus einem der Einbruchsdiebstähle nichts gewusst haben will. Zwar muss der Vorsatz des § 259 Abs. 1 StGB den Umstand erfassen, dass die Sache durch eine rechtswidrige Tat erlangt ist; die Einzelheiten der Tat braucht der Täter jedoch nicht zu kennen. Es genügt, dass der Täter mit der Möglichkeit einer Vortat rechnet, dies billigt oder sich um des erstrebten Zieles willen damit abfindet.[2] So liegt der Fall auch hier: A kam der Umstand merkwürdig vor, dass die ständig unter Geldmangel leidende P über eine derart teure Handtasche verfügte. Andeutungen zur illegalen Herkunft der Handtasche ignorierte sie ebenso wie weitere Ungereimtheiten, denn es kam ihr ausschließlich darauf an, die für sie unter anderen Umständen unerschwingliche Marken-Handtasche zu einem deutlich geringeren Preis als dem Marktpreis zu erwerben. Obwohl A folglich eine Vermutung zur Herkunft der Handtasche aus illegalen Machenschaften der P hatte, ergriff sie die sich ihr bietende Gelegenheit ohne weiteres. Damit liegt hinsichtlich der Tathandlung des Sichverschaffens jedenfalls bedingter Vorsatz vor.

Darüber hinaus handelte A in der Absicht, sich durch das Erlangen eines Vermögensvorteils zu bereichern. Ob der Vorteil tatsächlich erlangt wird, ist für den Tatbestand ohne Bedeutung. Da der bloße Besitz nach der Rechtsprechung keinen Vermögensvorteil darstellt, erfüllt zwar der Ankauf einer Ware zum Marktpreis die Voraussetzungen der Bereicherungsabsicht nicht.[3] Hier kaufte A die Handtasche allerdings zu einem Preis, der deutlich unter dem ihr bekannten Marktpreis lag; nur aufgrund dieses niedrigeren Preises konnte sich A die Tasche überhaupt leisten. Der erstrebte Vermögensvorteil ist demnach darin zu sehen, dass A nicht den vollen Preis der teuren Marken-Handtasche bezahlen musste. Anhaltspunkte dafür, dass A sich die Ware zum gleichen Preis auch auf legalem Wege hätte beschaffen können (etwa über das Internetauktionshaus „eBay" oder auf Flohmärkten), liegen nicht vor. Nur dann wäre aber ein Vorteil zu verneinen. Da A außerdem rechtswidrig und schuldhaft handelte, hat sie sich der Hehlerei gemäß § 259 Abs. 1 StGB schuldig gemacht.

2. Ankauf der Geldbörse

Auch indem die Angeklagte am 15. September 2008 von P die Damengeldbörse der Marke „Dolce & Gabbana" zu einem Preis von nur 50 € erwarb, hat sie sich wegen Hehlerei gemäß § 259 Abs. 1 StGB strafbar gemacht. Hier gelten die Ausführungen zur Strafbarkeit bezüglich der ersten Tat entsprechend.

---

[1] HK-GS/*Pflieger*, § 259 Rn. 16; *Lackner/Kühl*, § 259 Rn. 10; S/S-*Stree*, § 259 Rn. 19; *Fischer*, § 259 Rn. 12-14.
[2] BGH NStZ 1992, 84; NStZ-RR 2000, 106.
[3] OLG Hamm NStZ-RR 2003, 237 (238).

3. Ergebnis

Der Erwerb von mehreren aus einer oder mehreren Vortaten stammenden Sachen in einem Akt stellt grundsätzlich nur eine Hehlerei dar.[4] Hier erfolgte der Ankauf von Handtasche und Geldbörse, die aus zwei verschiedenen Vortaten im August 2008 stammten, allerdings in zwei verschiedenen Akten, d.h. an zwei verschiedenen Tagen, die durch eine zeitliche Zäsur (zwei Wochen) voneinander getrennt waren. Demnach bilden die beiden Ankäufe keine natürliche Handlungseinheit, so dass die beiden Taten zueinander in Tatmehrheit i.S. des § 53 StGB stehen. A hat sich somit der Hehlerei in zwei Fällen gemäß § 259 Abs. 1, § 53 StGB schuldig gemacht hat.

II. Gutachten zum Strafmaß

1. Strafmaß für die erste Tat

a) Strafrahmen

Der Strafrahmen der Hehlerei beträgt gemäß § 259 Abs. 1 StGB Freiheitsstrafe bis zu 5 Jahren oder Geldstrafe. Aus dem Zusammenspiel mit § 38 Abs. 2, § 40 Abs. 1 Satz 2 StGB ergibt sich, dass der Strafrahmen konkret von einem Monat bis zu 5 Jahren Freiheitsstrafe oder Geldstrafe von 5 bis zu 360 Tagessätzen reicht. Dieser Regelstrafrahmen ist vorliegend zugrunde zu legen. Denn obgleich es sich bei A um eine trockene und vor kurzem rückfällig gewordene[5] Alkoholikerin handelt, kann nicht ohne weiteres davon ausgegangen werden, dass sie auch zur Zeit der hier in Rede stehenden Tat Alkohol konsumiert hatte. Anhaltspunkte für eine alkoholbedingt verminderte Schuldfähigkeit und damit für eine (fakultative) Strafrahmenverschiebung nach §§ 21, 49 Abs. 1 StGB liegen nicht vor.

b) Schuldrahmen, § 46 StGB

Unter Berücksichtigung der in der Praxis maßgeblichen Spielraumtheorie ist innerhalb des ermittelten Strafrahmens der Schuldrahmen zu bestimmen, vgl. § 46 Abs. 1 StGB. Dieser braucht nicht ausdrücklich benannt zu werden und wird nach unten durch die schon und nach oben durch die noch schuldangemessene Strafe beschränkt (→ oben Fall 1, II. 1. b.). § 46 Abs. 2 StGB nennt in diesem Zusammenhang die wichtigsten für die Bestimmung des Schuldrahmens heranzuziehenden Umstände. Bei ihrer Berücksichtigung ist das in § 46 Abs. 3 StGB verankerte Doppelverwertungsverbot zu beachten.

---

[4] BGH NStZ-RR 2005, 236.
[5] Dies ergibt sich daraus, dass die Verurteilung am 10. August 2008 wegen Trunkenheit im Straßenverkehr erfolgte.

Obwohl es sich aus § 46 Abs. 2 StGB nicht deutlich ergibt, kommt bei der Bestimmung des Schuldrahmens in der Regel das stärkste Gewicht der **Art und Schwere der Rechtsgutverletzung** zu, die in den einzelnen Tatbeständen des Besonderen Teils näher umschrieben ist.[6] Anzuknüpfen ist bei der Einordnung der Tat in den Strafrahmen daher zunächst daran, dass das durch § 259 StGB geschützte Rechtsgut nach ganz h.M. das Vermögen ist. Nach der sog. Perpetuierungstheorie besteht das Wesen des Delikts in der Aufrechterhaltung der durch die Vortat geschaffenen rechtswidrigen Vermögenslage durch einverständliches Zusammenwirken mit dem Vortäter.[7] Abgestellt werden kann bei der Strafzumessung mithin zunächst auf den Wert der gehehlten Sache, der im vorliegenden Fall mit ca. 450 € deutlich über dem Bereich der Geringwertigkeit liegt, jedoch nicht ungewöhnlich hoch ist.

Nach § 46 Abs. 2 StGB sind ferner die **Beweggründe und Ziele** des Täters für die Tat sowie der zu ihrer Begehung aufgewendete **Wille** maßgebliche Kriterien für die Strafzumessungsentscheidung. – A handelte aus eigennützigen Motiven, brachte aber nur einen geringen Willen zur Tatbestandsverwirklichung – eine geringe „kriminelle Energie"[8] – auf. Sie ergriff schlicht eine sich ihr bietende Gelegenheit, ohne sich um die näheren Umstände zu kümmern. Auch suchte sie nicht von sich aus nach einer Möglichkeit, auf illegalem Wege an den begehrten Designer-Gegenstand zu gelangen.

Weiterhin zu berücksichtigen sind nach § 46 Abs. 2 StGB das Vor- und Nachtatverhalten des Täters. Als strafzumessungserheblicher Umstand ist insbesondere das **Vorleben** des Täters zu beachten. Damit sind neben der unmittelbaren „Vorgeschichte der Tat" auch Umstände zu berücksichtigen, die nicht unmittelbar mit der Tatausführung zusammenhängen. Wesentliche Gesichtspunkte sind straffreies Vorleben einerseits und Vorverurteilungen sowie Vorstrafen andererseits. Negative Umstände der allgemeinen Lebensführung ohne strafrechtliche Relevanz – wie im vorliegenden Fall die Alkoholabhängigkeit der A – dürfen nicht zur Bestimmung der Tatschuld verwertet werden.[9] Das Augenmerk ist demnach auf die **Vorverurteilungen** der A zu richten. Strafrechtlich relevantes Vorverhalten eines Angeklagten spielt in der täglichen Praxis bei der Strafzumessung eine große Rolle. Es bedarf hier jedoch einer sorgfältigen Prüfung, welche Umstände aus welchen Gründen strafzumessungsrelevant sind. Denn nur dann, wenn sich feststellen lässt, dass sich der Täter früherer Verurteilungen nicht zur Warnung dienen lassen hat, dass er „nichts gelernt" und sich über die ihm in den früheren Urteilen konkret vor Augen geführten Verbote hinweggesetzt hat, ist es gerechtfertigt, in der hierin liegenden Missachtung der früheren Urteile einen Strafschärfungsgrund

---

[6] *Meier*, Strafrechtliche Sanktionen, 171.
[7] BGHSt (GS) 7, 134 (137); HK-GS/*Pflieger*, § 259 Rn. 1; *Lackner/Kühl*, § 259 Rn. 1; S/S-*Stree*, § 259 Rn. 1; a.A. etwa MüKo-*Lauer*, §, 259 Rn. 3, wonach die Hehlerei auch allgemeine Sicherheitsinteressen verletzt (Gefährlichkeitstheorie).
[8] Kritisch zu dem Begriff *Schäfer/Sander/van Gemmeren*, Praxis der Strafzumessung, Rn. 339.
[9] Zusammenfassend LK-*Theune*, § 46 Rn. 165 ff.; S/S-*Stree*, § 46 Rn. 30 ff.; *Schäfer/Sander/van Gemmeren*, Praxis der Strafzumessung, Rn. 358 ff.; *Meier*, Strafrechtliche Sanktionen, 179 ff.

zu sehen.¹⁰ In der Praxis läuft dies darauf hinaus, dass in der Regel nur einschlägige und noch nicht tilgungsreife Vorstrafen straferschwerend herangezogen werden. Gegen eine straferschwerende Wirkung der früheren Verurteilungen der A sprechen verschiedene Aspekte. Zum einen sind drei der Vorverurteilungen nicht einschlägiger Natur, da sie Straßenverkehrsdelikte und nicht ein Vermögensdelikt betreffen. Zum anderen liegen nahezu sämtliche Vorverurteilungen zwischen zwei und vier Jahren zurück.¹¹ Die daraus ersichtliche grundsätzliche Stabilisierung der Angeklagten ist trotz der letzten und gerade nicht einschlägigen Verurteilung vom 26. November 2008, die im Übrigen zeitlich auch erst *nach* den Taten vom 2. und 15. September 2008 erfolgt ist, zu beachten.¹² Von den insgesamt vier Vorverurteilungen vermag nur die Verurteilung wegen Diebstahls geringwertiger Sachen eine gewisse, aufgrund des Zeitablaufs aber nur geringe straferschwerende Wirkung zu entfalten.

Hinsichtlich der Berücksichtigung des Nachtat- oder Prozessverhaltens gilt Folgendes: Dem Unwert der Tat kann ein **Geständnis** grundsätzlich als positiver Handlungs- und Erfolgswert entgegengestellt werden. Indem sich der Täter zu seiner Tat bekennt, zeigt er, dass er sich mit seiner Tat auseinandergesetzt hat und zu seiner Schuld stehen will. Überdies erleichtert er mit einem Geständnis die Sachaufklärung des Gerichts und fördert die Verfahrensbeschleunigung.¹³ Zulässiges Prozessverhalten hingegen, etwa **hartnäckiges Leugnen** der Tatbegehung oder **Schweigen**, darf nicht zu Lasten des Angeklagten gewertet werden. Denn der Angeklagte ist nicht zur Wahrheit oder zur Mitwirkung verpflichtet.¹⁴ Ein Geständnis hat A im vorliegenden Fall nicht abgelegt. Sie hat zwar den Ankauf der Handtasche eingeräumt, aber bestritten, die Herkunft der Tasche gekannt zu haben. Strafmildernd kann ihre Einlassung deshalb nicht berücksichtigt werden. Aber auch eine strafschärfende Berücksichtigung scheidet aus. Selbst wenn nämlich davon auszugehen ist, dass es sich beim Bestreiten, sie habe die Herkunft der Tasche gekannt, um eine bloße Schutzbehauptung gehandelt hat, ist dies als zulässige Form der Verteidigung zu qualifizieren, die nicht zu ihren Lasten gewertet werden darf.

Fazit: Die erste Hehlerei stellt sich als ein Fall dar, der am unteren Rand des zur Verfügung stehenden Strafrahmens anzusiedeln ist. Hierfür sprechend der Wert der gehehlten Handtasche und der Charakter der Tat als „Gelegenheitsdelikt". Die frühere Verurteilung wegen Diebstahls geringwertiger Sache führt zu einer leichten Erhöhung des Strafmaßes. Die ausweichende Einlassung darf demgegenüber nicht strafschärfend berücksichtigt werden.

---

[10] Vgl. BGHSt 24, 198 (199).
[11] Tilgungsreife ist allerdings noch nicht eingetreten, vgl. § 46 BRZG.
[12] Vgl. zur Einbeziehung der Verurteilung vom 26.11.2008 → unten 3.
[13] BGHSt 42, 191 (195); 43, 195 (209 f.); LK-*Theune*, § 46 Rn. 206; *Schäfer/Sander/van Gemmeren*, Praxis der Strafzumessung, Rn. 383 ff.; kritisch S/S-*Stree*, § 46 Rn. 41a.
[14] *Schäfer/Sander/van Gemmeren*, Praxis der Strafzumessung, Rn. 379.

c) Zwischenergebnis

Da es sich bei der Tat vom 2. September 2008 um einen leichten Fall von Hehlerei handelt, kommt erkennbar nur eine im unteren Bereich des Strafrahmens anzusiedelnde Sanktion in Betracht. Aufgrund der vorstehend genannten Gesichtspunkte ist die Verhängung einer – auch nur kurzen – Freiheitsstrafe ausgeschlossen; eine Freiheitsstrafe wäre nicht zur Einwirkung auf A oder zur Verteidigung der Rechtsordnung „unerlässlich", vgl. § 47 Abs. 1 StGB (ausführlich hierzu → unten Fall 4). Demnach ist auf eine Geldstrafe zu erkennen, deren konkrete Höhe nunmehr zu bestimmen ist.

d) Bemessung der Geldstrafe

Die Bemessung einer Geldstrafe richtet sich nach dem sog. Tagessatzsystem.[15] Die Strafzumessung erfolgt danach in zwei Schritten: Zunächst muss nach den allgemeinen Strafzumessungsgrundsätzen des § 46 StGB die Anzahl der Tagessätze festgelegt werden, dann muss nach den Grundsätzen des § 40 Abs. 2 und 3 StGB eine Entscheidung über die Höhe der Tagessätze getroffen werden. Das Produkt aus Tagessatzanzahl und -höhe gibt den Betrag an, der vom Täter als Strafe an die Staatskasse zu zahlen ist. Im Urteil müssen jedoch – um die Transparenz der Entscheidung und die Vergleichbarkeit mit anderen Fällen zu gewährleisten – die Zahl und die Höhe der Tagessätze getrennt ausgewiesen werden, § 40 Abs. 4 StGB.

aa) Tagessatzanzahl

Den ersten Schritt bei der Bemessung der Geldstrafe bildet mithin die Bestimmung der Anzahl der Tagessätze. Die Tagessatzanzahl wird – wie die Höhe einer Freiheitsstrafe – nach allgemeinen Strafzumessungsgesichtspunkten festgelegt, d.h. entsprechend § 46 Abs. 1 StGB kommt es maßgeblich auf die **Schuld** des Täters an. Bei der Umwertung der Schuldschwere in ein konkretes Strafmaß ist in der Praxis ein Vorgehen in Fünferschritten üblich (also Tagessatzanzahlen von 5, 10, 15 usw.). Im vorliegenden Fall kann die Bestimmung der Tagessatzanzahl an die Überlegungen zum Schuldrahmen anknüpfen (→ oben b.). Die erste Hehlerei der A stellt sich danach als ein Fall minderer Schwere dar, für den eine Sanktion im unteren Bereich des Strafrahmens festzusetzen ist. Bei einem Strafrahmen für die Geldstrafe von 5 bis 360 Tagessätzen erscheint zur Ahndung der Tat eine Tagessatzanzahl von 30 bis 45 Tagessätzen als tat- und schuldangemessen.[16] Der

---

[15] Allgemein hierzu LK-*Häger*, Vor §§ 40 bis 43 Rn. 9 ff.; MüKo-*Radtke*, § 40 Rn. 1 ff.; *Streng*, Strafrechtliche Sanktionen, 59 ff.; *Meier*, Strafrechtliche Sanktionen, 55 ff.

[16] In der Praxis haben sich häufig innerhalb eines Gerichtsbezirkes bestimmte „Richtwerte" etabliert; vgl. etwa die Hinweise zur Ahndung von Steuerstraftaten bei *Schäfer/Sander/van Gemmeren*, Praxis der Strafzumessung, Rn 1033. Diese „Richtwerte" sollte jedoch nicht blind befolgt, sondern stets nach den dargelegten Grundsätzen überprüft werden, vgl. auch *Fischer*, § 40 Rn. 5 a.E.

Festsetzung einer noch darunter liegenden Anzahl an Tagessätzen steht der Wert der gehehlten Handtasche entgegen. Obgleich es sich vorliegend um einen Fall leichter Kriminalität handelt, ist mit einem Marktpreis des Tatobjekts von etwa 450 € der Bereich der Geringwertigkeit deutlich überschritten. Eine noch unterhalb von 30 Tagessätzen liegende Geldstrafe sollte für Fälle der Bagatellkriminalität reserviert bleiben.

bb) Tagessatzhöhe

Die Bestimmung der Tagessatzhöhe stellt den zweiten Schritt bei der Bemessung der Geldstrafe dar. Gemäß § 40 Abs. 2 Satz 2 StGB erfolgt sie auf der Grundlage des sog. Nettoeinkommensprinzips,[17] d.h. das **Nettoeinkommen** des Verurteilten bildet den Ausgangspunkt der Berechnungen. Unter dem Begriff des Nettoeinkommens sind diejenigen Einkünfte zu verstehen, die der Täter durchschnittlich an einem Tag hat oder haben könnte, abzüglich Steuern, Sozialabgaben und vergleichbare Positionen.[18] Maßgeblich sind die tatsächlichen persönlichen und wirtschaftlichen Verhältnisse des Täters. Die Höhe eines Tagessatzes muss mindestens einen und darf höchstens 5.000 Euro betragen, § 40 Abs. 2 Satz 3 StGB.

Die Bemessungsgrundlagen für die Bestimmung der Tagessatzhöhe sind grundsätzlich von Amts wegen aufzuklären und im Wege des Strengbeweises (z.B. durch Zeugenvernehmung des Arbeitgebers, Verlesung der Gehaltsbescheinigung o.ä.) in die Hauptverhandlung einzuführen.[19] Sind die Bemessungsgrundlagen unbekannt, weil etwa der Angeklagte keine, unzureichende oder unglaubhafte Angaben zu seinen wirtschaftlichen Verhältnissen gemacht hat,[20] ist die Verhängung einer Geldstrafe nicht ausgeschlossen. In diesen Fällen gibt § 40 Abs. 3 StGB dem Tatrichter die Möglichkeit, die Grundlage für die Bemessung der Tagessatzhöhe zu schätzen. Voraussetzung dafür ist jedoch, dass genauere Feststellungen einen übermäßigen Aufwand oder eine unverhältnismäßig große Schwierigkeit bedeuten würden.[21] Die Schätzung muss auf einer konkreten Grundlage beruhen und darf keine Vermutung „ins Blaue hinein" darstellen. Nimmt das Tatgericht eine Schätzung der Einkommenshöhe vor, so legt es der Geldstrafenbemessung dasjenige Einkommen zugrunde, von dem anzunehmen ist, dass es der Täter mit überwiegender Wahrscheinlichkeit erzielt haben wird.

Vorliegend verfügt die Angeklagte über ein monatliches Nettoeinkommen von etwa 1.000 €. Grundsätzlich sind Unterhaltsverpflichtungen zwar bei der Berechnung des Nettoeinkommens in Ansatz zu bringen (dazu genauer → unten Fall 3, II. 2. B. bb). Da die Tochter der A jedoch bereits 19 Jahre alt ist und über eigenes

---

[17] LK-*Theune*, § 40 Rn. 25; MüKo-*Radtke*, § 40 Rn. 4 f.; *Lackner/Kühl*, Vor § 40 Rn. 2 sowie § 40 Rn. 6 ff.
[18] Strafrechtlicher, nicht steuerrechtlicher Begriff des Nettoeinkommens, vgl. *Meier*, Strafrechtliche Sanktionen, 61 f.
[19] Vgl. MüKo-*Radtke*, § 40 Rn. 102.
[20] Ein solches Verhalten wäre von seiner Aussagefreiheit gedeckt, vgl. § 136 Abs. 1 Satz 2, § 243 Abs. 4 Satz 1 StPO.
[21] *Schäfer/Sander/van Gemmeren*, Praxis der Strafzumessung, Rn. 101; MüKo-*Radtke*, § 40 Rn. 104.

Einkommen verfügt, dürfte A ihr gegenüber nicht mehr unterhaltspflichtig sein. Dies gilt umso mehr als sich A nicht mehr in der Ausbildung befindet. Da weitere Einkünfte nicht ersichtlich sind und auch keine Anhaltspunkte für weitere Abzüge bestehen, bilden die 1.000 € des Nettoeinkommens den Ausgangspunkt für die Bemessung der Tagessatzhöhe.

Die Bemessung der Tagessatzhöhe bestimmt sich nach der durchschnittlichen Einkommenshöhe aller und damit auch der arbeitsfreien Tage eines Einkommenszeitraums, d.h. eines Monat, der grundsätzlich mit 30 Tagen berechnet wird.[22] Die Höhe eines Tagessatzes beträgt folglich 1/30 des verfügbaren monatlichen Nettoeinkommens. Das rechnerisch erzielte Ergebnis wird in der Praxis bei Bedarf auf die nächste glatte Tagessatzhöhe auf- oder abgerundet. Üblicherweise wird auch hinsichtlich der Höhe der einzelnen Tagessätze in 5er-Schritten vorgegangen und zugunsten des Täters abgerundet (z.B. 23 € auf 20 €). Angewendet auf den vorliegenden Fall ist damit eine Tagessatzhöhe von 30 Euro festzusetzen (1.000 € / 30 = 33 €, abgerundet 30 €).

e) Ergebnis

Tat- und schuldangemessen ist eine Geldstrafe im Bereich von 30 bis 45 Tagessätzen zu je 30 €. Im Rahmen einer abschließenden Gesamtschau aller für die Strafzumessung relevanten Gesichtspunkte[23] kommt für die erste Tat eine Einzelgeldstrafe von 30 Tagessätzen zu je 30 €, insgesamt also 900 € in Betracht.

2. Strafmaß für die zweite Tat

Hinsichtlich des Strafmaßes für die Tat vom 15. September 2008 gilt das zur ersten Tat Gesagte überwiegend entsprechend. Auszugehen ist auch hier von einem Strafrahmen, der auf der Grundlage von § 259 Abs. 1, § 38 Abs. 2, § 40 Abs. 1 Satz 2 StGB Freiheitsstrafe von einem Monat bis zu 5 Jahren oder Geldstrafe von 5 bis zu 360 Tagessätzen beträgt.

Hinsichtlich des Schuldrahmens kann ebenfalls auf die Ausführungen zur ersten Tat verwiesen werden. Allerdings ist hier zu berücksichtigen, dass auf der einen Seite zwar der Wert des Tatobjekts mit 150 Euro geringer ist, dass die Angeklagte sich jedoch auf der anderen Seite nur zwei Wochen nach der ersten Tat und trotz der nach wie vor bestehenden Bedenken gegen die Herkunft der Desig-

---

[22] *Lackner/Kühl*, § 40 Rn. 8.
[23] Dies ist ein Allgemeinplatz, wie er in richterlichen Strafzumessungsbegründungen (leider) nicht unüblich ist. Der Vergleich mit dem vorangegangenen Fall (→ Fall 1) zeigt, dass an dieser Stelle auf die nach der Spielraumtheorie an sich erforderliche Phase der Einordnung präventiver Überlegungen zur Sanktion verzichtet wird. Dabei wird das Strafmaß ohne weitere Ausführungen am unteren Rand des Schuldrahmens von 30 bis 45 Tagessätzen (→ oben d. aa.) angesiedelt, ersichtlich um dem Strafzweck der positiven Spezialprävention (Verhinderung unnötiger Entsozialisierung) Rechnung zu tragen.

ner-Gegenstände aus eigenem Antrieb zum Erwerb der Geldbörse entschlossen hat. Damit ist die zweite Tat – was den zur Tatbegehung aufgebotenen Willen anbelangt – nicht mehr ohne weiteres als bloße „Gelegenheitstat" zu qualifizieren.

Fazit: Auch für die zweite Tat kommt als Einzelstrafe nur eine Geldstrafe in Betracht. Diese sollte trotz des geringeren Wertes der Geldbörse aufgrund der gegenüber der ersten Tat gesteigerten kriminellen Energie ebenfalls bei einer Anzahl von 30 bis 45 Tagessätzen liegen. Für die Berechnung der Tagessatzhöhe gelten keine Besonderheiten, so dass hier auf die Ausführungen zur ersten Tat verwiesen werden kann. Als tat- und schuldangemessen ist hier ebenfalls eine Einzelstrafe von 30 Tagessätzen zu je 30 € anzusehen.

3. Gesamtstrafenbildung

Nunmehr ist aus den Einzelstrafen eine Gesamtstrafe zu bilden. Auch die Bildung einer Gesamtstrafe erfolgt bei der Geldstrafe grundsätzlich nach Maßgabe des § 54 Abs. 1 Satz 2, Abs. 2 StGB. Der vorliegende Fall weist allerdings die Besonderheit auf, dass A am 26. November 2008 wegen einer Trunkenheitsfahrt zu einer Geldstrafe von 50 Tagessätzen à 30 € verurteilt worden ist. Die hier abzuurteilenden Taten vom 2. und 15. September 2008 hatte A *vor* diesem früheren Urteil begangen, aber sie wurden im Urteil vom 26. November 2008 nicht berücksichtigt. Damit könnten vorliegend zusätzlich die Voraussetzungen für eine nachträgliche Gesamtstrafenbildung nach § 55 StGB gegeben sein.

a) Anwendungsvoraussetzungen des § 55 StGB

Sinn und Zweck der nachträglichen Gesamtstrafenbildung ist es, die durch eine – zumeist vom Zufall abhängige – getrennte Aburteilung verschiedener Straftaten eines Täters entstandenen Vor- und Nachteile auszugleichen. Denn der Täter soll nach ständiger Rechtsprechung durch diese Zufälligkeiten weder schlechter noch besser gestellt werden.[24] Taten, die bei gemeinsamer Aburteilung nach §§ 53, 54 StGB behandelt worden wären, sind deshalb auch bei getrennter Aburteilung durch Einbeziehung in das letzte Urteil noch nachträglich so zu behandeln, als hätten sie gemeinsam zur Aburteilung gestanden. Damit die bei der früheren Verurteilung verhängte Strafe nachträglich in das neue Urteil einbezogen werden kann, müssen allerdings bestimmte Voraussetzungen erfüllt sein.

aa) Tat vor früherer Verurteilung

Gemäß § 55 Abs. 1 Satz 1 StGB muss die neu abzuurteilende Tat vor der früheren Verurteilung begangen worden sein. Denn nur dann hätte die frühere Verurteilung auch die jetzt abzuurteilende Tat mit den Folgen der Gesamtstrafenbildung erfassen können. Als maßgeblichen Zeitpunkt für die Frage, ob und wann früher eine

---

[24] BGHSt 32, 190 (193); 44, 179 (184); LK-*Rising-van Saan*, § 55 Rn. 1 f.; MüKo-v. *Heintschel-Heinegg*, § 55 Rn. 2.

Gesamtstrafenbildung möglich gewesen wäre, nennt § 55 Abs. 1 Satz 2 StGB den des Urteils, in dem die zugrunde liegenden Feststellungen letztmalig geprüft werden konnten. – Das Vorliegen dieser Voraussetzung konnte für den hier zu beurteilenden Fall bereits festgestellt werden; die beiden Hehlereitaten wurden am 2. und 15. September 2008 und damit zeitlich vor dem Urteil vom 26. November 2008 begangen.

bb) Rechtskraft der früheren Verurteilung

Das frühere Urteil, mit dessen Strafe die Gesamtstrafe gebildet werden soll, muss außerdem rechtskräftig geworden sein, § 55 Abs. 1 Satz 1 StGB. – Auch diese Voraussetzung kann hier bejaht werden. A hat bezüglich des Urteils vom 26. November 2008 den Verzicht auf Rechtsmittel erklärt. Dabei handelt es sich um eine Prozesshandlung nach § 302 Abs. 1 Satz 1 StPO, deren Wirkung sich auf alle Rechtsmittel, die gegen eine Entscheidung zulässig sind, erstreckt. Da eine richterliche Entscheidung dann in formelle Rechtskraft erwächst, wenn sie von den Verfahrensbeteiligten nicht oder nicht mehr mit einem ordentlichen Rechtsmittel angefochten werden kann,[25] ist die frühere Verurteilung mit dem Rechtsmittelverzicht der A und der Staatsanwaltschaft rechtskräftig geworden.

cc) Keine Erledigung der früheren Strafe

Schließlich darf die in der früheren Verurteilung erkannte Strafe zum Zeitpunkt der letzten tatrichterlichen Sachentscheidung wegen der neuen Tat[26] noch nicht vollständig vollstreckt, verjährt oder erlassen worden sein, § 55 Abs. 1 Satz 1 StGB. Eine Geldstrafe, wie sie auch hier in Rede steht, darf also noch nicht bezahlt oder durch Vollstreckung von Ersatzfreiheitsstrafe erledigt worden sein.[27] – Dieses Erfordernis ist vorliegend ebenfalls erfüllt. Die durch Urteil vom 26. November 2008 gegen A verhängte Geldstrafe ist bislang noch nicht bezahlt worden.

dd) Zwischenergebnis

Die im Urteil vom 26. November 2008 gegen A verhängte Geldstrafe ist gesamtstrafenfähig, d.h. sie muss in das neue Urteil einbezogen werden. Aus der Einzelstrafe des Urteils vom 26. November 2008 (Geldstrafe 50 Tagessätze à 30 €) sowie aus den beiden aktuell festgesetzten Einzelstrafen (jeweils 30 Tagessätze à 30 €) muss nach den Grundsätzen des § 54 StGB, der teils direkt, teils über § 55 Abs. 1 Satz 1 StGB anwendbar ist, eine Gesamtstrafe gebildet werden.

Da die Anwendungsvoraussetzungen des § 55 StGB vorliegen, ist die nachträgliche Gesamtstrafenbildung für das erkennende Gericht zwingend.[28] Von der Bil-

---

[25] *Meyer-Goßner*, Einl. Rn. 164.
[26] S/S-*Sternberg-Lieben*, § 55 Rn. 25; *Lackner/Kühl*, § 55 Rn. 3.
[27] *Fischer*, § 55 Rn. 6.
[28] Vgl. BGH (GS) 12, 1 (5 f.); OLG Köln StraFo 2006, 119.

dung einer nachträglichen Gesamtstrafe dürfte es nur dann absehen, wenn die Entscheidung weitere und unzumutbar aufwendige Ermittlungen notwendig machte.[29] Dies ist vorliegend nicht der Fall; dem Gericht stehen neben dem Urteil vom 26. November 2008 auch die Akte des zugrunde liegenden Verfahrens sowie alle notwendigen Informationen zur Verfügung.

b) Bildung der Gesamtstrafe, § 54 StGB

Aus den drei genannten Einzelstrafen ist – auch bei einer Gesamt*geld*strafe – zunächst nach den Grundsätzen des § 54 Abs. 1 Satz 2, Abs. 2 StGB der Strafrahmen für die Gesamtstrafe zu bilden. Auszugehen ist dabei auch hier wieder von der sog. Einsatzstrafe, der höchsten der verwirkten Einzelstrafen. Das ist hier die Geldstrafe von 50 Tagessätzen aus dem Urteil vom 26. November 2008. Die Einsatzstrafe ist dann entsprechend der Schwere von Unrecht und Schuld des Gesamtgeschehens und den sich hierin ausdrückenden Präventionserfordernissen zu verschärfen. Das Mindestmaß der Gesamtstrafe bildet die nach § 54 Abs. 1 Satz 2 StGB geringstmöglich erhöhte Einsatzstrafe, im Höchstmaß darf nach § 54 Abs. 2 Satz 1 StGB die Summe der Einzelstrafen nicht erreicht werden. Außerdem darf die in § 54 Abs. 2 Satz 2 StGB genannte absolute Höchstgrenze für eine Gesamtgeldstrafe (720 Tagessätzen) nicht überschritten werden. Im vorliegenden Fall reicht der Strafrahmen für die Gesamtgeldstrafe von mindestens 51 bis zu höchstens 109 Tagessätzen.

Gemäß § 54 Abs. 1 Satz 3 StGB ist bei der Gesamtstrafenbildung eine erneute zusammenfassende Gesamtwürdigung vorzunehmen. Wesentliche Abwägungskriterien sind dabei die Anzahl der Taten, der Grad ihrer Selbstständigkeit und die Gleichheit bzw. Verschiedenheit der Sachverhalte (→ oben Fall 1, II. 3.). Weitestgehend ist also auf Gesichtspunkte zurückzugreifen, die bereits bei der Zumessung der Einzelstrafen Berücksichtigung gefunden haben. Besteht zwischen den einzelnen Straftaten ein enger **zeitlicher, sachlicher und situativer Zusammenhang**, so ist es geboten, diesem Gesichtspunkt dadurch Rechnung zu tragen, dass die Erhöhung der Einsatzstrafe maßvoller ausfällt als ohne das Vorliegen eines solchen Zusammenhangs.[30] Diese Grundsätze gelten auch im Rahmen der hier vorzunehmenden nachträglichen Gesamtstrafenbildung bei Einbeziehung der (Einzel-) Strafe(n) aus einer früheren Verurteilung. Das aktuell erkennende Gericht ist nur an die Feststellungen des früheren Urteils zur Strafe selbst gebunden, in Bezug auf die eigentliche Bildung der neuen Gesamtstrafe jedoch frei.[31]

Dass die Taten vom 2. und 15. September 2008, also die neu abzuurteilenden Taten, in einem engen zeitlichen, sachlichen und situativen Zusammenhang stehen, ist offensichtlich. Sie liegen in einem Zeitraum von nur zwei Wochen, haben das gleiche Delikt zum Gegenstand und unterscheiden sich hinsichtlich ihres Ab-

---

[29] BGH NStZ 2005, 32; die Gesamtstrafe kann in diesem Fall im Beschlussweg gebildet werden, vgl. §§ 460, 462, 462a StPO.
[30] BGH StV 1993, 302; BGH StV 2003, 555 (556); *Schäfer/Sander/van Gemmeren*, Praxis der Strafzumessung, Rn. 662; *Fischer*, § 54 Rn. 7a.
[31] *Fischer*, § 55 Rn. 16.

laufs nur geringfügig. Die Tat vom 10. August 2008 fällt demgegenüber aus diesem Zusammenhang heraus. Der zeitliche Abstand ist zwar ebenfalls nur gering, aber ein sachlicher oder situativer Zusammenhang lässt sich zwischen der Trunkenheitsfahrt und den beiden Hehlereitaten nicht herstellen.

Bei der Bildung einer (nachträglichen) Gesamtgeldstrafe ist die Versuchung groß, schlicht auf rechnerische Methoden zur Ermittlung der auszuwerfenden Gesamtstrafe zurückzugreifen. Zu denken ist da etwa an Erhöhung der Einsatzstrafe um die Hälfte der Summe der weiteren Einzelstrafen. Diese Art der Gesamtstrafenbildung kommt in der Praxis immer wieder vor, ist aber in jedem Fall unzulässig, weil die Strafzumessung einer Mathematisierung nicht zugänglich ist.[32] Dennoch führen die Besonderheiten des vorliegenden Falls zu einem ähnlichen Ergebnis. Da die Hehlereitaten mit der Trunkenheitsfahrt in keinem engen Zusammenhang stehen, ist es sachgerecht, die Einsatzstrafe nicht nur geringfügig, sondern deutlich zu erhöhen. Insgesamt erscheint daher eine Gesamtgeldstrafe von 80 Tagessätzen angemessen.

c) Ergebnis

Seitens des Gerichts sollte eine Gesamtgeldstrafe von 80 Tagessätzen zu je 30 €, mithin ein Gesamtbetrag von 2.400 € verhängt werden.

d) Aufrechterhaltung früher verhängter Nebenstrafen, Nebenfolgen oder Maßnahmen

Es bleibt zu prüfen, wie bei der nachträglichen Gesamtstrafenbildung mit der vom Amtsgericht am 26. November 2008 angeordneten Maßregel nach §§ 69, 69a StGB zu verfahren ist. – Sind in der früheren Entscheidung, deren Rechtsfolgen in die Gesamtstrafe einzubeziehen sind, Nebenstrafen, Nebenfolgen oder Maßnahmen i.S. des § 11 Abs. 1 Nr. 8 StGB verhängt worden (zu denen auch die Maßregeln der Besserung und Sicherung gehören), so bleiben diese auch bei der nachträglichen Gesamtstrafenbildung grundsätzlich bestehen und werden aufrechterhalten, vgl. § 55 Abs. 2 Satz 1 StGB. Die **Aufrechterhaltung** muss in der Urteilsformel des neuen Urteils zum Ausdruck gebracht werden.[33] Der Aufrechterhaltung bedarf es lediglich dann nicht, wenn die Nebenstrafe, Nebenfolge oder Maßnahme durch die neue Entscheidung gegenstandslos wird oder bis zum Erlass des neuen Urteils auf andere Weise ihre Erledigung gefunden hat.[34] Diese Einschränkung ist vor allem im Zusammenhang mit der Maßregel nach §§ 69, 69a StGB von Bedeutung.

Das Amtsgericht hat im Urteil vom 26. November 2008 drei Rechtsfolgen festgesetzt: Die Entziehung der Fahrerlaubnis nach § 69 Abs. 1 Satz 1 StGB, die Einziehung des Führerscheins nach § 69 Abs.3 Satz 2 StGB und die Anordnung einer Sperre für die Wiedererteilung der Fahrerlaubnis nach § 69a Abs. 1 Satz 1 StGB.

---

[32] BGH StV 2001, 346.
[33] BGH NJW 1979, 2113 (2114); Fischer, § 55 Rn. 29.
[34] LK-*Rissing-van Saan*, § 55 Rn. 54 ff., 60.

Von diesen drei Rechtsfolgen haben sich die beiden ersten inzwischen erledigt, da sie mit dem Eintritt der Rechtskraft des früheren Urteils wirksam geworden sind. Die Entziehung der Fahrerlaubnis und die Einziehung des Führerscheins brauchen deshalb bei der nachträglichen Gesamtstrafenbildung nicht weiter aufrechterhalten zu werden.[35]

Anders ist dies hingegen mit der dritten Maßnahme, der **Sperre für die Wiedererteilung der Fahrerlaubnis** von 6 Monaten. Diese Maßnahme hat sich noch nicht erledigt, da die Sperrfrist zum Zeitpunkt der Gesamtstrafenbildung noch läuft. Die angeordnete Sperrfrist muss daher gem. § 55 Abs. 2 Satz 1 StGB im neuen Urteil aufrechterhalten werden. Dabei beginnt der Lauf der Sperrfrist nicht von Neuem, sondern weiterhin mit der Rechtskraft der früheren Entscheidung; die damit verbundene Anrechnung des seit dem 26. November 2008 verstrichenen Zeitraums widerspricht zwar dem Wesen des Maßregelrechts,[36] wird aber von der h.M. wegen des Zwecks der nachträglichen Gesamtstrafenbildung hingenommen.[37]

4. Zahlungserleichterungen, § 42 StGB

Wenn A zu einer Geldstrafe verurteilt wird, begründet das Urteil eine öffentlich-rechtliche Pflicht zur Zahlung des festgesetzten Geldbetrags (2.400 €). Der Betrag wird mit dem Eintritt der Rechtskraft der Entscheidung fällig und kann von der Justizkasse grundsätzlich sofort eingefordert werden.[38] Eine Gesamtgeldstrafe in der vorgeschlagenen Höhe dürfte von A bei einem Monatseinkommen von etwa 1.000 € netto jedoch nicht ohne weiteres zu zahlen sein. Daher ist vom Gericht auch über die Bewilligung von Zahlungserleichterungen zu entscheiden.

§ 42 Satz 1 StGB schreibt die Bewilligung von Zahlungserleichterungen zwingend vor, wenn eine sofortige Zahlung dem Verurteilten nicht zumutbar ist. Die Unzumutbarkeit kann sich dabei aus den persönlichen und/oder wirtschaftlichen Verhältnissen des Verurteilten ergeben. Wenn das Geldstrafenendprodukt den Betrag übersteigt, den der Täter aus seinem laufenden monatlichen Einkommen oder aus etwaigen Rücklagen zu entrichten vermag, sind Zahlungserleichterungen grundsätzlich zu bewilligen.[39] Das Gericht kann in diesem Fall entweder eine Zahlungsfrist oder eine **Ratenzahlungserlaubnis** anordnen, wobei in der Mehrzahl der Fälle besonders die Anordnung einer Ratenzahlung sachgerecht ist. Die Erfahrungen in der Praxis zeigen, dass langfristige Ratenzahlungsverpflichtungen häufig nicht eingehalten werden und daher zu erheblichem Vollstreckungsaufwand führen. Kürzere Laufzeiten mit höheren Raten sind allerdings häufig ebenfalls nicht sachgerecht, wenn dem Verurteilten hierdurch keine ausreichenden

---

[35] BGH NStZ-RR 2004, 247 (248).
[36] Für die Beurteilung der Gefährlichkeit bzw. Ungeeignetheit kommt es danach grundsätzlich immer auf den Zeitpunkt der letzten tatrichterlichen Hauptverhandlung an; vgl. BGHSt 7, 165 (175).
[37] BGHSt 24, 205 (207); LK-*Rissing-van Saan*, § 55 Rn. 56.
[38] *Meier*, Strafrechtliche Sanktionen, 70.
[39] LK-*Häger*, § 42 Rn. 2; *Fischer*, § 42 Rn. 4.

Mittel zum Lebensunterhalt verbleiben und er in Bedrängnis gerät. Eine gesetzliche Höchstgrenze für den Ratenzahlungszeitraum besteht nicht.

Auch wenn A finanziell nur für sich selbst Sorge zu tragen hat, ist davon auszugehen, dass es ihr bei einem Netto-Monatseinkommen von etwa 1.000 € nicht möglich ist, die Gesamtgeldstrafe in Höhe von 2.400 € sofort zu bezahlen. Über Rücklagen ist nichts bekannt; die Aufnahme eines Bankdarlehens zur Begleichung der Geldstrafenschuld ist ihr nicht zuzumuten.[40] Da eine Änderung der finanziellen Verhältnisse der A nicht absehbar ist, kommt als Zahlungserleichterung nicht die Stundung der Geldstrafe, sondern lediglich die Bewilligung von Ratenzahlungen in Betracht. Die konkrete Ausgestaltung steht im Ermessen des Gerichts. Dabei dürfen die Raten jedoch nicht so gering bemessen und der Tilgungszeitraum so weit ausgedehnt werden, dass die Zahlungserleichterung das Wesen der Geldstrafe als ein fühlbares Strafübel beeinträchtigt.[41] Bei einem monatlichen Nettoeinkommen von 1.000 € kann davon ausgegangen werden, dass A monatlich einen Betrag von 200 € erübrigen kann, um die Geldstrafenschuld abzuzahlen.[42] Ein sich hieraus errechnender Ratenzahlungszeitraum von 12 Monaten ist auch noch ausreichend überschaubar und verlagert die Bezahlung der Geldstrafe nicht zu weit in die Zukunft; die Strafwirkung der Geldstrafe wird hierdurch nicht unzulässig verwässert. A sollte deshalb bewilligt werden, die Geldstrafe in 12 monatlichen Raten à 200 € zu zahlen.

Für den Fall, dass A in Zahlungsrückstand gerät, sollte von der Möglichkeit des § 42 Satz 2 StGB Gebrauch gemacht, also eine sog. Verfallsklausel ausgesprochen werden. Diese bewirkt die Fälligkeit der gesamten Reststrafe, falls der Verurteilte in Zahlungsrückstand gerät. Wird eine solche Klausel ausgesprochen, so erleichtert sie der Justiz das weitere Verfahren.[43] Das Eingreifen der Verfallsklausel steht einer erneuten Bewilligung von Zahlungserleichterungen im Vollstreckungsverfahren nicht entgegen, § 459a Abs. 3 Satz 2 StPO.

Die Entscheidung über Zahlungserleichterungen ergeht im Urteil. Die bewilligten Zahlungserleichterungen sind dabei in der Urteilsformel anzugeben; insbesondere müssen hier auch die Fälligkeitstermine und die Höhe der jeweiligen Rate genannt werden.

5. Konsequenz: Ersatzfreiheitsstrafe, § 43 StGB

Wenn der Verurteilte die Geldstrafe nicht bezahlt und sie bei ihm auch nicht beigetrieben werden kann, tritt an die Stelle einer dergestalt uneinbringlichen Geldstrafe die Ersatzfreiheitsstrafe, § 43 Satz 1 StGB. Dabei wird ein Tagessatz in einen Tag Freiheitsstrafe umgerechnet, § 43 Satz 2 StGB. Wenn die gegen A ver-

---

[40] MüKo-*Radtke*, § 42 Rn. 12. – Überdies müsste in diesem Fall die Zinsbelastung gegenüber der Bank schon bei der Strafzumessung berücksichtigt werden, § 46 Abs. 1 Satz 2 StGB.
[41] MüKo-*Radtke*, § 42 Rn. 20; LK-*Häger*, § 42 Rn. 13.
[42] Die Pfändungsfreigrenzen des § 850c ZPO finden keine Anwendung.
[43] Vgl. *Fischer*, § 42 Rn. 11.

hängte Geldstrafe insgesamt uneinbringlich ist, muss A also eine Ersatzfreiheitsstrafe von 80 Tagen Dauer verbüßen.

Die Ersatzfreiheitsstrafe ist eine echte Ersatzstrafe und anders als etwa die Erzwingungshaft nach § 890 ZPO nicht nur ein Zwangsmittel, um die Bezahlung der Geldstrafe doch noch durchzusetzen. Sie trifft auch den unverschuldet Zahlungsunfähigen.[44] Die Uneinbringlichkeit einer Geldstrafe ist außerdem nicht ins Belieben des Verurteilten gestellt, d.h. er kann nicht wählen, ob er freiwillig zahlen oder die Ersatzstrafe verbüßen will. Zahlt er nicht, so ist grundsätzlich[45] zunächst die Vollstreckung der Geldstrafe ernsthaft und ggf. wiederholt zu versuchen. Erst wenn von Uneinbringlichkeit auszugehen ist, ordnet die Vollstreckungsbehörde die Vollstreckung der Ersatzfreiheitsstrafe an, § 459e StPO. Das gleiche gilt, wenn die Geldstrafe trotz der Bewilligung von Zahlungserleichterungen nicht beglichen wird.

Art. 293 EGStGB eröffnet zu dieser Vorgehensweise eine Alternative: Die Abwendung der Ersatzfreiheitsstrafe durch freie Arbeit, d.h. durch Arbeit außerhalb des geschlossenen Vollzuges. Nach den landesrechtlichen Vorschriften, zu denen Art. 293 Abs. 1 Satz 1 EGStGB ermächtigt, wird dem Geldstrafenschuldner in der Regel die Möglichkeit eingeräumt, mit sechs Stunden gemeinnütziger Arbeit einen Tag Ersatzfreiheitsstrafe zu tilgen.[46] Soweit der Geldstrafenschuldner die freie Arbeit, die häufig in sozialen Einrichtungen abgeleistet wird und unentgeltlich erfolgen muss (vgl. Art. 293 Abs. 1 Satz 3 EGStGB), abgeleistet hat, ist die Ersatzfreiheitsstrafe erledigt, Art. 293 Abs. 1 Satz 2 EGStGB.

III. Tenorierungsvorschlag

Dem Gericht wird folgender Urteilstenor vorgeschlagen:

„Die Angeklagte wird wegen Hehlerei in zwei Fällen, unter Einbeziehung der durch Urteil des Amtsgerichts K. vom 26. November 2008 *[Aktenzeichen: ...]* verhängten Strafe und unter Aufrechterhaltung der dort angeordneten Sperrfrist von 6 Monaten, zu einer Gesamtgeldstrafe von 80 Tagessätzen zu je 30 Euro verurteilt.

Die Geldstrafe ist in 12 monatlichen Raten in Höhe von 200 Euro, jeweils zum 15. eines jeden Monats und beginnend ab dem 15. des auf die Rechtskraft dieser Entscheidung folgenden Monats, an das Konto *[...]* der Gerichtskasse K zu zahlen. Erfolgt eine Zahlung nicht rechtzeitig, ist die gesamte Reststrafe sofort fällig.

Die Angeklagte trägt die Kosten des Verfahrens."

---

[44] BGHSt 27, 90 (93); OLG Düsseldorf GA 1984, 514.
[45] Eine Ausnahme gilt, wenn die Erfolglosigkeit der Vollstreckung absehbar ist, § 459c Abs. 2 StPO.
[46] Nachw. bei LK-*Häger*, § 43 Rn. 12.

Fall 3 (*)

Tools and more

Einspruch gegen Strafbefehl – Beschränkung auf die Rechtsfolgen – Bemessung der Geldstrafe nach dem Tagessatzsystem – Bestimmung der Anzahl der Tagessätze – Berechnung der Tagessatzhöhe

Sachverhalt

Der Künstler K aus H kommt am 29. Januar 2009 zu Verteidiger V in die Kanzlei und bittet diesen um Beratung. K übergibt V einen Strafbefehl des Amtsgerichts H, welcher ihm am Mittwoch, den 21. Januar 2009 zugestellt worden ist. Darin wird K Folgendes zur Last gelegt:

„Am 24. Oktober 2008 bestellten Sie bei A, der unter dem Namen „Tools and more" einen Internetshop betreibt, ein Schweißgerät der Marke „Metabo E 150" zum Preis von 399 €. Vereinbart war die Zahlung des Kaufpreises per Überweisung nach Erhalt der Ware und einer Rechnung. Nachdem Sie das Schweißgerät erhalten hatten, wurden Sie seitens des A wiederholt per E-Mail und schriftlich zur Zahlung der 399 € aufgefordert, da Sie trotz Erhalt der Ware nicht zahlten.

Während Sie in zwei E-Mails die Verzögerung bei der Zahlung zunächst mit einer vermeintlichen Grippeerkrankung Ihrerseits entschuldigten und wiederholt eine baldige Überweisung des Betrages in Aussicht stellten, reagierten Sie zuletzt gar nicht mehr auf die Aufforderungen des A, den Kaufpreis zu entrichten oder die Ware zurückzusenden. Bereits zum Zeitpunkt des Kaufs über das Internet hatten Sie nicht die Absicht, den Kaufpreis zu entrichten."

Wegen des Vergehens des Betruges wurde gegen K in dem vorgelegten Strafbefehl eine Geldstrafe von 30 Tagessätzen zu je 30 €, insgesamt also 900 €, festgesetzt. Außerdem wurden ihm die Kosten des Verfahrens auferlegt. Der Strafbefehl ist mit einer ordnungsgemäßen Rechtsmittelbelehrung versehen.

Aus einem Gespräch mit K in der Kanzlei ergeben sich noch die folgenden Tatsachen: Als Künstler verfügt K über unregelmäßige Einkünfte. In den Frühjahrs- und Sommermonaten verkauft er selbst gestaltete Figuren aus Schrottteilen auf Floh-, Jahr- und Wochenmärkten oder in der Fußgängerzone von H. Damit erzielt er im Zeitraum von Mai bis September eines jeden Jahres monatlich etwa 1000 € (netto). In den verkaufsschwächeren Monaten im Herbst und Winter eines jeden

Jahres arbeitet H hauptsächlich an neuen Figuren für den Sommer. In dieser Zeit stehen ihm nur etwa 700 € (netto) zur Verfügung.

K stellt den ihm gemachten Vorwurf nicht in Abrede. Einige Wochen vor dem Erwerb des Schweißgerätes war das von K bislang benutzte Gerät kaputt gegangen. Daher konnte K keine Schweißarbeiten an seinen Figuren vornehmen. Eines Abends war er in einer Gaststätte zufällig Zeuge eines von zwei Männern leise geführten Gespräches geworden. Soweit K dies verfolgen konnte, brüstete sich einer der Männer damit, auf die von K schließlich imitierte Art und Weise bereits zahlreiche seiner kostspieligen Wünsche erfüllt und nie gezahlt zu haben. Da K Anfang November den Rückgang seiner Einkünfte aus dem Figurenverkauf bereits spürte und er unbedingt weiter an seinen Figuren arbeiten wollte, entschloss er sich, die mitgehörte Methode selbst einmal auszuprobieren, um so an ein neues Schweißgerät zu gelangen. Das Internet hielt K für weitestgehend unpersönlich, so dass er ohne größere Bedenken schließlich das Schweißgerät bestellte. Weitere Gedanken zu seinem Vorgehen machte er sich nicht.

K war nie verheiratet. Aus zwei seiner früheren Beziehungen sind jedoch Kinder hervorgegangen, so dass er Vater einer fünfjährigen Tochter und eines dreijährigen Sohnes ist. Die Mütter der Kinder sind beide berufstätig und haben sich bereits vor einigen Jahren mit einer monatlichen Unterhaltszahlung des K von jeweils 100 € für ihre Kinder einverstanden erklärt. K ist bisher lediglich einmal strafrechtlich in Erscheinung getreten. Im Jahr 2002 verurteilte ihn das Amtsgericht H wegen Diebstahls geringwertiger Sachen zu einer Geldstrafe von 20 Tagessätzen zu je 15 €.

Nachdem er zunächst davon ausgegangen war, mit seinem Vorgehen erfolgreich gewesen zu sein, erhielt K Mitte Dezember 2008 eine Vorladung zur Beschuldigtenvernehmung von der Polizei H. Dieser leistete er jedoch aus Angst und Scham keine Folge. Aus den gleichen Gründen möchte K – wenn möglich – ein persönliches Erscheinen vor einem Gericht vermeiden.

Aufgabe

V übergibt Ihnen die Angelegenheit mit der Bitte um Erstellung eines Gutachtens dazu, ob und wie mit Aussicht auf Erfolg gegen den Strafbefehl vorgegangen werden kann. Da V mit K vereinbart hat, ihn schon bald darüber zu informieren, womit K bei einem möglichen Vorgehen gegen den Strafbefehl zu rechnen hat, schließen Sie Ihr Gutachten mit einem konkreten Vorschlag zur Zweckmäßigkeit des weiteren Vorgehens.

Lösung

Fälle wie der geschilderte sind im Tatsächlichen untypisch, da im Internethandel meist die Vorleistungspflicht des Käufers, nicht des Verkäufers vereinbart wird. Auch bei Vorleistungspflicht des Käufers kann es freilich zu Betrugshandlungen kommen, wenn sich der Verkäufer das Geld überweisen lässt, aber seinerseits nicht liefert. Der Internethandel versucht hier zum Teil, durch die Einrichtung von Treuhandkonten gegenzusteuern.

Der nicht allzu schwere Fall hat eine prozessrechtliche und eine strafzumessungsrechtliche Seite. Aus prozessualer Sicht stellt sich die Frage, auf welchem Weg zweckmäßigerweise gegen den Strafbefehl vorgegangen werden kann. Insoweit genügt es nicht, das weitere Vorgehen mittels Einspruchs zu empfehlen; vielmehr wird erwartet, dass sich ein Bearbeiter auch mit den Vorteilen der Beschränkung des Einspruchs auf die Tagessatzhöhe befasst. Strafzumessungsrechtlich geht es um die Bemessung der Geldstrafe nach dem Tagessatzsystem (§ 40 StGB). In der Lösung ist zwischen der Bestimmung der Anzahl der Tagessätze und der Berechnung ihrer Höhe zu unterscheiden. Die Bemessung der Tagessatzanzahl orientiert sich an denselben Grundsätzen, nach denen auch die Freiheitsstrafe bemessen wird (§ 46 StGB; → Fall 1). Für die Berechnung der Tagessatzhöhe gelten eigene Grundsätze (§ 40 Abs. 2 und 3 StGB). Insoweit kommt es darauf an zu erkennen, dass in dem gegen K erlassenen Strafbefehl die Unterhaltsverpflichtungen des K gegenüber seinen beiden Kindern unberücksichtigt geblieben sind.

Lehrbuch: Teil 3, Abschnitt 4 (S. 55-75)

A. Gutachten zum Vorgehen gegen den Strafbefehl

Das Strafbefehlsverfahren – vom Gesetzgeber zur zügigen Erledigung einfach gelagerter Fälle von minderer Tatschwere geschaffen – ermöglicht die einseitige Straffestsetzung ohne öffentliche Hauptverhandlung und Urteil, wenn und soweit der Beschuldigte den im Strafbefehl formulierten Vorwurf und die festgesetzten Rechtsfolgen akzeptiert.[1] Der Erlass eines richterlichen Strafbefehls ist auf Antrag der Staatsanwaltschaft unter den in § 407 StPO genannten Voraussetzungen zulässig. Gegen das Strafbefehlsverfahren bestehen – trotz seiner Schriftlichkeit – unter rechtsstaatlichen Gesichtspunkten keine durchgreifenden Bedenken.[2] In der Praxis wird von dieser Möglichkeit einer zügigen Verfahrensbeendigung rege Gebrauch gemacht.[3]

---

[1] *Hellmann*, Strafprozessrecht, 354; Muster eines Strafbefehls bei *Haller/Conzen*, Strafverfahren, S. 336 f.
[2] BVerfGE 3, 248 (253).
[3] Vgl. *Meier*, Kriminologie, § 9 Rn. 59 f.

Anders als die Verfahrenseinstellung gegen Auflagen und Weisungen (§ 153a StPO) ist der Erlass eines Strafbefehls nicht von der Zustimmung des Beschuldigten abhängig. Der Beschuldigte kann gegen einen Strafbefehl jedoch mit dem Rechtsbehelf des Einspruchs nach § 410 StPO vorgehen.

I. Zulässigkeit des Einspruchs

Soll ein Vorgehen gegen den Strafbefehl im Wege des Einspruchs Aussicht auf Erfolg haben, so müsste dieser zulässig sein.

1. Frist

Der Einspruch müsste insbesondere innerhalb der Frist des § 410 Abs. 1 Satz 1 StPO eingelegt werden. Danach ist der Einspruch innerhalb von zwei Wochen nach Zustellung des Strafbefehls einzulegen. Die Zustellung des Strafbefehls, welche nach § 37 Abs. 1 StPO i.V.m. §§ 166 ff. ZPO erfolgt, ist demnach das maßgebliche Ereignis für den Beginn der Einspruchsfrist. Die Berechnung der Fristlaufzeit erfolgt im Strafverfahren grundsätzlich anhand der §§ 42, 43 StPO. Hier wurde K der Strafbefehl am Mittwoch, den 21. Januar 2009 zugestellt. Die Frist endet daher am Mittwoch, den 4. Februar 2009, 24 Uhr. Zum Zeitpunkt der Beratung des K durch V und der Gutachtenerstellung (29. Januar 2009) ist das fristgerechte Einlegen eines Einspruchs folglich noch möglich.

2. Form

Gemäß § 410 Abs. 1 Satz 1 StPO ist der Einspruch durch den Angeklagten schriftlich oder zu Protokoll der Geschäftsstelle bei dem Gericht einzulegen, das den Strafbefehl erlassen hat. Damit ist richtiger Adressat eines Einspruchs das Amtsgericht in H. Eine Berechtigung des V zur Einlegung des Einspruchs – namens und in Vollmacht des K – ergibt sich aus dem Verweis des § 410 Abs. 1 Satz 2 StPO auf die Vorschriften über Rechtsmittel. Danach ist § 297 StPO auf den Einspruch, der mangels Devolutiveffekts kein Rechtsmittel im eigentlichen Sinne darstellt[4], entsprechend anzuwenden.

3. Begründung

Fraglich ist, ob der Einspruch darüber hinaus auch zu begründen ist. Aus den maßgeblichen Vorschriften lässt sich ein Begründungserfordernis nicht entnehmen, so dass eine Begründung des Einspruchs grundsätzlich nicht erforderlich ist.[5]

---

[4] KK StPO-*Fischer*, § 410 Rn. 1.
[5] KK StPO-*Fischer* § 410 Rn. 6.

Möglicherweise ist eine Begründung aber schon im Rahmen der Rechtsbehelfseinlegung sinnvoll, insbesondere wenn der Einspruch auf bestimmte Beschwerdepunkte beschränkt werden soll. Dies ist gemäß § 410 Abs. 2 StPO grundsätzlich zulässig. Ebenso wie die Rechtsmittel der Berufung (§ 318 StPO) und der Revision (§ 344 Abs. 1 StPO) kann auch der Einspruch beschränkt werden, wobei insbesondere an eine **Beschränkung auf den Rechtsfolgenausspruch** zu denken ist, da die Frage der Strafzumessung von der Schuldfrage getrennt beurteilt werden kann (horizontale Beschränkung des Prozessstoffs).[6] Gerade in einfach gelagerten Fällen, in denen sich der Angeklagte vollumfänglich und geständig einlässt, wird in der Praxis vielfach nur wegen der Höhe des festgesetzten Tagessatzes Einspruch eingelegt. Um die Beschränkung deutlich zu machen, ist es notwendig, den Einspruch bereits bei seiner Einlegung zu begründen, um dem Gericht die angestrebte Richtung weisen zu können.[7]

4. Zwischenergebnis

Festzuhalten ist, dass die form- und fristgerechte Einlegung des Einspruchs gegen den Strafbefehl zum Zeitpunkt der anwaltlichen Beratung des K noch möglich ist, ein Einspruch also zulässig wäre.

II. Begründetheit des Einspruchs

Es fragt sich jedoch, ob die im Strafbefehl getroffenen Festsetzungen hinsichtlich der rechtlichen Würdigung des Verhaltens des K und der festgesetzten Rechtsfolge überhaupt zu beanstanden sind. Denn nur im Falle einer fehlerhaften rechtlichen Würdigung oder übersetzten Rechtsfolgenfestsetzung im Strafbefehl verspricht eine mittels Einspruchs herbeigeführte erneute Prüfung der Sach- und Rechtslage Aussicht auf Erfolg, so dass es aufgrund des Einspruchs zu einer für den Angeklagten günstigeren Entscheidung kommen kann.[8]

1. Strafbarkeit des K

Indem K das Schweißgerät zu einem Preis von 399 € bei A bestellte, obgleich er von Beginn an nicht die Absicht hatte, den Betrag nach Erhalt des Geräts an den Internethändler zu zahlen, und er den Geschädigten in dem Glauben ließ, er werde in Kürze die Zahlung veranlassen, bevor er sich letztlich ohne Bezahlung des Kaufpreises gar nicht mehr meldete, hat sich K wegen Betruges gemäß § 263 Abs. 1 StGB strafbar gemacht.

---

[6] BGHSt 19, 46 (48); *Meyer-Goßner*, § 410 Rn. 4.
[7] Vgl. HK-GS/*Meier*, § 473 Rn. 6.
[8] Auf die konkreten Verfahrensfolgen eines Einspruchs ist erst im Rahmen der Zweckmäßigkeitserwägungen (→ unten B.) näher einzugehen.

K hat über innere Tatsachen, nämlich über seine Erfüllungswilligkeit und Zahlungsbereitschaft, getäuscht. Bereits zum Zeitpunkt der Bestellung hatte K nicht die Absicht, den Kaufpreis zu entrichten. Auch wusste er, dass er zum Zeitpunkt des Kaufs nicht über die nötigen Mittel verfügen würde, um die eingegangene Verbindlichkeit zu erfüllen. Diese Form der schlüssigen Erklärung, bei Fälligkeit einer Forderung zahlen zu können und zu wollen, ist der praktisch häufigste Fall einer konkludenten Täuschung. Derjenige, der einen Vertrag schließt, erklärt in der Regel seine Erfüllungswilligkeit und -fähigkeit.[9]

Durch die Bestellung hat K bei A einen Irrtum über seine tatsächlich nicht bestehende Zahlungsbereitschaft erregt, durch die wiederholte Ankündigung, den Betrag noch überweisen zu wollen, hat er bei A diesen Irrtum außerdem – zumindest zeitweise – noch unterhalten. Die Versendung des Schweißgerätes an K im Vertrauen auf eine baldige Zahlung des Kaufpreises stellt eine Vermögensverfügung dar, die auf Seiten des A zu einem Schaden in Höhe von 399 € geführt hat.

K räumte im Gespräch mit V ein, dass er sich durch die Tat ohne Rücksicht auf seine bescheidenen finanziellen Mittel endlich ein neues Schweißgerät zur eigenen Verwendung verschaffen wollte. Er handelte mithin vorsätzlich und in der Absicht, sich einen rechtswidrigen Vermögensvorteil zu verschaffen. Auch handelte er rechtswidrig und schuldhaft. Die Geringwertigkeitsgrenze für das Antragserfordernis (§ 263 Ab. 4 i.V.m. § 248a StGB) ist eindeutig überschritten.

Da die rechtliche Wertung des Verhaltens des K im Strafbefehl somit zutreffend und durch das Gericht eine andere Bewertung nicht zu erwarten ist, erscheint eine erneute Prüfung nach zulässigem Einspruch nicht erfolgversprechend.

2. Festgesetzte Rechtsfolge

Allerdings könnte die im Strafbefehl gegen K festgesetzte Geldstrafe von 30 Tagessätzen zu je 30 € als übersetzt anzusehen sein, so dass eine für K günstigere Entscheidung im Rahmen der nach Einspruch erfolgenden (erneuten) gerichtlichen Prüfung unter diesem Aspekt in Betracht kommt. Vorab kann bereits festgehalten werden, dass mit der gegen K verhängten Geldstrafe eine der nach § 407 Abs. 2 Nr. 1 StPO zulässigen Rechtsfolgen der Tat festgesetzt wurde.

a) Tagessatzanzahl

Die Bestimmung der Geldstrafe richtet sich nach dem sog. Tagessatzsystem, innerhalb dessen die Festlegung der Tagessatzanzahl den ersten Schritt der konkreten Bemessung der Geldstrafe darstellt. Zunächst ist daher zu fragen, ob die Anzahl der Tagessätze den Grundsätzen der Strafzumessung entsprechend – diese gelten nicht nur für die Bestimmung der Freiheitsstrafe, sondern in gleicher Weise für die Bemessung der Geldstrafe[10] – festgesetzt worden ist.

---

[9] *Fischer*, § 263 Rn. 19 m.w.N.
[10] BGH NStZ 1989, 178; *Fischer*, § 40 Rn. 5.

aa) Strafrahmen

Nach § 263 Abs. 1, § 40 Abs. 1 Satz 2 StGB reicht der Strafrahmen vorliegend von einer Mindeststrafe von 5 Tagessätzen Geldstrafe bis zu einer Höchststrafe von 5 Jahren Freiheitsstrafe. Aus § 40 Abs. 1 Satz 2 StGB folgt außerdem, dass die Anzahl der Tagessätze 360 (bei Gesamtstrafe 720, vgl. § 54 Abs. 2 Satz 2 StGB) nicht überschreiten darf. Anhaltspunkte für eine Strafrahmenverschiebung „nach oben" oder „nach unten" bestehen nicht.

Mit einer Anzahl von 30 Tagessätzen ist der vorgegebene Strafrahmen erkennbar eingehalten worden. Die Tagessatzanzahl liegt außerdem – dies ist ebenfalls deutlich erkennbar – am unteren Rand des grundsätzlich zur Verfügung stehenden Strafrahmens.

bb) Schuldrahmen

Mit dem BGH ist anhand der sog. Spielraumtheorie innerhalb des gesetzlichen Strafrahmens der Rahmen zu ermitteln, innerhalb dessen eine Strafe schon oder noch schuldangemessen ist. Bei der Bestimmung der Tagessatzanzahl sind in derselben Weise wie bei der Bemessung der Dauer einer Freiheitsstrafe (→ oben Fall 1) die Leitlinien des § 46 Abs. 1 StGB maßgeblich, d.h. die Anzahl der Tagessätze richtet sich in erster Linie nach dem Grad der **Schuld** des Täters, also der Schwere des Handlungs- und Erfolgsunrechts und dem Ausmaß der Vorwerfbarkeit; erst im Rahmen des durch die Schuldschwere gezogenen Spielraums dürfen Präventionsgesichtspunkte berücksichtigt werden. § 46 Abs. 2 StGB findet mit der Maßgabe Anwendung, dass die dort angesprochenen persönlichen und wirtschaftlichen Verhältnisse des Täters, insbesondere seine finanzielle Belastbarkeit, grundsätzlich unberücksichtigt bleiben. Beide Gesichtspunkte werden grundsätzlich erst bei der Bestimmung der Tagessatzhöhe berücksichtigt (§ 40 Abs. 2 Satz 1 StGB) und wirken sich bei der Festlegung der Tagessatzanzahl nur dann und nur insoweit aus, als sich aus ihnen – wie etwa beim Handeln aus Not – Rückschlüsse auf das Maß der Schuld ziehen lassen.[11]

Den ersten und wichtigsten Anhaltspunkt für die Frage nach der Schwere der Strafzumessungsschuld liefern die **Tatmodalitäten**, im Rahmen des § 263 StGB also insbesondere die Art und das Ausmaß des durch die Tat verursachten Schadens. Der Schaden ist vorliegend nicht nur in Form einer konkreten Vermögensgefährdung eingetreten, vielmehr hat der Internethändler A zumindest den Besitz an dem Schweißgerät auf K übertragen; A hat also eine echte Vermögenseinbuße erlitten. Auch liegt der von K verursachte Schaden mit 399 € eindeutig nicht mehr im Bereich eines nur geringfügigen Schadens. Auf der anderen Seite ist zu berücksichtigen, dass der Schaden deutlich unterhalb der Grenze liegt, die in anderen Zusammenhängen (§ 69 Abs. 2 Nr. 3, § 315c Abs. 1 StGB) als „bedeutend" angesehen wird (1.300 €).[12] Überdies wusste der Geschädigte, dass er nach der getrof-

---

[11] LK-*Häger*, § 40 Rn. 5; S/S-*Stree*, § 40 Rn. 4; *Schäfer/Sander/van Gemmeren*, Praxis der Strafzumessung, Rn. 78.
[12] *Fischer*, § 69 Rn. 29, § 315 Rn. 16a.

fenen Vereinbarung vorleistungspflichtig war; A, der immerhin einen Internetshop betreibt und dementsprechend mit dem Geschäftsgebaren im Internetverkehr vertraut ist, kannte das Risiko, das sich mit dem Geschäft verband, und entschied sich dennoch zur Übertragung des Besitzes am Schweißgerät auf K.

Ebenfalls für die Strafzumessung relevant sind die **Beweggründe und Ziele** des Täters, die aus der Tat sprechende **Gesinnung** und der bei der Tat aufgewendete **Wille**, vgl. § 46 Abs. 2 Satz 2 StGB. Für die Gerichte spielt in diesem Zusammenhang häufig auch die vom Täter aufgewendete kriminelle Energie eine Rolle, wobei eine starke kriminelle Intensität regelmäßig straferschwerend, eine schwache dagegen mildernd wirkt.[13] Nach der Rechtsprechung kann eine planmäßige Verminderung des Überführungsrisikos als Ausdruck erheblicher krimineller Energie dann strafschärfend gewertet werden, wenn der Täter besondere, über die Tatbestandserfüllung hinausgehende Vorkehrungen trifft.[14]

K hatte sich aufgrund des zufällig mitgehörten Gesprächs und aufgrund der vermeintlichen Zwanglosigkeit und Anonymität des Massenmediums „Internet" zur Tatausführung entschlossen. Er wollte die vernommene Methode erproben und sich so ein neues Schweißgerät verschaffen, nachdem er bereits einige Zeit ohne ein solches auskommen musste. Dabei entwickelte er keine eigenständigen Ideen zur „Verfeinerung" des Vorgehens; er legte sich insbesondere keine Alias-Persönlichkeit zu, um die Ermittlung seiner Person und seine Verfolgung zu erschweren. K übermittelte vielmehr seine eigene und korrekte Anschrift, obwohl er z.B. auch eine Postfachadresse o.ä. hätte angeben können; er benutzte keine fremden oder erdachten Kontaktdaten. Er verschaffte sich nicht etwa Zugang mittels der Daten eines Dritten, um A über seine Person zu täuschen oder den Verdacht auf einen Dritten zu lenken. Von einer „kreativen" Tatplanung, einer raffinierten Tatausführung kann demnach keineswegs gesprochen werden.

Mit dem Schweißgerät wollte K an seinen Figuren arbeiten, die er im Frühjahr und Sommer zu verkaufen gedachte. Ziel seines Handelns war es also auch, die Grundlage seiner Einkünfte zu sichern. Allerdings dürfte K entgegenzuhalten sein, dass er zum Zeitpunkt der Bestellung des Gerätes Ende Oktober nicht in einer finanziellen Notlage schwebte; es gab also keinen direkten „äußeren Anlass" für sein Vorgehen.

Relevant ist weiterhin das **Vorleben** des Täters. Die Hauptrolle spielt hierbei das Fehlen bzw. Vorhandensein von Vorverurteilungen. Dabei wirkt eine Häufung einschlägiger Vorstrafen erschwerend, während das Führen eines bislang straffreien Lebens nicht als selbstverständlich anzusehen, sondern strafmildernd zu berücksichtigen ist.[15]

K ist bislang lediglich einmal strafrechtlich in Erscheinung getreten. Im Jahr 2002 verurteilte ihn das Amtsgericht H wegen Diebstahls geringwertiger Sachen zu einer Geldstrafe von 20 Tagessätzen zu je 15 €. Der Verurteilung lag zwar keine einschlägige, also eine aus dem Bereich der Vermögensdelikte stammende,

---

[13] *Fischer*, § 46 Rn. 31; krit. *Schäfer/Sander/van Gemmeren*, Praxis der Strafzumessung, Rn. 339.
[14] BGH NStZ 2000, 586.
[15] *Schäfer/Sander/van Gemmeren*, Praxis der Strafzumessung, Rn. 358 ff.

Straftat zugrunde, sondern ein Eigentumsdelikt. In der Praxis wird hier aber eine Vergleichbarkeit angenommen, so dass diese Verurteilung die Vorwerfbarkeit der Tat erhöhen dürfte. Dass aber weitere strafrechtlich relevante Verfehlungen des K nicht vorliegen, er insbesondere über einen Zeitraum von 6 Jahren nach der Verurteilung im Jahre 2002 nicht weiter in Erscheinung getreten ist, muss zugunsten des K Berücksichtigung finden.

Nach dem Willen und der Wertung des Gesetzgebers, kommt im Rahmen der Strafzumessung auch dem **Nachtatverhalten** des Täters erhebliche Bedeutung zu. Allerdings gilt es stets zu beachten, dass aus prozessual zulässigem Verhalten keine nachteiligen Schlüsse gegen einen Beschuldigten oder Angeklagten gezogen werden dürfen. Zwar kann ein Geständnis einen eigenständigen, positiven Handlungs- und Erfolgswert begründen, welcher dem Unwert der Tat entgegengestellt werden kann.[16] Die Ausübung des dem Beschuldigten zustehenden Schweigerechts darf jedoch nicht bzw. nur in sehr engen Grenzen gewertet werden.[17] Auch dass K nicht zur polizeilichen Vernehmung erschienen ist – wozu er nicht verpflichtet war – und bisher keinerlei Einlassung abgegeben, also keine Angaben zur Sache gemacht hat, darf nicht anders als neutral gewertet werden, da es sich dabei um prozessual zulässiges Verhalten handelt.

Fazit: Aus der Zusammenschau und Gewichtung der relevanten Strafzumessungstatsachen – einer vorzunehmenden Gesamtwürdigung[18] – ergibt sich im vorliegenden Fall, dass das betrügerische Handeln des K hinsichtlich des verwirklichten Unrechts und der Schwere der ihm vorzuwerfenden Schuld als ein im untersten Bereich liegender Fall einzustufen ist. Daraus folgt, dass die „Einstiegstelle" in den Strafrahmen deutlich unterhalb der Mitte des Strafrahmens anzusiedeln ist. Der für die Tat ermittelte Schuldrahmen braucht nicht benannt und auch im Strafbefehl nicht angegeben zu werden.[19]

cc) Zwischenergebnis

Die festgesetzte Anzahl der Tagessätze liegt mit 30 Tagessätzen den Umständen des Falls entsprechend und erkennbar im untersten Bereich des zur Verfügung stehenden Straf- und Schuldrahmens, welcher für diese Art der leichteren Fälle des Betruges vorgesehen ist. Die Tagessatzanzahl ist nicht zu beanstanden. Es kann dementsprechend nicht davon ausgegangen werden, dass die als weitestgehend milde anzusehende Tagessatzanzahl im Verlauf des weiteren Verfahrens nach einem Einspruch noch weiter „nach unten" korrigiert werden würde.

---

[16] BGHSt 45, 195 (209); LK-*Theune*, § 46 Rn. 206; *Meier*, Strafrechtliche Sanktionen, 191.
[17] *Lackner/Kühl*, § 46 Rn. 43 m.w.N.
[18] Vgl. BVerfGE 50, 125 (136).
[19] *Schäfer/Sander/van Gemmeren*, Praxis der Strafzumessung, Rn. 645.

b) Tagessatzhöhe

Etwas anderes könnte jedoch für die festgesetzte Tagessatzhöhe gelten. Die Bestimmung der Tagessatzhöhe – der zweite Zumessungsakt bei der Berechnung einer Geldstrafe – beruht nach § 40 Abs. 2 Satz 2 StGB auf dem sog. Nettoeinkommensprinzip.[20] Dabei ist von dem Betrag auszugehen, den der Täter an einem Tag verdient oder bei zumutbarem Einsatz seiner Arbeitskraft verdienen könnte (40 Abs. 2 Satz 3 StGB).

Da gegen K Strafbefehl erlassen wurde, ohne dass dieser zuvor Angaben zur Sache oder zu seinen wirtschaftlichen Verhältnissen gemacht hatte, wurde die Höhe der Tagessätze nicht auf der Grundlage der tatsächlichen persönlichen Verhältnisse des K festgesetzt. Es ist vielmehr davon auszugehen, dass die Höhe eines Tagessatzes seitens der Staatsanwaltschaft in Ermangelung weiterer Erkenntnisse über die Verhältnisse des K unter Zugrundelegung ihrer Erfahrung in gleich gelagerten Fällen geschätzt wurde, was grundsätzlich zulässig ist (vgl. § 40 Abs. 3 StGB). Eine gerichtliche Überprüfung nach Einspruch gegen den Strafbefehl könnte dementsprechend zu einer Herabsetzung der Tagessatzhöhe führen, wenn sich bei Zugrundelegung der tatsächlichen Einkommensverhältnisse des K eine geringere Tagessatzhöhe errechnen würde.

aa) Nettoeinkommen

Vom strafrechtlichen Begriff des Nettoeinkommens sind die Einnahmen des Täters umfasst, von denen die Steuern, die Sozialabgaben, vergleichbare Ausgaben für private Altersrenten- oder Krankenversicherungen, Betriebsausgaben und Werbungskosten abzuziehen sind.[21] Dabei müssen Einkommensschwankungen, die z.B. durch vorübergehende Umsatzeinbußen oder saisonale Kreativitäts- und Schaffensphasen bedingt sind, durch die Berechnung des Einkommensdurchschnitts ausgeglichen werden.[22] K verfügt nach eigenen Angaben als Künstler insbesondere in den Frühjahrs- und Sommermonaten über ein gefestigtes Einkommen aus dem Verkauf seiner Figuren auf verschiedenen Märkten oder in der Fußgängerzone von H in Höhe von etwa 1000 € (netto). Allerdings bringen die Herbst- und Wintermonate einen deutlichen Abfall seiner Einkünfte aus dem Verkauf der Figuren. Daher erzielt er in diesem Zeitraum lediglich ca. 700 € (netto) monatlich. Die verkaufsschwächere Zeit des Jahres nutzt K überwiegend, um für die jeweils bevorstehende verkaufsstärkere Phase vorzuarbeiten. Auf ein Jahr gerechnet stehen K also im Durchschnitt 850 € (netto) im Monat zur Verfügung, die für die Bemessung der Geldstrafe in Ansatz zu bringen sein könnten ([6 Monate à 1.000 € + 6 Monate à 700 €] / 12).

Legte man diese 850 € bei der Bestimmung der Tagessatzhöhe zugrunde, so wären gegen die Berechnungen der Tagessatzhöhe keine Einwände zu erheben. Der Tagesdurchschnitt bestimmt sich nach der durchschnittlichen Einkommens-

---

[20] LK-*Häger*, § 40 Rn. 25; *Streng*, Strafrechtliche Sanktionen, Rn. 109.
[21] S/S-*Stree*, § 40 Rn. 9 f.; MüKo-*Radtke*, § 40 Rn. 49 ff.
[22] S/S-*Stree*, § 40 Rn. 10; LK-*Häger*, § 40 Rn. 50; MüKo-*Radtke*, § 40 Rn. 65.

höhe aller und damit auch der arbeitsfreien Tage des Einkommenszeitraums, also eines Monats, für den eine mittlere Dauer von 30 Tagen zugrunde zu legen ist. Die Höhe eines Tagessatzes beträgt folglich 1/30 des monatlichen Nettoeinkommens, im Fall des K mithin 28 €, da der Betrag des Tagessatzes stets auf volle Euro lauten muss (850 € / 30 = 28,3 €).[23]

Obwohl eine Tagessatzhöhe von 28 € geringer ist als die im Strafbefehl festgesetzte Höhe von 30 €, wird man hiergegen kaum mit Aussicht auf Erfolg vorgehen können. In der Praxis ist es üblich, die rein rechnerisch erzielten Ergebnisse auf die nächste glatte Tagessatzhöhe auf- oder abzurunden. Dabei wird in der Regel in 5er-Schritten vorgegangen und üblicherweise abgerundet (z.B. 23 € auf 20 €); ein Aufrunden wie in dem hier gegebenen Umfang ist allerdings ebenfalls vertretbar. Die Praxis ist vom Gesetzeswortlaut gedeckt, da das Gericht vom Nettoeinkommen des Täters nur „auszugehen" hat (§ 40 Abs. 2 Satz 2 StGB). Bei einem Ausgangspunkt von 850 € im Monat kann demnach eine Tagessatzhöhe von 30 € vertretbar errechnet werden.

bb) persönliche und wirtschaftliche Verhältnisse

Allerdings ist vorliegend zu prüfen, ob zugunsten des K ein geringeres Durchschnittseinkommen als 850 € pro Monat in Ansatz zu bringen ist, weil K im Monat tatsächlich nur weniger Geld zur Verfügung hat. Zu berücksichtigen ist nämlich, dass K Vater zweier Kinder ist, für die er jeweils 100 € im Monat an Unterhalt zu zahlen hat.

Das monatliche Nettoeinkommens stellt lediglich „in der Regel" die Bemessungsgrundlage für die Tagessatzhöhe dar (§ 40 Abs. 2 Satz 2 StGB); ebenfalls zu berücksichtigen sind die persönlichen und wirtschaftlichen Verhältnisse des Täters (§ 40 Abs. 2 Satz 1 StGB). Die Tagessatzhöhe muss deshalb – nicht zuletzt mit Blick auf die Erzielung einer für alle Verurteilten möglichst gleichen Strafwirkung – bei Bedarf der jeweiligen wirtschaftlichen Belastbarkeit des Täters „nach unten" oder „oben" angepasst werden.[24] Die Anpassung vollzieht sich nicht anhand schematischer Regeln. Sie ergibt sich vielmehr aus einer Abwägung aller aus den persönlichen und wirtschaftlichen Verhältnissen des Täters abzuleitenden Gründe, soweit sie unter dem Gesichtspunkt der Belastungsgleichheit für oder gegen ein Abweichen vom Nettoeinkommen sprechen.[25]

Dass **Unterhaltsverpflichtungen** des Täters berücksichtigt werden müssen, wurde stets anerkannt. Einzelheiten waren und sind jedoch streitig.[26] Der BGH vermochte dem Problem seine Schärfe zu nehmen, weil dem tatrichterlichen pflichtgemäßen Ermessen weiter Raum eingeräumt wurde.[27] In der Praxis hat sich durchgesetzt, bei der Berücksichtigung von Unterhaltsverpflichtungen entweder die Regelsätze nach der RegelunterhaltsVO bzw. die Unterhaltstabellen der Ober-

---

[23] S/S-*Stree*, § 40 Rn. 7.
[24] OLG Hamm NJW 1980, 1534 (1535); MüKo-*Radtke*, § 40 Rn. 84.
[25] *Lackner/Kühl*, § 40 Rn. 10.
[26] Vgl. *Krehl*, NStZ 1989, 463.
[27] BGHSt 27, 212 (214 ff.).

landesgerichte (z.B. die Düsseldorfer Tabelle) zugrunde zu legen oder für jede unterhaltsberechtigte Person pauschale Abschläge vorzunehmen (z.B. für eine nicht berufstätige Ehefrau 25 %, für jedes unterhaltene Kind 15 % des jeweiligen Nettoeinkommens, insgesamt aber nicht mehr als 50 %).[28] Kann allerdings der tatsächlich geleistete Unterhalt ermittelt werden, ist dieser zugrunde zu legen.

Daraus folgt, dass die von K insgesamt zu leistenden 200 € Kindesunterhalt vorliegend bei der Bestimmung der Tagessatzhöhe in Abzug zu bringen sind, so dass sich anhand der 1/30-Rechnung eine angemessene Tagessatzhöhe von lediglich 20 € ergibt ([850 € - 200€] / 30 = 22 €, abgerundet 20 €).

Zwar ist die Festsetzung der Tagessatzhöhe letztlich urteilende und alle maßgeblichen Umstände wertende Aufgabe des Tatrichters, welche auch seitens des Revisionsgerichts bis zur Grenze des Vertretbaren hinzunehmen ist.[29] Angesichts der erheblichen Differenz zwischen 20 und 30 € ist vorliegend aber dennoch davon auszugehen, dass eine Tagessatzhöhe von 30 € im Laufe des weiteren Verfahrens nach einem Einspruch keinen Bestand haben dürfte, sondern nach unten korrigiert werden wird.

III. Ergebnis

Die im Strafbefehl festgesetzte Tagessatzhöhe von 30 € ist unter Beachtung der tatsächlichen Verhältnisse des K als übersetzt anzusehen. Eine erneute Überprüfung der Tagessatzhöhe im Rahmen des weiteren Verfahrens nach einem Einspruch gegen den Strafbefehl hat Aussicht auf Erfolg.

B. Zweckmäßigkeit des Vorgehens

Ein zulässiger Einspruch gegen einen Strafbefehl führt grundsätzlich gemäß § 411 Abs. 1 Satz 2 StPO zur Anberaumung eines Termins zur Hauptverhandlung. Durch den **Einspruch** erhält der Angeklagte die Möglichkeit, das im schriftlichen Strafbefehlsverfahren nicht gegebene rechtliche Gehör herbeizuführen.[30] Zu berücksichtigen ist allerdings, dass K zwar ein Vorgehen gegen den Strafbefehl wünscht, im Gespräch mit V aber ausdrücklich erklärt hat, ein persönliches Erscheinen vor Gericht – soweit möglich – vermeiden zu wollen. Diesem Wunsch könnte Rechnung getragen werden, wenn das Gericht nach § 411 Abs. 1 Satz 3 StPO von der Möglichkeit einer **Beschlussentscheidung** Gebrauch macht.

Nach dieser Vorschrift hat das Gericht die Möglichkeit, mit Zustimmung aller Verfahrensbeteiligten ohne mündliche Verhandlung durch Beschluss zu entscheiden, wenn der Angeklagte seinen Einspruch auf die Höhe der Tagessätze einer

---

[28] MüKo-*Radtke*, § 40 Rn. 90; *Fischer*, § 40 Rn. 14.
[29] OLG Celle JR 1977, 382 (383).
[30] KK StPO-*Fischer*, Vor § 407 Rn. 3.

festgesetzten Geldstrafe beschränkt. Ob der Beschlussweg gewählt wird, richtet sich allerdings trotz des Erfordernisses der Zustimmung der übrigen Verfahrensbeteiligten allein nach dem pflichtgemäß auszuübenden Ermessen des Gerichts.[31]

Erscheint die **Beschränkung** des Einspruchs **auf die Tagessatzhöhe** damit schon deshalb sinnvoll, um dem Interesse des K an der Vermeidung einer Hauptverhandlung Rechnung zu tragen, ist eine derartige Beschränkung auch deshalb ratsam, weil sich auf diesem Weg eine unliebsame Verschärfung der im Strafbefehl festgesetzten Rechtsfolgen vermeiden lässt. Beschränkt K den Einspruch nicht, so ist das Gericht nach § 411 Abs. 4 StPO unter keinem Gesichtspunkt an den im Strafbefehl enthaltenen Ausspruch gebunden. Der Strafbefehl wird durch den Einspruch – vorbehaltlich einer Einspruchsrücknahme – beseitigt und findet in einem möglichen Urteil am Ende einer durchgeführten Hauptverhandlung keine Berücksichtigung mehr. Das sonst im Rechtsmittelrecht geläufige Verschlechterungsverbot (§ 331 Abs. 1, § 358 Abs. 2 StPO) gilt nach der Einlegung eines Einspruchs nämlich nicht.[32] Nach ganz h.M. ist es dem Gericht bei unbeschränktem Einspruch also auch möglich, bei unverändertem Sachverhalt eine höhere als die im Strafbefehl ausgesprochene Strafe festzusetzen.[33] Für K besteht mithin die Gefahr, dass das Gericht im Rahmen der auf den Einspruch folgenden erneuten Prüfung der Sach- und Rechtslage zu einer anderen als der im Strafbefehl getroffenen Wertung, z.B. im Hinblick auf die Anzahl der Tagessätze, gelangt. Wird der Einspruch hingegen auf die Höhe der Tagessätze beschränkt, so ist das Gericht hinsichtlich des Schuldausspruchs und der Anzahl der Tagessätze an die im Strafbefehl getroffenen Festsetzungen gebunden (§ 411 Abs. 1 Satz 3, 2. Halbs. StPO).

V sollte dem K also raten, ihn mit der Einlegung eines Einspruchs gegen den Strafbefehl, beschränkt auf die Höhe der Tagessätze der festgesetzten Geldstrafe, zu betrauen. Ob K **Zahlungserleichterungen** im Sinne von § 42 StGB zu gewähren sind, hat das Gericht von Amts wegen und als 3. Schritt der Bestimmung der Geldstrafe zu prüfen;[34] es gibt im Gesetz keine Anhaltspunkte dafür, dass diese Prüfung nicht auch im Beschlussverfahren nach § 411 Abs. 1 Satz 3 StPO erfolgen darf.

V sollte K allerdings darauf hinweisen, dass die Berechnung der Tagessatzhöhe, wie bereits im Gutachten erwähnt, nicht anhand starrer Regeln, sondern vielmehr wertend durch das Gericht erfolgt und somit das allgemeine Prozessrisiko besteht, dass das Gericht zu einer anderen als der hier vertretenen Auffassung gelangt. Insbesondere kann das Gericht auf der Anberaumung eines Termins zur Hauptverhandlung bestehen (§ 411 Abs. 1 Satz 2 StPO). Für diesen Fall hat K aber die Möglichkeit, sich in der Hauptverhandlung durch den mit einer schriftlichen Vollmacht versehenen V vertreten zu lassen, vgl. § 411 Abs. 2 Satz 1 StPO.

---

[31] *Meyer-Goßner*, § 411 Rn. 2.
[32] KK StPO-*Fischer*, § 411 Rn. 34.
[33] *Meyer-Goßner*, § 411 Rn. 11.
[34] *Fischer*, § 42 Rn. 2.

Fall 4 (**)

Dieser Weg wird kein leichter sein

Vorstrafen – kurze Freiheitsstrafe – erheblich verminderte Schuldfähigkeit bei Suchtmittelabhängigkeit – Gesamtstrafenbildung – Strafaussetzung zur Bewährung – Legalprognose bei Suchtmittelabhängigkeit

Sachverhalt

Die im Juli 2009 vor dem Strafrichter des Amtsgericht B durchgeführte Beweisaufnahme hat Folgendes ergeben:[1]

Die angeklagte A benutzte am 30. November 2008, am 2. Dezember 2008 und am 25. Januar 2009 öffentliche Verkehrsmittel in B, indem sie diese betrat und sich möglichst weit entfernt vom Fahrer hinsetzte. In allen Fällen wurde sie durch Kontrolleure ohne einen gültigen Fahrausweis angetroffen, nachdem sie bereits mehrere Stationen weit gefahren war. Das Beförderungsentgelt in B beträgt 2,10 € je Fahrt. Seitens der Verkehrsbetriebe der Stadt B wurde in allen Fällen Strafantrag gestellt.

Am Abend des 29. Januar 2009 betrat A einen Supermarkt in B, steckte zwei Flaschen Bier im Gesamtwert von 3,90 € in ihre Manteltaschen und passierte sodann den Kassenbereich, ohne das Bier zu bezahlen. Der Ladendetektiv D, welcher A beim Einstecken der Flaschen beobachtet hatte, sprach die leicht durcheinander und körperlich mitgenommen wirkende A nach Durchqueren des Kassenbereichs an und erteilte ihr letztlich ein bis auf weiteres einzuhaltendes Hausverbot. Auch seitens des Supermarktinhabers wurde Strafantrag gestellt.

Die 38jährige Angeklagte ist ledig und hat bislang keine Kinder, ist nun aber schwanger. Sie ist arbeitslos und ALG II-Empfängerin; über weitere Einkünfte verfügt sie nicht. Seit ihrem 17. Lebensjahr konsumiert A regelmäßig und im Übermaß Drogen. Zu Beginn ihrer „Drogenkarriere" nahm A hauptsächlich Alkohol zu sich, rauchte Zigaretten und Haschisch. Mit 20 Jahren kam sie das erste Mal mit Heroin in Berührung. Während sie dieses ebenfalls zunächst rauchte, ging sie schnell dazu über, Heroin zu spritzen; zuletzt etwa drei- bis viermal täglich. Eine im Jahre 2005 begonnene Entgiftung brach A nach wenigen Tagen ab, da sie

---

[1] Fall teilweise in Anlehnung an OLG Stuttgart NJW 2006, 1222.

das Gefühl hatte, die damit verbundenen Entzugserscheinungen nicht durchhalten zu können. Seit A vor vier Monaten entdeckte, dass sie schwanger ist, befindet sie sich in einem Substitutionsprogramm, basierend auf der ärztlich überwachten Vergabe des Mittels Methadon. Eine erneute Aufnahme in eine Entgiftungseinrichtung steht derzeit noch nicht unmittelbar bevor, ist aber von ihr nach der Entbindung beabsichtigt.

In der Hauptverhandlung räumte A ein, die Verkehrsmittel ohne einen gültigen Fahrausweis benutzt zu haben. Sie ließ sich dahingehend ein, aufgrund ihrer Drogensucht mit den wenigen ihr zur Verfügung stehenden Mitteln nicht auszukommen, weshalb sie einfach kein Geld für die Fahrscheine gehabt habe. An die Ereignisse vom 29. Januar 2009 konnte A sich nur vage erinnern, da sie an diesem Tag zunehmend unter starken Knochen- und Muskelschmerzen sowie Schüttelfrost und Übelkeit litt, nachdem sie im Verlaufe des Tages nicht an die von ihr benötigte Menge Heroin gelangen konnte. Von dem entwendeten Alkohol versprach sie sich eine gewisse Linderung ihrer körperlichen und psychischen Beschwerden.

Der Bundeszentralregisterauszug der A weist zahlreiche Eintragungen auf. In drei Fällen erfolgte eine Verurteilung wegen unerlaubten Besitzes von Betäubungsmitteln, in einem Fall wegen Körperverletzung. Die übrigen 6 Verurteilungen erfolgten wegen Diebstahls geringwertiger Sachen sowie wegen des Erschleichens von Leistungen – jeweils in einer Mehrzahl von Fällen. A wurde wiederholt zu Geldstrafen verurteilt. Da sie zum Teil nicht in der Lage war, die verhängten Geldstrafen zu zahlen, verbüßte sie bereits Ersatzfreiheitsstrafen. Auch wurde A zu einer kurzen Freiheitsstrafe verurteilt, deren Vollstreckung zur Bewährung ausgesetzt wurde. Da sie aber bereits kurze Zeit später erneut straffällig wurde, war die Bewährung widerrufen und auch diese Strafe von A verbüßt worden.

Aufgabe

Staatsanwaltschaft und Verteidigung haben plädiert und ihre Anträge gestellt. Der zur Entscheidung in diesem Fall berufene Tatrichter bittet Sie nunmehr um eine Stellungnahme zur Strafbarkeit der A sowie um ein Gutachten zur Sanktionsart und Höhe des Strafmaßes. Setzen Sie sich dabei besonders mit der Frage auseinander, ob und unter welchen Voraussetzungen gegen A für die einzelnen in Betracht kommenden Delikte sowie abschließend eine Freiheitsstrafe verhängt werden kann. Schließen Sie ihr Gutachten mit einem konkreten Tenorierungsvorschlag. Sollten Sie zu dem Ergebnis kommen, dass gegen A eine Freiheitsstrafe zu verhängen ist, deren Vollstreckung zur Bewährung auszusetzen ist, brauchen Sie auf den Bewährungsbeschluss und seinen etwaigen Inhalt nicht einzugehen.

Lösung

Der Fall knüpft an die in der Praxis geläufige Konstellation an, dass manche Täter immer wieder mit Bagatelldelikten in Erscheinung treten und auch Bestrafungen zu keiner Verhaltensänderung führen. Bei den Tätern stehen meist massive psychosoziale Probleme und ein geringer Grad an gesellschaftlicher Integration im Hintergrund; die desolate Ausgangslage wird durch die Abhängigkeit von Suchtmitteln oft noch verschärft.

In der Lösung ergeben sich hieraus an unterschiedlichen Stellen Probleme. Erkannt werden muss, dass die zahlreichen Vorstrafen in der Drogenabhängigkeit der A wurzeln und ihr deshalb nicht mit der gleichen Schärfe wie in anderen Fällen vorgehalten werden können. Für den Ladendiebstahl am 29. Januar 2009 sind sogar die Voraussetzungen des § 21 StGB zu prüfen und im Ergebnis zu bejahen. Obwohl es sich bei allen vier abzuurteilenden Taten um Bagatelldelikte handelt, drängt die Drogenabhängigkeit dazu, die Voraussetzungen für die Verhängung kurzer Freiheitsstrafen in den Blick zu nehmen (§ 47 Abs. 1 StGB). Wer sich für die Unerlässlichkeit einer kurzen Freiheitsstrafe entscheidet, muss erörtern, ob die Verhängung einer Freiheitsstrafe angesichts des Bagatellcharakters der Taten nicht zu einer unverhältnismäßigen Belastung führt, eine Frage, die unter den Oberlandesgerichten nicht unumstritten ist und vor kurzem sogar zu einer Vorlage an den BGH geführt hat (BGHSt 52, 84). Auch stellt sich die Frage, ob eine Freiheitsstrafe trotz der Drogenabhängigkeit der A und der sich hieraus ergebenden eher problematischen Prognose zur Bewährung ausgesetzt werden kann.

Lehrbuch: Teil 3, Abschnitt 6.2.2 (S. 81-86)

I. Strafbarkeit der A

1. Strafbarkeit gemäß § 265a Abs. 1 und 3, § 248a StGB

Indem A am 30. November 2008, am 2. Dezember 2008 und am 25. Januar 2009 in der Absicht, das Beförderungsentgelt in Höhe von jeweils 2,10 € nicht zu entrichten, ein öffentliches Verkehrsmittel benutzte, obwohl sie nicht im Besitz eines gültigen Fahrscheins war, hat sie sich wegen Erschleichens geringwertiger Leistungen in drei Fällen gemäß § 265a Abs. 1 Var. 3, § 53 StGB strafbar gemacht.[2]

Während die herrschende Ansicht in der Literatur zwar der Auffassung ist, das schlichte „Schwarzfahren" in öffentlichen Verkehrsmitteln stelle kein Erschleichen im Sinne von § 265a Abs. 1 StGB dar, weil beim bloßen Benutzen des Verkehrsmittels keine im Rahmen von § 265a StGB zu fordernde Umgehung, Mani-

---

[2] Der Lösungsweg orientiert sich an den Gegebenheiten in der Praxis. Mit entsprechender Begründung ist ein anderes Ergebnis vertretbar, wobei davon sowohl die weitere Prüfung als auch das Endergebnis beeinflusst werden.

pulation oder Ausschaltung von Sicherheitsvorkehrungen gegeben sei[3], ist nach der Rechtsprechung der Oberlandesgerichte und einer in der Literatur teilweise vertretenen Ansicht das „Schwarzfahren" als Erschleichen anzusehen. Dies ergebe sich daraus, dass der Nichtberechtigte sich vertragswidrig mit dem „Anschein der Ordnungsmäßigkeit" umgebe.[4]

Der Ansicht der obergerichtlichen Rechtsprechung ist zu folgen. Wie das BVerfG bestätigte[5], verstößt eine solche Auslegung nicht gegen das Bestimmtheitsgebot. Verfassungsrechtlich ist eine Einschränkung dergestalt, dass eine Überlistung oder täuschungsähnliche Manipulation gegeben sein müsse, nicht geboten. Unauffälliges oder untätiges Verhalten kann deshalb bereits ein Erschleichen im Sinne des § 265a StGB darstellen. Lediglich eine offene Inanspruchnahme der Leistung genügt nicht. Eine solche ist aber dann nicht anzunehmen, wenn der Täter seine „Ausweislosigkeit" erst bei einer Fahrscheinkontrolle offenbart.[6]

Vorliegend hat A die öffentlichen Verkehrsmittel benutzt, ohne jeweils einen gültigen Fahrausweis zu besitzen. Dabei hat sie durch ihr Verhalten den Anschein erweckt, im Besitz eines entsprechend entwerteten Fahrausweises oder einer Dauerfahrkarte zu sein. Dass dies nicht der Fall war, zeigte sich in allen Fällen erst im Rahmen durchgeführter Kontrollen, so dass A vorliegend den Tatbestand des Erschleichens von Leistungen verwirklicht hat.

Nach h.M. ist die Tathandlung des § 265a Abs. 1 Var. 3 StGB mit dem Beginn der Beförderungsleistung vollendet.[7] Da A hier jeweils bereits mehrere Stationen weit gefahren war, ist eindeutig von einem Beginn der Beförderungsleistung und damit von einer Deliktsvollendung in allen drei Fällen auszugehen. A handelte außerdem vorsätzlich und in der Absicht, das Entgelt für die Fahrten nicht zu entrichten. Sie handelte auch rechtswidrig und schuldhaft. Der gemäß § 265a Abs. 3, § 248a StGB erforderliche Strafantrag ist seitens der geschädigten Verkehrsbetriebe gestellt worden.

2. Strafbarkeit gemäß § 242 Abs. 1, § 248a StGB

Dadurch, dass A am 29. Januar 2009 den Supermarkt in B betrat, zwei Flaschen Bier im Gesamtwert von 3,90 € in ihre Manteltaschen steckte und anschließend den Kassenbereich passierte, ohne die Flaschen zu bezahlen, hat sie sich weiterhin des Diebstahls geringwertiger Sachen gemäß § 242 Abs. 1, § 248a StGB schuldig gemacht.

Die zwei Flaschen Bier stellen als fremde bewegliche Sachen taugliche Tatobjekte dar. Durch das Einstecken der Flaschen in ihre Manteltaschen hat A fremden Gewahrsam gebrochen und neuen Gewahrsam im Sinne einer tatsächlichen Sach-

---

[3] HK-GS/*Duttge*, § 265a Rn. 13, 19 ff.; *Fischer*, § 265a Rn. 6, 21; S/S-*Lenckner/Perron*, § 265a Rn. 8, 11.
[4] OLG Hamburg NJW 1987, 2688; OLG Düsseldorf NStZ 1992, 84; BayObLG StV 2002, 428 (429); *Lackner/ Kühl*, § 265a Rn. 6a.
[5] BVerfG NJW 1998, 1135 f.
[6] *Lackner/ Kühl*, § 265a Rn. 6a.
[7] S/S-*Lenckner/Perron*, § 265a Rn. 13.

herrschaft begründet, mithin eine Wegnahme vollzogen. Denn in Selbstbedienungsläden erlangt bereits Gewahrsam, wer Waren in die Tasche steckt.[8] Da Diebstahl außerdem kein „heimliches Delikt" ist[9], steht der vollendeten Wegnahme auch nicht entgegen, dass Detektiv D die A während des gesamten Vorganges beobachtete.

A handelte vorsätzlich sowie in der Absicht, sich die Sachen rechtswidrig zuzueignen. Sie erhoffte sich vom Konsum des Alkohols Linderung im Hinblick auf ihre entzugsbedingt schlechte körperliche Verfassung. Da Rechtfertigungsgründe nicht ersichtlich sind, handelte A weiterhin rechtswidrig.

Er handelte auch schuldhaft, da nach den Feststellungen nicht vom Vorliegen einer sog. akuten Intoxikationspsychose infolge der Einnahme von Rauschmitteln oder Medikamenten – einer krankhaften seelischen Störung i.S. von § 20 StGB[10] – auszugehen ist. A hatte am Tattage gerade keine Drogen konsumiert; die Annahme einer rauschbedingten Psychose kommt deshalb nicht in Betracht. Nach den Feststellungen des Gerichts ist vielmehr davon auszugehen, dass A am Abend des 29. Januar 2009 unter Entzugserscheinungen litt, die sich in Knochen- und Muskelschmerzen, Schüttelfrost und Übelkeit äußerten. Eine rauschunabhängige Beeinträchtigung der Steuerungsfähigkeit z.B. infolge von Entzugserscheinungen führt nach der Rechtsprechung allerdings lediglich zur Annahme einer verminderten Schuldfähigkeit i.S. des § 21 StGB; die Annahme einer vollständigen Aufhebung der Steuerungsfähigkeit i.S. des § 20 StGB ist regelmäßig ausgeschlossen.[11]

Der gemäß § 242 Abs. 1, § 248a StGB erforderliche Strafantrag ist gestellt worden.

3. Ergebnis und Konkurrenzen

A hat sich wegen Beförderungserschleichung in drei Fällen und wegen Diebstahls geringwertiger Sachen nach §§ 265a, 242, 248a, 53 StGB strafbar gemacht.[12]

---

[8] BGHSt 16, 271 (274 f.); *Fischer*, § 242 Rn. 18.
[9] *Fischer*, § 242 Rn. 21.
[10] *Fischer*, § 20 Rn. 11; MüKo-*Streng*, § 20 Rn. 32, 68 ff.; *Foerster*, in: *Foerster/Dreßing* (Hrsg.), Psychiatrische Begutachtung, 259 f.
[11] BGH NJW 1989, 2336 (2337); *Fischer*, § 20 Rn. 11a f., 41; inwiefern die Voraussetzungen der Strafmilderung nach § 21 StGB erfüllt sind, ist erst im Rahmen der Strafzumessung zu erörtern (→ unten II. 3. a.).
[12] Bei einer Entscheidung gegen eine Strafbarkeit nach § 265a StGB wäre an dieser Stelle kurz darauf einzugehen, dass A hinsichtlich der drei nach §§ 265a, 248a StGB angeklagten Taten aus rechtlichen Gründen freizusprechen ist. Dies ergibt sich aus der Tatsache, dass das Urteil und insbesondere der Tenor die Anklage bzw. den Eröffnungsbeschluss umfassend „abarbeiten" muss und vorliegend vier prozessuale Taten angeklagt sind (*Meyer-Goßner/Appl*, Die Urteile in Strafsachen, Rn. 53 f.).

II. Gutachten zum Strafmaß

1. Strafmaß für die erste Beförderungserschleichung

a) Strafrahmen

Der Regelstrafrahmen für das Erschleichen von Leistungen reicht von einer Mindeststrafe von 5 Tagessätzen Geldstrafe bis zu einer Höchststrafe von einem Jahr Freiheitsstrafe, vgl. § 265a Abs. 1, § 40 Abs. 1 Satz 2 StGB. Das Mindestmaß einer möglichen Freiheitsstrafe beträgt nach § 38 Abs. 2 StGB einen Monat.

Die Möglichkeit einer **Strafrahmenverschiebung** gem. §§ 21, 49 Abs. 1 Nr. 2 StGB kommt im Hinblick auf die Beförderungserschleichung nicht in Betracht. Voraussetzung der Strafrahmenverschiebung nach § 21 StGB ist nämlich, dass die Einsichts- oder Steuerungsfähigkeit des Täters aus einem der in § 20 StGB genannten Gründe erheblich vermindert ist und der nur fakultativ möglichen Strafrahmenverschiebung keine anderweitigen Umstände entgegenstehen. Der Einlassung der A ist im Hinblick auf die erste und die weiteren Beförderungserschleichungen nur zu entnehmen, dass sie aufgrund der bestehenden Drogenproblematik mit den ihr aus dem ALG II-Bezug zur Verfügung stehenden finanziellen Mitteln nicht auskam und daher kein Geld für die Fahrausweise hatte. Es liegen keine Anhaltspunkte dafür vor, dass A sich zu der hier relevanten Tatzeit in einem der für die Annahme des § 21 StGB zu fordernden seelischen Ausnahmezustände befunden hat. Allein in einer bestehenden Abhängigkeitserkrankung liegt nach ständiger Rechtsprechung noch kein Grund für die Annahme von § 21 StGB.[13]

b) Schuldrahmen

Ausgehend von der „Spielraumtheorie" des BGH ist innerhalb des ermittelten Strafrahmens der sog. Schuldrahmen zu bestimmen. Dieser wird nach oben durch die noch angemessene und nach unten durch die schon angemessene Strafe begrenzt. Ausgehend von § 46 StGB sind dabei insbesondere die Modalitäten der Tatbestandsverwirklichung, der bei der Tat aufgewendete Wille und die persönlichen Verhältnisse des Täters zu berücksichtigen. Weiter spielen die Vorbelastungen des Täters sowie sein Verhalten nach der Tat eine Rolle (vgl. hierzu bereits → oben Fall 1 und 2).

Der durch die Tat entstandene Schaden ist als äußerst gering anzusehen. Das nicht gezahlte Beförderungsentgelt in Höhe von 2,10 € liegt deutlich im Bereich der Geringfügigkeit. Auch der von A zur Tatausführung aufgewendete Wille erweist sich als gering. Bei dem Benutzen der öffentlichen Verkehrsmittel ging A nicht planvoll oder besonders raffiniert zu Werke. Nicht von der Hand zu weisen ist allerdings eine gewisse Gleichgültigkeit der A gegenüber dem Verbot des Benutzens öffentlicher Verkehrsmittel ohne gültigen Fahrausweis. Dies zeigt sich

---

[13] BGH NStZ 2001, 82 (83); 83 (84); 85; *Fischer*, § 20 Rn. 11a f.

auch und gerade dadurch, dass A bereits mehrfach durch die Begehung einschlägiger Taten in Erscheinung getreten und wegen dieser auch bereits verurteilt worden ist. Die zahlreichen **Vorstrafen** der A erhöhen die Vorwerfbarkeit der Tat und wirken mithin strafschärfend. Dabei ist jedoch zwischen einschlägigen, mit der abgeurteilten Tat in einem inneren Zusammenhang stehenden, und nicht einschlägigen Vorstrafen zu differenzieren.[14]

Sechs der insgesamt zehn Vorverurteilungen der A hatten gleich gelagerte Straftaten, jeweils in einer Mehrzahl von Fällen, zum Gegenstand. Weder die verbüßten Ersatzfreiheitsstrafen noch die Verurteilung zu einer Freiheitsstrafe, deren Vollstreckung zur Bewährung ausgesetzt wurde, haben A in der Vergangenheit nachhaltig beeindrucken und von der Begehung weiterer Straftaten abhalten können. Aufgrund erneuter Straffälligkeit erfolgten gar ein Bewährungswiderruf sowie die Vollstreckung der Freiheitsstrafe. Mangels anderweitiger Feststellungen ist davon auszugehen, dass die Vorverurteilungen und die Widerrufsentscheidung A gewarnt und ihre Verbotskenntnis geschärft haben.

Allerdings muss in diesem Zusammenhang auch die **langjährige Drogenabhängigkeit** der A berücksichtigt werden. Die Drogenabhängigkeit führt für sich genommen weder zwingend zu einer Strafschärfung noch zu einer Milderung (→ oben a.), sie strahlt aber dennoch auf die Bewertung der früheren und hier abzuurteilenden Taten aus. So liegen in der Drogenabhängigkeit der A auch ihre Arbeits- und Erwerbslosigkeit und damit ihre schlechten wirtschaftlichen Verhältnisse begründet, die sie immer wieder mit kleineren Eigentums- und Vermögensdelikten in Erscheinung treten lassen. Ihre geringen finanziellen Mittel aus dem ALG II-Leistungsbezug werden durch den Drogenkonsum zusätzlich geschmälert. Wenn A trotz ihrer Abhängigkeit die Möglichkeit eines normgemäßen Alternativverhaltens entgegenzuhalten ist, so sind die Taten der A doch im Lichte ihrer Sucht zu betrachten. Auch wenn davon auszugehen ist, dass die früheren Verurteilungen A gewarnt und ihre Verbotskenntnis geschärft haben, kann sich hieraus kein erheblicher Strafschärfungsgrund ergeben.

A hat in der Hauptverhandlung ein **Geständnis** abgelegt. Dieses begründet einen eigenständigen und positiven Handlungs- und Erfolgswert, soweit die Beweisaufnahme dadurch erleichtert wurde. Auch zeigt das Geständnis an, dass sich A mit ihren Taten auseinandergesetzt hat und zu ihrer diesbezüglichen Schuld stehen will. Dies kann dem Unwert der Tat entgegengestellt werden.[15] Sie lässt außerdem positive Ansätze zur **Änderung ihrer Lebensführung** erkennen. Durch die entdeckte Schwangerschaft motiviert, hat sich A vor vier Monaten freiwillig in ein ärztlich überwachtes Substitutionsprogramm begeben. Für die Zeit nach ihrer Entbindung strebt sie außerdem einen erneuten Entgiftungsversuch an. Daraus lässt sich ersehen, dass A zumindest um eine Besserung ihrer gegebenen Suchtproblematik bemüht ist; eine Tatsache, die es im Rahmen der Strafzumessung ebenfalls zu berücksichtigen gilt.

Fazit: Die Tat der A ist als im untersten Bereich der denkbaren Tatausführungen angesiedelt anzusehen. Dies folgt insbesondere aus der Geringwertigkeit der

---

[14] *Schäfer/Sander/van Gemmeren*, Praxis der Strafzumessung, Rn. 365 f.
[15] *Schäfer/Sander /van Gemmeren*, Praxis der Strafzumessung, Rn. 383 f.

erschlichenen Leistung sowie aus den für A entlastend wirkenden Umständen des Einzelfalles. Dass es sich bei A um eine Wiederholungstäterin und Bewährungsversagerin handelt, ist zwar zu ihren Lasten ins Feld zu führen, vermag aber an der Einordnung der Tat als Bagatellstraftat nichts zu ändern. Daher ist im vorliegenden Fall der Schuldrahmen, welcher nicht konkret angegeben zu werden braucht, im untersten Bereich des zur Verfügung stehenden Strafrahmens anzusiedeln.

c) Wahl der Sanktionsart

Damit stellt sich die Frage, ob gegen A eine Geldstrafe oder eine kurze Freiheitsstrafe zu verhängen ist. Wenn es angesichts des Bagatellcharakters der Tat auch nahe liegend erscheinen mag, gegen A lediglich eine Geldstrafe in Betracht zu ziehen, ist aufgrund der weiteren Besonderheiten des Falles trotz der „ultima ratio"- Klausel des § 47 Abs. 1 StGB auch die Möglichkeit einer kurzen Freiheitsstrafe zu prüfen. Eine Freiheitsstrafe von 6 Monaten oder mehr kommt ersichtlich nicht in Betracht.

Im Bereich von weniger als 6 Monaten ist die Geldstrafe gegenüber der Freiheitsstrafe grundsätzlich vorrangig. Eine kurze Freiheitsstrafe kann jedoch dann ausgesprochen werden, wenn besondere Umstände, die in der Tat oder der Persönlichkeit des Täters liegen, die Verhängung einer Freiheitsstrafe zur Einwirkung auf den Täter oder zur Verteidigung der Rechtsordnung unerlässlich machen. Wenn wie hier mehrere Straftaten zur Aburteilung stehen, sind die Voraussetzungen des § 47 StGB bereits für jede Einzelstrafe und nicht erst für die zu bildende Gesamtstrafe zu prüfen.[16]

aa) Besondere Umstände

Zu ermitteln sind zunächst die besonderen Umstände des Falles, die eine kurze Freiheitsstrafe zu rechtfertigen vermögen. Nach der Rechtsprechung liegen besondere Umstände dann vor, wenn entweder bestimmte Tatsachen die konkrete Tat gegenüber vergleichbaren Taten besonders kennzeichnen oder wenn bestimmte Eigenschaften oder Verhältnisse beim Täter diesen von durchschnittlichen Tätern solcher Taten unterscheiden.[17] Die Art der Tatausführung, das Maß der Pflichtwidrigkeit oder die verschuldeten Folgen der Tat begründen dabei besondere Umstände der Tat, Vorstrafenbelastungen, die Vielzahl begangener Einzeltaten sowie jahrelanger Drogenkonsum demgegenüber besondere Umstände in der Persönlichkeit des Täters.[18] Im Rahmen der Strafartwahl können Umstände, die bei der Strafrahmenbildung und der Strafhöhenbemessung bereits verwertet wurden, durchaus erneut verwertet werden, denn sie sind nicht als verbraucht anzusehen. Eine lediglich formelhafte Verweisung auf bereits getätigte Strafzumessungserwägungen verbietet sich allerdings.[19]

---

[16] BGHSt 24, 164 (165).
[17] OLG Düsseldorf StV 1991, 264; BayObLG NJW 1996, 798.
[18] OLG Düsseldorf StV 1991, 264; BayObLG NJW 1995, 3264 (3265).
[19] BGH StV 2003, 485.

Der durch die Tat verursachte Schaden – 2,10 € nicht gezahltes Beförderungsentgelt – liegt wie bereits festgestellt deutlich im Bereich der Geringwertigkeit; darüber hinaus sind keine weiteren Schäden entstanden. Auch aus der Tatausführung ergeben sich keine Gesichtspunkte, die die von A verübte Beförderungserschleichung aus dem Durchschnitt der praktisch vorkommenden Taten der betreffenden Art herausheben. Besondere Umstände lassen sich allerdings in der **Täterpersönlichkeit** ausmachen. Insbesondere die hohe Vorstrafenbelastung der A (10 Vorverurteilungen, namentlich wegen einschlägiger Taten), mit Abstrichen aber auch der Umstand, dass A im vorliegenden Verfahren wegen mehrerer in einem vergleichsweise kurzen Zeitraum begangener Einzeltaten abzuurteilen ist (3 Beförderungserschleichungen, ein Ladendiebstahl), heben die Tat aus dem Durchschnitt der vorkommenden Fälle heraus und können deshalb als besondere Umstände im Sinne des § 47 StGB gewertet werden. Herausgehobene Bedeutung kommt in diesem Zusammenhang auch der Betäubungsmittelabhängigkeit der A zu. Gerade ihre langjährige Sucht sowie die damit korrespondierenden wirtschaftlichen Probleme der A machen sie zu einer Wiederholungstäterin im Hinblick auf einschlägige Delikte im Bagatellbereich.

bb) Zur Einwirkung auf den Täter unerlässlich

Die besonderen Umstände müssten die Feststellung tragen, dass die Verhängung einer Freiheitsstrafe zur Einwirkung auf A unerlässlich ist, vgl. § 47 Abs. 1 Alt. 1 StGB. Bei dieser ersten Alternative geht es um die Frage, ob die kurze Freiheitsstrafe aus spezialpräventiven Gründen unerlässlich ist. Im Rahmen einer vorzunehmenden sog. Sanktionsprognose muss sich die zu verhängende kurze Freiheitsstrafe bei Gesamtwürdigung aller die Tat und den Täter kennzeichnenden Umstände als unverzichtbar darstellen, um den Täter dazu zu bringen, künftig keine Straftaten mehr zu begehen.[20] Unerlässlich ist die Verhängung der Freiheitsstrafe dann, wenn sie die erforderliche Einwirkung auf den Täter voraussichtlich besser erreichen wird als jedes andere, im konkreten Fall zulässige Reaktionsmittel, namentlich also besser als eine Geldstrafe, und wenn sie auch bei der Berücksichtigung der Unzuträglichkeiten, die mit einer kurzfristigen Freiheitsstrafe verbunden sind, nicht nur geboten oder erforderlich, sondern als einziger gangbarer Weg zur Erreichung einer künftigen Straffreiheit erscheint. Die entscheidende Frage ist demnach, ob sich ein spezialpräventiver Erfolg vorliegend mit einer kurzen Freiheitsstrafe besser erreichen lassen wird als mit einer Geldstrafe.

Die gegen A bisher verhängten **Geldstrafen** haben auf sie erkennbar **keine nachhaltige Wirkung** entfaltet. Für die Verhängung einer Geldstrafe lässt sich freilich ins Feld führen, dass auch die bisher verbüßten Ersatzfreiheitsstrafen sowie die nach Widerruf der Strafaussetzung verbüßte Freiheitsstrafe A bislang nicht von der Begehung weiterer Straftaten abgehalten haben. Aus der Tatsache allein, dass A infolge ihrer abhängigkeitsbedingten wirtschaftlichen Schieflage eine Geldstrafe kaum wird bezahlen können – eine dahingehende Vermutung liegt in Anbetracht der bereits wiederholt verbüßten Ersatzfreiheitsstrafe nahe – darf im

---

[20] LK-*Theune*, § 47, Rn. 13, 16; S/S-*Stree*, § 47 Rn. 11.

Übrigen nicht schematisch darauf geschlossen werden, dass die Verhängung einer kurzen Freiheitsstrafe geboten ist;[21] immerhin könnten A z.B. gemäß § 42 StGB Zahlungserleichterungen eingeräumt werden. Gerade hieraus könnte sich also ergeben, dass die kurze Freiheitsstrafe *nicht* als unerlässlich anzusehen ist, da der größere spezialpräventive Erfolg einer kurzen Freiheitsstrafe fraglich erscheint.

In den Vergleich einbezogen werden müssen jedoch auch die komplexeren Formen der spezialpräventiv motivierten Einwirkung auf A durch die Aussetzung einer möglichen Freiheitsstrafe und die mit ihr verbundenen **Bewährungsmaßnahmen**.[22] Dies ergibt sich daraus, dass die Freiheitsstrafe nicht notwendig auch vollstreckt zu werden braucht, denn die Unerlässlichkeit der Einwirkung auf den Täter mittels kurzer Freiheitsstrafe und die für eine Strafaussetzung erforderliche positive Legalprognose schließen einander nicht aus.[23] Demnach könnte sich die gegenüber einer Geldstrafe vorzugswürdige spezialpräventive Wirkung der kurzen Freiheitsstrafe aus folgenden Überlegungen herleiten lassen:

Die Vollstreckung einer maßvollen Gesamtfreiheitsstrafe aus jeweils angemessenen kurzen Einzelfreiheitsstrafen ließe sich – trotz des zurückliegenden, aber bislang einmaligen Bewährungsversagens der A – aufgrund ihrer erkennbaren Bestrebungen, die bestehende Situation verbessern zu wollen, noch einmal zur Bewährung aussetzen (§ 56 Abs. 1 StGB). Im Rahmen eines dann zu erlassenden Bewährungsbeschlusses ist es möglich, A einen **Bewährungshelfer** an die Seite zu stellen (§ 56d StGB). Im Zentrum der Tätigkeit eines Bewährungshelfers steht die fürsorgerische Betreuung des Probanden in Bereichen wie Wohnung, Familie und Arbeit. Daneben hat er aber auch beaufsichtigende Funktionen, da er dem Gericht in bestimmten Abständen Bericht über die Lebensführung des Verurteilten zu erstatten hat. Über eine beharrliche Weigerung des Verurteilten zur Mitarbeit muss er von Amts wegen berichten (§ 56d Abs. 3 Satz 4 StGB).

Im vorliegenden Fall könnte ein Bewährungshelfer die A insbesondere darin unterstützen, die angestrebte Entgiftung nach der Entbindung des Kindes in die Tat umzusetzen. Denn zu seinem Tätigkeitsfeld gehört auch die Hilfe bei Anträgen auf öffentliche Unterstützung oder die Aufnahme in eine geeignete stationäre oder ambulante Einrichtung zur Entgiftung. Darüber hinaus könnten A im Fall der Strafaussetzung zur Bewährung Weisungen nach § 56c StGB erteilt werden, um die von ihr eingeleiteten Bestrebungen zu unterstützen und auf sie einzuwirken. Dabei hat das Gericht dort anzusetzen, wo die Risikofaktoren für die wiederholte Straffälligkeit wurzeln[24], im Falle der A mithin bei ihrer Betäubungsmittelabhängigkeit. Weisungen – wie etwa eine Therapieweisung nach § 56c Abs. 3 Nr. 1, 2. Alt. StGB – sollen ausschließlich als Lebenshilfe für die Dauer der Bewährungszeit dienen; sie haben keinen sanktionsähnlichen Charakter.

Durch eine Freiheitsstrafe, verbunden mit einer solchermaßen ausgestalteten Strafaussetzung zur Bewährung, wäre es für A möglich, innerhalb vorgegebener Strukturen an ihren Bestrebungen zur Besserung ihrer Situation zu arbeiten. Dabei

---

[21] Vgl. LK-*Theune*, § 47 Rn. 20 f.
[22] LK-*Theune*, § 47 Rn. 15.
[23] BGHSt 24, 164 (165 f.).
[24] S/S-*Stree*, § 56c Rn. 4.

erführe sie ein gewisses Maß an **Unterstützung**, insbesondere aber auch an **Kontrolle**. Im Vergleich dazu würde die Verhängung einer (Gesamt-)Geldstrafe lediglich dazu führen, dass diese – ggf. unter Gewährung von Zahlungserleichterungen – vollstreckt würde; weitere positive Auswirkungen wären davon nicht zu erwarten. Insbesondere fehlt es hier an einem Instrumentarium, die positiven Ansätze der A zur Besserung ihrer Situation zu unterstützen und damit einem erneuten Rückfall in die Strafbarkeit vorzubeugen.

Im Ergebnis bedeutet dies: Eine kurze Freiheitsstrafe, verbunden mit einer Strafaussetzung zur Bewährung, verspricht aus spezialpräventiven Gesichtspunkten eine für A günstigere Wirkung als eine Geldstrafe. Zwar lässt sich ein Rückfallrisiko auch durch eine kurze Freiheitsstrafe nicht gänzlich ausschließen. Aus der Strafaussetzung und den damit einhergehenden Bewährungsmaßnahmen lässt sich aber gleichsam ein die A unterstützendes „Korsett" gestalten. Eine Geldstrafe wäre für die finanziell belastete A demgegenüber zwar deutlicher und unmittelbarer zu spüren als ein zunächst „nur" drohender Widerruf der Strafaussetzung. Der von der drohenden erneuten Vollstreckung einer Freiheitsstrafe im Fall des wiederholten Bewährungsversagens ausgehende Druck in Verbindung mit den spezialpräventiven Gestaltungsmöglichkeiten einer Strafaussetzung lassen allerdings gegenüber einer Geldstrafe bessere Erfolgsaussichten erwarten. Die kurze Freiheitsstrafe stellt folglich die einzig realistische Sanktionsform dar und ist deshalb als unerlässlich anzusehen.

cc) Zur Verteidigung der Rechtsordnung unerlässlich

Als Alternative zur spezialpräventiv motivierten Verhängung einer kurzen Freiheitsstrafe stellt das Gesetz die Möglichkeit der Verhängung zur Verteidigung der Rechtsordnung zur Verfügung, § 47 Abs. 1 Alt. 2 StGB. Hierüber entscheiden allein generalpräventive Gesichtspunkte.[25]

Ergebnis der auch hier vorzunehmenden Gesamtwürdigung muss sein, dass eine Wiederherstellung des durch die Tat erschütterten Vertrauens der Allgemeinheit in die Durchsetzung des Rechts sowie eine Beruhigung des allgemeinen Rechtsbewusstseins nur durch die Verhängung einer kurzen Freiheitsstrafe zu erreichen ist.[26] Für die Entscheidung darüber, ob die Verteidigung der Rechtsordnung die Verhängung einer Freiheitsstrafe gebietet, kann die Schuld des Täters wesentlich ins Gewicht fallen. Je größer diese ist, desto eher wird das Vertrauen in die Unverbrüchlichkeit des Rechts erschüttert, wenn nur auf eine Geldstrafe erkannt wird.[27]

Die von A begangene Beförderungserschleichung entstammt eindeutig dem unteren Bereich der Bagatellkriminalität. Ein vollständiger Schutz der Allgemeinheit ist hier nicht zu erreichen. Auch dürfte es nicht zu einer ernstlichen und nachhaltigen Beeinträchtigung der Rechtstreue der Bevölkerung führen, wenn im vorliegenden Falle von der Verhängung einer Freiheitsstrafe abgesehen würde. Da die

---

[25] *Lackner/Kühl*, § 47 Rn. 4 f.
[26] BGHSt 24, 40 (44 ff.); 64 (66); *Lackner/Kühl*, § 47 Rn. 5.
[27] S/S-*Stree*, § 47 Rn. 15.

Tat der A – und auch vergleichbare andere Taten – nicht zu einer besonderen Verunsicherung der Öffentlichkeit oder zu von ihr besonders beachteten Folgen geführt haben, erscheint vorliegend die Verhängung einer Freiheitsstrafe zur Verteidigung der Rechtsordnung nicht unerlässlich.

d) Ergebnis

Gegen A ist für die erste Beförderungserschleichung eine kurze Freiheitsstrafe als Einzelstrafe festzusetzen. Insbesondere wegen der Geringfügigkeit der erschlichenen Leistung ist allerdings nur eine das Mindestmaß des § 38 Abs. 2 StGB nicht überschreitende Einzelstrafe als tat- und schuldangemessen anzusehen.

An diesem Ergebnis kann man Bedenken haben, wenn man berücksichtigt, dass nach der Rechtsprechung des BVerfG die Schwere der Strafe zur Schwere der Tat in einem angemessenen Verhältnis stehen muss. Das verfassungsrechtlich verankerte **Übermaßverbot** schließt jedoch die Verhängung von Freiheitsstrafe nach § 47 Abs. 1 StGB nicht generell aus, denn aus dem Gebot des schuldangemessenen Strafens ergibt sich nicht, dass die Verhängung einer Freiheitsstrafe erst ab einer bestimmten Schadenshöhe in Betracht kommt.[28] Erfordern die Delikte – wie hier – gemäß § 47 Abs. 1 StGB den Ausspruch einer Freiheitsstrafe, deren Vollstreckung im Weiteren zur Bewährung ausgesetzt wird, so können die Anforderungen an einen gerechten Schuldausgleich und die Beachtung des Übermaßverbots jedoch gebieten, auf die Mindeststrafe zu erkennen.[29] Im vorliegenden Fall würde eine Einzelstrafe von mehr als einem Monat nicht mehr im Verhältnis zum Bagatellcharakter der Tat stehen und das verfassungsrechtlich verankerte Übermaßverbot verletzen. Eine höhere Strafe als die Mindeststrafe von einem Monat kommt hier daher nicht in Betracht.

2. Strafmaß für die zweite und dritte Beförderungserschleichung

Das zum Straf- und Schuldrahmen für die erste Beförderungserschleichung Gesagte gilt entsprechend für die beiden anderen Fälle der Beförderungserschleichung. Auch die Überlegungen zur Wahl der Sanktionsart für die zweite und dritte Beförderungserschleichung können sich an denjenigen für die erste Tat orientieren. Vorgehensweise und Hintergründe der Taten sind identisch. Gerade auch aus dem Umstand, dass ein Täter mehrere – wenn auch für sich betrachtet geringfügige – Straftaten begangen hat, kann sich im Einzelfall die Unerlässlichkeit der kurzen Freiheitsstrafe ergeben.[30] Denn darin äußert sich ein nicht hinnehmbares Maß an Gleichgültigkeit gegenüber bestehenden Verboten und damit eine prinzi-

---

[28] BVerfGE 50, 205 (214 ff.); BGHSt 52, 84 (87 ff.); OLG Stuttgart NJW 2006, 1222.
[29] OLG Stuttgart NJW 2006, 1222 (1223 f.); vgl. hierzu auch KG StV 2007, 35; Hans. OLG Hamburg JR 2007, 212 m. Anm. van Gemmeren.
[30] *Schäfer/Sander/van Gemmeren*, Praxis der Strafzumessung, Rn. 116; MüKo-*Franke*, § 47 Rn. 12.

piell „rechtsfeindliche" Haltung. So ist vorliegend trotz der erneut im Bagatellbereich liegenden Schäden maßgeblich, dass A innerhalb kürzester Zeit nach der ersten Beförderungserschleichung zwei weitere einschlägige Taten begangen hat, obgleich sie bereits mit der ersten Tatausführung im Rahmen einer Kontrolle aufgefallen war. Hat der Umstand, dass A bereits in der Vergangenheit wegen einschlägiger Taten strafrechtlich zur Verantwortung gezogen wurde, bereits für die erste Beförderungserschleichung ein gewisses Maß an Gleichgültigkeit gegenüber dem wiederholten Normverstoß offenbart, so gilt dies umso mehr im Hinblick auf die beiden anderen abzuurteilenden Fälle des Erschleichens von Leistungen.

Abschließend erscheint daher auch unter diesem Gesichtspunkt für die zweite und dritte Beförderungserschleichung eine Freiheitsstrafe von jeweils einem Monat zur Einwirkung auf A unerlässlich und schuldangemessen.

3. Strafmaß für den Diebstahl geringwertiger Sachen

Abschließend ist das tat- und schuldangemessene Strafmaß für den außerdem verübten Diebstahl geringwertiger Sachen zu bestimmen.

a) Strafrahmen

Der Regelstrafrahmen beträgt hier Freiheitsstrafe bis zu 5 Jahren oder Geldstrafe, vgl. § 242 Abs. 1 StGB. Für das Mindestmaß der Geld- und der Freiheitsstrafe gelten auch hier die § 38 Abs. 2, § 40 Abs. 1 StGB.

In Bezug auf das Diebstahlsgeschehen vom 29. Januar 2009 stellt sich erneut und angesichts der getroffenen Feststellungen in besonderem Maße die Frage, ob Umstände, die in der Drogenabhängigkeit der A wurzeln, über §§ 21, 49 Abs. 1 Nr. 2 StGB zu einer Strafrahmenmilderung führen.

aa) Voraussetzungen der Strafrahmenverschiebung nach § 21 StGB

Voraussetzung der Strafrahmenverschiebung nach § 21 StGB ist, dass die Einsichts- oder Steuerungsfähigkeit des Täters aus einem der in § 20 StGB genannten Gründe erheblich vermindert ist und der nur fakultativ in Betracht kommenden Strafrahmenverschiebung keine anderweitigen Umstände entgegenstehen. Nach ständiger Rechtsprechung des BGH können Betäubungsmittelkonsum und die Abhängigkeit von Betäubungsmitteln die Schuldfähigkeit nur ausnahmsweise erheblich einschränken. Von einer erheblichen Verminderung kann nur dann ausgegangen werden, wenn **langjähriger Betäubungsmittelmissbrauch** – namentlich unter Verwendung "harter" Drogen – zu schweren Persönlichkeitsveränderungen geführt hat oder der Täter durch starke Entzugserscheinungen oder – bei Heroinabhängigen – aus Angst davor dazu getrieben wird, sich durch eine Straftat

Drogen zu verschaffen, oder wenn er die Tat im Zustand eines aktuellen Drogenrausches begeht.[31]

Mangels entsprechender Feststellungen ist davon auszugehen, dass bei A keine schwere Persönlichkeitsveränderung infolge des langjährigen Drogenkonsums vorliegt. Auch hat sie den hier in Rede stehenden Diebstahl nicht im Zustand eines aktuellen Drogenrausches begangen, da sie ihrer eigenen Einlassung zufolge am Tattage gerade kein oder nicht in ausreichender Menge Heroin konsumiert hatte. Vielmehr kommt eine erhebliche Verminderung der Hemmungsfähigkeit zum Zeitpunkt des Diebstahls nur aufgrund von **Entzugserscheinungen** oder aufgrund akuter **Angst vor Entzugserscheinungen** in Betracht. Die Rechtsprechung erkennt an, dass die Anwendung des § 21 StGB bei Beschaffungsdelikten nicht in jedem Fall davon abhängig ist, dass der Abhängige zur Tatzeit unter akuten körperlichen Entzugserscheinungen gelitten hat; es soll auch genügen, dass der Täter die Angst vor Entzugserscheinungen schon als äußerst unangenehm („grausamst") erlebt hat und als nahe bevorstehend einschätzt.[32]

A ist bereits seit vielen Jahren abhängig. Sie hat einen begonnenen Entgiftungsversuch abgebrochen, da sie die damit einhergehenden Entzugserscheinungen nicht auszuhalten vermochte. Am Tattag hatte sie die von ihr benötigte Menge Heroin nicht bekommen. Von dem entwendeten Alkohol versprach sie sich Linderung der hierdurch bedingten körperlichen und psychischen Beschwerden, m.a.W. der Entzugserscheinungen. Diese hatte sie aufgrund ihrer Erfahrung mit dem Entzug von regelmäßigem Heroinkonsum als solche erkannt und eine weitere Verschlechterung ihres Zustandes befürchtet. Auch gegenüber D wirkte A körperlich mitgenommen und leicht durcheinander. Bei dem Diebstahl des Bieres handelte es sich zwar nicht um die „klassische" Beschaffungskriminalität, da es A weder um die Beschaffung von Heroin noch um die Beschaffung von Geld zum Erwerb von Heroin ging. Der Konsum des entwendeten Bieres sollte A jedoch Linderung im Hinblick auf ihre körperliche und psychische Verfassung verschaffen. Die vom Gericht getroffenen Feststellungen rechtfertigen deshalb die Annahme, dass A bei Begehung des Diebstahls maßgeblich von ihrer Angst vor den zunehmenden Entzugserscheinungen bestimmt war und diese „krankhafte seelische Störung" ihre Steuerungsfähigkeit erheblich eingeschränkt hat. Demnach ist hier die Möglichkeit der Strafrahmenverschiebung nach §§ 21, 49 Abs. 1 Nr. 2 StGB eröffnet.

bb) Entscheidung über die Vornahme der Strafrahmenmilderung

Die Strafrahmenverschiebung erfolgt bei § 21 StGB nicht obligatorisch, sondern ist lediglich fakultativ zugelassen. Ob von der Milderungsmöglichkeit und der Möglichkeit zur Abweichung vom Regelstrafrahmen Gebrauch gemacht wird, liegt im pflichtgemäßen Ermessen des Gerichts. Dabei ist davon auszugehen, dass die Strafrahmenverschiebung dann zu erfolgen hat, wenn keine **gegenläufigen**

---

[31] BGH JR 1987, 206; StV 1997, 517 (518); NStZ 2001, 82 (83); 83 (84); 85; *Fischer*, § 20 Rn. 11a f.
[32] BGH StV 1997, 517 (518); *Schäfer/Sander/van Gemmeren*, Praxis der Strafzumessung, Rn. 531.

Umstände ersichtlich sind, die festgestellte Schuldminderung also nicht durch schulderhöhende Umstände wieder ausgeglichen wird. Die Grundsätze, die die neuere Rechtsprechung für die Versagung der Strafrahmenmilderung bei Alkoholintoxikationen entwickelt hat (→ unten Fall 7, II. 1. b. bb.), können dabei für die Prüfung nicht herangezogen werden;[33] bei Betäubungsmitteln sind die Wirkungsweisen differenzierter und weniger konkret vorhersehbar als dies beim Alkohol der Fall ist, so dass hier in jedem Fall eine umfassende Gesamtwürdigung aller schuldrelevanten Umstände des Einzelfalls stattzufinden hat, in die auch ein vorwerfbares Vor- oder Nachtatverhalten einzubeziehen ist.

Schulderhöhende Umstände, die der Strafrahmenmilderung entgegengesetzt werden können, lassen sich im vorliegenden Fall nicht feststellen. A konsumiert seit mehr als 20 Jahren regelmäßig und im Übermaß Drogen. Selbst wenn es vorhersehbar ist, dass es in diesem Zustand immer wieder zu Beschaffungskriminalität kommt, ist ihre Steuerungsfähigkeit umfassend und dauerhaft eingeschränkt; die Beschaffungsstraftaten sind die Begleiterscheinungen der Abhängigkeit, in der sich A nach einer langjährigen Drogenkarriere befindet. Ihr Zustand kann A nicht zum Vorwurf gemacht werden. Dasselbe gilt im Ergebnis für die zahlreichen, überwiegend einschlägigen Vorstrafen der A. Auch wenn einschlägige Vorstrafen grundsätzlich schulderhöhend wirken, vermögen sie doch nicht den sich aus der Abhängigkeit der A ergebenden Schuldminderungsgrund gänzlich auszugleichen und zu einer Versagung der Milderungsmöglichkeit zu führen, da sie im Lichte der Sucht betrachtet werden müssen (→ oben 1. b.). In einer suchtbedingten Neigung zu einschlägig delinquentem Verhalten kann nicht generell ein Ablehnungsgrund für die Strafrahmenmilderung des § 49 StGB gesehen werden.[34] Andere Umstände, die zu einer ablehnenden Entscheidung führen könnten, sind nicht ersichtlich.

Nach alledem ist davon auszugehen, dass der Strafzumessung ein nach §§ 21, 49 Abs. 1 Nr. 2 StGB gemilderter Strafrahmen und damit ein Sonderstrafrahmen von Freiheitsstrafe bis zu 3 Jahren und 9 Monaten (Ermäßigung der Obergrenze des Normalstrafrahmens auf ¾) bzw. Geldstrafe bis zu 270 Tagessätzen zugrunde zu legen ist. Das Mindestmaß der Freiheitsstrafe von einem Monat (§ 38 Abs. 2 StGB) bzw. das Mindestmaß der Geldstrafe von 5 Tagessätzen (§ 40 Abs. 1 Satz 2 StGB) verändern sich nicht.

b) Schuldrahmen

Zur Einordnung des Schuldrahmens innerhalb des Sonderstrafrahmens ist weitestgehend ebenfalls auf die bereits zu den Beförderungserschleichungen genannten Aspekte abzustellen. Die Geringwertigkeit der gestohlenen Sachen, die auch hier geringe kriminelle Energie und das Einräumen der Tatbegehung sowie die angestrebte Wende in der Lebensführung der A wirken entlastend. Demgegenüber entfalten die zahlreichen einschlägigen Vorverurteilungen in diesem Zusammenhang auch straferschwerende Wirkung. Eine hier erneut vorzunehmende Abwä-

---

[33] BGHSt 49, 239 (248).
[34] BGH StV 1999, 312.

gung ergibt, dass der Schuldrahmen für den Diebstahl geringwertiger Sachen ebenfalls im untersten Bereich des zur Verfügung stehenden, gemilderten Strafrahmens anzusetzen ist.

c) Wahl der Strafart

Die bereits erläuterten Erwägungen rechtfertigen auch im Falle der Diebstahlstat die Festsetzung einer kurzen Freiheitsstrafe als Einzelstrafe, denn auch im Hinblick auf diese Tat ist eine solche als unerlässlich anzusehen. Die Vorverurteilungen sind auch hier als überwiegend einschlägiger Natur anzusehen, das entwickelte Gefüge aus drohender Freiheitsstrafe und Bewährungsmaßnahmen verspricht ebenfalls im Hinblick auf diese Tat, am ehesten zu einer Vermeidung weiterer Straffälligkeit beitragen zu können.

d) Ergebnis

Auch für den Diebstahl erscheint die Festsetzung einer Einzelstrafe von einem Monat Freiheitsstrafe als tat- und schuldangemessen.

4. Gesamtstrafenbildung

Aus den 4 Einzelstrafen ist nach den Grundsätzen des § 54 Abs. 1 Satz 2, Abs. 2 StGB der Strafrahmen für eine Gesamtstrafe zu bilden. Auszugehen ist dabei von der sog. Einsatzstrafe; dies ist die höchste der verwirkten Einzelstrafen.[35] Die Einsatzstrafe ist dann entsprechend der Schwere von Schuld und Unrecht des Gesamtgeschehens und den sich hierin ausdrückenden Präventionserfordernissen zu verschärfen. Dabei darf jedoch nach § 54 Abs. 2 Satz 1 StGB die Summe der Einzelstrafen nicht erreicht werden. Vorliegend kann keine der 4 Einzelstrafen als Einsatzstrafe genommen werden, da in allen 4 Fällen dasselbe Strafmaß vorgeschlagen wird (Freiheitsstrafe von einem Monat). Der Strafrahmen für die Gesamtstrafe reicht hier von einem Mindestmaß von 1 Monat und 1 Woche bis zu einem Höchstmaß von 3 Monaten und 3 Wochen, vgl. § 54 Abs. 1 Satz 2, Abs. 2 Satz 1 i.V.m. § 39 StGB.

§ 54 Abs. 1 Satz 3 StGB bestimmt, dass bei der Gesamtstrafenbildung wiederum eine zusammenfassende **Gesamtwürdigung** vorzunehmen ist. Wesentliche Abwägungskriterien sind dabei die Anzahl der Taten, deren Zusammenhang, der Grad ihrer Selbstständigkeit und die Gleichheit bzw. Verschiedenheit der Sachverhalte.[36] Weitestgehend ist also auf Gesichtspunkte zurückzugreifen, die bereits bei der Zumessung der Einzelstrafen Berücksichtigung gefunden haben.[37]

Eine zusammenfassende Würdigung der Taten ergibt vorliegend eine angemessene Gesamtfreiheitsstrafe im Bereich von 2 Monaten. Diese ergibt sich allerdings

---

[35] *Schäfer/Sander/van Gemmeren*, Praxis der Strafzumessung, Rn. 659.
[36] BGHSt 24, 268 (269).
[37] BGHSt 24, 268 (270).

nicht daraus, dass auf dem denkbar einfachsten Wege schlicht die „goldene Mitte" gewählt wird – jegliche mathematische Herangehensweise widerspräche dem Wesen der Strafzumessung.[38] Diese Gesamtstrafe trägt vielmehr dem Umstand Rechnung, dass es sich bei allen Taten um solche im untersten Bereich der Bagatellkriminalität handelt. Hinsichtlich aller abzuurteilenden Taten ist außerdem ein durchaus als eng anzusehender zeitlicher Zusammenhang gegeben, da sie sich allesamt innerhalb von zwei Monaten ereigneten. Inhaltlich werden die Taten durch die Drogenabhängigkeit als wesentlichem Faktor gleichsam „verknüpft".

5. Strafaussetzung zur Bewährung

Die letzte Entscheidung betrifft die Frage, ob die Vollstreckung einer Gesamtstrafe von 2 Monaten zur Bewährung ausgesetzt werden kann. Insoweit kommt es maßgeblich darauf an, ob eine für den Täter günstige **Legalprognose** gestellt werden kann (vgl. dazu genauer → unten Fall 5).

Die Aussetzung muss erfolgen, wenn auch ohne die Vollstreckung der Freiheitsstrafe erwartet werden kann, dass sich der Verurteilte schon die Verurteilung zur Warnung dienen lassen und künftig auch ohne die Einwirkung des Strafvollzugs keine Straftaten mehr begehen wird (§ 56 Abs. 1 Satz 1 StGB). Maßgeblicher Prognosezeitpunkt ist dabei das Ende der Hauptverhandlung, Prognosemaßstab die Wahrscheinlichkeit künftiger Straffreiheit.[39] Die Prognose ist auf der Grundlage aller Umstände zu treffen, aus denen auf das weitere Verhalten des Täters geschlossen werden kann. Anhaltspunkte für die notwendigen Erwägungen gibt das Gesetz in § 56 Abs. 1 Satz 2 StGB.

Gegen eine günstige Prognose sprechen bei A augenscheinlich ihre Drogenabhängigkeit und ihr früheres Bewährungsversagen. Allerdings schließt ein Bewährungsbruch eine günstige Prognose nicht kategorisch aus, namentlich dann nicht, wenn zwischenzeitlich eine gewisse **Stabilisierung der Lebensverhältnisse** eingetreten ist bzw. sich abzeichnet.[40] Obwohl bei Drogenabhängigen wie der A die Rückfallgefahr suchtbedingt sehr hoch ist, bejaht die Praxis hier eine günstige Prognose, wenn der Täter echte **Therapiebereitschaft** zeigt. Gerade bei Drogenabhängigen kommt es insoweit auf eine Langzeitprognose an.[41]

A hat sich nach ihrer letzten Tat im Zusammenhang mit der Entdeckung ihrer Schwangerschaft aus freien Stücken dazu entschlossen, sich mittels Methadon substituieren zu lassen. Damit hat sie einen ersten Schritt getan, um an ihrer bestehenden Suchtproblematik zu arbeiten. Die Schwangerschaft kann dabei als nachhaltige Motivation dienen und ein Durchhalten der eingeleiteten Wende fördern. Zwar ist A bereits seit vielen Jahren drogenabhängig und der Glaube an eine schlagartige und sogleich lang anhaltende Besserung wäre naiv und verfehlt. Dennoch lässt A, wie ihre Mitwirkung an einem Substitutionsprogramm zeigt, deutlich

---

[38] BGH StV 2001, 346.
[39] *Schäfer/Sander/van Gemmeren*, Praxis der Strafzumessung, Rn. 132.
[40] Vgl. BGH StV 1991, 261.
[41] *Schäfer/Sander/van Gemmeren*, Praxis der Strafzumessung, Rn. 141; vgl. BGH NJW 1991, 3289 (3290); BayObLG NJW 1993, 805 (806).

die Bereitschaft erkennen, die bestehende Problematik zu bearbeiten. Die Hauptverhandlung hat zudem ergeben, dass A eine Entziehung nach der Entbindung anstrebt. Feststellungen, welche die Ernsthaftigkeit der Absicht der A in Zweifel ziehen könnten, sind nicht getroffen worden. Im Ergebnis ist deshalb trotz nicht auszuschließender letzter Bedenken eine positive Legalprognose zu bejahen.

Auf die Frage, ob die Vollstreckung der Strafe zur Verteidigung der Rechtsordnung geboten und eine Strafaussetzung aus diesem Grund abzulehnen ist, kommt es vorliegend nicht an, da hier eine Gesamtfreiheitsstrafe von 2 Monaten und damit eine Freiheitsstrafe von weniger als 6 Monaten zu verhängen ist, vgl. § 56 Abs. 3 StGB.

III. Tenorierungsvorschlag

Der Tenor sollte wie folgt gefasst werden: „Die Angeklagte wird wegen Erschleichens geringwertiger Leistungen in 3 Fällen sowie Diebstahls geringwertiger Sachen zu einer Gesamtfreiheitsstrafe von 2 Monaten verurteilt.[42] Die Vollstreckung der Strafe wird zur Bewährung ausgesetzt. Die Angeklagte trägt die Kosten des Verfahrens.[43]"

---

[42] An dieser Stelle wirkt sich die im Gutachten zur Strafbarkeit getroffene Entscheidung für oder gegen eine Strafbarkeit nach §§ 265a, 248a StGB letztmalig aus. Wird die Strafbarkeit wegen Beförderungserschleichung abgelehnt, lautet der Tenor: „Die Angeklagte A wird wegen Diebstahls geringwertiger Sachen zu einer Freiheitsstrafe von einem Monat verurteilt. Im Übrigen wird sie freigesprochen. Die Vollstreckung der Strafe wird zur Bewährung ausgesetzt. Die Kosten des Verfahrens trägt die Angeklagte, soweit sie verurteilt worden ist; soweit sie freigesprochen ist, fallen die Kosten des Verfahrens und die notwendigen Auslagen der Angeklagten der Staatskasse zur Last." Hier folgt die Kostenentscheidung aus § 465 Abs. 1 Satz 1, § 467 Abs. 1 StPO.

[43] Die Kostenentscheidung beruht auf § 465 Abs. 1 Satz 1 StPO. Danach trifft die Kostentragungspflicht den verurteilten Angeklagten, soweit dieser verurteilt worden ist. Was zu den Kosten des Verfahrens gehört, bestimmt § 464a StPO.

Fall 5 (***)

Zwei ungleiche Ganoven

Strafzumessung bei mehreren Tatbeteiligten – Indizwirkung der Regelbeispiele – Strafaussetzung zur Bewährung – Vorgehensweise bei der Erstellung einer Legalprognose – Nebenentscheidungen im Bewährungsbeschluss

Sachverhalt

Die Beweisaufnahme vor dem Strafrichter des Amtsgericht D am 24. März 2008 hat Folgendes ergeben:

In der Nacht vom 2. auf den 3. Oktober 2007 schlugen A und B mittels eines mitgebrachten Wagenhebers, welchen sie in ein Handtuch einwickelten, um den entstehenden Lärm zu verringern, das Fenster des Büroraums eines Jugendzentrums in D ein. Anschließend kletterten A und B durch das zerstörte Fenster in die Räumlichkeit und durchsuchten diese nach mitnehmenswerten Gegenständen. Sie entwendeten schließlich einen Computer nebst Zubehör sowie 300 € Bargeld, die sie in der Schublade eines Schreibtisches fanden. Den Computer und die Zubehörteile verkauften A und B für insgesamt 900 € an den anderweitig verfolgten C. Sowohl das entwendete Bargeld als auch den erzielten Verkauferlös teilten A und B hälftig unter sich auf.

In den frühen Morgenstunden des 20. Dezember 2007 begaben sich A und B erneut zu dem Jugendzentrum in D. Wieder schlugen sie mit dem Wagenheber die Fensterscheibe ein, um sich so Zutritt zu den Büroräumen zu verschaffen. Noch während sich A und B in dem Büro daran machten, den neu angeschafften Computer abzubauen und nach Bargeld zu suchen, traf die Polizei ein und nahm die beiden vorläufig fest. Ein Passant hatte beim morgendlichen Spaziergang mit seinem Hund verdächtige Geräusche von der Rückseite des Jugendzentrums gehört und die Polizei alarmiert.

In beiden Fällen wurde seitens des Jugendzentrums kein Strafantrag gestellt. Die Angeklagten befinden sich aufgrund des Haftbefehls des Amtsgerichts D vom 21. Dezember 2007 in Untersuchungshaft.

A und B, beide türkischer Herkunft, haben in der Hauptverhandlung ein umfassendes Geständnis abgelegt. Sie gaben an, B habe zwar die Idee gehabt, in das ihm bekannte Jugendzentrum einzubrechen; das genaue Vorgehen sei jedoch von ihnen gemeinsam geplant worden.

A ist 29 Jahre alt und seit drei Jahren verheiratet. Er hat eine zwei Jahre alte Tochter. Zur Zeit der Taten war A kurzfristig von seiner Frau getrennt und wohnte bei einem Bekannten, der ihn mit B bekannt machte. A war zu diesem Zeitpunkt bereits seit mehreren Monaten arbeitslos. Nachdem A viermal wegen kleinerer Ladendiebstähle zu Geldstrafen verurteilt worden war, verurteilte ihn das Amtsgericht D im Jahre 2004 wegen Diebstahls in einem besonders schweren Fall zu einer Freiheitsstrafe von fünf Monaten, deren Vollstreckung jedoch zur Bewährung ausgesetzt wurde. Die Bewährungszeit betrug 2 Jahre; die Strafe wurde im Dezember 2006 erlassen. Bis zu den hier in Rede stehenden Taten hat sich A nichts weiter zu Schulden kommen lassen. Inzwischen hat sich A wieder mit seiner Ehefrau versöhnt, sein älterer Bruder hat ihm Arbeit in seinem Imbissrestaurant in Aussicht gestellt.

B ist 33 Jahre alt, ledig und Gelegenheitsarbeiter. Er hat keine Kinder und seine Eltern sind vor zwei Jahren zurück in die Türkei gezogen. Zu seinen beiden älteren Schwestern hat B nur sporadisch Kontakt. Das Bundeszentralregister weist bezüglich des B mehrere Eintragungen auf. Vier der insgesamt acht Verurteilungen erfolgten wegen Diebstahls, eine wegen Körperverletzung und eine weitere wegen Betrugs. Zwei Verurteilungen erfolgten wegen Verstoßes gegen das Betäubungsmittelgesetz. Zuletzt wurde B am 22. August 2007 wegen Diebstahls zu einer Freiheitsstrafe von fünf Monaten verurteilt, deren Vollstreckung ebenfalls zur Bewährung ausgesetzt wurde.

Aufgabe

Die Verteidiger von A und B bitten Sie zur Vorbereitung ihres Plädoyers um eine kurze Stellungnahme zur Strafbarkeit der Angeklagten sowie um ein ausführliches Gutachten zum Strafmaß, mit dem A und B zu rechnen haben. Sollten Sie zu dem Ergebnis gelangen, dass für A und/ oder B eine Strafaussetzung zur Bewährung zu beantragen ist, nehmen Sie auch zu dem Inhalt eines möglichen Bewährungsbeschlusses Stellung. Schließen Sie ihr Gutachten mit einem Vorschlag, welches Strafmaß die Verteidiger jeweils fordern sollten. Gehen Sie auch auf die Frage ein, welche weiteren Anträge die Verteidiger ggf. stellen sollten.

Lösung

Die Aufgabe ähnelt der Aufgabe im ersten Fall (→ oben Fall 1). Hier wie dort geht es um die Perspektive des Verteidigers und darum, das Plädoyer mit dem Antrag zum Strafmaß vorzubereiten. In beiden Fällen bilden den Anknüpfungspunkt zwei Taten, die im Verhältnis der Tatmehrheit zueinander stehen. Der vorliegende Fall weist jedoch insofern einen höheren Schwierigkeitsgrad auf, als hier für die Lösung eine Vielzahl weiterer Punkte zu bedenken ist, welche im ersten Fall keine Rolle spielen: Wie wirkt es sich aus, wenn ein Regelbeispiel für einen besonders schweren Fall mit einem gesetzlich vertypten Strafmilderungsgrund zusammentrifft? Welche Voraussetzungen müssen erfüllt sein, damit die Vollstreckung einer Freiheitsstrafe zur Bewährung ausgesetzt werden kann? Welche Nebenentscheidungen muss das Gericht treffen, wenn es eine Bewährungsstrafe verhängt? Und schließlich eine der Grundfragen des Strafzumessungsrechts, bei der die Anwendungsprinzipien einer individualisierenden, an der persönlichen Tatschuld und den individuellen Präventionserfordernissen orientierten Sanktionsbemessung mit dem Gedanken der formalen Gleichheit in Konflikt stehen: Darf bei zwei Mittätern, die vom äußeren Tatbild her dasselbe Unrecht verwirklicht haben, bei einem im Übrigen unterschiedlichen Strafzumessungssachverhalt ein unterschiedliches Strafmaß verhängt werden? Mit dieser Vielzahl neuer Fragestellungen ist der vorliegende Fall deutlich komplexer und im Schwierigkeitsgrad anspruchsvoller als der erste Fall.

Obwohl sich bereits der vorangegangene Fall kurz mit den Voraussetzungen des § 56 StGB beschäftigt hat, kann der vorliegende Fall als Grundfall für die Strafaussetzung zur Bewährung gelten. Auf die einzelnen Voraussetzungen der Aussetzung wird im Folgenden genauso exemplarisch eingegangen wie auf die Nebenentscheidungen, die das Gericht nach § 268a StPO im Bewährungsbeschluss zu treffen hat. Da in der Praxis etwa 2/3 aller Freiheitsstrafen zur Bewährung ausgesetzt werden, wird von einem Bearbeiter erwartet, dass er die hierfür erforderlichen Grundlagen sicher beherrscht.

Lehrbuch: Teil 3, Abschnitt 7.1 bis 7.3 (S. 95-118), Teil 4, Abschnitt 7.4 (S. 215 f.)

I. Strafbarkeit von A und B

1. Geschehen in der Nacht vom 2. auf den 3. Oktober 2007

a) Strafbarkeit gemäß § 242 Abs. 1, § 243 Abs. 1 Satz 2 Nr. 1, § 25 Abs. 2 StGB

Indem A und B in der Nacht vom 2. auf den 3. Oktober 2007 durch das zuvor eingeschlagene Fenster in das Büro des Jugendzentrums in D gelangten und einen Computer nebst Zubehör sowie 300 € in bar an sich nahmen, haben sie sich gemeinschaftlich des Diebstahls in einem besonders schweren Fall gemäß § 242 Abs. 1, § 243 Abs. 1 Satz 2 Nr. 1, § 25 Abs. 2 StGB schuldig gemacht.

Einem gemeinsamen Entschluss und Tatplan folgend brachen A und B fremden Gewahrsam an dem Computer und seinen Zubehörteilen sowie an dem Bargeld, als sie diese aus dem Büro des Jugendzentrums fortschafften. Sie begründeten neuen Gewahrsam, mithin ein tatsächliches und von einem Herrschaftswillen getragenes Herrschaftsverhältnis.[1] Dabei kam es ihnen darauf an, sich die Computerausrüstung zum Zwecke des Weiterverkaufs und das Bargeld zur eigenen Verwendung rechtswidrig zuzueignen. A und B handelten rechtswidrig und schuldhaft.

Zur Ausführung der Tat öffneten A und B gewaltsam mittels des mitgeführten und umwickelten Wagenhebers das Fenster des Büros, um sich so Zugang zu dem Büro zu verschaffen. Folglich brachen sie in einen Geschäftsraum ein, so dass hier eines der Regelbeispiele des § 243 Abs. 1 StGB verwirklicht worden ist.

b) Strafbarkeit wegen weiterer Delikte

Eine Strafbarkeit von A und B wegen gemeinschaftlicher Sachbeschädigung gem. § 303 Abs. 1, § 25 Abs. 2 StGB sowie wegen gemeinschaftlichen Hausfriedensbruchs gemäß § 123 Abs. 1, § 25 Abs. 2 StGB scheitert daran, dass der nach §§ 303c, 123 Abs. 2 StGB erforderliche Strafantrag nicht gestellt worden ist. Der Bejahung des besonderen öffentlichen Interesses an der Strafverfolgung im Sinne des § 303c StGB dürfte im Übrigen entgegenstehen, dass die Sachbeschädigung von § 242 Abs. 1, § 243 Abs. 1 Satz 2 Nr. 1 StGB konsumiert wird und damit auf der Konkurrenzebene ausscheidet.[2]

c) Ergebnis

A und B haben sich wegen gemeinschaftlichen Diebstahls in einem besonders schweren Fall gemäß § 242 Abs. 1, § 243 Abs. 1, § 25 Abs. 2 StGB strafbar gemacht.

2. Geschehen am 20. Dezember 2007

a) Strafbarkeit gemäß § 242 Abs. 1, § 243 Abs. 1 Satz 2 Nr. 1, §§ 22, 23 Abs. 1, § 25 Abs. 2 StGB

Indem A und B am frühen Morgen des 20. Dezember 2007 erneut das Bürofenster des Jugendzentrums einschlugen, sich so Zugang zu dem Büro verschafften und versuchten, den neu angeschafften Computer sowie eventuell vorhandenes Bargeld an sich zu bringen, bevor sie durch die Polizei gestört wurden, haben sich A und B des gemeinschaftlichen versuchten Diebstahls in einem besonders schweren

---

[1] *Lackner/Kühl*, § 242 Rn. 8a.
[2] *S/S-Eser*, § 243 Rn. 59; *Lackner/Kühl*, Vor § 52 Rn. 27.

Fall gem. § 242 Abs. 1, § 243 Abs. 1 Satz 2 Nr. 1, §§ 22, 23 Abs. 1, § 25 Abs. 2 StGB schuldig gemacht.

Da es am Tatmorgen nicht zu einer Vollendung der Wegnahme gekommen ist, liegt eine Nichtvollendung der Tatbestandsverwirklichung vor. Die Versuchsstrafbarkeit folgt aus § 242 Abs. 2, § 23 Abs. 1, § 12 Abs. 2 StGB. Wiederum einem gemeinsam entwickelten Plan folgend wollten A und B in das Büro des Jugendzentrums einbrechen, um erneut eventuell vorhandenes Bargeld und einen neu angeschafften Computer zu entwenden. Der erforderliche Tatentschluss bezüglich des Grunddelikts des § 242 Abs. 1 StGB, einschließlich der erforderlichen Zueignungsabsicht, kann bejaht werden. Darüber hinaus haben A und B auch zur Verwirklichung des Tatbestands unmittelbar angesetzt, indem sie bereits mit dem Abbau des neuen Computers und der Suche nach Bargeld begonnen hatten. Denn das Ansetzen erfordert die Aufnahme einer auf Verwirklichung des betreffenden Tatbestandes gerichteten Tätigkeit.[3] Hinsichtlich des versuchten Grundtatbestands handelten A und B rechtswidrig und schuldhaft.

Dadurch, dass A und B erneut das Bürofenster des Jugendheimes einschlugen, um so in das Büro zu gelangen, haben sie außerdem den Schutzbereich eines umschlossenen Raums verletzt und somit das Regelbeispiel des § 243 Abs. 1 Satz 2 Nr. 1 StGB verwirklicht. Das Einbrechen in das Büro des Jugendzentrums erfolgte zur Ausführung des Diebstahls. Im Gegensatz zum Grunddelikt liegt hinsichtlich des Regelbeispiels Vollendung vor. Nach allgemeiner Meinung ist in solchen Fällen von der Indizwirkung für einen besonders schweren Fall auszugehen[4], so dass auf tatbestandlicher Ebene ein versuchter Einbruchsdiebstahl und damit ein versuchter Diebstahl in einem besonders schweren Fall gemäß § 242 Abs. 1, § 243 Abs. 1 Satz 2 Nr. 1 StGB zu bejahen ist. Allerdings ist auf diesen Punkt im Rahmen der Frage nach dem anzuwendenden Strafrahmen noch einmal näher einzugehen (→ unten II. 1. B. aa. 1.).

b) Strafbarkeit wegen weiterer Delikte

Da auch hier die erforderlichen Strafanträge nicht gestellt worden sind, kommt eine Strafbarkeit wegen Sachbeschädigung und Hausfriedensbruchs nicht in Betracht. Daher ist auch nicht zu entscheiden, ob die vollendete Sachbeschädigung und der vollendete Hausfriedensbruch durch den versuchten schweren Diebstahl gemäß § 242 Abs. 1, § 243 Abs. 1 Satz 2 Nr. 1 StGB konsumiert werden oder tateinheitlich daneben bestehen bleiben.

c) Ergebnis

A und B haben sich des versuchten Diebstahls in einem besonders schweren Fall gemäß § 242 Abs. 1, § 243 Abs. 1 Satz 2 Nr. 1, §§ 22, 23 Abs. 1, § 25 Abs. 2 StGB schuldig gemacht.

---

[3] S/S-*Eser*, § 22 Rn. 37.
[4] BGH NStZ 1984, 262 (263), 1985, 217 (218); S/S-*Eser*, § 243 Rn. 44; *Fischer*, § 46 Rn. 103.

3. Ergebnis

Demnach haben sich A und B in zwei Fällen – d.h. tatmehrheitlich i.S. des § 53 StGB – wegen gemeinschaftlich begangenen Diebstahls in einem besonders schweren Fall strafbar gemacht, wobei es in einem Fall bei einem Versuch blieb.

II. Gutachten zum Strafmaß

Da bei mehreren Tatbeteiligten die Zumessungstatsachen in der Regel für jeden verschieden sind, ist jeder Beteiligte in individueller Würdigung nach dem Maß der eigenen Schuld abzuurteilen.[5] Daraus ergibt sich, dass Mittäter bei gleicher Tatbeteiligung verschieden schwer oder bei unterschiedlicher Tatbeteiligung gleich bestraft werden können. Der Gesichtspunkt, dass gegen Mittäter verhängte Strafen in einem gerechten Verhältnis zueinander stehen sollen, darf bei der Strafzumessung jedoch nicht völlig außer Acht gelassen werden.[6] Demnach ist vorliegend zunächst das für A zu fordernde Strafmaß anhand der allgemein geltenden Grundsätze zu entwickeln. Anschließend ist eine Prüfung im Hinblick auf B erforderlich.

1. Strafmaß für A

a) Strafmaß für die erste Tat

aa) Strafrahmen

Der Regelstrafrahmen des Diebstahls beträgt gemäß § 242 Abs. 1, § 38 Abs. 2, § 40 Abs. 1 Satz 2 StGB Geldstrafe in Höhe von 5 Tagessätzen oder Freiheitsstrafe von einem Monat bis zu 5 Jahren. Vorliegend hat A allerdings einen Einbruchsdiebstahl und damit einen Diebstahl in einem besonders schweren Fall begangen, denn er hat eines der in § 243 StGB genannten Regelbeispiele verwirklicht. Dies könnte zu einer **Strafrahmenverschiebung** und folglich zur Anwendung des in § 243 Abs. 1 Satz 1 StGB genannten verschärften Strafrahmens führen.

Nach § 243 Abs. 1 Satz 1 StGB wird der Diebstahl in einem besonders schweren Fall mit Freiheitsstrafe von 3 Monaten bis zu 10 Jahren bestraft. Abs. 1 Satz 2 gibt in den Nrn. 1 bis 7 Regelbeispiele dafür an, wann ein besonders schwerer Fall vorliegt. Die h.M. sieht in diesen Regelbeispielen keine Tatbestandsmerkmale, sondern Strafzumessungsregeln.[7] Die Regelbeispiele sollen dabei dem Rechtsanwender einen Hinweis geben, welchen Schweregrad das Gesetz für die Strafrahmenverschiebung „nach oben" voraussetzt. Wenn die Voraussetzungen eines

---

[5] *Fischer*, § 46 Rn. 24.
[6] BGH StV 1998, 481 (482); *Fischer*, § 46 Rn. 25; *Meier*, Strafrechtliche Sanktionen, 215 f.
[7] BGHSt 23, 254 (256 f.); S/S-*Eser*, § 243 Rn. 2; *Lackner/Kühl*, § 46 Rn. 11.

Regelbeispiels erfüllt sind, soll „in der Regel" der im Gesetz genannte Sonderstrafrahmen Anwendung finden. Für den Rechtsanwender bedeutet dies, dass die Strafe grundsätzlich dem erhöhten Strafrahmen entnommen werden muss, wenn die Voraussetzungen des im Gesetz genannten Regelbeispiels erfüllt sind. Nur wenn Umstände vorliegen, die deutlich zugunsten des Täters sprechen (z.b. weil sich die Tat auf eine geringwertige Sache bezieht, vgl. § 243 Abs. 2 StGB), kann die Strafe dem Regelstrafrahmen des einfachen Diebstahls entnommen werden. Umgekehrt setzt die Anwendung des erhöhten Strafrahmens nicht zwingend voraus, dass ein Regelbeispiel der Nrn. 1 bis 7 erfüllt ist. Ein Diebstahl in einem besonders schweren Fall kann auch dann gegeben sein, wenn die Tat aus anderen Gründen „besonders schwer" erscheint. Ein Beispiel bildet der Fall, dass bei dem Diebstahl ein besonders hochwertiger Gegenstand entwendet worden ist (vgl. auch § 263 Abs. 3 Satz 2 Nr. 2 StGB).[8]

Wenn die Voraussetzungen eines Regelbeispiels erfüllt sind, bedarf die Annahme eines besonders schweren Falles und damit des verschärften Strafrahmens danach grundsätzlich keiner näheren Begründung. Dies folgt aus der sog. **Indizwirkung des Regelbeispiels**. Etwas anderes gilt nur dann, wenn besondere Umstände, die in der Tat oder der Persönlichkeit des Täters liegen, das Unrecht oder die Schuld gegenüber dem Durchschnittsfall des Regelbeispiels so wesentlich mindern, dass bei Bewertung aller entlastenden und belastenden Umstände die Zuordnung der Tat zu der höheren Strafrahmenstufe unangemessen wäre.

Vorliegend sind die Voraussetzungen des Regelbeispiels unzweifelhaft erfüllt. Besondere Umstände der Tat oder der Persönlichkeit des A, die dazu führen könnten, die Anwendung des verschärften Strafrahmens als unangemessen anzusehen, sind nicht ersichtlich. Richtig ist zwar, dass sich A aufgrund der vorübergehenden Trennung von seiner Frau und seiner anhaltenden Arbeitslosigkeit in einer emotional aufgewühlten Stimmung, einer für ihn unsicheren und ungewissen Situation befunden hat. Dennoch kann daraus nicht gefolgert werden, dass die Anwendung des Sonderstrafrahmens unangemessen wäre. Die Tatbegehung entspricht in jeder Hinsicht der des Einbruchsdiebstahls im Sinne von § 243 Abs. 1 Satz 2 Nr. 1 StGB und stellt damit einen „üblichen" besonders schweren Fall des Diebstahls dar. Demnach ist vorliegend von dem in § 243 Abs. 1 Satz 1 StGB genannten erhöhten Strafrahmen auszugehen, welcher Freiheitsstrafe von 3 Monaten bis zu 10 Jahren vorsieht.

bb) Schuldrahmen

Innerhalb des nunmehr gefundenen Strafrahmens ist nach der in der Praxis maßgeblichen Spielraumtheorie der Schuldrahmen zu bilden. Dieser wird nach unten durch die schon und nach oben durch die noch schuldangemessene Strafe begrenzt. Für die Bestimmung des Schuldrahmens stellen die jeweiligen Modalitäten der Tatbestandsverwirklichung den wichtigsten Anknüpfungspunkt dar. Ausgehend von § 46 StGB sind daneben der bei der Tat aufgewendete Wille und die persönlichen Verhältnisse des Täters relevant. Weiter spielen die Vorbelastungen

---

[8] BGHSt 29, 319 (322).

des Täters sowie sein Verhalten nach der Tat eine herausgehobene Rolle (→ oben Fall 1).

Bedeutsam ist bei einem Diebstahl zunächst das **Maß der Eigentums- und Gewahrsamsverletzung** sowie der **Wert der Beute**, wobei nicht ausschließlich auf den Verkehrswert abzustellen ist. Ist – wie hier – die Verwirklichung eines Regelbeispiels gegeben, so bleiben die tatbestandsähnlichen Voraussetzungen des jeweiligen Regelbeispiels wegen des auch insoweit anwendbaren Doppelverwertungsverbots (§ 46 Abs. 3 StGB) bei der Strafzumessung außer Betracht.[9] Die Modalitäten des erhöhten Handlungsunrechts, wie besonders schadensträchtiges, raffiniertes oder besonders einfaches Vorgehen, dürfen und müssen aber straferschwerend bzw. strafmildernd zu berücksichtigt werden.[10]

A hat gemeinsam mit B neben Bargeld im Wert von 300 € auch den Computer nebst Zubehör aus dem Büro des Jugendzentrums entwendet. Diesen konnten die beiden für 900 € an den gesondert verfolgten C verkaufen. Den „Erlös" aus dem Einbruchsdiebstahl teilten A und B hälftig untereinander auf, so dass A auf diese Weise zu 600 € gelangte. Mit insgesamt 1.200 € liegt der Wert der Beute erheblich über der Geringwertigkeitsgrenze von ca. 25 €.[11] Allerdings ist eine Vielzahl von Fällen denkbar, in denen der Wert der Beute noch deutlich höher liegt. Daraus folgt, dass der Wert der Beute den vorliegenden Fall zwar deutlich aus dem Bereich der Bagatelldelikte heraushebt; allerdings handelt es sich auch nicht um einen Beutewert von besonders hohem Ausmaß.

Über den Wert des beim Einbruch zerstörten Fensters des Jugendzentrums sind keine Feststellungen getroffen worden. Bei der Strafzumessung kann dieser Gesichtspunkt also nicht berücksichtigt werden.

Hinsichtlich des bei der Tat **aufgewendeten Willens** gilt Folgendes: A plante sein Vorgehen gemeinsam mit B sehr genau. Dies wird zum einen durch die Mitnahme und das Umwickeln des Wagenhebers deutlich, welchen die beiden schließlich zur Tatbegehung nutzten. Zum anderen wird die umsichtige Planung dadurch sichtbar, dass A und B erstmals in der Nacht und vor einem Feiertag tätig wurden. Dass A somit planvoll und durchdacht vorging und nicht einem spontanen und unüberlegten Impuls folgend handelte, ist straferschwerend zu berücksichtigen.

Hinsichtlich der **Beweggründe und Ziele** des Täterhandelns ist strafmildernd zu berücksichtigen, dass sich A aufgrund der vorübergehenden Trennung von seiner Ehefrau zur Zeit der Tat in einem emotional aufgewühlten Zustand befunden haben dürfte. Auch seine anhaltende Arbeitslosigkeit muss entsprechende Berücksichtigung finden. Somit handelte A nicht nur aus grob eigennützigen Motiven. Auch kann nicht davon ausgegangen werden, dass A es darauf anlegte, auf Dauer und in derartig strafbarer Weise seinen Lebensunterhalt zu verdienen. Allerdings sind auch keine Anhaltspunkte dafür ersichtlich, dass A ausschließlich aufgrund und zur Beseitigung akuter wirtschaftlicher Not handelte.

---

[9] BGH NStZ-RR 2005, 374 (375).
[10] *Schäfer/Sander/van Gemmeren*, Praxis der Strafzumessung, Rn. 906.
[11] *Fischer*, § 243 Rn. 25.

Im Rahmen der Strafzumessungstatsache „**Vorleben des Täters**" steht insbesondere die Frage der Vorbestraftheit im Vordergrund. Während bisherige Straflosigkeit grundsätzlich strafmildernd zu berücksichtigen ist,[12] wirken Vorstrafen – d.h. Verurteilungen, die vor der dem aktuellen Verfahren zugrunde liegenden Straftat erfolgt sind – jedenfalls dann strafschärfend, wenn sie einschlägig sind und erkennen lassen, dass sich der Täter über die von der früheren Verurteilung ausgehende Warnwirkung hinweggesetzt hat.[13] Dabei bedarf die strafschärfende Berücksichtigung weiter zurück liegender Vorstrafen besonderer Begründung. Zu beachten ist außerdem, dass getilgte oder tilgungsreife Vorstrafen nach der Regelung der § 51 Abs. 1 BZRG nicht strafschärfend gewertet werden dürfen.[14]

Die insgesamt fünf Vorverurteilungen des A sind allesamt einschlägig, d.h. aufgrund von Diebstahlstaten ausgesprochen worden. Während es in vier Fällen bei kleineren Ladendiebstählen blieb, erfolgte die letzte Verurteilung ebenfalls wegen Diebstahls in einem besonders schweren Fall. Dort wurde A zu einer Freiheitsstrafe von 5 Monaten verurteilt, deren Vollstreckung allerdings zur Bewährung ausgesetzt wurde. Sowohl die 2jährige Bewährungszeit hindurch als auch im Anschluss hieran führte sich A straffrei, bevor es zu den hier in Rede stehenden Taten kam. Anhaltspunkte dafür, dass die Vorverurteilungen vorliegend aufgrund gegebener Tilgung oder Tilgungsreife nicht in Ansatz gebracht werden dürften, sind nicht ersichtlich. Demnach sind die einschlägigen Vorverurteilungen des A strafschärfend zu berücksichtigen, wobei das Durchstehen der Bewährungszeit nach der letzten Verurteilung sowie der sich daran anschließende Zeitraum der Straflosigkeit zu Gunsten des A zu werten sind.

Das umfassende **Geständnis** des A begründet einen eigenständigen und positiven Handlungs- und Erfolgswert, der dem Unwert der Tat entgegengestellt werden kann[15].

Fazit: Die erste Tat weist alle Anzeichen eines Falls auf, wie er „immer wieder" vorkommt. Der Wert der Beute ist als nicht nur unerheblich anzusehen, liegt aber nicht in besonderen Höhen. Die Vorstrafen belasten A, sein Geständnis entlastet ihn. Auch die zur Zeit der Tat für A schwierigen persönlichen Verhältnisse wirken sich zu seinen Gunsten aus. Die „Einstiegstelle" in den Strafrahmen dürfte daher deutlich unterhalb der Mitte anzusehen sein. Ein Rückgriff auf das Mindestmaß erscheint allerdings aufgrund der zu Lasten des A wirkenden Umstände ebenfalls nicht angezeigt.

cc) Ergebnis

Im Ergebnis dürfte aus Sicht der Verteidigung für den ersten Einbruchsdiebstahl eine Einzelstrafe von nicht mehr als 8 Monaten Freiheitsstrafe als tat- und schuld-

---

[12] *Fischer*, § 46 Rn. 37a.
[13] BGHSt 24, 198 (200); OLG Nürnberg NStZ-RR 1997, 168 (169); *Schäfer/Sander/ van Gemmeren*, Praxis der Strafzumessung, Rn. 362 ff.
[14] BGHSt 24, 378 (380 ff.).
[15] *Schäfer/Sander /van Gemmeren*, Praxis der Strafzumessung, Rn. 383; *Meier*, Strafrechtliche Sanktionen, 191; kritisch S/S-*Stree*, § 46 Rn. 41a.

angemessen anzusehen sein. Diese liegt deutlich oberhalb des Mindestmaßes, trägt aber dem Umstand Rechnung, dass es sich im Übrigen um einen statistischen „Regelfall" handelt.

b) Strafmaß für die zweite Tat

aa) Strafrahmen

Hinsichtlich des Strafrahmens für die Tat vom 20. Dezember 2007 könnte zunächst das oben Gesagte entsprechend gelten. Auszugehen wäre dann ebenfalls von dem Strafrahmen des § 242 Abs. 1, § 243 Abs. 1 Satz 1 StGB, also von 3 Monaten bis zu 10 Jahren Freiheitsstrafe. Allerdings gilt es zu berücksichtigen, dass die zweite Tat im **Versuchsstadium** stecken geblieben ist, was gemäß § 23 Abs. 2, § 49 Abs. 1 StGB zu einer (fakultativen) Strafrahmenverschiebung führen könnte. In der Rechtsprechung ist darüber hinaus anerkannt, dass das Vorliegen eines gesetzlich vertypten Milderungsgrunds (wie hier der Versuch) anstatt eine Strafrahmenverschiebung nach § 49 StGB nach sich zu ziehen, auch dazu führen kann, einen besonders schweren Fall zu verneinen.[16]

(1) Strafrahmen des § 243 Abs. 1 Satz 1 StGB

Ist – wie hier – das Regelbeispiel verwirklicht, das Grunddelikt hingegen nur versucht, so bedarf es einer **Gesamtabwägung** aller unter dem Aspekt des gerechten Schuldausgleichs erheblichen Umstände und damit der Prüfung, ob es bei dem Strafrahmen des besonders schweren Falls bleibt, ob der Normalstrafrahmen oder ob der nach § 49 Abs. 1 StGB gemilderte Rahmen des besonders schweren Falles Anwendung finden soll.[17] Demnach ist auf der Strafrahmenebene zunächst zu fragen, ob der geringere Unrechtsgehalt der versuchten Tat die Indizwirkung des besonders schweren Falls (→ oben 2. a) entkräftet.

Dabei ist zu berücksichtigen, wie sich die Strafrahmen zueinander verhalten und wie **gewichtig** sich eine Strafrahmenverschiebung oder ihre Ablehnung auf das Ergebnis auswirkt. Bei einem besonders schweren Fall der sexuellen Nötigung nach § 177 Abs. 2 StGB beispielsweise beträgt die Strafrahmenuntergrenze 2 Jahre, bei Anwendung des Normalstrafrahmens 1 Jahr und bei einer Strafrahmenverschiebung nach § 49 Abs. 1 StGB – etwa wegen Versuchs – 6 Monate. Diese erheblichen Unterschiede allein bei der Strafrahmenuntergrenze erfordern bei diesem speziellen Delikt eine ausführlichere Strafrahmendiskussion.[18] Anders liegt der Fall jedoch hier. Da sich die Strafrahmen des einfachen und des schweren Diebstahls nach § 243 StGB im praktisch relevanten Bereich weitgehend überschneiden, ist der BGH der Ansicht, dass dem geringeren Maß an Unrecht und Schuld, das der versuchte Diebstahl gegenüber dem vollendeten aufweist, durch

---

[16] Zu der vergleichbaren Problematik des Zusammentreffens von minder schwerem Fall und gesetzlich vertypten Milderungsgründen unten Fall 7.
[17] *Schäfer/Sander/van Gemmeren*, Praxis der Strafzumessung, Rn. 604.
[18] *Schäfer/Sander/van Gemmeren*, Praxis der Strafzumessung, Rn. 605.

die fakultative Milderung des verschärften Strafrahmens des § 243 Abs. 1 StGB ausreichend Rechnung getragen werden kann.[19]

Aber auch aus der erforderlichen **Gesamtschau** der erheblichen Umstände ergibt sich, dass Ausgangspunkt im vorliegenden Fall der Strafrahmen des § 243 Abs. 1 Satz 1 StGB sein sollte.

Die vollendete Tat hätte nach dem Vorstellungsbild des A (und des B) sowie den äußeren Umständen eindeutig einen besonders schweren Fall dargestellt. Insbesondere waren die Merkmale des Regelbeispiels durch A und B bereits verwirklicht worden. A und B öffneten das Fenster erneut gewaltsam, um sich dadurch Zugang zum Büro zu verschaffen und dort an die Diebesbeute gelangen zu können. Die Nichtvollendung folgte allein aus der Tatsache, dass es aufgrund des Erscheinens der Polizei nicht mehr zur Wegnahme des Computers kommen konnte. Demnach war der Versuch bereits sehr weit in die Nähe der Deliktsvollendung gerückt. Darüber hinaus erforderte es hinsichtlich der zweiten Tat einer gegenüber der ersten Tat deutlich erhöhten kriminellen Energie. Denn nach dem ersten Einbruchsdiebstahl war das Entdeckungsrisiko bei der zweiten Tat deutlich höher. A und B mussten davon ausgehen, aufgrund zwischenzeitlich eingerichteter Sicherungsmaßnahmen als Täter identifiziert oder – wie es letztlich auch geschah – auf frischer Tat betroffen werden zu können. Dennoch entschlossen sie sich zu einem erneuten Einbruchsdiebstahl in das Jugendzentrum.

Nach alledem dürfte hier trotz des Vorliegens eines gesetzlich vertypten Milderungsgrunds von dem Sonderstrafrahmen des § 243 Abs. 1 Satz 1 StGB auszugehen sein. Zu prüfen bleibt, welche weiteren Konsequenzen für den Strafrahmen sich daraus ergeben, dass die Tat im Versuchsstadium stecken geblieben ist.

(2) Fakultative Strafrahmenverschiebung gemäß § 23 Abs. 2, § 49 Abs. 1 StGB

Wie bereits erwähnt, besteht die Möglichkeit einer Strafrahmenverschiebung gemäß § 23 Abs. 2, § 49 Abs. 1 StGB, weil die zweite Tat im Versuchsstadium stecken geblieben ist.

Mit dem BGH ist bei der Frage nach einer Gewährung der fakultativen Milderungsmöglichkeit eine **Gesamtwürdigung** aller Tatumstände und der Täterpersönlichkeit vorzunehmen. Bei dieser Abwägung kommt dem Maß der Schuldmilderung, das sich aus dem jeweiligen Milderungsgrund selbst ergibt, besonderes Gewicht zu, beim Versuch namentlich der Nähe der Tatvollendung, der Gefährlichkeit des Versuchs und der aufgewandten kriminellen Energie; außerhalb des Milderungsgrundes liegende gravierende straferhöhende Umstände können aber die aus dem Milderungsgrund folgende Schuldmilderung ausgleichen.[20] Das heißt im Ergebnis, dass das Vorliegen des Milderungsgrundes regelmäßig eine geringere Schuld indiziert und nur das Hinzutreten besonders erschwerender Umstände

---

[19] BGHSt 33, 370 (377).
[20] BGHSt 36, 1 (18); BGH NStZ 1995, 285.

dazu führen kann, eine Strafmilderung zu verweigern.[21] Soweit – wie hier – der mit Strafe bedrohte Versuch einer Tat als besonders schwerer Fall dem erhöhten Strafrahmen unterliegt, ist eine Strafrahmenmilderung nach §§ 23 Abs. 2, 49 Abs. 1 StGB regelmäßig anzuwenden.

Besonders **gravierende Umstände**, die gegen die Gewährung der fakultativen Strafrahmenverschiebung sprechen, sind im Fall des A nicht ersichtlich. Zwar spricht die Nähe des Versuchs zur Deliktsverwirklichung gegen die Gewährung. Darüber hinausgehende und gravierend straferschwerende Umstände, etwa bei der Tatbegehung oder im Vor- und Nachtatverhalten des A, sind jedoch nicht gegeben. Die übrigen Umstände sprechen eher dafür, die Milderungsmöglichkeit vorliegend nicht zu versagen.

Die fakultative Strafrahmenverschiebung ist also zu gewähren, so dass sich der Strafrahmen von zunächst 3 Monaten bis zu 10 Jahren Freiheitsstrafe gemäß § 49 Abs. 1 Nr. 2 und Nr. 3 StGB auf einen Strafrahmen von einem Monat bis zu 7 ½ Jahren verschiebt.

bb) Schuldrahmen

Hinsichtlich des festzulegenden Schuldrahmens gilt das zur ersten Tat Gesagte weitgehend entsprechend. Die Tatsache, dass es sich bei der Tat vom 20. Dezember 2007 lediglich um einen versuchten Einbruchsdiebstahl handelt, darf allerdings bei der Frage nach dem Schuldrahmen nicht erneut strafmildernd berücksichtigt werden. Dieser Umstand ist bereits bei der Festlegung des zugrunde zu legenden Strafrahmens verbraucht worden (→ soeben aa. 2.); das Doppelverwertungsverbot (§ 46 Abs. 3 StGB) steht einer erneuten Berücksichtigung entgegen.

Auch hinsichtlich der zweiten Tat ergibt sich aus den Tatumständen, welche nahezu identisch sind, sowie aus der Täterpersönlichkeit und dem Täterwillen, dem Vorleben und dem Nachtatverhalten des A, dass es sich um einen „Durchschnittsfall" handeln dürfte. Dies führt dazu, dass auch hier ein Strafmaß als tat- und schuldangemessen anzusehen ist, welches das zur Verfügung stehende (gemilderte) Mindestmaß des Strafrahmens zwar deutlich genug überschreitet, jedoch weit unterhalb der Obergrenze anzusetzen ist.

cc) Ergebnis

Für den versuchten Einbruchsdiebstahl vom 20. Dezember 2007 dürfte aus Sicht der Verteidigung eine Einzelstrafe von 4 Monaten Freiheitsstrafe als tat- und schuldangemessen anzusehen sein.[22]

---

[21] BGH StV 1990, 157; *Schäfer/Sander/van Gemmeren*, Praxis der Strafzumessung, Rn. 510.
[22] An sich müsste in einem nächsten Schritt noch danach gefragt werden, ob die Strafe als Geldstrafe oder als Freiheitsstrafe zu verhängen ist; die Entscheidung richtet sich nach § 47 Abs. 2 i.V.m. Abs. 1 StGB. Im vorliegenden Fall dürften die engen Voraussetzungen für eine Freiheitsstrafe nicht erfüllt sein, so dass die Strafe als Geldstrafe in Höhe von 120 Tagessätzen zu verhängen ist. Da diese Problematik jedoch schon in einem an-

c) Gesamtstrafenbildung

Aus den beiden Einzelstrafen für die Tat vom 2. Oktober 2007 und den versuchten Einbruchsdiebstahl vom 20. Dezember 2007 ist nach den Grundsätzen des § 54 Abs. 1 Satz 2, Abs. 2 StGB der Strafrahmen für eine Gesamtstrafe zu bilden. Auszugehen ist dabei von der sog. Einsatzstrafe; dies ist die höchste der verwirkten Einzelstrafen.[23] Die Einsatzstrafe ist dann entsprechend der Schwere von Schuld und Unrecht des Gesamtgeschehens und den sich hierin ausdrückenden Präventionserfordernissen zu verschärfen. Dabei darf jedoch nach § 54 Abs. 2 Satz 1 StGB die Summe der Einzelstrafen nicht erreicht werden (dazu schon → oben Fall **). Der Strafrahmen für eine Gesamtfreiheitsstrafe beträgt also, wenn man von den beiden hier vorgeschlagenen Strafmaßen von 8 und 4 Monaten Freiheitsstrafe ausgeht, im Mindestmaß 8 Monate und 1 Woche und im Höchstmaß 11 Monate und 3 Wochen Freiheitsstrafe, vgl. §§ 54 Abs. 1 Satz 2, Abs. 2 Satz 1 i.V.m. § 39 StGB.

§ 54 Abs. 1 Satz 3 StGB bestimmt, dass bei der Gesamtstrafenbildung wiederum eine zusammenfassende **Gesamtwürdigung** vorzunehmen ist. Wesentliche Abwägungskriterien sind dabei die Anzahl der Taten, deren Zusammenhang, der Grad ihrer Selbstständigkeit und die Gleichheit bzw. Verschiedenheit der Sachverhalte.[24] Weitestgehend ist also auf Gesichtspunkte zurückzugreifen, die bereits bei der Zumessung der Einzelstrafen Berücksichtigung gefunden haben.[25] Der wichtigste Gesichtspunkt ist dabei das Verhältnis der einzelnen Straftaten zueinander. Besteht zwischen ihnen ein enger zeitlicher, sachlicher und situativer Zusammenhang, muss die Erhöhung der Einsatzstrafe nach der Rechtsprechung niedriger ausfallen als in anderen Fällen.[26]

Der zweite, versuchte Einbruchsdiebstahl des A ereignete sich nur zwei Monate nach dem ersten Einbruchsdiebstahl in das Büro des Jugendzentrums. Die äußeren Tatumstände waren nahezu identisch. Aufgrund des als eng anzusehenden Zusammenhangs der Taten sowie aufgrund einer nochmaligen zusammenfassenden Würdigung dürfte hier eine Gesamtfreiheitsstrafe im Bereich von 10 Monaten als angemessen anzusehen sein.

d) Strafaussetzung zur Bewährung

Zu prüfen bleibt, ob beantragt werden sollte, die Vollstreckung der gegen A zu verhängenden Freiheitsstrafe zur Bewährung auszusetzen. Wie festgestellt, kann eine Gesamtstrafe von 10 Monaten als tat- und schuldangemessen angesehen werden. Gemäß § 58 Abs. 1 StGB ist für die Aussetzungsentscheidung die Höhe der

---

deren Fall behandelt worden ist (→ Fall 4), soll sie hier nicht noch einmal aufgegriffen werden.
[23] *Schäfer/Sander/van Gemmeren*, Praxis der Strafzumessung, 4. Aufl., 2008, 266.
[24] BGHSt 24, 268 (269 f.).
[25] Zu den Grenzen, die sich aus dem Doppelverwertungsverbot ergeben, *Fischer*, § 46 Rn. 83 m.w.N.
[26] BGH StV 1993, 302; BGH NStZ 1995, 77.

Gesamtstrafe und nicht etwa die der ihr zugrunde liegenden Einzelstrafen maßgeblich. Da die Gesamtstrafe ein Jahr nicht übersteigt, ist die Aussetzungsfrage nach § 56 Abs. 1 Satz 1 StGB zu entscheiden. Danach ist die Vollstreckung einer Freiheitsstrafe von nicht mehr als einem Jahr dann zur Bewährung auszusetzen, wenn dem Verurteilten eine günstige Legalprognose gestellt werden kann. Ist die Prognose günstig, so ist bei Freiheitsstrafen von nicht mehr als einem Jahr die Aussetzung die zwingende Folge, es sei denn, dass die Vollstreckung der Strafe zur Verteidigung der Rechtsordnung geboten ist, vgl. § 56 Abs. 1 Satz 1, Abs. 3 StGB.

aa) Legalprognose, § 56 Abs. 1 StGB

Es fragt sich demnach, ob A eine günstige Legalprognose gestellt werden kann. Die Legalprognose – auch Kriminal-[27] oder (in der Praxis wohl überwiegend) Sozialprognose[28] genannt – ist gemäß § 56 Abs. 1 StGB günstig, wenn auch ohne die Vollstreckung der verhängten Freiheitsstrafe erwartet werden kann, dass sich der Täter in Zukunft – und nicht nur während der Bewährungszeit[29] – straffrei führen wird. „**Erwarten**" im Sinne des § 56 Abs. 1 StGB setzt schon sprachlich nicht die sichere Gewissheit künftig straffreien Lebens voraus. Prognosemaßstab ist lediglich die Wahrscheinlichkeit künftiger Straffreiheit. Allerdings darf nicht nur die Hoffnung oder Möglichkeit künftig straffreier Führung bestehen. Erforderlich, aber auch ausreichend ist, dass die Wahrscheinlichkeit des künftig straffreien Verhaltens größer ist als diejenige neuer Straftaten.[30]

Grundlage für die Prognose ist die Gesamtheit aller Umstände, welche Rückschlüsse auf die künftige Straffreiheit ohne die Einwirkung des Strafvollzuges zulassen. Irrelevant ist dabei, ob die betreffenden Umstände durch den Täter verschuldet sind oder nicht. Die Prognose ist ausschließlich mit Blick auf den Strafzweck der Spezialprävention zu stellen; die Schwere der Schuld und die Umstände der Tat sind nur insoweit von Bedeutung, als sie Rückschlüsse auf das künftige Verhalten des Täters zulassen. In die Beurteilung fließen die in § 56 Abs. 1 Satz 2 StGB exemplarisch angesprochenen Umstände aus dem Persönlichkeitsbereich des Täters, seiner Biographie und den für sein Verhalten maßgeblichen Lebensverhältnissen ein; der Kreis der in Betracht zu ziehenden Gesichtspunkte geht aber über die im Gesetz selbst genannten Merkmale hinaus („namentlich"). Maßgeblicher Zeitpunkt für die Beurteilung der Prognosevoraussetzungen ist der Zeitpunkt der letzten tatrichterlichen Hauptverhandlung.[31] Die Prognose setzt in der Praxis nicht voraus, dass eines der in der Literatur diskutierten wissenschaftlichen Prognoseverfahren[32] angewandt wird.[33] In der Praxis genügt die auf Erfahrungswissen gestützte Einschätzung der für die Vorhersage maßgeblichen Prognosefak-

---

[27] MüKo-*Groß*, § 56 Rn. 16; *Schäfer/Sander/van Gemmeren*, Praxis der Strafzumessung, Rn. 130.
[28] *Fischer*, § 56 Rn. 3.
[29] MüKo-*Groß*, § 56 Rn. 20; S/S-*Stree*, § 56 Rn. 14; *Lackner/Kühl*, § 56 Rn. 8.
[30] BGH NStZ 1997, 194; MüKo-*Groß*, § 56 Rn. 24.
[31] BGH NJW 2003, 2841; S/S-*Stree*, § 56 Rn. 17.
[32] Vgl. *Streng*, Strafrechtliche Sanktionen, Rn. 619 ff.; *Meier*, Kriminologie, § 7 Rn. 24 ff.
[33] *Schäfer/Sander/van Gemmeren*, Praxis der Strafzumessung, Rn. 131.

toren und ihrer Bedeutung. Die tragenden Erwägungen müssen allerdings benannt und in den Urteilsgründen mitgeteilt werden (§ 267 Abs. 3 Satz 4 StPO).[34]

Vorliegend spielen für die Frage nach einem Antrag auf Strafaussetzung die folgenden Kriterien eine Rolle: Wesentlicher Prognosefaktor ist zunächst die **Täterpersönlichkeit**. Für eine umfassende Persönlichkeitsbeurteilung ist insbesondere auch die Einsicht des Täters in die Verwerflichkeit seiner Tat bedeutsam. A hat vorliegend ein umfassendes Geständnis abgelegt und sich damit zu seiner Tat bekannt. Wenn schon das Leugnen der Tat nicht grundsätzlich gegen eine günstige Prognose spricht[35], so muss positiv gewertet werden, dass er sein Fehlverhalten eingeräumt und sich mit den möglichen Konsequenzen seiner Tat auseinandergesetzt hat.

Darüber hinaus lassen sich Rückschlüsse aus den **Tatumständen**, den **Beweggründen und Zielen** des Täters in die Prognoseentscheidung einstellen.[36] Für die Bewährungsfrage können vor allem die psychischen Wurzeln der Tat aufschlussreich sein.[37] A war zur Zeit der Taten bereits seit einiger Zeit arbeitslos. Außerdem hatte sich seine Ehefrau kurzzeitig von ihm getrennt. Somit befand er sich privat und beruflich in einer ungefestigten Situation, was zum Tatentschluss beigetragen haben dürfte. Folglich ist davon auszugehen, dass die Taten nicht einer bereits verfestigten rechtsuntreuen Haltung des A entsprangen, sondern zu einem Großteil auf die für A besonders belastenden Gegebenheiten zurückzuführen waren.

Weiteres Prognosekriterium ist das Vorleben des Täters, insbesondere die Frage nach dem **Fehlen oder Vorhandensein von Vorstrafen**. Die Berücksichtigung von Vorverurteilungen im Rahmen der Aussetzungsentscheidung erfordert ein differenziertes Vorgehen. Es ist genau auf die Art und die zeitliche Abfolge der Vorverurteilungen zu achten. Länger zurückliegende Taten und Verurteilungen werden einer günstigen Prognose nur selten entgegenstehen, wenn sich der Täter in der Zwischenzeit stabilisiert hat.[38] Hinsichtlich der Art der Vorverurteilungen ist zu beachten, dass auch hier in der Regel nur einschlägige Vorstrafen gegen eine günstige Prognose ins Feld geführt werden können. Diese dürfen darüber hinaus ebenfalls weder getilgt noch tilgungsreif sein, vgl. § 51 Abs. 1 BZRG (hierzu schon → oben a. bb.). Aber auch das Vorliegen einschlägiger Vorstrafen steht einer Strafaussetzung nicht per se entgegen.[39] Eine hinsichtlich der Schwere der Taten zunehmende Straffälligkeit kann allerdings wiederum gegen eine günstige Prognose sprechen. Maßgeblich ist bei alledem nicht so sehr der Umstand, dass, wie häufig und wie schwer der Täter vorbestraft ist. Für die Prognose sehr viel bedeutsamer sind die **Gründe für die wiederholte Straffälligkeit**, da sich erst aus ihnen die Anhaltspunkte für die Gefährdungslage ergeben, die auch das künftige Legalverhalten des Täters beeinflussen kann.[40]

---

[34] MüKo-*Groß*, § 56 Rn. 60 f.
[35] BGH StV 1998, 482; 1999, 602; NStZ-RR 2003, 264.
[36] *Lackner/Kühl*, § 56 Rn. 11.
[37] *Fischer*, § 56 Rn. 7.
[38] *Schäfer/Sander/van Gemmeren*, Praxis der Strafzumessung, Rn. 135.
[39] BGH StV 1992, 417.
[40] *Meier*, Kriminologie, § 7 Rn. 20.

A ist mehrfach einschlägig strafrechtlich in Erscheinung getreten. Zuletzt ist er im Jahre 2004 zu einer Freiheitsstrafe verurteilt worden, deren Vollsteckung zur Bewährung ausgesetzt worden ist. Allerdings liegen diese Vorverurteilungen bereits einige Zeit zurück, so dass sie eine die Prognose negativ beeinträchtigende Wirkung kaum mehr entfalten können. Wesentlich ist außerdem, dass es sich bei A gerade nicht um einen sog. Bewährungsversager handelt. Er hat es im Gegenteil geschafft, sich nach der letzten Verurteilung und über die Dauer der Bewährungszeit hinweg straffrei zu führen. Im Ergebnis stehen die früheren Verurteilungen einer günstigen Prognose daher nicht entgegen, ohne dass es eines genaueren Eingehens auf die Hintergründe der früheren Taten bedarf.

Fazit: Für A kann aus Sicht der Verteidigung eine positive Legalprognose gestellt werden. Dies folgt aus dem zuvor Gesagten sowie insbesondere auch daraus, dass sich wesentliche private Umstände, die tatbestimmend gewesen sein dürften, in der Zwischenzeit verändert haben. A ist nicht nur wieder mit seiner Ehefrau versöhnt. Sein Bruder hat ihm außerdem Arbeit in seinem Imbissrestaurant in Aussicht gestellt. Hat sich nach der Tat – wie hier – eine günstige Veränderung der persönlichen Verhältnisse ergeben, kann selbst für einen wiederholt Rückfälligen unter Umständen eine günstige Prognose gestellt werden.[41] Letztlich auch aufgrund der durch den erstmaligen Freiheitsentzug in Gestalt der nunmehr dreimonatigen Untersuchungshaft gewonnenen Eindrücke ist zu erwarten, dass A sich in Zukunft straffrei führen wird.

bb) Verteidigung der Rechtsordnung, § 56 Abs. 3 StGB

Eine Strafaussetzung ist trotz der günstigen Prognose ausgeschlossen, wenn die Voraussetzungen der Ausnahmevorschrift des § 56 Abs. 3 StGB gegeben sind. Danach ist die Aussetzung zwingend ausgeschlossen, wenn die Verteidigung der Rechtsordnung die Vollstreckung einer Freiheitsstrafe von mindestens 6 Monaten gebietet.

Die Bestimmung des Begriffs „Verteidigung der Rechtsordnung" erfolgt mit dem BGH in zwei Richtungen: In negativer Hinsicht umfasst diese Formel nicht den Gesichtspunkt der Sühne und Tatvergeltung. Auch sind die Belange des Verletzten und seiner Angehörigen nicht in die Abwägung mit einzubeziehen. In positiver Hinsicht ist bei der Bestimmung des Begriffs vielmehr davon auszugehen, dass es zu den Aufgaben der Strafe gehört, das Recht gegenüber dem vom Täter begangenen Unrecht durchzusetzen, die Unverbrüchlichkeit der Rechtsordnung damit vor der Rechtsgemeinschaft zu erweisen und zugleich künftigen ähnlichen Rechtsverletzungen potentieller Täter vorzubeugen.[42] Entscheidendes Kriterium für die Versagung der Strafaussetzung zur Bewährung nach § 56 Abs. 3 StGB ist demnach die Erhaltung der **Rechtstreue der Bevölkerung** und Maßstab „die von dem Sachverhalt voll und zutreffend unterrichtete Bevölkerung".[43]

---

[41] BGH StV 1986, 293 (294); *Fischer*, § 56 Rn. 6b.
[42] BGHSt 24, 40 (44); OLG Rostock Blutalkohol 2005 (42), 253 (254).
[43] BGHSt 24, 64 (69).

Über die Versagung der Aussetzung ist erneut auf der Grundlage einer Gesamtwürdigung aller die Tat und den Täter kennzeichnenden Umstände zu entscheiden.[44] Das äußere Erscheinungsbild der Tat ist ebenso wenig allein ausreichend wie der generalpräventive Gedanke der Abschreckung. Im Rahmen der Gesamtwürdigung können gegen eine Strafaussetzung folgende Umstände sprechen: Besondere Tatfolgen, eine sich aus der Tatausführung ergebende erhebliche verbrecherische Intensität, ein hartnäckiges rechtsmissachtendes Verhalten, eine besondere Sozialschädlichkeit und Häufung bestimmter Taten sowie die Verletzung von Rechtsgütern mit ungewöhnlicher Gleichgültigkeit. Auch die Gefahr der Nachahmung der Tat durch andere oder die tatsächliche Häufung derartiger Taten dürfen nicht außer Acht bleiben.[45]

Wenn der Einbruchsdiebstahl auch zu den statistisch häufigsten Delikten zählt und er aufgrund seiner wirtschaftlichen Folgen für die Gesellschaft eine nicht unerhebliche Belastung darstellt, so ergeben sich doch im konkret entscheidungserheblichen Fall keine derart ungewöhnlichen Tatfolgen, dass für die über den Sachverhalt informierte Bevölkerung eine Strafaussetzung zur Bewährung gänzlich unverständlich wäre. Auch sind die Taten des A trotz seiner einschlägigen Vorbelastungen nicht als Ausdruck eines hartnäckig rechtsmissachtenden Verhaltens anzusehen. Vielmehr dürfte seine zur Zeit der Taten instabile persönliche Situation ausschlaggebend gewesen sein. Die Rechtstreue der über den Sachverhalt umfassend unterrichteten Bevölkerung dürfte demnach durch eine Strafaussetzung zur Bewährung nicht erschüttert werden, so dass die Verteidigung der Rechtsordnung im Falle des A die Vollstreckung der Strafe nicht gebietet.

cc) Ergebnis

Ein Antrag des Verteidigers des A, die Vollstreckung der Gesamtfreiheitsstrafe zur Bewährung auszusetzen, ist nach alledem als aussichtsreich anzusehen.

e) Bewährungsbeschluss

Damit ist zu klären, wie ein zu erlassender Bewährungsbeschluss ausgestaltet sein könnte. Wird die Vollstreckung der Freiheitsstrafe im Urteil zur Bewährung ausgesetzt, so muss das Gericht in einem zusammen mit dem Urteil zu verkündenden Beschluss eine Entscheidung über die die Aussetzung flankierenden Maßnahmen treffen, vgl. § 268a Abs. 1 StPO. Inhaltlich muss sich der Bewährungsbeschluss mit vier Punkten auseinandersetzen:

aa) Dauer der Bewährungszeit, § 56a StGB

Zunächst muss die Dauer der Bewährungszeit festgelegt werden. Gemäß § 56a Abs. 1 StGB steht dem Gericht dabei ein Spielraum von mindestens 2 bis höch-

---

[44] BGHSt 24, 40 (46); BGHSt 24, 64 (66); *Schäfer/Sander/van Gemmeren*, Praxis der Strafzumessung, Rn. 145.
[45] *Schäfer/Sander/van Gemmeren*, Praxis der Strafzumessung, Rn. 148.

stens 5 Jahren zur Verfügung. Für die Bemessung kommt es allein auf **spezialpräventive Erwägungen** an. Entscheidend ist, wie viel Zeit das Gericht für erforderlich, aber auch ausreichend hält, um den Täter mit dem Druck des drohenden Bewährungswiderrufs sowie mit Hilfe von Weisungen und ggf. der Unterstellung unter die Bewährungshilfe zu einem dauerhaft straffreien Leben zu veranlassen.[46] Die Bewährungszeit beginnt mit der Rechtskraft des Urteils, in welchem die Aussetzungsentscheidung ergangen ist, § 56a Abs. 2 Satz 1 StGB. Da aber der Bewährungsbeschluss im Gegensatz zu dem zugrunde liegenden Urteil nicht in Rechtskraft erwächst, können die im Beschluss getroffenen Nebenentscheidungen auch nach dem Eintritt der Rechtskraft des Urteils noch verändert werden.

Im Falle des A sollte die Bewährungszeit erneut 2 Jahre betragen. Dies ergibt sich daraus, dass er bereits in der Vergangenheit eine zweijährige Bewährungszeit erfolgreich durchgestanden und sich insbesondere auch danach bis zu den hier relevanten Taten straffrei geführt hat. Es ist zu erwarten, dass eine erneut zweijährige Bewährungszeit genügen dürfte, um mittels der festzusetzenden flankierenden Maßnahmen auf A einzuwirken.

bb) Auflagen, § 56b StGB

An zweiter Stelle hat sich der Bewährungsbeschluss mit der Frage zu beschäftigen, ob dem Verurteilten Auflagen erteilt werden sollen. Die Auflagen dienen der **Genugtuung** für das begangene Unrecht, vgl. § 56b Abs. 1 Satz 1 StGB. Bei den Auflagen handelt es sich um eine strafähnliche Sanktion,[47] mit der vermieden werden soll, dass in der Öffentlichkeit und beim Täter der Eindruck entsteht, die Tat bleibe letztlich folgenlos. An den Verurteilten dürfen hier jedoch keine unzumutbaren Anforderungen gestellt werden, vgl. § 56b Abs. 1 Satz 2 StGB. Der Katalog des § 56b Abs. 2 Satz 1 StGB, welcher die zulässigen Auflagen aufzählt, ist abschließend.

Zunächst ist zu prüfen, ob die als vorrangig anzusehende Auflage der **Schadenswiedergutmachung** nach Kräften des Verurteilten gemäß § 56b Abs. 2 Satz 1 Nr. 1 StGB in Betracht kommt. Die exponierte Stellung der Wiedergutmachungsauflage innerhalb des in § 56b Abs. 2 Satz 1 Nr. 1 bis 4 StGB erkennbaren Stufenverhältnisses zeigt, dass bei der Entscheidung über die Auflagen auch und vor allem die Belange des Opfers berücksichtigt werden sollen, indem seinem Interesse an Schadenskompensation und friedensstiftenden Ausgleichsmaßnahmen vorrangig Rechnung getragen wird.[48] Mit dem Begriff der Schadenswiedergutmachung verweist der Gesetzgeber auf das Zivilrecht und namentlich die §§ 249 ff. BGB. Dem Täter wird mit dem strafrechtlichen Instrument der Auflage abverlangt, dass er den durch die Tat entstandenen materiellen und immateriellen (vgl. § 253 BGB) Schaden durch die Zahlung von Schadensersatz und Schmerzensgeld ausgleicht. Allerdings darf dem Täter dies nur „nach Kräften" abverlangt werden; es muss also die wirtschaftliche Leistungsfähigkeit des Täters berücksichtigt wer-

---

[46] MüKo-*Groß*, § 56a Rn. 9; HK-GS/*Braasch*, § 56a Rn. 3.
[47] S/S-*Stree*, § 56b Rn. 4.
[48] *Fischer*, § 56b Rn. 2; *Lackner/Kühl*, § 56b Rn. 3.

den, da sonst die Grenze der Zumutbarkeit (§ 56b Abs. 1 Satz 2 StGB) überschritten würde.[49]

A dürfte aufgrund seiner monatelangen Arbeitslosigkeit über kein größeres finanzielles Polster verfügen. Die in Aussicht gestellte Beschäftigung im Geschäft seines Bruders wird A zwar ein gewisses Einkommen bescheren. Allerdings wird ihm dieses, auch im Hinblick auf die mit dem Strafverfahren verbundenen Kosten, in absehbarer Zeit nur ein knappes Auskommen ermöglichen. Eine Wiedergutmachungsauflage erscheint daher bei A nicht angebracht, womit – was aus anwaltlicher Sicht bedeutsam ist – keinesfalls übersehen werden soll, dass A den Betreibern des Jugendzentrums unabhängig von dem Ausgang des Strafverfahrens zivilrechtlich zum Schadensersatz verpflichtet ist und bleibt (§ 823 Abs. 2 BGB).

Da auch die Auflagen nach § 56b Abs. 2 Satz 1 Nr. 2 und Nr. 4 StGB auf die Zahlung eines Geldbetrages gerichtet sind, ist bei A vor allem an eine Auflage nach § 56b Abs. 2 Satz 1 Nr. 3 StGB, die Verpflichtung zur Erbringung gemeinnütziger Leistungen, zu denken. Der Begriff der „**gemeinnützigen Leistung**" ist weiter als der der „Arbeitsleistung", der sich im Jugendstrafrecht findet (vgl. § 15 Abs. 1 Satz 1 Nr. 3 JGG). In Betracht kommen insbesondere Hilfsdienste in Krankenhäusern, Kinder- oder Altersheimen und ähnlichen gemeinnützigen Einrichtungen. Aber auch andere gemeinnützige Leistungen sind möglich, bspw. bei Kaufleuten Naturallieferungen von Kleidung, Büchern oder Lebensmitteln an gemeinnützige Einrichtungen.[50] Die Auflage nach Nr. 3 verstößt nicht gegen das Verbot von Arbeitszwang und Zwangsarbeit in Art. 12 Abs. 2 und 3 GG und ist – im Rahmen der Zumutbarkeit – auch im Übrigen mit dem Grundgesetz vereinbar.[51] Die zu erbringenden Leistungen sind vom Gericht nach Art und Umfang zu bestimmen. Die Art der von dem Verurteilten zu verlangenden Leistung sollte sich an der Art des begangenen Unrechts orientieren. Hinsichtlich des zeitlichen Umfangs gilt, dass auch bei längeren ausgesetzten Freiheitsstrafen eine Obergrenze von 360 Stunden nicht überschritten werden sollte, um den Verurteilten nicht übermäßig zu belasten.[52]

Im Fall des A erscheint eine Auflage nach Nr. 3 deshalb gut geeignet, um einen Ausgleich für die in der Verschonung vom Strafvollzug liegende Vergünstigung herbeizuführen, weil A unmittelbar noch keiner Beschäftigung nachgeht – sein Bruder hat ihm die Arbeit im Imbissrestaurant erst in Aussicht gestellt – und der finanzielle Spielraum der Familie hierdurch nicht weiter eingeschränkt wird. Zu denken wäre also daran, dass das Gericht A aufgibt, innerhalb von 3 Monaten insgesamt 100 Stunden gemeinnütziger Arbeit in einem näher zu bezeichnenden Jugendzentrum oder Kinderheim abzuleisten. Die erforderlichen Anforderungen an eine Auflage wären damit erfüllt. Da A eine derartige Leistung in der Hauptverhandlung nicht von sich aus angeboten hat, steht der in § 56b Abs. 3 StGB normierte Vorrang freiwilliger Leistungen einer solchen Auflage nicht entgegen.

---

[49] *Meier*, Strafrechtliche Sanktionen, 109.
[50] LK-*Hrubach*, § 56b Rn. 17.
[51] BVerfGE 83, 119 (125 ff.).
[52] Vgl. BVerfGE 81, 119 (129); HK-GS/*Braasch*, § 56b Rn. 11.

cc) Weisungen, § 56c StGB

Zum Dritten muss sich der Bewährungsbeschluss mit der Frage auseinandersetzen, ob dem Verurteilten Weisungen zu erteilen sind. Die Weisungen sollen dem Verurteilten helfen, keine Straftaten mehr zu begehen (§ 56c Abs. 1 Satz 1 StGB) und unterscheiden sich von den Auflagen dadurch, dass sie keine „strafähnliche", auf Schuldausgleich gerichtete, sondern eine ausschließlich **spezialpräventive Zielsetzung** verfolgen. Bei den Weisungen handelt es sich um richterlich angeordnete Ge- und Verbote, die in die Lebensführung des Verurteilten eingreifen und auf die Beeinflussung der vom Gericht ermittelten Ursachen für die Straffälligkeit abzielen.[53] Anders als die Auflagen sind die zulässigen Weisungen im Gesetz nicht abschließend aufgezählt; nach § 56c Abs. 2 StGB kommen die dort genannten Weisungen nur „namentlich" in Betracht. Auch Weisungen müssen sich in den Grenzen des Zumutbaren bewegen, vgl. § 56c Abs. 1 Satz 2 StGB. Bestimmte Weisungen dürfen nach § 56c Abs. 3 StGB nur mit der Einwilligung des Verurteilten erteilt werden.

Nahezu durchgängig wird von den Gerichten die Weisung erteilt, dem Gericht während der Bewährungszeit jeden Wohnungswechsel anzuzeigen. Die Meldepflicht ermöglicht es, den Verurteilten auch bei einem Wohnungswechsel weiter zu überwachen, und dient damit indirekt der Kontrolle seiner Lebensführung. Ungeachtet der Tatsache, dass die Einordnung der Verpflichtung zur **Mitteilung des Wohnungswechsels** als Weisung i.S. des § 56c Abs. 2 StGB nicht unumstritten ist[54], ist diese Maßnahme im Fall des A auch und gerade deshalb angezeigt, weil seine Lebensverhältnisse immer noch durch ein gewisses Maß an Unsicherheit geprägt sind. Abgesehen von der derzeit noch fehlenden Arbeit ist es A erst vor kurzem gelungen, eine Versöhnung mit seiner Frau herbeizuführen. Noch ist unklar, ob der Versuch der Wiederaufnahme der Beziehung erfolgreich sein wird oder ob es zu einem erneuten Auszug des A aus der ehelichen Wohnung kommen wird.

Weiterhin ist an eine Weisung dergestalt zu denken, den vom Bruder des A angebotenen Arbeitsplatz in dessen Imbissrestaurant tatsächlich anzunehmen. Allerdings ist insoweit Vorsicht geboten, da eine Weisung, die A verpflichtet, eine bestimmte Arbeit anzunehmen, nicht mit dem Grundrecht auf Berufsfreiheit zu vereinbaren ist (Art. 12 Abs. 2 GG).[55] Die Weisung darf daher nur dahin gehen, sich nach Kräften um eine angemessene Erwerbstätigkeit zu bemühen.[56]

---

[53] HK-GS/*Braasch*, § 56c Rn. 1; *Meier*, Strafrechtliche Sanktionen, 112.
[54] Vgl. OLG Köln NStZ 1994, 509; *Fischer*, § 56c Rn. 3.
[55] OLG Jena NStZ-RR 2004, 138 (139); HK-GS/*Braasch*, § 56c Rn. 4.
[56] Man muss freilich sehen, dass eine solche Weisung so unkonkret ist, dass ein Verstoß gegen eine solche Weisung nicht zum Bewährungswiderruf nach § 56f Abs. 1 Satz 1 Nr. 2 StGB führen würde.

dd) Bewährungshilfe, § 56d StGB

Zuletzt ist vom Gericht eine Entscheidung über die Unterstellung unter die Aufsicht und Leitung eines Bewährungshelfers zu treffen. Die Unterstellung steht nicht im Ermessen des Gerichts, sondern hat immer dann zu erfolgen, wenn sie angezeigt ist, um den Verurteilten von weiteren Straftaten abzuhalten, § 56d Abs. 1 StGB. Sie hat zu unterbleiben, wenn der Verurteilte ihrer nicht bedarf, um ein Leben ohne Straftaten zu führen. Der Gesetzgeber hat in § 56d Abs. 2 StGB eine Regelvermutung aufgestellt, wann eine Unterstellung angezeigt ist; sie soll dann erfolgen, wenn die ausgesetzte Freiheitsstrafe mehr als 9 Monate beträgt und die verurteilte Person noch nicht 27 Jahre alt ist.

Bei A ist die Unterstellung unter die Bewährungshilfe angezeigt. A war – wie viele andere Verurteilte auch – in der Zeit vor und während der in Rede stehenden Taten mit erheblichen psychosozialen Problemen (Trennung von Ehefrau und Kind, Arbeitslosigkeit) konfrontiert, welche seinen Rückfall in die Kriminalität begünstigt haben dürften. Die Bewährungshilfe soll gerade bei der Bewältigung derartiger Problemlagen helfen und dem Verurteilten unterstützend zur Seite stehen, vgl. § 56d Abs. 3 Satz 1 StGB. Darüber hinaus soll sie das erforderliche Maß an Kontrolle ausüben und dem Gericht in regelmäßigen Abständen über die Lebensführung des Verurteilten berichten, § 56d Abs. 3 Satz 2 bis 4 StGB. Zwar handelt es sich bei A nicht mehr um einen „jungen" Erwachsenen; er ist bereits 29 Jahre alt, so dass die Regelvermutung des § 56c Abs. 2 StGB nicht eingreift. Aufgrund seiner Vergangenheit und der Ungewissheit, die seine derzeitige Situation kennzeichnet, erscheint es aber angezeigt, ihm einen Bewährungshelfer zur Seite zu stellen. Die Unterstellungszeit braucht zwar nicht genauso lang zu dauern wie die Bewährungszeit insgesamt (vgl. → oben aa.), darf aber die Mindestdauer der Bewährungszeit von zwei Jahren nicht unterschreiten.

2. Strafmaß für B

a) Strafmaß für die erste Tat

aa) Strafrahmen

Auch bezüglich des B ist für die Tat vom 2. Oktober 2007 der Strafrahmen des § 243 Abs. 1 Satz 1 StGB entscheidend, so dass Freiheitsstrafe von 3 Monaten bis zu 10 Jahren in Betracht kommt.

bb) Schuldrahmen

Im Hinblick auf den Schuldrahmen kann unter Beachtung der Unterschiede zwischen A und B weitestgehend auf die Ausführungen zum Schuldrahmen der ersten Tat des A verwiesen werden.

B ist jedoch im Gegensatz zu A (bei diesem waren es fünf Vorverurteilungen) bereits achtmal strafrechtlich in Erscheinung getreten und verurteilt worden. Allerdings dürfen auch in Bezug auf B lediglich die einschlägigen Vorstrafen zu

Lasten des B ins Feld geführt werden. Die Hälfte der Vorverurteilungen erfolgte ebenfalls wegen Diebstahlstaten, eine weitere erfolgte wegen Betruges. Hier geht die Praxis grundsätzlich von einer Vergleichbarkeit der Delikte aus, so dass auch diese Vorstrafen mit in die Abwägung einzubeziehen sind. Etwas anderes gilt bezüglich der Verurteilung wegen Körperverletzung sowie hinsichtlich der beiden Verurteilungen wegen Verstoßes gegen das Betäubungsmittelgesetz. Diese haben grundsätzlich als nicht einschlägige Vorverurteilungen außer Betracht zu bleiben.

Dass B jedoch nur kurze Zeit nach seiner Verurteilung vom 22. August 2007 zu einer fünfmonatigen Freiheitsstrafe, deren Vollstreckung zur Bewährung ausgesetzt wurde, erneut straffällig wurde, ist unter dem doppelten Gesichtspunkt straferschwerend zu berücksichtigen, dass es sich dabei um eine Verurteilung wegen eines einschlägigen Delikts handelte und B die neue Tat noch während einer noch laufenden Bewährungszeit beging. Denn eine rasche Rückfallgeschwindigkeit und der damit verbundene Bewährungsbruch innerhalb kürzester Zeit müssen zu Lasten des Täters ins Gewicht fallen, weil hierin eine besonders grobe Missachtung der in der Verurteilung zu einer Bewährungsstrafe liegenden Warnung deutlich wird, vgl. § 56 Abs. 1 StGB.

cc) Ergebnis

Auch wenn wegen der identischen Tatbeiträge von A und B der Gedanke der Gleichbehandlung nicht außer Acht gelassen werden darf (→ oben vor I.), spricht der Umstand, dass B die Tat während einer laufenden Bewährungszeit begangen hat, dafür, den Tatbeitrag des B unabhängig von dem ihm im Übrigen drohenden Bewährungswiderruf (§ 56f StGB) mit einer etwas schwereren Strafe zu ahnden. Dabei ist zu berücksichtigen, dass auch B in der Hauptverhandlung ein umfassendes Geständnis abgelegt hat, was auch bei ihm strafmildernd wirkt. Für B dürfte danach für die erste Tat eine Freiheitsstrafe von 10 Monaten tat- und schuldangemessen sein. Trotz des höheren Ansatzes stehen die gegen A und B verhängten Strafen noch in einem gerechten Verhältnis zueinander.

b) Strafmaß für die zweite Tat

aa) Strafrahmen

Hinsichtlich des Strafrahmens für die zweite Tat vom 20. Dezember 2007 gilt das zu A Gesagte entsprechend. Auch hier ist von dem gemäß § 23 Abs. 2, § 49 Abs. 1 StGB gemilderten Strafrahmen des § 243 Abs. 1 Satz 1 StGB auszugehen. Dieser beträgt Freiheitsstrafe von einem Monat bis zu 7 ½ Jahren. Der fakultativen Strafrahmenverschiebung dürften auch bei B keine gravierenden Umstände entgegenstehen.

bb) Schuldrahmen

Die Betrachtung der maßgeblichen Zumessungserwägungen kann auch hinsichtlich der zweiten Tat dazu führen, dass für B eine im Vergleich zu A erhöhte Einzelstrafe von 6 Monaten als tat- und schuldangemessen anzusehen ist.

c) Gesamtstrafenbildung

Bei der erforderlichen Gesamtstrafenbildung ist nach den bereits genannten Grundsätzen zu verfahren und im Ergebnis von einer Gesamtfreiheitsstrafe von 12 Monaten auszugehen.

d) Strafaussetzung zur Bewährung

Während sich für A eine günstige Sozialprognose bejahen lässt (→ oben 1. d. aa.), erscheint dies in Bezug auf B kaum möglich. Eine Würdigung der genannten Prognosekriterien ergibt im Falle des B folgendes Bild:

Auch B hat die Taten gestanden und sich somit zu ihnen bekannt. Insofern ergibt sich keine abweichende Beurteilung gegenüber A. Ebenso wie A ging auch B zur Zeit der Taten keiner geregelten Arbeit nach. Allerdings war B im Gegensatz zu A nicht erst einige Monate zuvor arbeitslos geworden, sondern er bestritt seinen gesamten Lebensunterhalt nur mit Gelegenheitsarbeiten, d.h. er war beruflich nicht dauerhaft eingebunden. Auch andere **soziale Bindungen** fehlen ihm. B hat weder Frau noch Kinder; seine Eltern leben in der Türkei und zu seinen älteren Schwestern hat er nur unregelmäßig Kontakt. Die Perspektiven, die B nach seiner Haftentlassung hat, sind ebenfalls deutlich ungünstiger als bei A: Bei A hat sich die Situation zwischenzeitlich geändert; es ist ihm gelungen, eine Versöhnung mit seiner Familie herbeizuführen und er hat einen Arbeitsplatz in Aussicht. Bei B ist dies anders. Seine Lebensverhältnisse haben sich nicht wesentlich geändert; insbesondere hat er auch noch keinen Arbeitsplatz in Aussicht. Anders als bei A liegen bei B keine Umstände vor, die die Erwartung tragen, dass er sich künftig straffrei führen wird. Wenn auch die Lebensumstände der beiden Täter zum Tatzeitpunkt vergleichbar waren, so sind sie es zum maßgeblichen Zeitpunkt der Hauptverhandlung nicht mehr.

Hinzu kommen die **Unterschiede im Vorleben** von A und B. Während es A in der Vergangenheit gelungen ist, eine Bewährungschance erfolgreich zu nutzen, schaffte B dies nicht. Nachdem B erst am 22. August 2007 zu einer fünfmonatigen Freiheitsstrafe verurteilt worden war, beging er nur knapp zwei bzw. vier Monate später die hier in Rede stehenden Taten. Damit ist B als sog. Bewährungsversager anzusehen. Richtig ist zwar, dass auch ein einmaliges Bewährungsversagen nicht grundsätzlich zu einer Versagung der Bewährung führen muss.[57] Allerdings dürfte bei B aus der Gesamtschau der maßgeblichen Umstände nur der Schluss gezogen werden können, dass eine zukünftige Straffreiheit bei ihm nicht zu erwarten ist. Dabei muss auch berücksichtigt werden, dass B in der früheren Sache (Urteil vom 22. August 2007) mit einem Widerruf der Strafaussetzung zur Bewährung rechnen muss, vgl. § 56f Abs. 1 Satz 1 Nr. 1 StGB.

Eine günstige Sozialprognose kann nach alledem für B nicht gestellt werden. Auf die bei A erörterte Frage, ob die Aussetzung mit Blick auf die Verteidigung der Rechtsordnung zu versagen ist (§ 56 Abs. 3 StGB), kommt es daher nicht mehr an. Dass die Unterschiede bei der Legalprognose im Ergebnis dazu führen,

---

[57] BGH NStZ 1983, 454; NStZ-RR 2005, 38.

dass einer der Mittäter eine Strafaussetzung zur Bewährung erhält, während der andere Mittäter die Freiheitsstrafe verbüßen muss, stellt keine ungerechtfertigte Ungleichbehandlung dar.[58]

III. Antrag der Verteidiger zum Strafmaß

1. Antrag des Verteidigers des A

Wie das Gutachten zum Strafmaß in Bezug auf A gezeigt hat, ist bei A selbst bei einer Freiheitsstrafe von 10 Monaten die Strafaussetzung zur Bewährung wahrscheinlich, da ihre Voraussetzungen zumindest aus Sicht der Verteidigung vorliegen. Der Verteidiger des A sollte deshalb in seinem Plädoyer einen entsprechenden Antrag stellen. Wenn das Gericht dem Antrag folgt und A zu einer Bewährungsstrafe verurteilt, muss es zusammen mit dem Urteil einen Bewährungsbeschluss erlassen, § 268a StPO. Der Verteidiger sollte hierzu die oben genannten Nebenentscheidungen beantragen.

Darüber hinaus muss das Gericht bei der Urteilsfällung eine Entscheidung über die Fortdauer der Untersuchungshaft treffen, § 268b StPO; auch hierzu sollte der Verteidiger einen Antrag stellen. Obwohl sich aus dem Sachverhalt nicht ergibt, auf welchen Haftgrund der Haftbefehl vom 21. Dezember 2007 gestützt wurde, ist bei einem Antrag auf Strafaussetzung zur Bewährung auch ein Antrag auf **Aufhebung des Haftbefehls** angezeigt, da die Fortsetzung der Untersuchungshaft in diesem Fall zur Bedeutung der Sache und der zu erwartenden Strafe **außer Verhältnis** stehen würde, § 120 Abs. 1 Satz 1 StPO. Auch wenn zwischen Bewährungsstrafe und Aufhebung des Haftbefehls kein Automatismus besteht,[59] wiegt die mit der Untersuchungshaft einhergehende Belastung des A deutlich schwerer als eine zur Bewährung ausgesetzte Freiheitsstrafe; dem Freiheitsanspruch des Beschuldigten kommt damit vor den mit der Untersuchungshaft verfolgten Zwecken jedenfalls nach dem Urteilserlass der Vorrang zu.

Ein Antrag auf Anrechnung der erlittenen Untersuchungshaft auf die Freiheitsstrafe ist nicht erforderlich. Die Anrechnung wird dann bedeutsam, wenn das Gericht die Auffassung der Verteidigung, dass die Voraussetzungen der Strafaussetzung zur Bewährung vorliegen, nicht teilt und A zu einer Freiheitsstrafe ohne Bewährung verurteilt. Die Anrechnung wird auch dann relevant, wenn A zu einer Bewährungsstrafe verurteilt, die Aussetzung aber nach § 56f StGB in der Bewährungszeit widerrufen wird. In beiden Fällen gilt jedoch, dass sich die Anrechnung der in der Untersuchungshaft verbrachten Zeit bereits aus dem Gesetz ergibt (§ 51 Abs. 1 Satz 1 StGB, § 450 StPO) und von Amts wegen erfolgt.[60] Ein ausdrücklich auf Anrechnung gerichteter Antrag des Verteidigers ist nicht erforderlich.

---

58   *Schäfer/Sander/van Gemmeren*, Praxis der Strafzumessung, Rn. 482.
59   Vgl. OLG Frankfurt/M. NStZ 1986, 568; OLG Hamm NStZ-RR 2004, 152; KK StPO-*Schultheis*, § 120 Rn. 6.
60   BGH NStZ 1994, 335.

Der Verteidiger des A sollte demnach folgende Anträge stellen:

1. Es wird beantragt, A zu Einzelstrafen von 8 und 4 Monaten und einer Gesamtfreiheitsstrafe von 10 Monaten zu verurteilen.[61]
2. Weiterhin wird beantragt, die Vollstreckung der Strafe zur Bewährung auszusetzen. Die Dauer der Bewährungszeit sollte 2 Jahre betragen und A sollte der Aufsicht und Leitung eines Bewährungshelfers unterstellt werden.[62]
3. Schließlich wird beantragt, den Haftbefehl des Amtsgerichts D vom 21. Dezember 2007 aufzuheben.

2. Antrag des Verteidigers des B

Aufgrund der Ausführungen zum Strafmaß des B erscheint es aus Sicht seines Verteidigers wenig aussichtsreich, für seinen Mandanten Strafaussetzung zur Bewährung zu beantragen. Es ist davon auszugehen, dass diese dem B im Gegensatz zu A nicht gewährt werden dürfte.

Zu prüfen ist aber, ob auch der Verteidiger des B auf die **Aufhebung des Haftbefehls** hinwirken sollte. Auch insoweit ist nicht bekannt, auf welchen Haftgrund der Haftbefehl gestützt wurde. Dies kann jedoch dahinstehen. Gleich ob der Haftbefehl auf Fluchtgefahr (§ 112 Abs. 2 Nr. 2 StPO), Verdunkelungsgefahr (§ 112 Abs. 2 Nr. 3 StPO) oder Wiederholungsgefahr (§ 112a Abs. 1 Nr. 2 StPO) gestützt wurde, dürften die Voraussetzungen entfallen, wenn B lediglich zu einer Freiheitsstrafe von 12 Monaten verurteilt wird; insbesondere für die Wiederholungsgefahr gilt, dass diese in der Regel eine Freiheitsstrafe von mehr als einem Jahr voraussetzt.

Auch wenn davon auszugehen ist, dass B nicht zu einer Bewährungsstrafe verurteilt wird, sondern eine Freiheitsstrafe erhält, die er verbüßen muss, ist es aus Verteidigersicht sinnvoll, die Aufhebung des Haftbefehls zu beantragen. Nur dann, wenn der Haftbefehl aufgehoben oder zumindest nach § 116 StPO außer Vollzug gesetzt ist, hat B eine Chance, im Vollzug der Freiheitsstrafe Vollzugslockerungen zu erhalten oder zum offenen Vollzug zugelassen zu werden (vgl. Nr. 6 Abs. 1 Buchst. b] VV zu § 11 StVollzG, Nr. 1 Abs. 1 Buchst. b] VV zu § 10 StVollzG).

Ein Antrag auf Anrechnung der Untersuchungshaft nach § 51 StGB ist aus den bei A genannten Gründen nicht erforderlich. Der Verteidiger des B sollte demnach folgende Anträge stellen:

1. Es wird beantragt, B zu einer Gesamtfreiheitsstrafe von 12 Monaten zu verurteilen.
2. Darüber hinaus wird beantragt, den Haftbefehl des Amtsgerichts D vom 21. Dezember 2007 aufzuheben.

---

[61] In der Praxis fordern Verteidiger am Ende ihres Plädoyers oftmals aus taktischen Gründen lediglich eine nicht näher benannte „milde Strafe".
[62] Ggf. sind hier noch die weiteren Auflagen und Weisungen anzusprechen, die nach dem Gutachten in Betracht zu ziehen sind.

Fall 6 (**)

Eine verhängnisvolle Autofahrt

Strafzumessung bei Fahrlässigkeit – Wahl zwischen Geld- und Freiheitsstrafe – Strafaussetzung zur Bewährung – Verteidigung der Rechtsordnung – Entziehung der Fahrerlaubnis – Sperrfristbemessung

Sachverhalt

Die vor dem Amtsgericht R im November 2008 durchgeführte Beweisaufnahme hat Folgendes ergeben:[1]

Der 45jährige Angeklagte A überholte in der Nacht zum 11. August 2008 gegen 0.15 Uhr mit seinem PKW auf der vierspurigen L.-Straße in R eine vor einem Fußgängerüberweg wartende Fahrzeugkolonne mit einer Geschwindigkeit von 56 km/h bei einer zulässigen Höchstgeschwindigkeit von 30 km/h auf der linken Fahrspur. Dabei erfasste er mit seinem PKW einen den Überweg vorschriftsmäßig querenden Fußgänger (F). Dieser erlitt infolge des Unfalls schwere Verletzungen, welchen er noch am Unfallort trotz herbeigerufenen Notarztes erlag. Weder A noch seine bei ihm mitfahrende 11jährige Tochter erlitten körperliche Verletzungen.

Die Tatörtlichkeit liegt in der Innenstadt von R. Der Tatabend war ein Freitagabend und der erste eines in der Region um R überaus bekannten und beliebten jährlichen Stadtfestes, so dass der gesamte Innenstadtbereich auch zur Nachtzeit noch immer gut besucht und stark befahren war.

Der Angeklagte ist als Rechtsanwalt in R tätig. Er ist verheiratet. In der Hauptverhandlung hat der durch das Geschehene nachhaltig beeindruckte A ein umfassendes Geständnis abgelegt. Er ließ sich dahingehend ein, dass ihm das Geschehene überaus Leid tue. Er wollte nach einer Feier in seinen Kanzleiräumen seine Tochter nach Hause bringen. Ihm war zwar bekannt, dass reger Verkehr herrschte und gerade in dem von ihm zu durchfahrenden Innenstadtbereich zahlreiche Fußgänger unterwegs sein würden. Durch den im Verlauf der Feier konsumierten Alkohol fühlte er sich jedoch nicht beeinträchtigt, lediglich ausgelassen und voller Tatendrang. Daher machte er sich keine Gedanken über sein Vorgehen. Es kam ihm in erster Linie darauf an, seine Tochter rasch nach Hause zu bringen.

---

[1] Fall in Anlehnung an OLG Rostock Blutalkohol 2005 (42), 253-257.

Die weitere Beweisaufnahme hat ergeben, dass der durchschnittlich an Alkohol gewöhnte Angeklagte alkoholisiert war; die Blutalkoholkonzentration betrug zur Tatzeit 1,1 ‰. Weder das Bundeszentralregister noch das Verkehrsregister weisen bezüglich des A Eintragungen auf. Die Fahrerlaubnis wurde A durch Beschluss des Amtsgerichts R vom 20. August 2008 vorläufig entzogen; der Führerschein sichergestellt.

Aufgabe

Zur Vorbereitung seines Plädoyers bittet Sie der für die Anklagevertretung zuständige Staatsanwalt S um eine kurze Stellungnahme zur Strafbarkeit des A sowie um ein ausführliches Gutachten zum Strafmaß, welches für A zu fordern ist. Gehen Sie dabei auch auf die Frage ein, welche weiteren Anträge S ggf. stellen sollte. Schließen Sie Ihr Gutachten mit einem konkreten Antragsvorschlag.

Lösung

Verkehrsdelikte spielen in der Praxis eine große Rolle. Etwa ein Viertel aller Beschuldigten, die von den Gerichten nach allgemeinem Strafrecht verurteilt werden, haben ein Delikt im Straßenverkehr begangen, wobei es sich überwiegend um Delikte handelt, bei denen der Genuss alkoholischer Getränke oder anderer berauschender Mittel eine Rolle gespielt hat. Von einem Bearbeiter wird erwartet, dass er mit den wichtigsten Fragen, die sich insoweit bei den Rechtsfolgen stellen, vertraut ist. Dies betrifft nicht nur die Rechtsfragen, die sich im Zusammenhang mit der Entziehung der Fahrerlaubnis und der Bemessung der Sperrfrist für die Wiedererteilung nach §§ 69, 69a StGB ergeben. Es geht auch um die Frage, an welchen Gesichtspunkten sich die Strafzumessung orientiert, wenn dem Täter „lediglich" ein Fahrlässigkeitsdelikt zur Last gelegt wird. Und es ist bei der Frage, welche Strafart in Betracht kommt, eine Auseinandersetzung mit den Bedürfnissen der Generalprävention erforderlich. Wenn nämlich Alkohol im Straßenverkehr in hohem Maß gefährlich ist, weil es unter Alkoholeinfluss nachweislich immer wieder zu Verkehrsunfällen kommt, muss sich ein Bearbeiter mit der Frage auseinandersetzen, ob nicht die „Verteidigung der Rechtsordnung" die Versagung der Strafaussetzung zur Bewährung gebietet, selbst wenn die Prognose über das künftige Verhalten des Täters positiv ist. Der vorliegende Fall knüpft damit an den vorangegangenen Fall an, in dem es ebenfalls um die Strafaussetzung zur Bewährung ging (→ Fall 5), legt den Schwerpunkt insoweit aber auf einen anderen Teilaspekt.

Lehrbuch: Teil 3, Abschnitt 7.1 und 7.2 (S. 95-107), Teil 4, Abschnitt 4.1.4.3 (S. 175 f.), Teil 6, Abschnitt 2.1 (S. 243-254)

I. Strafbarkeit des A

1. Strafbarkeit wegen fahrlässiger Tötung, § 222 StGB

Dadurch dass A alkoholisiert und mit erheblich überhöhter Geschwindigkeit eine vor einem Fußgängerüberweg haltende Fahrzeugkolonne links überholte und infolgedessen mit seinem PKW den Fußgänger F erfasste, welcher dadurch tödliche Verletzungen erlitt und starb, hat sich A wegen fahrlässiger Tötung gemäß § 222 StGB strafbar gemacht.

Mit dem Tod des F ist der tatbestandliche Erfolg des § 222 StGB eingetreten. A hat den Erfolg **pflichtwidrig** herbeigeführt, da er sich in mehrfacher Hinsicht nicht verkehrsgerecht verhalten hat. Er setzte sich ans Steuer seines Wagens, obwohl er in einem Maß Alkohol konsumiert hatte, dass die 0,5 ‰-Grenze des § 24a Abs. 1 StVG erheblich überschritten und sogar die Grenze der absoluten Fahruntüchtigkeit im Sinne der §§ 315c, 316 StGB (→ unten 2.) erreicht wurde. Darüber hinaus hat A durch den Überholvorgang vor dem Fußgängerüberweg gegen die Regelungen des § 5 Abs. 3 Nr. 1 StVO sowie des § 26 Abs. 3 StVO verstoßen. Danach hat ein Überholvorgang bei unübersichtlicher Verkehrslage und vor Fußgängerüberwegen ganz zu unterbleiben. Die sog. Zebrastreifen gewähren den Fußgängern den Vorrang vor dem fließenden Fahrzeugverkehr. Zum dritten ist er mit überhöhter Geschwindigkeit gefahren, da die zulässige Höchstgeschwindigkeit auf 30 km/h beschränkt war und Fahrzeuge auch im Übrigen nur mit mäßiger Geschwindigkeit an Fußgängerüberwege heranfahren dürfen; A hat also auch gegen die Regelungen des § 41 Abs. 2 Nr. 7 StVO (Zeichen 274) sowie des § 26 Abs. 1 Satz 2 StVO verstoßen. Wenn die genannten Vorschriften auch nur Pflichten für Gefahren begründen, die ganz allgemein und regelmäßig eintreten können und für die Fahrlässigkeit nach § 222 StGB die konkrete Gestaltung entscheidet, war das Verhalten des A an dem fraglichen Abend auch und gerade im Hinblick auf den eingetretenen Erfolg gefährlich.

Der Tatabend war der Eröffnungsabend des bekannten und beliebten Stadtfestes in R. Die Straßen der Innenstadt waren gut gefüllt mit Menschen, die zu jeder Zeit auf die Fahrbahn hätten treten, insbesondere die zur Verfügung stehenden Fußgängerüberwege an stark frequentierten Straßen hätten nutzen können. Auch herrschte reger Fahrzeugverkehr. Für eine in R und Umgebung ansässige Person war dies eine bekannte Tatsache, was auch durch die Einlassung des A belegt wird. Denn auch er selbst gab an, dass ihm die Verkehrsverhältnisse bekannt waren. Dementsprechend war an dem fraglichen Abend besondere Sorgfalt beim Befahren der Straßen geboten. Das Verhalten des A entsprach nicht diesen Anforderungen. Es steht außer Frage, dass ein besonnener und gewissenhafter Kraftfahrer in der konkreten Verkehrssituation die einem Fußgänger drohende Gefahr rechtzeitig erkannt und den Überholvorgang unterlassen hätte. Dies gilt umso mehr als die anderen Fahrzeuge zum Tatzeitpunkt vor dem Fußgängerüberweg warteten, was erkennbar nur den Grund haben konnte, dass ein Fußgänger die Straße überqueren wollte.

Die verletzten Sorgfaltsnormen dienten gerade dazu, Erfolge wie den eingetretenen zu verhindern. Denn **Sinn und Zweck** des hier relevanten Überholverbots und der Geschwindigkeitsbeschränkung ist es, die Gefährdung und Verletzung anderer Verkehrsteilnehmer, namentlich von Fußgängern zu vermeiden. Die Grenzwerte hinsichtlich des Alkohols für Kraftfahrer sollen sicherstellen, dass ein Fahrzeugführer stets in der Lage ist, die ihm im Straßenverkehr begegnenden Situationen richtig und gewissenhaft zu beurteilen. Durch das Verhalten des A wurde ein Risiko geschaffen, das die Grundlage dafür bildet, dass dem A der Tod des F als „sein Werk" zugerechnet werden kann.

A hat mithin die ihm obliegenden Sorgfaltspflichten verletzt; der dadurch eingetretene Erfolg war vorhersehbar und wäre vermeidbar gewesen, wenn sich A verkehrsgerecht verhalten hätte. A war auch nach seinen persönlichen Kenntnissen und Fähigkeiten in der Lage, die objektive Sorgfaltspflichtverletzung zu erkennen und den Erfolgseintritt zu vermeiden.

2. Strafbarkeit wegen fahrlässiger Straßenverkehrsgefährdung, § 315c StGB

Indem A die vor dem Fußgängerüberweg haltende Fahrzeugkolonne links überholte, dabei die zulässige Höchstgeschwindigkeit um 26 km/h überschritt und mit dem Pkw schließlich den die Straße am Fußgängerüberweg überquerenden F erfasste, welcher an den dabei erlittenen Verletzungen starb, hat sich A der fahrlässigen Straßenverkehrsgefährdung gemäß § 315c Abs. 1 Nr. 1 a), Nr. 2 b) und c), Abs. 3 Nr. 2 StGB schuldig gemacht.

A war aufgrund des genossenen Alkohols nicht in der Lage, das von ihm gesteuerte Fahrzeug sicher zu führen; mit einer BAK von 1,1 ‰ hatte er den Grenzwert erreicht, ab dem die Rechtsprechung alle Führer von Kraftfahrzeugen unabhängig von weiteren Beweisanzeichen und unter Ausschluss eines Gegenbeweises für fahruntüchtig hält.[2] A hat damit gegen die in § 315c Abs. 1 Nr. 1 a) StGB normierte Verhaltenspflicht verstoßen.

A hat aber auch gegen die in Nr. 2 b) und c) normierten Pflichten verstoßen. Er hat falsch überholt, indem er sich dem Überholverbot bei unklarer Verkehrslage aus § 5 Abs. 3 Nr. 1 StVO widersetzte. Außerdem hat er an einem Fußgängerüberweg eine wartende Fahrzeugkolonne überholt und damit gegen § 26 Abs. 3 StVO verstoßen. Ein Verstoß gegen § 315c Abs. 1 Nr. 2 d) StGB scheidet demgegenüber aus. Mit der dort normierten Verhaltenspflicht soll das zu schnelle Fahren an unübersichtlichen Stellen erfasst werden; eine lediglich unklare Verkehrslage, wie sie sich an dem Fußgängerüberweg fand, vor dem eine Fahrzeugkolonne wartete, reicht hierfür nicht aus.[3]

Das Handeln des A war grob verkehrswidrig und rücksichtslos. A verletzte die Verkehrsvorschriften in besonders gravierender Weise, da er bei dem Verstoß gegen das Überholverbot nahezu doppelt so schnell fuhr wie es zugelassen war. Zudem setzte er sich aus Gleichgültigkeit über seine Pflichten gegenüber den anderen Verkehrsteilnehmern hinweg, da er sich nach der Feier „ausgelassen und voller Tatendrang" fühlte und sich über sein Vorgehen „keine Gedanken" machte.

Infolge des verkehrswidrigen Verhaltens kam es zu dem Unfall, bei dem F getötet wurde. Die in § 315c Abs. 1 StGB vorausgesetzte konkrete Gefahr für Leib und Leben eines anderen Menschen ist auch und erst recht dann gegeben, wenn es nicht nur zu einem „Beinahe-Unfall" gekommen ist, sondern sich die Gefahr sogar in einem konkreten Schadenseintritt manifestiert hat.[4]

Aus dem Wissen des A, dass er auf seiner Kanzleifeier Alkohol getrunken hatte, kann **nicht** auf den **Vorsatz** bezüglich seiner Fahruntüchtigkeit nach Absatz 1 Nr. 1 a) geschlossen werden. Vorsatz setzt voraus, dass sich der Täter der Tatsache seiner Fahruntüchtigkeit bewusst ist und sich dennoch zum Fahren entschließt.[5] Auch aus der über der Grenze der absoluten Fahruntüchtigkeit liegenden BAK darf nicht ohne das Hinzutreten weiterer Umstände auf vorsätzliches Handeln geschlossen werden.[6] Da der Einlassung des A zu entnehmen ist, dass er sich trotz des konsumierten Alkohols nicht beeinträchtigt fühlte, er sich lediglich in einem Zustand der Selbstüberschätzung befand, ist hier in Bezug auf die alkoholbedingte Fahruntüchtigkeit lediglich von Fahrlässigkeit auszugehen.

---

[2] BGHSt 7, 89 (91 ff.); *Fischer*, § 316 Rn. 25, vgl. auch Rn. 16 ff. zu der in der Praxis wichtigen Frage, wie die BAK im Einzelfall festgestellt wird.
[3] *Fischer*, § 315c Rn. 8; HK-GS/*Quarch*, § 315c Rn. 19.
[4] *Fischer*, § 315c Rn. 15; HK-GS/*Quarch*, § 315c Rn. 23.
[5] Vgl. OLG Hamm VRS 37, 198.
[6] *Fischer*, § 316 Rn. 46.

Auch im Hinblick auf den Verstoß gegen die in Nr. 2 b) und c) normierten Pflichten kann kein vorsätzliches Handeln angenommen werden. Für Vorsatz ist nur dann Raum, wenn der Tätervorsatz auch die grobe Verkehrswidrigkeit umfasste und der Täter sich außerdem der Gefährlichkeit seines Verhaltens sowie der Umstände bewusst ist, aus denen der Vorwurf der Rücksichtslosigkeit folgt.[7] Zwar spricht das äußere Erscheinungsbild der Tat dafür, dass A hier zumindest bedingt vorsätzlich handelte. Denn die Schwere der Verkehrsverstöße und ihre Gefährlichkeit sind kaum zu übertreffen, so dass sie sich auch dem A geradezu aufdrängen mussten. Andererseits folgt aus der Einlassung des A nur, dass dieser sich keine weiteren Gedanken über sein Verhalten machte, er mithin einfach „drauflos fuhr". Dies kennzeichnet jedoch gerade die „fahrlässige" Rücksichtslosigkeit gegenüber der vorsätzlichen.

Die Voraussetzungen einer vorsätzlichen Straßenverkehrsgefährdung nach § 315c Abs. 1, § 15 StGB scheiden damit aus. Da A im Hinblick auf seine Verkehrsverstöße lediglich Fahrlässigkeit zur Last zu legen ist und er auch im Hinblick auf die Gefahr für das Leben des F nur fahrlässig gehandelt hat, kommt für ihn lediglich eine Strafbarkeit nach § 315c Abs. 1, Abs. 3 Nr. 2 StGB in Betracht.

3. Konkurrenzen

Vorliegend treffen mehrere Tatmodalitäten des § 315c StGB in einer Handlung zusammen, die nur zu einer Gefahren- bzw. Verletzungssituation für F geführt hat. In einem solchen Fall liegt keine Idealkonkurrenz, sondern lediglich eine einzige Deliktsverwirklichung vor, da die einheitliche Gefährdung der Verkehrssicherheit die einzelnen Modalitäten des § 315c StGB zu einer Einheit verbindet.[8]

Die fahrlässige Tötung und die fahrlässige Straßenverkehrsgefährdung stehen in Tateinheit gemäß § 52 StGB zueinander. Zwar kann es zweifelhaft sein, ob § 315c StGB hinter § 222 StGB zurücktritt, wenn es – wie hier – nicht bloß zu einer Gefährdung, sondern zu einer Verletzung der in § 315c StGB genannten Individualinteressen gekommen ist. Da die Schutzgüter der beiden Vorschriften jedoch nicht identisch sind, kommt der von § 315c StGB erfassten Beeinträchtigung der Verkehrssicherheit ein über die Verursachung des Todes des F hinausgehender Unrechtsgehalt zu. Die beiden Vorschriften bleiben daher nebeneinander bestehen.[9]

---

[7] *Fischer*, § 315c Rn. 18.
[8] MüKo-*Groeschke*, § 315c Rn. 77.
[9] BGH NStZ-RR 1997, 18; MüKo-*Groeschke*, § 315c Rn. 81.

II. Gutachten zum Strafmaß

1. Strafrahmen

Hat der Täter – wie hier – durch dieselbe Handlung mehrere Strafgesetze verletzt, so liegt ein Fall der **ungleichartigen Idealkonkurrenz** vor. Anders als bei der Realkonkurrenz (→ oben Fall 1, 5) wird in diesem Fall nur auf eine Strafe erkannt, § 52 Abs. 1 StGB. Dabei ist die Strafe derjenigen Vorschrift zu entnehmen, die im Höchstmaß die nach Art und Höhe schwerste Strafe androht, § 52 Abs. 2 Satz 1 StGB; die übrigen Gesetzesverletzungen werden absorbiert („Absorptionsprinzip"). Sie werden hierdurch allerdings nicht bedeutungslos. Zum einen bleiben die nach dem milderen Gesetz zulässigen Rechtsfolgen auch im Fall der ungleichartigen Idealkonkurrenz bedeutsam (§ 52 Abs. 2 Satz 2, Abs. 3 und Abs. 4 StGB), insbesondere darf die vom Gericht verhängte Strafe nicht milder sein als es das zurücktretende Gesetz zulässt („Sperrwirkung des milderen Gesetzes"). Zum anderen darf der Umstand, dass weitere Gesetze verletzt worden sind, bei der Bestimmung des Schuldrahmens strafschärfend berücksichtigt werden.[10] Die Prüfung, welche Vorschrift die schwerere Strafe androht, darf im Übrigen erst dann erfolgen, wenn für jeden einzelnen Tatbestand der im Einzelfall konkret anzuwendende Strafrahmen ermittelt wurde.

a) Strafrahmen des § 222 StGB

Der Strafrahmen der fahrlässigen Tötung beträgt Freiheitsstrafe von einem Monat bis zu 5 Jahren oder Geldstrafe von 5 bis zu 360 Tagessätzen, vgl. §§ 222, 38 Abs. 1, § 40 Abs. 1 Satz 2 StGB. Aufgrund der Alkoholisierung des A zur Tatzeit ist die Möglichkeit einer **Strafrahmenverschiebung** gemäß §§ 21, 49 Abs. 1 StGB zu prüfen.

Bei der Frage danach, ob die Schuldfähigkeit des A erheblich vermindert war und ob ihm daher die fakultativ in Betracht kommende Strafrahmenverschiebung gewährt werden sollte, darf nicht schematisch allein auf die BAK abgestellt werden. Dass § 21 StGB erst ab einer BAK von 2,0 ‰ oder mehr in Betracht kommt, wie es die frühere Rechtsprechung annahm[11], darf heute nicht mehr unterstellt werden. Vielmehr ist eine Entscheidung darüber, ob die Voraussetzungen des § 21 StGB vorliegen, auf der Grundlage einer **Gesamtwürdigung** sämtlicher psychodiagnostischer Beurteilungskriterien zu treffen, die einen Rückschluss auf die Schuldfähigkeit des Täters zur Tatzeit erlauben.[12]

Die von der Rechtsprechung geforderte Gesamtwürdigung unter Berücksichtigung der Vorgeschichte, des Täterverhaltens vor, während und nach der Tat, seiner Alkoholgewöhnung und sonstiger Beweisanzeichen ergibt hier, dass keine hinreichenden Anhaltspunkte dafür vorliegen, dass sich A im Zustand erheblich verminderter Schuldfähigkeit i.S. des § 21 StGB befunden haben könnte. A war

---

[10] *Schäfer/Sander/van Gemmeren*, Praxis der Strafzumessung, Rn. 500 ff.
[11] Vgl. BGHSt 37, 231 (234 f.).
[12] BGH NStZ 2005, 90.

durchschnittlich an Alkohol gewöhnt. Vor und während der Tat befand er sich aufgrund der Feier in gelöster Stimmung. Wenn auch zu vermuten ist, dass der konsumierte Alkohol zu einer Erhöhung seiner Risikobereitschaft beim Autofahren geführt hat, so trägt das Ergebnis der Beweisaufnahme nicht die Annahme einer erheblich verminderten Schuldfähigkeit i.S. des § 21 StGB. Daher braucht auch nicht auf die Frage eingegangen zu werden, ob die Strafrahmenverschiebung versagt werden darf, wenn der Täter die Verminderung der Schuldfähigkeit zu verantworten hat.[13]

b) Strafrahmen des § 315c Abs. 1, Abs. 3 Nr. 2 StGB

Der Strafrahmen für die fahrlässige Straßenverkehrsgefährdung beträgt Freiheitsstrafe zwischen einem Monat und zwei Jahren oder Geldstrafe von 5 Tagessätzen bis zu 360 Tagessätzen, vgl. § 315c Abs. 3, § 38 Abs. 1, § 40 Abs. 1 Satz 2 StGB. Hinsichtlich einer denkbaren Strafrahmenverschiebung aufgrund der Alkoholisierung des A gilt das soeben Gesagte entsprechend.

c) Ergebnis

Der Vergleich zeigt, dass § 222 StGB die schwerere Strafe androht. Demnach steht ein Strafrahmen von 5 Tagessätzen Geldstrafe bis zu 5 Jahren Freiheitsstrafe zur Verfügung. Zu beachten ist allerdings, dass gemäß § 52 Abs. 4 Satz 2 StGB die im Rahmen einer Verurteilung wegen § 315c StGB möglichen Nebenstrafen, Nebenfolgen und Maßnahmen i.S. des § 11 Abs. 1 Nr. 8 StGB nicht ausgeschlossen sind.

2. Schuldrahmen

Innerhalb des Strafrahmens ist der Schuldrahmen zu bilden. Ausgehend von der in der Rechtsprechung maßgeblichen Spielraumtheorie ist dieser nach unten durch die schon und nach oben durch die noch schuldangemessene Strafe begrenzt (→ oben Fall 1). Entscheidender Anknüpfungspunkt für die Bestimmung des Schuldrahmens sind auch hier die Modalitäten der Tatbestandsverwirklichung, bei § 222 StGB vor allem das Maß der Pflichtwidrigkeit. Darüber hinaus sind – wie stets zur Bestimmung des Schuldrahmens – die Art der Tatausführung und die persönlichen Verhältnisse des Täters sowie die Vorbelastungen des Täters und sein Verhalten nach der Tat zu berücksichtigen. Demgegenüber darf **nicht** an den **Tod des F** angeknüpft werden. Dieser stellt bereits ein Merkmal des gesetzlichen Tatbestandes des § 222 StGB dar und kann daher wegen des Doppelverwertungsverbots (§ 46 Abs. 3 StGB) nicht als Argument für die Erhöhung oder Reduzierung der Strafe verwendet werden.

Das in § 46 Abs. 2 StGB genannten „**Maß der Pflichtwidrigkeit**" ist bei Fahrlässigkeitsdelikten der wichtigste Strafzumessungsfaktor. Entscheidend sind die

---

[13] Vgl. dazu BGHSt 49, 239 (240 ff.) sowie → unten Fall 7.

Größe der Pflichtverletzung, die dem Täter zur Last fällt, und das Maß seiner Nachlässigkeit bei der Tat.[14] Für die Bestimmung des Ausmaßes der Pflichtverletzung kommt es darauf an, wie weit sich der Täter von den ihm obliegenden Pflichten entfernt; für das Maß der Nachlässigkeit ist entscheidend, wie weit der Täter nach seinen persönlichen Fähigkeiten in der Lage war, die objektive Pflichtwidrigkeit zu vermeiden. Das Gewicht der Pflichtwidrigkeit wird im Allgemeinen durch Attribute wie „leichte" und „grobe" Fahrlässigkeit oder Begriffe wie „Leichtfertigkeit" bestimmt; die Unterscheidung zwischen „bewusster" und „unbewusster" Fahrlässigkeit hat demgegenüber keinen Einfluss auf das Maß der Schuld.[15]

Für A gilt, dass er die Verkehrsvorschriften, die gerade Erfolge wie den eingetretenen vermeiden sollen, **in gravierender Weise verletzt hat**. Pflichtwidrig ist die Teilnahme am Straßenverkehr nach dem Genuss von Alkohol schon dann, wenn die Alkoholisierung die Fahruntüchtigkeit zu Folge hat; dies kann bereits ab einer BAK von 0,3 ‰ der Fall sein.[16] Bereits ab einer BAK von 0,5 ‰ ist der Tatbestand der Ordnungswidrigkeit nach § 24a Abs. 1 StVG erfüllt. A hat diese Werte mit einer BAK von 1,1 ‰ deutlich überschritten. Hinzu kommt das Fehlverhalten, das A am Fußgängerüberweg an den Tag gelegt hat: Während die anderen Autos warteten, um F das sichere Überqueren der Straße zu ermöglichen, scherte A aus, um die Kolonne auf der linken Fahrspur zu überholen. Auch die Geschwindigkeitsüberschreitung war erheblich. A ist mit einer Geschwindigkeit von 56 km/h an der Kolonne vorbei gefahren, obwohl nur 30 km/ erlaubt waren, und ist damit beinahe doppelt so schnell wie zulässig gefahren. Als Rechtsanwalt waren A die Pflichten, ihre Bedeutung für die Gewährleistung der Verkehrssicherheit und das Ausmaß seiner Pflichtverletzung bekannt. Dass es ihm an dem fraglichen Abend nur darauf ankam, seine Tochter rasch nach Hause zu bringen, und er sich sonst keine Gedanken über sein Vorgehen machte, obwohl er wusste, dass an diesem Abend reger Verkehr herrschte und zahlreiche Fußgänger unterwegs sein würden, begründet ein gesteigertes Maß an Nachlässigkeit, das schon als leichtfertige Inkaufnahme von Verkehrsgefährdungen angesehen werden kann.[17] Im Ergebnis ist von einem besonders hohen Maß an Pflichtwidrigkeit auszugehen.

Dass A mit § 315c StGB einen **weiteren Straftatbestand verwirklicht** hat, wirkt straferschwerend. Zulässig ist die straferhöhende Berücksichtigung der Begehungsmodalitäten eines tateinheitlich verwirklichten weiteren Tatbestandes dann, wenn dieser ein anderes Rechtsgut schützt. Schützen die Tatbestände dagegen dasselbe Rechtsgut oder weisen sie einen gleichgerichteten Unrechtsgehalt auf, so verbietet sich eine erschwerende Wertung[18]. § 222 StGB schützt das men-

---

[14] S/S-*Stree*, § 46 Rn. 17.
[15] LK-*Theune*, § 46 Rn. 125; S/S-*Stree*, § 46 Rn. 17; *Meier*, Strafrechtliche Sanktionen, 175.
[16] OLG Saarbrücken NStZ-RR 2000, 12 (13); S/S-*Cramer/Sternberg-Lieben*, § 316 Rn. 13; *Fischer*, § 316 Rn. 31.
[17] Das OLG Rostock spricht im Ausgangsfall (in anderem Zusammenhang) von „geradezu bedingtem Körperverletzungsvorsatz".
[18] *Schäfer/Sander/van Gemmeren*, Praxis der Strafzumessung, Rn. 500 ff.

schliche Leben, § 315c StGB die Sicherheit des Straßenverkehrs (dazu schon → oben I. 3.). Nach dem zuvor Gesagten, ist eine erschwerende Berücksichtigung des ebenfalls verwirklichten § 315c StGB demnach zulässig. § 46 Abs. 3 StGB steht dem nicht entgegen, da die Strafe § 222 StGB entnommen wird und die Verwirklichung des § 315c StGB zusätzliches Unrecht darstellt.

Ein schuldmilderndes Mitverschulden des F hat die Beweisaufnahme nicht ergeben. Dieser überquerte die L.-Straße vorschriftsmäßig an dem dafür vorgesehenen Fußgängerüberweg.

Auswirkungen der Tat auf den Täter selbst, wie etwa erhebliche eigene körperliche Schäden oder die Verletzung oder der Tod eines nahen Angehörigen, sind zwar grundsätzlich zu berücksichtigen[19], liegen hier aber nicht vor. Weder A noch seine mitfahrende Tochter wurden durch den Unfall körperlich beeinträchtigt. A zeigte sich durch das Unfallgeschehen zwar nachhaltig beeindruckt; von weiterreichenden psychischen Beeinträchtigungen ist allerdings nach dem Ergebnis der Beweisaufnahme nicht auszugehen. Dass das vorliegende Verfahren aufgrund der Tätigkeit des A als Rechtsanwalt in R sowie der konkreten Tatumstände wahrscheinlich eine größere Aufmerksamkeit in der Öffentlichkeit erfahren hat, was zu einem teilweisen Verlust des Ansehen des A geführt haben kann – eine Beweisaufnahme hierzu ist nicht durchgeführt worden – , ist eine in Kauf zu nehmende allgemeine Konsequenz der Tat und kann deshalb nicht strafmildernd berücksichtigt werden.[20]

Die Tatsache, dass A bislang nicht strafrechtlich in Erscheinung getreten ist, wirkt demgegenüber ebenso zu seinen Gunsten[21] wie das abgelegte Geständnis. Denn dieses begründet, da es dem Gericht die Sachaufklärung erleichtert, einen eigenständigen und positiven Handlungswert, der dem Unwert der Tat entgegengestellt werden kann.[22]

Fazit: Der vorliegende Fall sticht aufgrund des Maßes der Pflichtwidrigkeit und der Umstände der Tatausführung deutlich aus den immer wieder vorkommenden Fällen der fahrlässigen Tötung im Straßenverkehr hinaus. Erkennbar kommt nur ein „Einstieg" in den Strafrahmen in Betracht, der deutlich oberhalb des unteren Randes des Strafrahmens liegt, aber wohl nicht in die Nähe des oberen Randes rückt.

3. Wahl der Strafart

Noch nicht beantwortet ist damit die Frage, ob die gegen A zu verhängende Sanktion als Geld- oder als Freiheitsstrafe zu verhängen ist. Nach § 222 StGB, dem Delikt mit der schwersten Strafdrohung, steht dem Gericht entweder ein Strafrahmen von 5 bis 360 Tagessätzen Geldstrafe oder ein Strafrahmen von einem Monat bis 5 Jahren Freiheitsstrafe zur Verfügung (→ oben 1.a.); es kommen also sowohl

---

[19] *Fischer*, § 46 Rn. 34b.
[20] BGH NStZ 1982, 285 (286).
[21] BGH StV 1983, 237; OLG Düsseldorf StV 1993, 310 (311).
[22] BGHSt 42, 191 (195); 43, 195 (209 f.); LK-*Theune*, § 46 Rn. 206; krit. S/S-*Stree*, § 46 Rn. 41a.

die Geld- als auch die Freiheitsstrafe in Betracht. Nach dem Ergebnis der Überlegungen zum Schuldrahmen muss die Strafe „deutlich oberhalb des unteren Randes des Strafrahmens" angesiedelt werden, also entweder in dem oberen Bereich einer Geldstrafe oder in dem deutlich von der Untergrenze entfernten Bereich einer Freiheitsstrafe. Konkret ist also entweder an den Bereich von 270 bis 360 Tagessätzen oder an den Bereich von oberhalb 9 Monaten bis zu 15 oder 18 Monaten zu denken.

Anders als im Bereich unterhalb von 6 Monaten (→ oben Fall 4) gibt es für den Fall, dass eine Freiheitsstrafe in der hier relevanten Höhe in Betracht kommt, im Gesetz keine ausdrückliche Vorrangregelung wie die des § 47 StGB. Die Wahl der Strafart muss hier dementsprechend unter **Beachtung aller Strafzwecke** erfolgen. Maßgeblich sind dabei nicht nur präventive Überlegungen – ist die Verhängung einer Freiheitsstrafe zur Einwirkung auf den Täter oder zur Verteidigung der Rechtsordnung geboten? –, sondern auch Schulderwägungen. Dabei ist davon auszugehen, dass das Gesetz die Freiheitsstrafe als die schwerere Strafart ansieht, da sie – wie §§ 43 und 47 StGB erkennen lassen – nur als ultima ratio in Betracht kommt.[23] Je schwerer also in dem Bereich oberhalb von 180 Tagessätzen Geldstrafe oder 6 Monaten Freiheitsstrafe die Schuld des Täters zu gewichten ist, desto eher wird mithin die Freiheitsstrafe die richtige tat- und schuldangemessene Reaktion darstellen. Bei Fahrlässigkeitsdelikten wird in der Regel Geldstrafe ausreichen. Etwas anderes gilt jedoch dann, wenn das hohe Maß der Pflichtverletzung oder die schweren Folgen der Tat eine Geldstrafe aus generalpräventiven Gründen oder aber zum Schuldausgleich nicht mehr als angemessen erscheinen lassen.

So liegt der Fall hier. Handelte es sich nur um einen Fall der Straßenverkehrsgefährdung, so müsste über die Angemessenheit einer Geldstrafe gar nicht diskutiert werden, zumal es sich bei A um einen Ersttäter handelt. Entscheidend ist aber, dass A **in hohem Maße pflichtwidrig** handelte, als er sich alkoholisiert ans Steuer setzte und schon allein dadurch nicht mehr beherrschbare Gefahren für Leib und Leben anderer Verkehrsteilnehmer heraufbeschwor. Dass er darüber hinaus entgegen § 26 Abs. 1 und 3 StVO mit gänzlich überhöhter Geschwindigkeit an der vor dem Fußgängerüberweg wartenden Fahrzeugkolonne links vorbeifuhr, obgleich ihm seiner eigenen Einlassung zufolge die Verkehrsverhältnisse am Tatabend bestens bekannt waren und er die vollen Straßen in R bereits wahrgenommen hatte, lässt die Schuld, die er auf sich geladen hat, schwer wiegen. Hinzu kommt die gravierende Folge dieser mehrfachen Pflichtverletzungen: der Tod des F. Die Schwere von Unrecht und Schuld spricht hier dafür, dass die adäquate Reaktionsform in diesem Fall nur eine Freiheitsstrafe sein kann.

Die Wertungen des § 46 Abs. 1 Satz 2 StGB stehen diesem Ergebnis nicht entgegen. Nach dieser Vorschrift sind bei der Festlegung des Strafmaßes – sowohl unter dem Gesichtspunkt der Schuldangemessenheit der Strafe als auch unter dem Gesichtspunkt ihrer präventiven Notwendigkeit – die **Wirkungen** zu berücksichtigen, die von der Strafe **für das zukünftige Leben des Täters** zu erwarten sind. Die insoweit zu berücksichtigenden Wirkungen umfassen die Auswirkungen der Bestrafung im weiten Sinne, so z.B. die Wechselwirkungen von Haupt- und Ne-

---

[23] *Schäfer/Sander/van Gemmeren*, Praxis der Strafzumessung, Rn. 122 f.

benstrafen, aber auch die Nebenwirkungen der Verurteilung wie etwa die standes- und berufsrechtlichen Folgen.[24]

Eine Verurteilung des A zu einer Freiheitsstrafe in dem hier in Betracht kommenden Bereich könnte für diesen weit reichende standes- bzw. berufsrechtliche Folgen haben (vgl. §§ 14, 114 Abs. 1 Nr. 4 und 5 BRAO). Wahrscheinlicher noch als diese einschneidenden und daher an strenge Voraussetzungen geknüpften berufsrechtlichen Folgen ist, dass der bislang in R als Rechtsanwalt tätige A aufgrund des vorliegenden Verfahrens und nach einer möglichen Verbüßung einer Freiheitsstrafe erhebliche wirtschaftliche Einbußen wird hinnehmen müssen. Diese standesrechtlichen und wirtschaftlichen Folgen der Strafe sind als Nebenwirkung der Verurteilung im Rahmen der konkreten Strafbemessung zu berücksichtigen.[25] Dies gilt besonders, da A gleichsam der Verlust seiner beruflichen Basis drohen könnte.[26] Dass A bei der Tat diese Nachteile bewusst in Kauf genommen hat, was nach einer Entscheidung des 2. Strafsenats des BGH die strafmildernde Wirkung der Strafwirkungen entfallen ließe[27], kann nach dem Ergebnis der Beweisaufnahme nicht angenommen werden.

Vorliegend müssen die möglicherweise erheblichen Folgen für A demnach in die Überlegungen zur Sanktionsart mit einbezogen werden. Indes sind die möglichen Folgen nicht von solchem Gewicht, dass sie an der Schuldangemessenheit einer Freiheitsstrafe in dem angestrebten Bereich und ihrer präventiven Notwendigkeit nach einer abwägenden Gesamtbetrachtung etwas zu ändern vermögen, so dass von der getroffenen Einordnung der Tat in den Straf- und Schuldrahmen nicht dahingehend Abstand zu nehmen ist, dass nur eine hohe Geldstrafe angemessen erscheint.

4. Ergebnis

Die Praxis verhängt in Fällen wie dem vorliegenden in der Regel eine Freiheitsstrafe von einem Jahr.[28] Wie die Ausführungen zum Schuldrahmen und zur Wahl der Sanktionsart zeigen, ist auch im Falle des A eine Freiheitsstrafe von einem Jahr als tat- und schuldangemessen anzusehen. Denn diese liegt deutlich genug oberhalb des unteren Randes des zur Verfügung stehenden Strafrahmens, trägt allerdings auch den zugunsten des A sprechenden Gesichtspunkten Rechnung und lässt einen gerechten Schuldausgleich zu.

---

[24] *Fischer*, § 46 Rn. 7 ff.
[25] BGH NStZ 1987, 133 (134); 550 (551); StV 1991, 207.
[26] BGH NStZ 1996, 539; 2006, 393 (394).
[27] BGH wistra 2005, 458.
[28] *Schäfer/Sander/van Gemmeren*, Praxis der Strafzumessung, Rn. 953. – Im vorliegenden Fall hatte das AG Rostock bei hinzutretendem Unerlaubtem Entfernen vom Unfallort in Tateinheit mit vorsätzlicher Trunkenheit im Straßenverkehr eine Gesamtfreiheitsstrafe von einem Jahr und 6 Monaten, das LG Rostock als Berufungsinstanz eine solche von einem Jahr verhängt.

5. Bewährung

Zu entscheiden ist nunmehr, ob beantragt werden sollte, die zu fordernde Freiheitsstrafe zur Bewährung auszusetzen. § 56 Abs. 1 Satz 1 StGB ist der Grundsatz zu entnehmen, dass Freiheitsstrafen im Bereich von 6 Monaten bis zu einschließlich einem Jahr bei günstiger Legalprognose zwingend auszusetzen sind. Etwas anderes gilt nur dann, wenn die Verteidigung der Rechtsordnung die Vollstreckung der Strafe gebietet, § 56 Abs. 3 StGB. Ist die Vollstreckung geboten, so muss die Aussetzung auch bei einer günstigen Prognose versagt werden. Zunächst ist also danach zu fragen, ob für A eine günstige Legalprognose gestellt werden kann. Denn auch bei einer möglichen Anwendung des § 56 Abs. 3 StGB darf diese Frage nicht unbeantwortet bleiben.[29]

a) Legalprognose, § 56 Abs. 1 StGB

Die Prognose ist gemäß § 56 Abs. 1 StGB günstig, wenn auch ohne Vollstreckung zu erwarten ist, dass der Täter sich in Zukunft nicht mehr strafbar machen wird. Zur Bejahung der günstigen Prognose kommt es nicht darauf an, dass ein zukünftig straffreies Leben des Angeklagten sicher ist. Es genügt eine durch Tatsachen begründete Wahrscheinlichkeit straffreier Führung, die größer ist als diejenige, neuer Straftaten. Eine bloße Hoffnung reicht andererseits nicht aus (vgl. → oben Fall 4). § 56 Abs. 1 Satz 2 StGB benennt beispielhaft herausgehobene Kriterien für die Prognose. Diese erfordert allerdings eine individuelle Würdigung aller, nicht nur der in Absatz 1 Satz 2 aufgeführten Umstände, die Rückschlüsse auf das zukünftige Verhalten des Täters zulassen.

Abzustellen ist zunächst auf die **Persönlichkeit des Täters** sowie seine **Lebensverhältnisse** im Hinblick auf Familie, Beruf und soziale Einordnung. Elemente der Täterpersönlichkeit, die in keinem Zusammenhang zur Tat stehen, dürfen nicht ohne weiteres herangezogen werden.[30] Als Familienvater und in R ansässiger Rechtsanwalt lebt A vollumfänglich sozial integriert und in gefestigten Strukturen. Es liegen keine Anhaltspunkte dafür vor, dass in privater Hinsicht eine Veränderung dieser stabilen Lebensverhältnisse des A zu erwarten ist. Wenn auch aufgrund der schweren Tatfolgen und der Stellung des A berufliche Auswirkungen und eine diesbezügliche Änderung seiner zukünftigen Lebensführung nicht gänzlich auszuschließen sind, kann allein hierauf eine negative Prognose nicht gestützt werden.

Wesentlich sind weiterhin die **Umstände der Tat**, d.h. vor allem ihre psychischen Wurzeln, die ihr zugrunde liegenden **Beweggründe und Tatziele**. Ziel des Handelns des A war es in erster Linie, seine Tochter nach der Feier möglichst schnell nach Hause zu bringen. Über weitere Umstände machte er sich keinerlei Gedanken. Dies zeugt von einer nahezu gleichgültigen Haltung gegenüber den besonderen Gefahren des Straßenverkehrs. Wie bereits festgestellt, sind die Folgen des Handels des A gravierend; F ist zu Tode gekommen. Daraus allein kann

---

[29] OLG Köln NZV 1993, 357; OLG Dresden StV 2000, 560 (561).
[30] BGH NStZ-RR 2007, 138.

und darf allerdings noch nicht die Verneinung der günstigen Prognose hergeleitet werden. Denn bei Fahrlässigkeitsdelikten kann aus der Größe des angerichteten Schadens nicht unweigerlich auf eine positive oder negative Prognose geschlossen werden; die Schwere der Folge ist nicht allein indiziell.[31]

Darüber hinaus hat die Beweisaufnahme ergeben, dass A bislang strafrechtlich nicht in Erscheinung getreten ist. Auch dies ist für die Prognoseentscheidung von Bedeutung, da das **Vorleben des Täters** zu beachten ist. Namentlich sind damit das Fehlen oder Vorhandensein berücksichtigungsfähiger Vorstrafen sowie ein möglicherweise bereits vorangegangener Bewährungsbruch als ausschlaggebend anzusehen.[32] Dass hier Vorstrafen gänzlich fehlen und A als Ersttäter anzusehen ist, spricht für eine günstige Prognose.

Letztlich können auch aus dem **Verhalten** des Täters **nach der Tat** Rückschlüsse auf seine zukünftige Straffreiheit oder -fälligkeit gezogen werden. Insbesondere lässt sich daraus die Einstellung des Täters zur Tat erkennen, wobei eine fehlende Wiedergutmachung allein kein ausreichender Grund dafür ist, von einem künftigen Bewährungsversagen auszugehen.[33] A hat hier zwar keine Ansätze gezeigt, Wiedergutmachung leisten zu wollen, allerdings hat er sein Bedauern über die Ereignisse im Rahmen seines Geständnisses deutlich zum Ausdruck gebracht. Auch ist er durch das Geschehen und das Strafverfahren stark beeindruckt.

Fazit: Alle genannten Aspekte sprechen hier dafür, die zukünftige Straffreiheit des A erwarten zu können. A lebt in gefestigten Verhältnissen, die sich auch in absehbarer Zeit nicht wesentlich verändern dürften. Durch die Tat und das gegen ihn gerichtete Verfahren nachhaltig beeindruckt, hat A Reue gezeigt, an deren Aufrichtigkeit vorliegend keine Zweifel bestehen. Zwar sind das Maß der Pflichtwidrigkeit und die daraus entstandenen Folgen als besonders erheblich anzusehen. Dies allein vermag aber die Annahme einer günstigen Legalprognose nicht zu verhindern.

b) Verteidigung der Rechtsordnung, § 56 Abs. 3 StGB

Zu prüfen ist damit, ob die Vollstreckung der Strafe zur Verteidigung der Rechtsordnung geboten ist. Die Ausnahmevorschrift des § 56 Abs. 3 StGB lässt bei nicht ganz geringfügigen Taten spezialpräventive Erwägungen zurücktreten, wenn andernfalls das **Rechtsgefühl der Bevölkerung** durch den Eindruck einer „faktischen Sanktionslosigkeit" beeinträchtigt würde. Gemeint ist, dass die Vollstreckung der Freiheitsstrafe dann geboten ist, wenn die Aussetzung der Strafvollstreckung „im Hinblick auf schwerwiegende Besonderheiten des Einzelfalles für das allgemeine Rechtsempfinden schlechthin unverständlich erscheinen müsste und das Vertrauen der Bevölkerung in die Unverbrüchlichkeit des Rechts und in den Schutz der Rechtsordnung vor kriminellen Angriffen dadurch erschüttert werden könnte"[34]. Allein aus dem Umstand, dass A „nur" Fahrlässigkeitsdelikte

---

[31] S/S-*Stree*, § 56 Rn. 23.
[32] *Fischer*, § 56 Rn. 6.
[33] BGHSt 5, 238.
[34] BGHSt 24, 40 (46).

zur Last gelegt werden, kann dabei noch nichts gefolgert werden. Auch bei Fahrlässigkeitsdelikten kann das Kriterium der Verteidigung der Rechtsordnung die Vollstreckung einer Freiheitsstrafe gebieten, wenn sowohl Erfolgs- als auch Handlungsunrecht schwer wiegen und es unabweislich ist, durch eine stringente Anwendung des Strafrechts das Vertrauen der Bevölkerung in die Wirksamkeit des strafrechtlichen Rechtsgüterschutzes zu sichern.[35]

Die Bestimmung des Begriffs „Verteidigung der Rechtsordnung" erfolgt mit dem BGH in zwei Richtungen:[36] Negativ ist der Begriff von den Gesichtspunkten der Sühne und Tatvergeltung sowie den Belangen des Verletzten und seiner Angehörigen abzugrenzen. Bei der Versagung der Strafaussetzung zur Bewährung mit Blick auf die Verteidigung der Rechtsordnung geht es nicht um den Ausgleich von Schuld. Positiv ist demgegenüber davon auszugehen, dass es zu den Aufgaben der Strafe gehört, das Recht gegenüber dem vom Täter begangenen Unrecht durchzusetzen, die Unverbrüchlichkeit der Rechtsordnung damit vor der Rechtsgemeinschaft zu erweisen und künftigen ähnlichen Rechtsverletzungen potentieller Täter vorzubeugen. Anders ausgedrückt: Mit der Formel von der „Verteidigung der Rechtsordnung" nimmt der Gesetzgeber auf den Strafzweck der **positiven Generalprävention** und die hiermit eng verknüpfte Verdeutlichungsfunktion der Strafe[37] Bezug. Entscheidendes Kriterium für die Versagung der Strafaussetzung zur Bewährung nach § 56 Abs. 3 StGB ist deshalb die Erhaltung der Rechtstreue der Bevölkerung, Maßstab die – im normativen Sinne – „von dem Sachverhalt voll und zutreffend unterrichtete Bevölkerung".[38]

Über die Versagung der Aussetzung ist nach der Rechtsprechung erneut auf der Grundlage einer Gesamtwürdigung aller die Tat und den Täter kennzeichnenden Umstände zu entscheiden[39]. Das äußere Erscheinungsbild der Tat ist ebenso wenig allein ausreichend wie der generalpräventive Gedanke der Abschreckung. Im Rahmen der Gesamtwürdigung können gegen eine Strafaussetzung folgende Umstände sprechen: Besondere Tatfolgen, eine sich aus der Tatausführung ergebende erhebliche verbrecherische Intensität, ein hartnäckiges rechtsmissachtendes Verhalten, eine besondere Sozialschädlichkeit und Häufung bestimmter Taten sowie die Verletzung von Rechtsgütern mit ungewöhnlicher Gleichgültigkeit. Auch die Gefahr der Nachahmung der Tat durch andere oder die tatsächliche Häufung derartiger Taten dürfen nicht außer Acht bleiben.[40]

Vorliegend handelt es sich um den Fall eines Trunkenheitsdelikts im Straßenverkehr mit tödlichen Unfallfolgen. Diese Straftaten spielen trotz abnehmender Tendenz **in der Verkehrsunfallstatistik** weiterhin eine **bedeutende Rolle**. Durch das Fahren unter Alkoholeinfluss, welches seinerseits durch ein hohes Maß an Verantwortungslosigkeit gekennzeichnet ist, entstehen Gefahren, im Hinblick auf die ein nachdrückliches und energisches Vorgehen der Strafverfolgungsbehörden

---

[35] OLG Karlsruhe NStZ-RR 2003, 246 (247).
[36] BGHSt 24, 40 (43 f.); LK-*Hrubach*, § 56 Rn. 49 ff.; *Schäfer/Sander/van Gemmeren*, Praxis der Strafzumessung, Rn. 145 ff.
[37] Vgl. *Meier*, Strafrechtliche Sanktionen, 5 f., 16, 22 f.
[38] BGHSt 24, 64 (69)
[39] BGHSt 24, 40 (46); BGHSt 24, 64 (66).
[40] *Schäfer/Sander/van Gemmeren*, Praxis der Strafzumessung, Rn. 148.

angezeigt ist. Gerade bei Trunkenheitsdelikten im Straßenverkehr mit besonders gravierender Pflichtwidrigkeit und tödlichen Unfallfolgen, aber auch dann, wenn ein Unfall seine Ursache in einem besonders groben und rücksichtslosen Verkehrsverstoß findet, liegt nach der Rechtsprechung die Versagung der Strafaussetzung häufig näher als deren Bewilligung.[41] Allerdings darf eine Strafaussetzung nicht unter Berufung auf § 56 Abs. 3 StGB für bestimmte Deliktsgruppen von vornherein ausgeschlossen werden. Die Frage, ob die Verteidigung der Rechtsordnung die Vollstreckung gebietet, kann stets nur im Einzelfall entschieden werden.

Im vorliegenden Fall sprechen somit gewichtige Umstände für die Anwendung des § 56 Abs. 3 StGB. Ein Abstellen auf die **Schwere der Schuld** für sich allein verbietet sich und vermag eine Versagung der Aussetzung nicht zu rechtfertigen. Allerdings kann die die Schuld im Rahmen der vorzunehmenden Gesamtwürdigung **mittelbare Bedeutung** erlangen.[42] Mittelbarkeit bedeutet hier, dass eine Verteidigung der Rechtsordnung überhaupt nur dann als erforderlich in Frage kommen kann, wenn der Täter Schuld von einigem Gewicht auf sich geladen hat. Erst wenn Tat und Schuld überhaupt ernst zu nehmen sind, wenn die Schuld nach ihrer Quantität also zu Buche schlägt, ergeben sich die hier relevanten generalpräventiven Notwendigkeiten.[43] Die Schwere der Schuld ist folglich nicht als Kriterium, sondern nur als Beurteilungsgrundlage insoweit von Bedeutung, wie sie die Notwendigkeit mitbegründen kann, auf die Tat nicht mit bloßer Aussetzung zu reagieren.

Die aus der Einlassung des A zu entnehmende, beinahe als Gleichgültigkeit zu bezeichnende Haltung, die sogar vor einer möglichen Gefährdung des eigenen Kindes keinen Halt machte, ist beispielhaft dafür, dass die mit der Teilnahme alkoholisierter Autofahrer am Straßenverkehr einhergehenden Gefahren von weiten Teilen der Bevölkerung nach wie vor nicht ernst genommen werden. Dies zeigt auch der noch immer hohe Anteil an alkoholbedingt verursachten Verkehrsunfällen; nach der Verkehrsunfallstatistik für das Jahr 2007 lag die Zahl alkoholbedingter Verkehrsunfälle mit Personenschaden immer noch bei 19.443 Fällen.[44] Abnehmenden Tendenzen aufgrund erhöhten Kontroll- und Verfolgungsdrucks zum Trotz stellt das Führen von Kraftfahrzeugen im Straßenverkehr unter dem Einfluss von Alkohol weiterhin in hohem Maße sozialschädliches und damit besonders zu verfolgendes Unrecht dar.[45]

Hinzu tritt, dass vorliegend **gewichtige Umstände**, die der Annahme des § 56 Abs. 3 StGB entgegenstehen könnten, **nicht gegeben** sind. Nach der Rechtsprechung ist es als ein solcher Umstand zu werten, wenn der Angeklagte durch den Unfall selbst erhebliche Verletzungen erlitten hat, ein erhebliches Mitverschulden des Opfers gegeben ist oder der Täter eine nur kurze und verkehrsarme Strecke

---

[41] BGH NStZ 1994, 336; OLG Karlsruhe NStZ-RR 2003, 246 (247 f.); OLG Rostock Blutalkohol 2005, 253 (255).
[42] BGHSt 24, 40 (44); LK-*Hrubach*, § 56 Rn. 51; *Fischer*, § 56 Rn. 14.
[43] Vgl. *Maiwald*, GA 1983, 59.
[44] Statistisches Bundesamt, Statistisches Jahrbuch 2008, Tab. 16.24 (S. 440).
[45] OLG Rostock Blutalkohol 2005, 253 (255).

zurückgelegt hat[46]. Den Geschädigten trifft im vorliegenden Fall keinerlei Mitverschulden. Nach dem Ergebnis der Beweisaufnahme überquerte F ordnungsgemäß den Fußgängerüberweg. A selbst oder seine Tochter erlitten keine Verletzungen. Zwar liegen keine Anhaltspunkte dafür vor, welche Strecke A zurückgelegt hat bzw. insgesamt zurücklegen musste. Im Hinblick auf die vollen und stark befahrenen Straßen der Innenstadt in R, die zahlreichen Fußgänger und das Wissen des A um diese Tatsachen, kann diesem Umstand allerdings auch keine besondere Bedeutung zukommen.

c) Ergebnis

Nach alledem kann eine Gesamtwürdigung aller Tat und Täter kennzeichnenden Umstände hier nur dazu führen, dass es bei der über die Tatumstände unterrichteten rechtstreuen Bevölkerung auf Unverständnis stieße und deren Vertrauen in die Unverbrüchlichkeit des Rechts erschüttert wäre, wenn beantragt würde, die Vollstreckung der gegen A zu fordernden Freiheitsstrafe zur Bewährung auszusetzen. Die Verteidigung der Rechtsordnung gebietet es, von einem Antrag auf Strafaussetzung zur Bewährung abzusehen.

6. Entziehung der Fahrerlaubnis/Fahrverbot

Neben der Freiheitsstrafe könnte die Entziehung der Fahrerlaubnis nach §§ 69, 69a StGB oder die Verhängung eines Fahrverbots gemäß § 44 StGB zu beantragen sein. Hier wirkt sich § 52 Abs. 4 Satz 2 StGB aus, da für die Bemessung der Strafe zwar der Strafrahmen des § 222 StGB maßgeblich ist, tateinheitlich hierzu aber § 315c StGB verwirklicht wurde. Dies eröffnet im vorliegenden Fall den Anwendungsbereich der Maßregel nach § 69 Abs. 1 Satz 1, Abs. 2 Nr. 1, und der Nebenstrafe nach § 44 Abs. 1 StGB.

Bei der **Entziehung der Fahrerlaubnis** nach §§ 69, 69a StGB handelt es sich um die in der Praxis häufigste Maßregel. Ihr Zweck ist der Schutz der Allgemeinheit vor Gefahren im Straßenverkehr durch das Fernhalten von Personen, die zum Führen von Kraftfahrzeugen ungeeignet sind. Das **Fahrverbot** nach § 44 StGB ist demgegenüber Nebenstrafe und als „Denkzettelstrafe" namentlich für solche Kraftfahrer gedacht, die zwar im Straßenverkehr aus Nachlässigkeit oder Leichtsinn erheblich versagt haben, aber zum Führen von Kraftfahrzeugen dennoch geeignet sind, vgl. § 44 Abs. 1 StGB. Entscheidende Frage ist demnach, ob A schon als ungeeignet zum Führen von Kraftfahrzeugen anzusehen ist (dann §§ 69, 69a StGB) oder nicht (dann § 44 StGB). Maßregel und Nebenstrafe unterscheiden sich außerdem hinsichtlich ihrer Rechtsfolge. Während dem Verurteilten bei der Verhängung eines Fahrverbots nach § 44 StGB die Ausübung der Fahrerlaubnis für eine Dauer von einem bis zu 3 Monaten untersagt wird, folgt aus der Verhän-

---

[46] BGHSt 24, 64 (68); BGH NJW 1990, 193 (194).

gung der Maßregel nach §§ 69, 69a StGB der vollständige Verlust der Berechtigung zur Teilnahme am Straßenverkehr.[47]

Sowohl § 69 als auch § 44 StGB knüpfen daran an, dass „bei oder im Zusammenhang mit dem Führen eines Kraftfahrzeugs oder unter Verletzung der Pflichten eines Kraftfahrzeugführers" eine mit Strafe bedrohte rechtswidrige Tat begangen worden ist, für die der Täter verurteilt wird. Die Maßregel nach § 69 StGB kann darüber hinaus auch dann verhängt werden, wenn der Täter nur deshalb nicht verurteilt wird, weil seine Schuldunfähigkeit erwiesen oder nicht auszuschließen ist. Daher ist zunächst zu fragen, ob diese formellen Voraussetzungen gegeben sind.

a) Formelle Voraussetzungen

Die dem A zur Last gelegte fahrlässige Tötung in Tateinheit mit fahrlässiger Straßenverkehrsgefährdung gemäß §§ 222, 315c Abs. 1, Abs. 3 StGB ist eine rechtswidrige Tat im Sinne des § 11 Abs. 1 Nr. 5 StGB. Die Verurteilung wegen der rechtswidrigen Tat setzt voraus, dass der Täter schuldig gesprochen wird, unabhängig davon, welche Rechtsfolgen an den Schuldspruch anknüpfen.[48] Für die Tat des A steht die Verurteilung unmittelbar bevor, so dass dieses Erfordernis gegeben ist.

Die Tat ist außerdem beim Führen eines Kraftfahrzeuges und unter Verletzung der Pflichten eines Kraftfahrzeugführers begangen worden. Denn A hat die Tat begangen, als er sich alkoholisiert hinter das Steuer seines Pkw setzte und am öffentlichen Straßenverkehr teilnahm, wobei er sowohl das Überholverbot bei Fußgängerwegen als auch die Geschwindigkeitsbegrenzung missachtete. A hat damit auch gegen spezifische, einen Kraftfahrzeugführer treffende Pflichten verstoßen. Auch diese formelle Voraussetzung kann also bejaht werden.

b) Materielle Voraussetzung: Ungeeignetheit

Für die Frage, ob die Maßregel nach §§ 69, 69a StGB oder die Nebenstrafe nach § 44 StGB beantragt werden soll, kommt es damit maßgeblich darauf an, ob A als ungeeignet zum Führen von Kraftfahrzeugen anzusehen ist. Wenn dies der Fall ist, kommt nur die Entziehung der Fahrerlaubnis in Betracht.

Die Feststellung der Ungeeignetheit setzt eine auf die Tat bezogene Würdigung der Eigenschaften, Fähigkeiten und Verhaltensweisen des Täters voraus, die für die Beurteilung seiner **Gefährlichkeit im Straßenverkehr** bedeutsam sind. Dabei kann der Eignungsmangel geistiger, körperlicher oder charakterlicher Art sein. Erleichtert wird die Prüfung durch § 69 Abs. 2 StGB. Die darin enthaltenen **Regelbeispiele**, bei denen es sich ausschließlich um Straßenverkehrsdelikte handelt, dienen der Vereinheitlichung der Rechtsprechung. Nach Auffassung des Gesetzgebers ist davon auszugehen, dass in den in Absatz 2 genannten Delikten im Re-

---

[47] Eine Übersicht über die Unterschiede findet sich bei *Meier*, Strafrechtliche Sanktionen, 253.
[48] *Lackner/Kühl*, § 69 Rn. 4.

gelfall ein solcher Grad des Versagens und der Verantwortungslosigkeit zum Ausdruck kommt, dass damit zugleich von der mangelnden Eignung zum Führen von Kraftfahrzeugen auszugehen ist, ohne dass es einer weiteren Begründung bedarf; eine umfassende Würdigung der Gesamtpersönlichkeit ist in diesen Fällen entbehrlich.[49] A hat sich der fahrlässigen Tötung in Tateinheit mit fahrlässiger Gefährdung des Straßenverkehrs schuldig gemacht. Da mit § 315c StGB zumindest tateinheitlich eines der Regelbeispiele des § 69 Abs. 2 StGB erfüllt ist, ist die Annahme der Ungeeignetheit des A indiziert.

Umstände, die die gesetzliche Vermutung der Ungeeignetheit widerlegen würden, sind in der Hauptverhandlung nicht zutage getreten. Da es für die Beurteilung der Ungeeignetheit nicht auf den Zeitpunkt der Tat, sondern den der tatrichterlichen Hauptverhandlung ankommt, ist in der Praxis anerkannt, dass die Beurteilung der Eignung auch durch das **Verhalten** des Täters **nach der Tat** beeinflusst werden kann.[50] Dabei ist insbesondere an die (freiwillige) Teilnahme an Nachschulungskursen zur Behandlung alkoholauffälliger Kraftfahrer zu denken. In der Hauptverhandlung ist insoweit jedoch nichts festgestellt worden; festgestellt worden ist lediglich, dass es sich um die erste Auffälligkeit des A handelt – weder das Bundeszentralregister noch das Verkehrsregister weisen Eintragungen auf – und dass ihm das Geschehene zwischenzeitlich überaus leid tut. Beide Gesichtspunkte vermögen die Indizwirkung des § 69 Abs. 2 StGB jedoch nicht zu widerlegen, da sie für sich genommen nicht den Rückschluss zulassen, dass sich Taten wie die geschehene nicht wiederholen werden. Vor allem der Umstand, dass die Tat im Anschluss an eine Kanzleifeier stattfand – ein Ereignis, wie es immer wieder vorkommt –, lässt erkennen, dass es sich nicht um ein einmaliges Fehlverhalten in einer Ausnahmesituation handelte, dessen Wiederholung nicht zu befürchten ist. Trotz der Wirkung des Strafverfahrens auf A und seiner in der Hauptverhandlung zum Ausdruck gekommenen Reue ist deshalb davon auszugehen, dass A zum gegenwärtigen Zeitpunkt zum Führen von Kraftfahrzeugen ungeeignet ist.

c) Zwischenergebnis

Da von der Ungeeignetheit des A zum Führen von Kraftfahrzeugen auszugehen ist, kommt vorliegend nur die Beantragung der Fahrerlaubnisentziehung gemäß §§ 69, 69a StGB in Betracht. Für die Verhängung einer Nebenstrafe nach § 44 StGB ist kein Raum.

d) Sperrfrist, § 69a StGB

Die Entziehung der Fahrerlaubnis bedeutet, dass der Täter die Berechtigung verliert, auf öffentlichen Straßen ein Kraftfahrzeug zu führen (vgl. § 2 Abs. 1 Satz 1 StVG). Die Fahrerlaubnis erlischt mit der Rechtskraft des Urteils, § 69 Abs. 3 Satz 1 StGB. Gemäß § 69 Abs. 3 Satz 2 StGB ist ein von einer deutschen Behörde ausgestellter Führerschein einzuziehen. Dies gilt auch in den Fällen, in

---

[49] LK-*Geppert*, § 69 Rn. 78; MüKo-*Athing*, § 69 Rn. 65; S/S-*Stree*, § 69 Rn. 32.
[50] LK-*Geppert*, § 69 Rn. 94 ff.; MüKo-*Athing*, § 69 Rn. 76 ff.; *Fischer*, § 69 Rn. 46 ff.

denen der Führerschein im Ermittlungsverfahren bereits sichergestellt oder beschlagnahmt worden ist. Die Einziehung des Führerscheins ist ihrer Natur nach weder Strafe noch selbstständige Maßregel, sondern unselbstständige Vollzugsmaßnahme polizeilicher Art, die den Zweck hat, dem Täter die Zuwiderhandlung gegen die Entziehung der Fahrerlaubnis zu erschweren.[51]

Wesentlicher Inhalt des Urteils ist außer der Entziehung der Fahrerlaubnis die Bestimmung der Sperrfrist für die Wiedererteilung der Fahrerlaubnis. Gemäß § 69a Abs. 1 Satz 1 StGB darf die zuständige Verwaltungsbehörde vor dem Ablauf der vom Gericht bestimmten Frist keine neue Fahrerlaubnis erteilen. Maßgeblicher Zeitpunkt für den Beginn der Sperrfrist ist die Rechtskraft des Urteils, § 69a Abs. 5 Satz 1 StGB. Sie endet mit ihrem Ablauf oder bei vorzeitiger Aufhebung der Sperre, vgl. § 69a Abs. 7 StGB. Ob der Täter in Haft ist oder sonst tatsächlich nicht in der Lage, während des Laufs der Sperrfrist Fahrzeuge zu führen, ist unerheblich; die Sperrfrist läuft dennoch.

Der **Grundrahmen** der Sperrfrist ergibt sich aus § 69a Abs. 1 Satz 1 StGB und reicht von 6 Monaten bis zu 5 Jahren. In Ausnahmefällen kann das Höchstmaß auch die lebenslange Sperre sein, § 69a Abs. 1 Satz 2 StGB. Das Mindestmaß der Sperre von 6 Monaten erhöht sich auf ein Jahr, wenn gegen den Täter innerhalb der letzten 3 Jahre vor der Tat bereits einmal eine Sperre angeordnet worden ist, § 69a Abs. 3 StGB. Demgegenüber verkürzt sich das Mindestmaß der Sperre um die Zeit, in der eine vorläufige Entziehung der Fahrerlaubnis nach § 111a StPO wirksam war; es darf jedoch 3 Monate nicht unterschreiten, § 69a Abs. 4 StGB.

So liegt der Fall auch hier. Durch Beschluss des Amtsgerichts R vom 20. August 2007 wurde A die Fahrerlaubnis vorläufig entzogen. Zur Zeit der Hauptverhandlung im November war A daher seit bereits gut zwei Monaten als Kraftfahrzeugführer von der Teilnahme am Straßenverkehr ausgeschlossen. Diese Zeit ist bei der Sperrfristberechnung zu berücksichtigen, so dass das Mindestmaß der Sperre nunmehr noch 4 Monate beträgt. Die Wiederholungstäterklausel des § 69a Abs. 3 SGB ist nicht einschlägig, da gegen A bislang noch keine Sperre verhängt worden ist.

Die Bemessung der Sperrfrist hat sich an den **Kriterien** zu orientieren, die für die Anordnung der Maßregel bestimmend sind. Es kommt allein darauf an, wie lange die Ungeeignetheit voraussichtlich bestehen wird. Als zentrale Gesichtspunkte in die vorzunehmende Gesamtwürdigung einzustellen sind das Maß einer bei der Anlasstat verursachten Verkehrsgefährdung im Zusammenhang mit einer prognostischen Würdigung der Persönlichkeit des Täters, soweit sich hierfür konkrete Anhaltspunkte „aus der Tat" ergeben.[52] Die Praxis verhängt in Fällen wie dem vorliegenden in der Regel eine Sperrfrist von mindestens einem Jahr.[53] Dies erscheint auch hier sachgerecht. Das Maß der verursachten Verkehrsgefährdung ist vorliegend als sehr hoch anzusehen. Der charakterliche Mangel, welcher sich in der Anlasstat offenbart hat, ist gravierend. Auf der anderen Seite hat sich A durch das Geschehen nachhaltig beeindruckt gezeigt. Zudem handelt es sich bei ihm um

---

[51] *Lackner/Kühl*, § 69 Rn. 13.
[52] LK-*Geppert*, § 69a Rn. 16; MüKo-*Athing*, § 69a Rn. 25; *Fischer*, § 69a Rn. 15 ff.
[53] *Schäfer/Sander /van Gemmeren*, Praxis der Strafzumessung, Rn. 953.

einen Ersttäter, bei dem zu erwarten ist, dass schon die erstmalige Verhängung Maßregel nach §§ 69, 69a StGB einen Eindruck hinterlassen wird. Zum gegenwärtigen Zeitpunkt ist deshalb davon auszugehen, dass die Ungeeignetheit zum Führen von Kraftfahrzeugen noch für einen Zeitraum von 10 Monaten fortbestehen wird[54]. Die Zeit, die seit der vorläufigen Entziehung der Fahrerlaubnis am 20. August 2007 verstrichen ist, ist hierin bereits berücksichtigt.

III. Antragsvorschlag

Es wird vorgeschlagen, dass S folgende Anträge stellt:[55]

1. Es wird beantragt, A zu einer Freiheitsstrafe von einem Jahr zu verurteilen.
2. Darüber hinaus wird beantragt,
   - A die Fahrerlaubnis zu entziehen,
   - seinen Führerschein einzuziehen,
   - die Verwaltungsbehörde anzuweisen, vor dem Ablauf einer Sperrfrist von 10 Monaten keine neue Fahrerlaubnis zu erteilen.[56]

---

[54] Im Ausgangsfall ordnete das AG Rostock zunächst eine Sperre von einem Jahr und 9 Monaten an. Die Berufungsinstanz ordnete dann noch eine Sperrfrist von 4 Monaten an.
[55] Der Antragsvorschlag orientiert sich an der Formulierung in der Praxis. Die Formulierung des Antrages am Ende des Plädoyers der Staatsanwaltschaft wiederum orientiert sich an der Formulierung des Tenors im Urteil. Dieser müsste lauten: „Der Angeklagte wird wegen (...) zu einer Freiheitsstrafe von einem Jahr verurteilt. Ihm wird die Fahrerlaubnis entzogen. Sein Führerschein wird eingezogen. Die Verwaltungsbehörde wird angewiesen, vor Ablauf einer Sperrfrist von 10 Monaten keine neue Fahrerlaubnis zu erteilen". – Vgl. hierzu auch *Meyer-Goßner/Appl*, Die Urteile in Strafsachen, Rn. 108; *Wolters/Gubitz*, JuS 1998, 741.
[56] Im Fall der Einrechnung der Zeit, in der die Fahrerlaubnis nach § 111a StPO vorläufig entzogen war (§ 69a Abs. 4 StGB), wird im Urteil nur noch die entsprechend gekürzte Sperrfrist angegeben; LK-*Geppert*, § 69a Rn. 44.

Fall 7 (***)

Eifersucht ist eine Leidenschaft...

Zusammentreffen von Milderungsgründen – erheblich verminderte Schuldfähigkeit und Strafrahmenverschiebung bei Alkoholisierung – Voraussetzungen des Täter-Opfer-Ausgleichs

Sachverhalt

Die Beweisaufnahme vor dem Schwurgericht des Landgerichts E hat Folgendes ergeben[1]:

In der Nacht vom 29. Februar auf den 1. März 2008 traf der 35 Jahre alte Angeklagte A in der Diskothek „M." auf seine ehemalige Lebensgefährtin, die Zeugin Z. Diese hatte sich drei Wochen vor der Tat zum wiederholten Male von A getrennt. Z befand sich in Begleitung des dem A flüchtig bekannten O. Während der insgesamt vier Jahre dauernden Beziehung zwischen A und Z war es immer wieder zu Trennungen und anschließenden Versöhnungen gekommen. Da A sich auch dieses Mal eine Versöhnung erhoffte, sprach er die Z an und forderte sie auf, mit ihm die Diskothek zu verlassen, um über die Beziehung zu sprechen. Allerdings lag der Z nun daran, eine endgültige Trennung herbeizuführen, so dass sie ein Gespräch verweigerte. Als A jedoch nicht nachgab, mischte sich schließlich O in das Gespräch ein und es kam zu einer verbalen Auseinandersetzung zwischen A und O. Schließlich verließ A jedoch die Diskothek und begab sich zu seiner Wohnung.

Zuhause überkam den Angeklagten mit einem Mal eine „ungeheure Wut" auf Z und vor allem auf O, da er diesen für Z´s Weigerung verantwortlich machte, der Beziehung erneut eine Chance zu geben. Daher nahm sich A aus der Küche ein Messer mit einer Klingenlänge von ca. 20 cm und ging, mit diesem Messer bewaffnet, zur Wohnung des O. Dort wartete er auf der gegenüberliegenden Straßenseite, bis O mit einem Taxi erschien. Als O ausstieg, näherte sich ihm der Angeklagte, dessen BAK zu diesem Zeitpunkt 2,43 ‰ betrug. A rief den Namen des O, welcher sich daraufhin zu A umdrehte. Ohne ein weiteres Wort stieß A mit

---

[1] Fall in Anlehnung an BGH NStZ 2005, 97.

dem Messer zu und traf O in den Bauch; in diesem Augenblick hatte A das Verlangen, den O zu töten.

O – durch den Stich verletzt, aber infolge des Schocks noch ohne Schmerzempfinden – bewegte sich rückwärts in Richtung einer Trinkhalle. A verfolgte ihn über 50 Meter und stach weiter auf O ein. Dabei äußerte er: „Z gehört zu mir und Dich stech´ ich ab!" Sekunden danach ließ A jedoch erschrocken von O ab. Dem schwer verletzten O gelang es wegzurennen und über sein Mobiltelefon die Polizei zu verständigen. Die eintreffenden Polizeibeamten fanden den A in der Nähe des Tatortes auf einer Mauerbegrenzung sitzend vor, von wo aus er die Beamten sogar auf sich aufmerksam machte; A war entsetzt über sein eigenes Verhalten, obgleich ihm das Ausmaß der Verletzungen des O zu diesem Zeitpunkt noch gar nicht bekannt war.

O erlitt eine Stichverletzung in den Bauch sowie eine weitere in den Brustbereich. Er konnte nur durch eine Notoperation gerettet werden. Darüber hinaus war noch eine weitere Operation nötig. Er befand sich drei Wochen in stationärer Behandlung im Krankenhaus und anschließend zur Weiterbehandlung in einer Reha-Klinik.

A legte ein umfassendes Geständnis ab. Ernsthaft bemüht, richtete A in der Hauptverhandlung eine Entschuldigung an O, der sich jedoch aufgrund des Erlebten noch nicht in der Lage sah, darauf schon an Ort und Stelle einzugehen. O warf außerdem die Frage auf, warum A nicht bereits eher auf ihn zugekommen sei. Auf Anraten seines Verteidigers hatte A darüber hinaus eine Woche vor der Hauptverhandlung 3.000 Euro, die er sich von seiner Mutter geliehen hatte, auf ein Treuhandkonto des Prozessbevollmächtigten des O – dieser trat als Nebenkläger auf – überwiesen. Die Zahlung sollte als Erstzahlung von Schmerzensgeld verstanden werden. A ist ledig, kinderlos und im Straßenbau tätig. Im Bundeszentralregister finden sich zwei nicht einschlägige Eintragungen mit Verurteilungen zu geringen Geldstrafen.

Aufgabe

Der Vorsitzende der Schwurgerichtskammer bittet Sie, das gegen A zu erlassende Urteil gutachterlich vorzubereiten. Dabei sollen Sie kurz auf die Strafbarkeit des A eingehen und sodann ausführlich zum möglichen Strafmaß Stellung nehmen. Gehen Sie bei der Bearbeitung davon aus, dass bei A zur Zeit der Tat eine alkoholbedingt erheblich verminderte Steuerungsfähigkeit vorlag. Schließen Sie Ihr Gutachten mit einem konkreten Tenorierungsvorschlag. Sollten Sie zu dem Ergebnis kommen, dass die Vollstreckung einer Freiheitsstrafe zur Bewährung ausgesetzt werden soll, so ist auf den erforderlichen Bewährungsbeschluss und seinen Inhalt nicht einzugehen.

Lösung

Ähnlich wie im ersten Fall geht es auch hier wieder um ein schweres Delikt. Selbst wenn man die Strafbarkeit wegen eines versuchten Tötungsdelikts verneint, weil A strafbefreiend zurückgetreten ist, bleibt eine Strafbarkeit wegen gefährlicher Körperverletzung bestehen, wobei die mehrfachen Stiche auf eine hohe Strafe hinzudeuten scheinen. Auf der anderen Seite weist der Sachverhalt auf zwei bedeutsame Milderungsgründe hin, die ebenfalls gewürdigt werden müssen: die erhebliche Alkoholisierung des A bei der Tat und die Wiedergutmachungsbemühungen, die A nach der Tat entfaltet hat. Zu beiden Milderungsgründen gibt es höchstrichterliche Entscheidungen, die einem Bearbeiter bekannt sein sollten: BGHSt 49, 239 zur Berücksichtigung der Alkoholisierung und BGHSt 48, 134 zu den Voraussetzungen des Täter-Opfer-Ausgleichs.

Da sowohl § 21 StGB als auch § 46a StGB auf die Möglichkeit der Strafrahmenverschiebung nach § 49 Abs. 1 StGB verweisen, müssen die wesentlichen Strafzumessungserwägungen bereits im Zusammenhang mit der Entscheidung über den zugrunde zu legenden Strafrahmen und nicht erst bei der Einordnung des Falls in den Strafrahmen angestellt werden. Dabei darf nicht übersehen werden, dass mit Blick auf die beiden genannten Milderungsgründe auch die Annahme eines minder schweren Falls der gefährlichen Körperverletzung nach § 224 Abs. 1, 2. Alt. StGB in Betracht kommt. Damit ist zusätzlich aber auch § 50 StGB zu berücksichtigen, der das Doppelverwertungsverwertungsverbot auf das Zusammentreffen mehrerer Milderungsgründe erstreckt. Die Rechtsprechung hat für das Vorgehen in diesen Fällen eine bestimmte Prüfungsreihenfolge festgelegt, die einem Bearbeiter ebenfalls bekannt sein sollte.

Lehrbuch: Teil 4, Abschnitte 3.1, 3.2 und 4.1.4.8.2, Teil 6, Abschnitte 1 und 2 (S.154-159, 184-186, 336-363)

I. Strafbarkeit des A

1. Strafbarkeit wegen eines versuchten Tötungsdelikts

Zunächst ist zu prüfen, ob eine Strafbarkeit wegen eines versuchten Tötungsdelikts (versuchter Totschlag oder versuchter Mord nach §§ 211, 212 Abs. 1, §§ 22, 23 Abs. 1 StGB) in Betracht kommt. Hiervon sind vorliegend sowohl die Staatsanwaltschaft bei der Anklageerhebung als auch das Schwurgericht bei Prüfung seiner Eröffnungszuständigkeit ausgegangen. Die Zuständigkeit des Schwurgerichts bei Mord und Totschlag ergibt sich aus § 74 Abs. 2 Satz 1 Nr. 4 und 5 GVG.

Einer Strafbarkeit wegen eines versuchten Tötungsdelikts könnte entgegenstehen, dass A von O nach mehreren Stichen abgelassen hat und damit strafbefreiend zurückgetreten ist, § 24 Abs. 1 StGB. Es könnte ein **Rücktritt** vom unbeendeten Versuch vorliegen, § 24 Abs. 1 Satz 1, 1. Alt. StGB.

Der Versuch ist unbeendet, wenn der Täter nach Abschluss der letzten Ausführungshandlung glaubt, noch nicht alles getan zu haben, was zur Verwirklichung des Erfolgseintritts notwendig ist. Beendet ist der Versuch demgegenüber dann, wenn der Täter den Tod des Opfers zu diesem Zeitpunkt aufgrund seines bisherigen Handelns für möglich hält oder sich über die Folgen seines Tuns keine Gedanken macht.[2]

Nach dem Ergebnis der Beweisaufnahme handelte A zunächst mit dem Ziel, O zu töten, als er mit dem Küchenmesser auf diesen einstach. Dies ergibt sich auch aus der Äußerung des A, die Z gehöre zu ihm und er werde den O „abstechen". Allerdings ließ A alsbald – erschrocken über sein eigenes Handeln – von O ab. Zu diesem Zeitpunkt war A das ganze Ausmaß der Verletzungen des O noch nicht bekannt, auch weil dieser noch zur Flucht und zur Verständigung der Polizei in der Lage war. Demnach war aus der Sicht des A noch nicht alles Erforderliche getan, um O zu töten, als er seinen Vorsatz aufgab und von O abließ; der Versuch war unbeendet.

A gab die weitere Ausführung der Tat aus freien Stücken, aufgrund einer eigenen autonomen Entscheidung auf, und nicht etwa deshalb, weil er glaubte, sein Ziel nicht mehr erreichen zu können. Damit ist auch das in allen Fällen des § 24 StGB vorauszusetzende Element der **Freiwilligkeit** gegeben. Für den Rücktritt vom unbeendeten Versuch genügt das bloße Abstandnehmen von der weiteren Tatbestandsverwirklichung; Rettungsbemühungen brauchen nicht entfaltet zu werden. Im Ergebnis sind damit die Voraussetzungen eines strafbefreienden Rücktritts nach § 24 Abs. 1 Satz 1, 1. Alt. StGB erfüllt. Eine Strafbarkeit wegen eines versuchten Tötungsdelikts kommt nicht in Betracht.

Dass eine Strafbarkeit wegen eines versuchten Tötungsdelikts ausscheidet, lässt die Zuständigkeit des Schwurgerichts unberührt.[3] Denn zum einen hat das Schwurgericht, wenn seine Zuständigkeit einmal begründet war, die Tat unter jedem rechtlichen Gesichtspunkt zu würdigen; es bleibt auch dann zuständig, wenn sich der Verdacht eines Verbrechens nach § 74 Abs. 2 GVG nicht erhärtet und nur noch die Verurteilung wegen einer Straftat geringeren Gewichts erfolgt.[4] Zum anderen erklärt § 269 StPO – in Abweichung von § 6 StPO – das Fehlen der sachlichen Zuständigkeit dann für unbeachtlich, wenn das Verfahren vor einem Gericht höherer Ordnung eröffnet worden ist. Die größere sachliche Zuständigkeit schließt die geringere ein; die Verhandlung vor einem Gericht höherer Ordnung benachteiligt den Angeklagten daher nicht.[5] Dies gilt nur dann nicht, wenn die Anklage zum höheren Gericht ohne sachlich zu rechtfertigenden Grund und deshalb willkürlich erfolgte,[6] wofür im vorliegenden Fall jedoch keine Anhaltspunkte ersichtlich sind.

---

[2] BGHSt 31, 170 (176); BGH NStZ 1999, 299 (300); 2005, 331 (332).
[3] Da es sich hierbei um die einzige prozessual relevante Frage handelt, ist es zulässig, diese Frage im Kontext des materiellstrafrechtlichen Gutachtens anzusprechen und keinen eigenständigen prozessualen Gutachtenteil zu eröffnen.
[4] BGH MDR 1977, 810 (811).; LR-*Siolek*, § 74 GVG Rn. 9.
[5] So schon RGSt 62, 265 (271).
[6] BGHSt 38, 212 (213); BGHSt 44, 34 (36).

2. Strafbarkeit wegen gefährlicher Körperverletzung

Zu prüfen ist allerdings, ob eine Strafbarkeit wegen gefährlicher Körperverletzung gemäß § 223 Abs. 1, § 224 Abs. 1 Nr. 2 und 5 StGB in Betracht kommt.

Indem A dem O mit dem mitgeführten Küchenmesser eine Bauchstichwunde und weitere Stiche zufügte, schädigte er dessen Gesundheit in erheblicher Weise. Nur durch eine Notoperation sowie eine weitere Operation konnte O gerettet werden; seine Verletzungen erforderten einen längeren stationären Krankenhausaufenthalt und die Behandlung in einer Reha-Klinik.

Bei dem von A verwendeten Messer handelt es sich um ein **gefährliches Werkzeug** i.S. des § 224 Abs. 1 Nr. 2 StGB. Denn als ein Küchenmesser mit einer ca. 20 cm langen Klinge ist es nach seiner objektiven Beschaffenheit und der Art seiner Benutzung im Einzelfall geeignet, erhebliche Körperverletzungen herbeizuführen.[7] Die dem O durch A zuteil gewordene Behandlung war außerdem geeignet, das Leben des O konkret zu gefährden, so dass auch die Tatvariante des § 224 Abs. 1 Nr. 5 StGB erfüllt ist.

Demgegenüber besteht kein Raum dafür, auch die Tatvariante des § 224 Abs. 1 Nr. 3 StGB anzunehmen. Denn **Hinterlist** im Sinne dieser Vorschrift setzt voraus, dass der Täter planmäßig in einer auf Verdeckung seiner wahren Absicht berechneten Weise vorgeht, um dadurch dem Gegner die Abwehr des nicht erwarteten Angriffs zu erschweren und die Vorbereitung auf seine Verteidigung nach Möglichkeit auszuschließen[8]. Ein solches planmäßig auf Verdeckung ausgerichtetes Verhalten des Angeklagten kann hier nicht angenommen werden, auch wenn er sogleich auf das Tatopfer einstach, nachdem dieses sich auf seinen Zuruf hin gerade erst umgedreht hatte. A hat für seinen Angriff lediglich das Überraschungsmoment ausgenutzt; für die Annahme von Hinterlist im Sinne des § 224 Abs. 1 Nr. 3 StGB genügt dies nicht[9].

Da A vorsätzlich, rechtswidrig und schuldhaft handelte – trotz der erheblichen Alkoholisierung liegen keine Anhaltspunkte für die vollständige Aufhebung der Schuldfähigkeit i.S. des § 20 StGB vor – hat A sich der gefährlichen Körperverletzung gemäß § 223 Abs. 1, § 224 Abs. 1 Nr. 2 und 5 StGB schuldig gemacht[10].

---

[7] BGHSt 3, 105 (109); 14, 152 (154); 30, 375 (377).
[8] BGH NStZ 1992, 490; 2004, 93; BGH NStZ-RR 1996, 101.
[9] S/S-*Stree*, § 224 Rn. 10.
[10] Gegenstand der Urteilsfindung ist die in der Anklageschrift bezeichnete Tat, wie sie sich nach dem Ergebnis der Verhandlung darstellt, § 264 Abs. 1 StPO. Das Gericht ist an die rechtliche Beurteilung der Tat in der Anklage oder im Eröffnungsbeschluss (versuchtes Tötungsdelikt, → oben Text bei Fn. 3) nicht gebunden, § 264 Abs. 2 StPO. Um den Angeklagten vor Überraschungen zu schützen und seine umfassende Verteidigung zu sichern, obliegt dem Gericht jedoch gemäß § 265 StPO die Pflicht, den Angeklagten auf Änderungen rechtlicher Gesichtspunkte (dass auch lediglich eine Verurteilung wegen vollendeter gefährlicher Körperverletzung in Betracht kommt) hinzuweisen. Dies gilt auch dann, wenn die Änderung den Anklagten begünstigt, da er seine Verteidigung auch auf eine neue, ihn begünstigende Situation einstellen muss (*Meyer-Goßner*, § 265 Rn. 9). Ein solcher Hinweis müsste hier vor der Urteilsverkündung erfolgen, da darauf

Ob und inwieweit aufgrund der Alkoholisierung eine erheblich verminderte Schuldfähigkeit im Sinne des § 21 StGB vorlag, ist erst im Rahmen der Strafzumessung zu klären. Obwohl A mehrfach auf O eingestochen hat, hat er sich nur einmal nach § 223 Abs. 1, § 224 Abs. 1 Nr. 2 und 5 StGB strafbar gemacht.[11]

II. Gutachten zum Strafmaß

1. Strafrahmen

a) Regelstrafrahmen

Die einfache und die gefährliche Körperverletzung stehen im Verhältnis der Gesetzeskonkurrenz zueinander. § 224 Abs. 1 StGB ist der Qualifikationstatbestand; die Strafbarkeit gem. § 223 Abs. 1 StGB tritt dahinter zurück. Für die Strafrahmenbildung gelten bei Gesetzeskonkurrenz dieselben Grundsätze wie bei der Idealkonkurrenz;[12] dabei ist der Strafrahmen dem Tatbestand zu entnehmen, der bei Anwendung der Konkurrenzregeln bestehen bleibt. Maßgeblich für die Strafrahmenbildung ist vorliegend also der Tatbestand der gefährlichen Körperverletzung, § 224 Abs. 1 StGB.

Seit dem Inkrafttreten des 6. StrRG[13] ist die Strafandrohung für den Qualifikationstatbestand der gefährlichen Körperverletzung im Regelstrafrahmen deutlich erhöht; dieser beträgt Freiheitsstrafe von 6 Monaten bis zu 10 Jahren (§ 224 Abs. 1, 1. Alt. StGB). Der frühere Regelstrafrahmen – Freiheitsstrafe von 3 Monaten bis zu 5 Jahren – ist aber weiterhin für minder schwere Fälle vorgesehen (§ 224 Abs. 1, 2. Alt. StGB). Liegt ein solcher minder schwerer Fall der gefährlichen Körperverletzung vor, kann unter den Voraussetzungen des § 47 Abs. 2 StGB sogar eine Geldstrafe verhängt werden, die im Mindestmaß 90 Tagessätze betragen muss.[14]

b) Anwendung eines Sonderstrafrahmens

Zu prüfen ist jedoch, ob vorliegend überhaupt von dem gesetzlichen Regelstrafrahmen des § 224 Abs. 1 StGB auszugehen ist. Da A zur Tatzeit eine BAK von 2,43 ‰ aufwies, kommt zum einen das Vorliegen eines unbenannten minder schweren Falles in Betracht (aa). Zum anderen ist an eine fakultative Strafrahmenmilderung gemäß §§ 21, 49 Abs. 1 StGB zu denken (bb). Aufgrund der Entschuldigung des A in der Hauptverhandlung und der geleisteten Zahlung eines

---

hinzuweisen ist, dass auch die Verurteilung nach einem milderen Gesetz in Betracht kommt.
[11] Vgl. MüKo-*v. Heintschel-Heinegg*, § 52 Rn. 54 ff.
[12] *Schäfer/Sander/van Gemmeren*, Praxis der Strafzumessung, Rn. 504.
[13] 6. Strafrechtsreformgesetz vom 26. Januar 1998, BGBl. I, 164.
[14] *Fischer*, § 224 Rn. 15; § 47 Rn. 12 ff.

Geldbetrages in Höhe von 3.000 Euro ist schließlich auch die Möglichkeit einer – ggf. weiteren – Strafrahmenmilderung nach §§ 46a, 49 Abs. 1 StGB zu erörtern (cc).

aa) Minder schwerer Fall der gefährlichen Körperverletzung, § 224 Abs. 1, 2. Alt. StGB

Aus dem Gesetz ergibt sich nicht, unter welchen Voraussetzungen ein minder schwerer Fall der gefährlichen Körperverletzung vorliegen soll; es handelt sich – anders als etwa in § 213 StGB – um einen „unbenannten" minder schweren Fall. Mit dem BGH ist ein **minder schwerer Fall** dann anzunehmen, wenn das gesamte Tatbild einschließlich aller subjektiven Momente und der Täterpersönlichkeit vom Durchschnitt der erfahrungsgemäß gewöhnlich vorkommenden Fälle in so erheblichem Maß abweicht, dass die Anwendung des Ausnahmestrafrahmens geboten erscheint[15]. Für die Prüfung ist nach der Rechtsprechung eine Gesamtbetrachtung erforderlich, bei der alle Umstände heranzuziehen und zu würdigen sind, die für die Wertung der Tat und des Täters in Betracht kommen; dabei soll es keine Rolle spielen, ob diese Umstände der Tat selbst innewohnen, sie begleiten, ihr vorausgehen oder nachfolgen.[16]

Besonderheiten gelten, wenn bei der Prüfung eines minder schweren Falls allgemeine Strafmilderungsgründe mit gesetzlich vertypten Strafmilderungsgründen zusammentreffen, bei denen der Strafrahmen nach § 49 Abs. 1 StGB gemildert werden kann oder muss.[17] In diesem Fall kommen u.U. **drei ganz unterschiedliche Sonderstrafrahmen** in Betracht: der minder schwere Fall (bei § 224 StGB also 3 Monate bis 5 Jahre Freiheitsstrafe), der nach § 49 b Abs. 1 StGB gemilderte Regelstrafrahmen (1 Monat bis 7 Jahre 6 Monate Freiheitsstrafe) oder der nach § 49 Abs. 1 StGB gemilderte Sonderstrafrahmen des minder schweren Falls (1 Monat bis 3 Jahre 9 Monate Freiheitsstrafe). Bei der Entscheidung ist das Doppelverwertungsverbot des § 50 StGB zu berücksichtigen: Umstände, die die Annahme eines minder schweren Falls begründen, dürfen nicht noch einmal zur Strafrahmenmilderung nach § 49 Abs. 1 StGB herangezogen werden.[18]

Nach der Rechtsprechung ergibt sich hieraus in Fällen wie dem vorliegenden eine vom Tatrichter einzuhaltende **Prüfungsreihenfolge**: Zunächst ist zu prüfen, ob ein minder schwerer Fall aufgrund allgemeiner Milderungsgründe gegeben ist. Lässt sich ein minder schwerer Fall nicht mit allgemeinen Strafmilderungsgründen begründen, so ist in einem zweiten Schritt zu prüfen, ob das Hinzutreten eines besonderen, gesetzlich vertypten Milderungsgrunds, der auf die Strafrahmenverschiebung nach § 49 StGB verweist, die Tat als minder schweren Fall erscheinen lässt. Die Bedeutung dieser abgestuften Prüfungsreihenfolge liegt darin, dass der

---

[15] BGH NStZ 1985, 547; BGH NStZ-RR 2004, 80; S/S-*Stree*, Vorbem §§ 38 ff. Rn. 48.
[16] BGHSt 4, 8 (9); 26, 97 (98 f.); Fischer, § 46 Rn. 85; *Schäfer/Sander/van Gemmeren*, Praxis der Strafzumessung, Rn. 576 ff.; krit. *Meier*, Strafrechtliche Sanktionen, 155 f.
[17] So wie im vorliegenden Fall § 21 und § 46a StGB, die beide auf die Strafrahmenmilderung nach § 49 Abs. 1 StGB verweisen.
[18] *Meier*, Strafrechtliche Sanktionen, 158 f.

gesetzlich vertypte Milderungsgrund dann noch nicht gemäß § 50 StGB für die Strafzumessung „verbraucht" ist, wenn bereits die allgemeinen, nicht vertypten Milderungsgründe einen minder schweren Fall begründen; das Gericht ist daher in diesem Fall in der Lage, ohne Verstoß gegen das Doppelverwertungsverbot des § 50 StGB zu dem dritten der genannten Sonderstrafrahmen (also zu dem nach § 49 Abs. 1 StGB gemilderten Strafrahmen des minder schweren Falls) zu gelangen, der für den Täter am günstigsten ist.[19] Selbst wenn die Voraussetzungen eines gesetzlich vertypten Milderungsgrundes vorliegen, braucht das Tatgericht allerdings nicht zwingend von einem minder schweren Fall auszugehen, sondern kann sich auch für die Anwendung des nach § 49 StGB gemilderten Strafrahmens entscheiden, wenn es diesen zur Ahndung des Unrechts für besser geeignet hält.[20] Die Entscheidung über den zugrunde zu legenden Strafrahmen hat das Tatgericht dabei wiederum aufgrund einer Gesamtwürdigung aller maßgeblichen Umstände zu treffen.

(1) Minder schwerer Fall aufgrund allgemeiner Milderungsgründe

Zunächst ist also zu prüfen, ob allgemeine Milderungsgründe die Annahme eines minder schweren Falles begründen. Als allgemeine Milderungsgründe kommen in der Regel ein geringer Schaden, eine geringe Intensität des Täterwillens (geringe kriminelle Energie) und eine geringe Gefährlichkeit der eingesetzten Mittel als tatbezogene Gründe sowie jugendliches Alter, Reue oder ein Geständnis als täterbezogene Milderungsgründe in Betracht.[21]

Im vorliegenden Fall ergeben sich nur aus dem Nachtatverhalten des A allgemeine Milderungsgründe. A ist nicht geflohen und hat ein umfassendes Geständnis abgelegt. Schon gleich nach der Tat hat er sein Handeln bereut und sich über sein Verhalten entsetzt gezeigt. Diesen vergleichsweise geringen allgemeinen strafmildernden Umständen stehen vielfältige Gesichtspunkte gegenüber, die A belasten. Die dem O zugefügten Verletzungen waren schwerwiegend, der dem Opfer entstandene Schaden an seiner körperlichen Unversehrtheit erheblich. A hat mehrfach auf O eingestochen und ihn lebensgefährlich verletzt. Hinzu kommt, dass A nicht nur mit Verletzungs-, sondern sogar mit Tötungsvorsatz gegen O vorging, und dabei aus eigensüchtigem „Besitzstreben" in Bezug auf Z handelte und O als Nebenbuhler zu beseitigen trachtete. In der Gegenüberstellung kommt diesen Gesichtspunkten, die die Tat eher in einem schweren Licht erscheinen lassen, erhebliches Gewicht zu. Nach dem Gesamtbild von Tat und Täter kann deshalb allein mit Blick auf die allgemeinen, im positiven Nachtatverhalten wurzelnden Milderungsgründe kein minder schwerer Fall der gefährlichen Körperverletzung, der das Geschehen vom Durchschnitt der gewöhnlich vorkommenden Fälle heraushebt, angenommen werden.

---

[19] *Fischer*, § 50 Rn. 3 f.; MüKo-*Franke*, § 50 Rn. 7.
[20] BGH NStZ 1999, 610.
[21] *Schäfer/Sander/v. Gemmeren*, Praxis der Strafzumessung, Rn. 586 f.

(2) Minder schwerer Fall mit Blick auf die Alkoholisierung

Die Annahme eines minder schweren Falles könnte aber darauf zu stützen sein, dass der vertypte Milderungsgrund des § 21 i.V. mit § 49 Abs. 1 StGB zu den allgemeinen Milderungsgründen hinzutritt. Dazu müssten die Voraussetzungen des § 21 StGB vorliegen. Erforderlich ist eine Minderung der Einsichts- oder Steuerungsfähigkeit des Täters zur Zeit der Tat, die im vorliegenden Fall aus der Alkoholisierung des A – einer Intoxikationspsychose und damit einer „krankhaften seelischen Störung" i.S. der §§ 20, 21 StGB – resultieren könnte.

Bei der Beurteilung der verminderten Schuldfähigkeit dürfen die vom Gericht festgestellten BAK-Werte wegen der ganz unterschiedlichen Auswirkungen auf Personen und in verschiedenen Tatsituationen nicht schematisch auf die Voraussetzungen der §§ 20 und 21 StGB übertragen werden. Entscheidend ist eine **Gesamtbewertung** des Tatgeschehens und der Persönlichkeitsverfassung des Täters vor, während und nach der Tat sowie seiner Alkoholgewöhnung.[22] Außer der Trinkdauer und Trinkgeschwindigkeit kann eine Vielzahl weiterer psychodiagnostischer Gesichtspunkte wie die Bewusstseinslage des Täters, seine Zielorientierung, seine Stimmung und die Fähigkeit zur realitätsangepassten Verhaltenssteuerung Relevanz erlangen.[23] Allerdings hat die Rechtsprechung für die Bedeutung der BAK im Hinblick auf die Schuldfähigkeit Faustregeln entwickelt. BAK-Werte ab 2,0 ‰ deuten, ohne dass insoweit ein medizinisch-statistischer Erfahrungssatz besteht, auf eine erheblich verminderte Schuldfähigkeit im Sinne des § 21 StGB hin[24]. Diesen Werten kommt eine indizielle Wirkung zu.

Nach der Aufgabenstellung ist vorliegend davon auszugehen, dass die Steuerungsfähigkeit des A aufgrund der Tatzeit-BAK von 2,43 ‰ erheblich vermindert war. Die Voraussetzungen des § 21 StGB sind als gegeben zu unterstellen.

Damit stellt sich die Frage, ob sich aus dem Zusammentreffen der genannten allgemeinen Milderungsgründe mit dem gesetzlich vertypten Milderungsgrund des § 21 StGB ein minder schwerer Fall der gefährlichen Körperverletzung nach § 224 Abs. 1, 2. Alt. StGB begründen lässt. Hierfür kommt es maßgeblich darauf an, ob das Gesamtbild der Tat vom Durchschnitt der erfahrungsgemäß gewöhnlich vorkommenden Fälle in einem Maß abweicht, dass die Anwendung des Ausnahmestrafrahmens geboten erscheint (s.o.). Dies dürfte im Ergebnis zu verneinen sein. Auch wenn das positive Nachtatverhalten zusammen mit dem Umstand in den Blick genommen wird, dass A zur Tatzeit stark alkoholisiert und damit erheblich vermindert steuerungsfähig war, stehen diesen schuldmildernden Umständen eine Vielzahl von schulderhöhenden Umständen gegenüber (Schwere der Verletzungen, hohe Intensität des Täterwillens, eigensüchtige Motive zur Tat). In der Gesamtbetrachtung wird das Tatbild nicht durch die mildernden Umstände geprägt. Die Anwendung des Ausnahmestrafrahmens des minder schweren Falls erscheint weder geboten noch naheliegend. Es erscheint vielmehr umgekehrt sachgerechter,

---

[22] BGHSt 43, 66 (69).
[23] *Foerster*, in: *Foerster/Dreßing* (Hrsg.), Psychiatrische Begutachtung, 242 ff.
[24] BGHSt 43, 66 (71 ff.); *Fischer*, § 20 Rn. 23; MüKo-*Streng*, § 20 Rn. 68 ff.; *Schäfer/Sander/van Gemmeren*, Praxis der Strafzumessung, Rn. 526 ff.

eine Milderung nach §§ 21, 49 Abs. 1 StGB in Betracht zu ziehen, als vom Vorliegen eines minder schweren Falles auszugehen. Der gemilderte Strafrahmen ist nach den zugrunde zu legenden Gesamtumständen besser geeignet, das durch A begangene Unrecht zu ahnden. Da er außerdem im Mindestmaß unterhalb des Strafrahmens des minder schweren Falles liegt (1 Monat statt 3 Monate Freiheitsstrafe), ist er zumindest diesbezüglich für A auch günstiger.[25]

(3) Minder schwerer Fall mit Blick auf die Wiedergutmachungsbemühungen

Das Gleiche gilt, wenn man zusätzlich die von A nach der Tat entfalteten Bemühungen um Wiedergutmachung in die Betrachtung einbezieht. Unabhängig davon, ob sich die Bemühungen als Täter-Opfer-Ausgleich i.S. des § 46a Nr. 1 StGB oder als Schadenswiedergutmachung i.S. des § 46a Nr. 2 StGB einordnen lassen (dazu → unten cc.), verleihen sie der Tat auch in Kombination mit dem weiteren positiven Nachtatverhalten des A, namentlich dem Geständnis, und seiner erheblichen Alkoholisierung kein derart positives Gepräge, dass die Tat in ihrer Gesamtheit als minder schwerer Fall eingeordnet werden müsste. Auch den Wiedergutmachungsbemühungen kann mit der Strafrahmenmilderung nach §§ 46a, 49 Abs. 1 StGB angemessen Rechnung getragen werden. Zwischenergebnis: Der Ausnahmestrafrahmen des minder schweren Fall der gefährlichen Körperverletzung nach § 224 Abs. 1, 2. Alt. StGB ist abzulehnen.

bb) Strafrahmenmilderung gemäß §§ 21, 49 Abs. 1 StGB

Damit ist nunmehr zu entscheiden, ob die mit Blick auf die starke Alkoholisierung des A mögliche Strafrahmenverschiebung nach §§ 21, 49 Abs. 1 StGB zu gewähren ist. Vom Vorliegen der Voraussetzungen des § 21 StGB ist nach der Aufgabenstellung auszugehen. Ob die Strafrahmenmilderung gewährt wird oder nicht, steht nach § 21 StGB im Ermessen des Gerichts („kann").

Nach der Rechtsprechung des BGH ist an dieser Stelle ebenfalls eine **Gesamtwürdigung** aller Tatumstände und der Täterpersönlichkeit vorzunehmen. Bei dieser Abwägung kommt dem Maß der Schuldmilderung, das sich aus dem jeweiligen Milderungsgrund ergibt, besonderes Gewicht zu, so dass der vertypte Milderungsgrund regelmäßig geringere Schuld indiziert und die Strafmilderung nur dann abgelehnt werden darf, wenn auf der anderen Seite **erschwerende Umstände** ins Gewicht fallen.[26] Eine alkoholbedingte Einschränkung der Schuldfähigkeit wirkt nach der Rechtsprechung dann nicht schuld- und damit strafmildernd, wenn der Täter bei Trinkbeginn *die Begehung von Straftaten vorhergesehen* hat oder hätte vorhersehen können. Ein Indiz hierfür soll darin zu sehen sein, dass der Täter aufgrund früherer Erfahrungen weiß, dass er nach Alkoholkonsum zur Begehung ähnlich gelagerter Straftaten neigt. Eine Strafmilderung soll ferner dann versagt werden, wenn sich der Täter *leichtfertig in eine Situation hineinbegeben* hat, in der bei erheblicher Alkoholisierung die naheliegende Gefahr der Begehung von Straf-

---

[25] Davon dürfte auch das Landgericht E im Ausgangsfall ausgegangen sein.
[26] BGHSt 34, 29 (33); 43, 66 (78); 49, 239 (241 f.).

taten besteht. Als Beispiele hierfür werden das Hineinbegeben in emotional aufgeladene Krisensituationen, das Trinken in Gruppen und das Trinken trotz übernommener Fahrbereitschaft genannt. Einen dritten Ausschlussgrund bilden diejenigen Fälle, in denen die Möglichkeit einer Strafmilderung nach den Grundsätzen der *actio libera in causa* nicht in Betracht kommt, weil sich die Vorstellung des Täters schon in nicht berauschtem Zustand auf die Begehung einer bestimmten Tat gerichtet hat. Schließlich soll die Strafmilderung zum Vierten auch durch andere, nicht unmittelbar mit der Berauschung verbundene Umstände ausgeschlossen werden können, wenn und soweit die Gesamtwürdigung aller schuldmindernden und schulderhöhenden Umstände ergibt, dass die *Strafrahmenmilderung nicht angemessen* ist; als Beispiele nennt der BGH insoweit eine Mehrzahl von Geschädigten, mitverwirklichte Straftatbestände, erschwerende Umstände der Tatausführung oder andere Tatmodalitäten.[27]

Überträgt man diese Grundsätze auf den vorliegenden Fall, ist zunächst festzustellen, dass Anhaltspunkte dafür, dass A unter Alkoholeinfluss zur Begehung von Gewalttaten neigte und er von dieser Neigung Kenntnis hatte, nicht vorliegen. Zwar war es in der Beziehung zu Z wiederholt zu Trennungen und anschließenden Versöhnungen gekommen; dass es in diesem Zusammenhang zu Straftaten, namentlich Gewalttaten gekommen wäre, hat das Gericht jedoch nicht feststellt. Auch waren die Vorstrafen des A nicht einschlägig und boten A keinen Grund zu der Annahme, dass er unter Alkoholeinfluss Straftaten gegenüber O begehen könnte. Fraglich könnte zwar sein, ob sich A nicht leichtfertig in eine Situation begeben hat, in der die Begehung von Gewalttaten vorhersehbar war, als er sich mit einem Messer bewaffnet zur Wohnung des O begab. Zu seinen Gunsten ist jedoch davon auszugehen, dass sich die Krise, in der Z das Gespräch verweigerte, O sich einmischte und A sich nach Hause zurückzog, wo ihn die Wut auf O überkam, erst entwickelte, nachdem A bereits erheblich alkoholisiert war; das Gericht hat jedenfalls keine Feststellungen dazu getroffen, dass A noch während der Krise weiter Alkohol zu sich genommen hätte. Da A auch nicht vorhersehen konnte, dass Z diesmal nicht zu ihm zurückkehren und das Gespräch mit ihm verweigern würde – zuvor hatte es immer wieder Versöhnungen gegeben –, liegen im Ergebnis keine Umstände vor, die A im Zusammenhang mit dem Alkoholkonsum zum Vorwurf gemacht werden könnten.

Die Strafmilderung könnte im vorliegenden Fall allenfalls unter dem Gesichtspunkt versagt werden, dass die erhebliche Einschränkung der Schuldfähigkeit durch andere, nicht unmittelbar mit der Berauschung verbundene Umstände wieder aufgewogen wird. Hierfür kommt den schulderhöhenden Umständen des Falls (Schwere der Verletzungen, hohe Intensität des Täterwillens, eigensüchtige Motive zur Tat) jedoch nicht genügend Gewicht zu. Zwar kann der Fall insgesamt nicht als ein minder schwerer Fall eingestuft werden, der sich vom Durchschnitt der gewöhnlich vorkommenden Fälle erheblich unterscheidet (→ oben aa.). Dies bedeutet jedoch nicht, dass zwingend auch die Strafmilderung nach § 49 Abs.1 StGB versagt werden müsste; beide rechtlichen Einordnungen sind vonein-

---

[27] BGHSt 49, 239 (242 ff.); *Schäfer/Sander/van Gemmeren*, Praxis der Strafzumessung, Rn. 540 f.

ander unabhängig. Der Entwicklung der Tat, die wesentlich durch die alkoholbedingte Enthemmung des A geprägt wird, kann nur dann angemessen Rechnung getragen werden, wenn die Strafmilderung nicht versagt wird.

Danach wäre im vorliegenden Fall von dem nach §§ 21, 49 Abs. 1 StGB gemilderten Strafrahmen – Freiheitsstrafe von 1 Monat bis zu 7 Jahren und 6 Monaten – auszugehen.

cc) Nochmalige Strafrahmenmilderung nach §§ 46a, 49 Abs. 1 StGB

Da sich A bei O entschuldigte und noch vor dem Beginn der Hauptverhandlung 3.000 Euro an ihn überwies, bleibt zu prüfen, ob die Voraussetzungen des § 46a StGB gegeben sind und damit eine nochmalige Strafrahmenverschiebung nach §§ 46a, 49 Abs. 1 StGB vorzunehmen ist. Der Strafrahmen würde sich in diesem Fall im Höchstmaß erneut auf ¾ reduzieren, also von 7 Jahren und 6 Monaten auf 5 Jahre und 7 Monate.[28] § 50 StGB steht dem nicht entgegen, da sich das daraus ergebende Doppelverwertungsverbot nicht auf das Zusammentreffen mehrerer gesetzlich vertypter Milderungsgründe bezieht[29].

(1) Anwendungsbereich des § 46a StGB

Auf Taten, bei denen Gewalt gegen eine Person angewendet wurde, kommt eine Anwendung des § 46a StGB in der Regel nur nach Nr. 1 in Betracht, die vor allem auf den Ausgleich immaterieller Schäden, die auch einen Anspruch auf Schmerzensgeld umfassen, gerichtet ist. Dagegen soll § 46a Nr. 2 StGB nach der Rechtsprechung in erster Linie für materiellen Schadensersatz bei Vermögensdelikten vorgesehen sein.[30] Diese Auslegung der Anwendungsbereiche ist mit dem Wortlaut und dem Willen des Gesetzgebers vereinbar und von Verfassungs wegen nicht zu beanstanden[31]. Im Übrigen ist § 46a StGB aber nicht auf bestimmte Delikte oder Deliktsgruppen beschränkt.

Im Zentrum des § 46a Nr. 1 StGB stehen die Begriffe „Täter-Opfer-Ausgleich" und „Wiedergutmachung". Der Begriff des **Täter-Opfer-Ausgleichs** steht für die Auseinandersetzung zwischen denjenigen Personen, die an der Straftat unmittelbar beteiligt waren, und die Bereinigung des der Tat zugrundeliegenden oder durch sie entstandenen Konflikts; maßgeblich geht es hier vor allem um die personale Kommunikation. Der Begriff der **Wiedergutmachung** knüpft demgegenüber an die vom Täter erwarteten Handlungen an und bezeichnet den freiwilligen Aus-

---

[28] Der an sich errechnete Wert (5 Jahre 7 ½ Monate) wird mit Blick auf § 39 StGB zugunsten des Täters abgerundet, vgl. *Fischer*, § 49 Rn. 4; *Schäfer/Sander/van Gemmeren*, Praxis der Strafzumessung, Rn. 506.
[29] *Fischer*, § 50 Rn. 7.
[30] BGH NStZ 1995, 492; 2002, 364 (365).
[31] BT-Drucks. 12/ 6853, 21 f.; BVerfG NJW 2003, 740; krit. HK-GS/*Rössner/Kempfer*, § 46a Rn. 21; *Meier*, Strafrechtliche Sanktionen, 340 f.

gleich der Folgen der Tat durch sozial-konstruktive Leistungen zugunsten des Verletzten.[32]

(2) Voraussetzungen des § 46a Nr. 1 StGB

Die im Rahmen der Hauptverhandlung vorgebrachte Entschuldigung des A sowie die noch vor Prozessbeginn an O erbrachte Geldzahlung müssten dementsprechend die Voraussetzungen des § 46a Nr. 1 StGB erfüllen.
Nach § 46a Nr. 1 StGB braucht es, um die Strafmilderung nach § 49 Abs. 1 StGB auszulösen, nicht zwingend zu einem erfolgreichen Ausgleich mit dem Verletzten in dem Sinne zu kommen, dass die materiellen und immateriellen Folgen der Tat ganz oder zum überwiegenden Teil wieder ausgeglichen werden; vielmehr kann für die Strafmilderung schon das ernsthafte Bemühen des Täters um Wiedergutmachung genügen. Nach der gesetzgeberischen Intention und ständiger Rechtsprechung setzt die Anwendung des § 46a Nr. 1 StGB jedoch einen **kommunikativen Prozess** zwischen Täter und Opfer voraus, der auf einen umfassenden, friedensstiftenden Ausgleich der durch die Straftat verursachten Folgen angelegt sein muss.[33] Ein Wiedergutmachungserfolg wird zwar nicht vorausgesetzt, einseitiges Wiedergutmachungsbestreben des Täters ohne den Versuch der Einbeziehung des Opfers genügt aber nicht. Denn in der Regel ist es erforderlich, dass der Täter sich gegenüber dem Opfer zu seiner Schuld bekennt und das Opfer die Leistungen des Täters als friedensstiftenden Ausgleich akzeptiert.
A hat sich sowohl durch sein umfassendes Geständnis als auch durch die ernsthaft vorgetragene Entschuldigung zu seiner Tat bekannt. Es ist davon auszugehen, dass ihm wahrhaftig an einer Aussöhnung mit O gelegen ist. Allerdings sah sich dieser aufgrund des Erlebten nicht in der Lage, auf diese Entschuldigung sogleich einzugehen oder sie anzunehmen. Außerdem erschien O die erst in der Hauptverhandlung vorgebrachte Entschuldigung verspätet. In Anbetracht der erheblichen Verletzungen des O und der mit der Tat verbundenen psychischen Belastungen ist dieses Zögern des O auch nachvollziehbar, zumal sich A vor Prozessbeginn nicht darum bemüht hat, in einen konfliktlösenden Kommunikationsprozess mit O einzutreten; die Entschuldigung erfolgte erst in der Hauptverhandlung.
Die von A gezahlten 3.000 Euro will dieser als Erstzahlung von Schmerzensgeld verstanden wissen. Grundsätzlich fällt auch die **Erfüllung von Schmerzensgeldansprüchen** unter § 46a Nr. 1 StGB, sie allein genügt jedoch nicht, um die durch § 46a StGB eröffnete Strafrahmenmilderung zu rechtfertigen[34]. Dies muss im vorliegenden Fall umso mehr gelten, als die Zahlung von 3.000 Euro angesichts der Schwere der Verletzungen und der Folgen der Tat für O dessen berechtigten Ansprüchen nicht gerecht wird und diese Art der Wiedergutmachung schon deshalb eine friedensstiftende Wirkung, wie sie § 46a StGB voraussetzt, nicht

---

[32] HK-GS/*Rössner/Kempfer*, § 46a Rn. 5; *Meier*, Strafrechtliche Sanktionen, 341 f.
[33] BGHSt 48, 134 (142 f.); BGH NStZ 2006, 275 (276); ZJJ 2006, 321.
[34] BGH StV 2000, 128.

entfalten kann³⁵. Denn Ausgleichsbemühungen im Sinne von Nr. 1 müssen über eine nach § 46 StGB ohnehin strafmildernde Initiative hinausgehen³⁶. Die Erfüllung der über den bisher gezahlten Betrag hinausgehenden weiteren Schmerzensgeldverpflichtungen ist keinesfalls sicher, da A schon die gezahlten 3.000 Euro von seiner Mutter borgen musste. Zwar will er die Zahlung nur als Erstzahlung verstanden wissen; Angaben oder Vereinbarungen über weitere Zahlungen wurden jedoch nicht gemacht bzw. getroffen oder seitens des A angeregt. Auch hier hat im Übrigen kein kommunikativer Prozess zwischen A und O stattgefunden. Die Zahlung erfolgte nicht an O direkt, sondern an dessen Prozessbevollmächtigten.

Demzufolge sind die Voraussetzungen des hier maßgeblichen § 46a Nr. 1 StGB nicht erfüllt, so dass eine nochmalige fakultative Strafrahmenmilderung nach § 46a Nr. 1, § 49 Abs. 1 StGB nicht in Betracht kommt. Wenn die auf Wiedergutmachung gerichteten Leistungen des A auch nicht für die Annahme des § 46a StGB genügen, so können und müssen sie aber im Rahmen des § 46 Abs. 2 Satz 2 StGB als allgemeine Strafmilderungsgründe in Ansatz gebracht werden (→ unten 2.).

dd) Ergebnis

Bei der Strafzumessung ist von dem lediglich einfach nach §§ 21, 49 Abs. 1 StGB gemilderten Strafrahmen auszugehen, welcher Freiheitsstrafe von einem Monat bis zu 7 Jahren und 6 Monaten vorsieht.

2. Schuldrahmen

Innerhalb dieses Strafrahmens ist nunmehr ausgehend von der Spielraumtheorie des BGH der Schuldrahmen festzulegen, der nach unten durch die schon angemessene und nach oben durch die noch angemessene Strafe begrenzt wird (vgl. hierzu bereits → oben Fall 1).

§§ 223 ff. StGB schützen die körperliche Integrität und die Gesundheit. Wesentlich für die Bestimmung der Strafzumessungsschuld sind zunächst die **Art und** das **Ausmaß der Verletzungen** dieser Rechtsgüter. Die Verletzungen sind im vorliegenden Fall als schwerwiegend anzusehen. O erlitt zwei lebensbedrohliche Stichverletzungen und konnte nur durch eine Notoperation gerettet werden. Die Behandlung war langwierig und erforderte noch eine weitere Operation. Daneben wurde in der Hauptverhandlung deutlich, dass O nicht nur körperlich, sondern auch psychisch noch immer unter der Tat und ihren Folgen zu leiden hat.

Auch der **Handlungsunwert** der Tat ist erheblich. Die Tat war Ausdruck eines gegenüber Z empfundenen „Anspruchsdenkens", das durch die tatsächlichen Verhältnisse nicht mehr gerechtfertigt war; Z hatte sich bereits drei Wochen zuvor von A getrennt und betrachtete die Trennung als endgültig. A wollte dies nicht akzeptieren; er handelte er aus egoistischen Gründen und legte ein erhebliches

---

[35] So auch der BGH im Ausgangsfall, vgl. BGH v. 9.9.2004, 4 StR 199/04.
[36] BGH NJW 2002, 3264 (3265).

Maß an Skrupellosigkeit an den Tag, als er dem O zuhause auflauerte und ihn unter Ausnutzung des Überraschungsmoments angriff. Das Vorgehen des A war dabei nicht etwa durch einen spontanen Entschluss unmittelbar im Anschluss an die Auseinandersetzung in der Diskothek gekennzeichnet. A fasste vielmehr den Tatentschluss bereits einige Zeit vor der Tat, da er sich von seiner Wohnung aus auf den Weg machte, um O vor dessen Wohnung zu erwarten; zu diesem Zeitpunkt handelte A sogar noch mit Tötungsvorsatz. Dass A zur Zeit der Tat erheblich alkoholisiert war, ist bereits bei der Strafrahmenwahl berücksichtigt worden (→ oben 1. b. bb.) und vermag an dieser Stelle keine Bedeutung mehr zu entfalten[37].

Aus dem Vorleben des Täters, namentlich den Vorstrafen des A, kann vorliegend keine strafschärfende Wirkung entnommen werden, da die im Bundeszentralregisterauszug zu finden Eintragungen nicht einschlägiger Natur sind[38].

Entlastend sind demgegenüber sowohl das Geständnis als auch das positive Nachtatverhalten des A zu berücksichtigen. Die **Ausgleichsbemühungen** des A und die **Überweisung** der 3000 Euro auf das Treuhandkonto des Prozessbevollmächtigten des O wirken sich schuldmindernd aus, auch wenn sie nicht die Voraussetzungen des § 46a StGB erfüllen. Sie sind als ernsthaft und aufrichtig anzusehen und lassen erkennen, dass A Verantwortung für seine Tat zu übernehmen bereit ist. Die späte, aber doch freiwillig erbrachte Leistung des A sowie die im Prozess vorgebrachte Entschuldigung lassen sich als positive Leistungen dem Ausmaß des Unrechts entgegensetzen und beeinflussen das Maß der Schuld.[39]

Fazit: Das Maß der angewandten Gewalt sowie die erheblichen Verletzungen des O sprechen dafür, die „Einstiegstelle" in den Strafrahmen oberhalb der Mitte[40] zu suchen. Andererseits entlasten A sowohl sein Geständnis als auch seine, wenn auch einseitig, betriebenen Ausgleichsbemühungen. Demnach dürfte das Strafmaß bei einer Gesamtbetrachtung dem unteren Drittel des zur Verfügung stehenden Strafrahmens zu entnehmen sein.

Eine Strafe am unteren Rand des Strafrahmens kommt dabei nicht in Betracht, da dieser Bereich für die denkbar leichtesten Fälle der gefährlichen Körperverletzung vorgesehen ist. Davon kann jedoch angesichts des Ausmaßes der Verletzungen des O keine Rede sein. Der dem Gericht zur Verfügung stehende Schuldrahmen dürfte vielmehr in einem Bereich von einem Jahr und 6 Monaten bis zu 2 Jahren und 6 Monaten Freiheitsstrafe anzusiedeln sein. Konkret wird insoweit vorgeschlagen, die Strafe in der Mitte dieses Rahmens, also bei 2 Jahren Freiheitsstrafe anzusiedeln.[41]

---

[37] *Fischer*, § 46 Rn. 82.
[38] BGHSt 24, 198 (200); OLG Nürnberg NStZ-RR 1997, 168 (169).
[39] *Meier*, Strafrechtliche Sanktionen, 355 f.
[40] Vgl. BGHSt 27, 2 (4 f.); BGH StV 1999, 576 (577); *Fischer*, § 46 Rn. 17.
[41] Auch das Landgericht E verurteilte den Angeklagten im Ausgangsfall zu einer Freiheitsstrafe von 2 Jahren.

3. Strafaussetzung zur Bewährung, § 56 Abs. 2, Abs. 3 StGB

Abschließend ist die Möglichkeit einer Strafaussetzung zur Bewährung zu prüfen. Bei Freiheitsstrafen im Bereich von einem Jahr bis zu (einschließlich) zwei Jahren ist die Vollstreckung der Strafe zur Bewährung auszusetzen, wenn die Kriminalprognose günstig ist, die Verteidigung der Rechtsordnung die Vollstreckung nicht gebietet und zudem besondere Umstände vorliegen, § 56 Abs. 1, 2 und 3 StGB.

a) Günstige Prognose

Die Kriminalprognose ist gemäß § 56 Abs. 1 StGB günstig, wenn auch ohne die Vollstreckung der verhängten Strafe zu erwarten ist, dass der Täter sich in Zukunft und nicht nur während der Bewährungszeit nicht mehr strafbar machen wird. Die günstige Prognose ist zu bejahen, wenn die Wahrscheinlichkeit der zukünftigen Straffreiheit besteht; eine Gewissheit seitens des Gerichts, die jeden Zweifel ausschließt, ist dabei nicht erforderlich. Maßgeblicher Zeitpunkt ist wie bei allen Prognoseentscheidungen das Ende der tatrichterlichen Hauptverhandlung (→ oben Fall 5). Die Prognose ist aufgrund aller Umstände zu treffen, aus denen auf das weitere Verhalten des Täters geschlossen werden kann; Anhaltspunkte liefert das Gesetz selbst in § 56 Abs. 1 Satz 2 StGB. Abzustellen ist auf die Umstände der Tat, auf die Persönlichkeit des Täters, sein Verhalten nach der Tat und seine sozialen Perspektiven.

Im Falle des A sprechen alle Umstände dafür, von einer günstigen Prognose auszugehen. Zwar ist er bereits zweimal strafrechtlich in Erscheinung getreten, jedoch nicht einschlägig und die hier zu verhängende Freiheitsstrafe wird für ihn die erste sein. In Ermangelung anderer Hinweise ist davon auszugehen, dass A in gefestigten sozialen Strukturen lebt, er mithin sozial eingebunden ist; festgestellt wurde, dass er einer Erwerbstätigkeit nachgeht. Umstände, die gegen eine günstige Prognose sprechen könnten, wie etwa ein früheres Bewährungsversagen oder eine hohe Rückfallgeschwindigkeit, sind nicht ersichtlich. Insbesondere auch sein Verhalten nach der Tat und im Prozess lassen darüber hinaus die Erwartung zu, dass sich A in Zukunft straffrei führen wird, so dass im Ergebnis eine günstige Prognose zu bejahen ist.

b) Besondere Umstände, § 56 Abs. 2 StGB

Nach § 56 Abs. 2 kann das Gericht auch die Vollstreckung einer Freiheitsstrafe von über einem Jahr und nicht mehr als 2 Jahren zur Bewährung aussetzen, wenn in der Tat oder der Persönlichkeit des Täters besondere Umstände vorliegen. Besondere Umstände sind Milderungsgründe von besonderem Gewicht, die eine Strafaussetzung trotz des erheblichen Unrechts- und Schuldgehalts, der sich in der Strafhöhe widerspiegelt, als nicht unangebracht erscheinen lässt und den vom Strafrecht geschützten Interessen nicht zuwiderläuft.[42] Dazu können auch Umstände gehören, die bereits für die Prognoseentscheidung oder die Festlegung des

---

[42] BGHSt 29, 370 (371); BGH NStZ 1981, 61.

Strafrahmens erheblich waren. Da die Besonderheit der Umstände aufgrund einer umfassenden Gesamtwürdigung zu beurteilen ist, kann sich das Vorliegen der Voraussetzungen des Abs. 2 auch aus dem Zusammentreffen durchschnittlicher Milderungsgründe ergeben.[43] Gemäß § 56 Abs. 2 Satz 2 StGB ist namentlich ein **Bemühen um Wiedergutmachung** zu berücksichtigen.

Hier erfüllt das Bemühen des A um Wiedergutmachung zwar nicht die Voraussetzungen des § 46a StGB; dies ist jedoch im Zusammenhang mit der Frage nach der Strafaussetzung zur Bewährung nicht relevant.[44] Entscheidend ist, dass sich A durch die geäußerte Entschuldigung und die geleistete Zahlung von 3.000 Euro um Wiedergutmachung und einen Ausgleich mit dem Opfer bemüht hat. Auch dass A am Tatort die eintreffenden Polizeibeamten auf sich aufmerksam machte und sich über sein eigenes Verhalten entsetzt zeigte, kann insoweit berücksichtigt werden. Die vorzunehmende Gesamtschau aller relevanten Umstände zeigt, dass hier besondere Umstände im Sinne des § 56 Abs. 2 Satz 1 StGB gegeben sind, so dass eine Strafaussetzung zur Bewährung zu gewähren ist. Dafür sprechen die bereits im Zusammenhang mit der Prognoseentscheidung genannten Kriterien ebenso wie die im Rahmen der Frage nach dem zugrunde zu legenden Strafrahmen erörterten Umstände.

c) *Verteidigung der Rechtsordnung, § 56 Abs. 3 StGB*

Die Strafaussetzung ist allerdings zwingend ausgeschlossen, wenn die Verteidigung der Rechtsordnung die Vollstreckung einer Freiheitsstrafe von mindestens 6 Monaten gebietet, § 56 Abs. 3 StGB.

Nach einer Grundsatzentscheidung des BGH aus dem Jahre 1970[45] ist anerkannt, dass die Vollstreckung einer Freiheitsstrafe zur Verteidigung der Rechtsordnung nur dann geboten ist, wenn eine Strafaussetzung zur Bewährung im Hinblick auf die Besonderheiten des Einzelfalles für das allgemeine Rechtsempfinden schlechthin unverständlich erscheinen müsste und das Vertrauen der Bevölkerung in die Unverbrüchlichkeit des Rechts dadurch erschüttert werden könnte. Entscheidend ist dabei, wie das Urteil auf die Allgemeinheit wirken muss, die über die Besonderheiten des Einzelfalles unterrichtet ist; erneut ist eine Gesamtwürdigung aller die Tat und den Täter kennzeichnenden Umstände erforderlich.[46] Für die Notwendigkeit der Vollstreckung einer Freiheitsstrafe zur Verteidigung der Rechtsordnung sprechen zum Beispiel besonders gravierende Tatfolgen, eine sich aus der Tatausführung ergebende besondere verbrecherische Intensität, ein hartnäckig rechtsmissachtendes Verhalten sowie eine besondere Sozialschädlichkeit und Häufigkeit bestimmter Taten.[47]

Die Zahl der Körperverletzungsdelikte innerhalb der Gesamtkriminalität ist nicht gering. Auch sind Delikte dieser Art mit einem Beziehungshintergrund, wie

---

[43] BGH NStZ 1985, 261; *Fischer*, § 56 Rn. 20.
[44] *Fischer*, § 56 Rn. 21.
[45] BGHSt 24, 40 (46).
[46] BGHSt 24, 40 (46); 64 (66).
[47] Vgl. *Schäfer/Sander/van Gemmeren*, Praxis der Strafzumessung, Rn. 146 ff.

er hier gegeben ist, nicht selten. Allerdings sprechen gegen das Erfordernis der Vollstreckung auch unter dem Gesichtspunkt der Verteidigung der Rechtsordnung das Geständnis des A, seine zumindest im Rahmen des Prozesses deutlich gewordenen ernsthaften Bemühungen um Wiedergutmachung und die Tatsache, dass er nicht einschlägig vorbestraft ist. Für eine über diese Einzelheiten des Falles unterrichtete Allgemeinheit dürfte eine Aussetzung zur Bewährung nicht schlechterdings unverständlich sein und zu einer Erschütterung des Vertrauens in die Rechtsordnung führen. Demnach gebietet die Verteidigung der Rechtsordnung nicht die Vollstreckung der Freiheitsstrafe.

d) Ergebnis

Die Vollstreckung der vom Gericht zu verhängenden Freiheitsstrafe ist zur Bewährung auszusetzen, da für A eine günstige Prognoseentscheidung ergehen kann, besondere Umstände für die Strafaussetzung zur Bewährung sprechen und die Verteidigung der Rechtsordnung die Vollstreckung der Strafe nicht gebietet.

III. Tenorierungsvorschlag

Folgender Urteilstenor wird vorgeschlagen: „Der Angeklagte wird wegen gefährlicher Körperverletzung zu einer Freiheitsstrafe von zwei Jahren verurteilt.[48] Die Vollstreckung der Strafe wird zur Bewährung ausgesetzt. Das Messer wird als Tatmittel eingezogen.[49] Der Angeklagte trägt die Kosten des Verfahrens."

---

[48] Innerhalb des als schuldangemessen anzusehenden Rahmens von Freiheitsstrafe zwischen einem Jahr und 6 Monaten und 2 Jahren und 6 Monaten (→ oben II 2. am Ende) kann auch ein anderes konkretes Strafmaß gewählt werden.

[49] Die Einziehung des Messers als Tatmittel richtet sich nach §§ 74 ff. StGB. Danach können Gegenstände, die durch die Tat hervorgebracht wurden oder zu ihrer Vorbereitung oder Begehung verwendet wurden, eingezogen werden, sofern sie zur Zeit der Entscheidung nach zivilrechtlichen Grundsätzen dem Täter gehören, § 74 Abs. 2 Nr. 1 StGB. In der Praxis wird meist auf einen Verzicht durch den Angeklagten hingewirkt, den die Staatsanwaltschaft sodann für das Land annimmt.

Fall 8 (**)

Spiel mit dem Feuer

Erheblich verminderte Schuldfähigkeit bei Persönlichkeitsstörung – doppelte Strafrahmenmilderung – Gesamtstrafenbildung – Unterbringung im psychiatrischen Krankenhaus

Sachverhalt

Die Beweisaufnahme vor dem Schwurgericht des Landgerichts B im Dezember 2007 hat Folgendes ergeben[1]:

Ende April 2007 reichte die Ehefrau des Angeklagten A aus B die Scheidung ein. Der Angeklagte, der eine Trennung nicht akzeptieren wollte, bedrängte seine Ehefrau und jetzige Nebenklägerin immer wieder, von einer Scheidung Abstand zu nehmen. Da es in diesem Zusammenhang auch wiederholt zu verbalen Ausfällen des A kam, verließ die Nebenklägerin die gemeinsame Wohnung und zog zu ihren Eltern. Im Juli 2007 drang der Angeklagte dort mit Gewalt ein, weil er vermutete, dass die Nebenklägerin in der elterlichen Wohnung mit einem anderen Mann zusammen wäre. Während der Angeklagte die Wohnungstür eintrat, schrie er immer wieder, er werde die Nebenklägerin „abstechen", sie „um die Ecke bringen". Erst als diese drohte, die Polizei zu verständigen, verließ der Angeklagte das Wohnhaus der Schwiegereltern. An der Wohnungstür entstand ein Schaden in Höhe von 375 Euro.

Daraufhin begab sich A zur Gartenlaube seiner Schwiegereltern, wo er seinen Schwiegervater mit vorgehaltenem Messer dazu zwang, für ihn eine telefonische Verbindung mit der Nebenklägerin herzustellen. Während des etwa zehn Minuten dauernden Telefonats mit seiner Ehefrau hielt der Angeklagte seinen Schwiegervater weiterhin mit dem Messer in Schach. Als er merkte, dass die Polizei benachrichtigt worden war, ließ er sich das Messer abnehmen und brach weinend zusammen.

Etwa eine Woche später stieg der Angeklagte nachts in die Wohnung seiner Schwägerin ein, da die Nebenklägerin dort übernachtete. Die Schwester der Nebenklägerin befand sich im Urlaub. A schüttete aus einem mitgebrachten Kanister zweieinhalb Liter Benzin in Richtung seiner Ehefrau aus. Dabei erklärte er, er

---

[1] Fall in Anlehnung an BGH NStZ 2006, 154.

würde das Benzin anzünden, wenn seine Ehefrau nicht mit ihm käme. Zunächst gelang es der Nebenklägerin, dem Angeklagten das bereits angezündete Feuerzeug – er führte insgesamt drei Feuerzeuge mit sich – abzunehmen. Ein erneuter Versuch, das Benzin mit einem zweiten Feuerzeug in Brand zu setzen, scheiterte daran, dass ein durch die Hilferufe der Frau alarmierter benachbarter Polizeibeamter den Angeklagten überwältigen konnte.

Ausweislich des eingeholten Sachverständigengutachtens leidet der 34 Jahre alte Angeklagte an einer schweren Fehlentwicklung der Persönlichkeit, die als Persönlichkeitsstörung zu qualifizieren ist. A ist nicht in der Lage, Versagungen zu überwinden. Er neigt zu selbstschonendem Verhalten und sucht diese Tendenzen durch die enge Bindung zu einer Bezugsperson zu kompensieren. Dabei setzt A Zwangsmechanismen, aber auch histrionische (egozentrische, theatralische) Mittel ein. Falls der Verlust der Bezugsperson droht, kommt es zu erheblichen depressiven Verstimmungen, in denen A zu demonstrativen Selbsttötungsversuchen neigt. In der hier akuten Trennungslage befand er sich in einem situationsübergreifenden Zustand der Dekompensation dieser Fehlentwicklung (d.h. in einem Zustand, in dem er Schwierigkeiten hatte, diese Fehlentwicklung zu kompensieren). Darüber hinaus war der Angeklagte im Rahmen des letztgenannten Tatgeschehens wenigstens demonstrativ suizidal.

A hat keine Kinder, derzeit ist er arbeitslos. In den Jahren 2004 und 2005 wurde er jeweils wegen Trunkenheit im Verkehr zu geringen Geldstrafen verurteilt. A befindet sich seit 6 Monaten in Untersuchungshaft. Er hat ein vollumfängliches Geständnis abgelegt.

Aufgabe

Zur Vorbereitung der Entscheidung bittet Sie V, der Vorsitzende der Strafkammer, um ein umfassendes Gutachten zu den Rechtsfolgen der Tat. Gehen Sie dabei von folgender Strafbarkeit des A aus: *1. Tatkomplex*: Bedrohung in Tateinheit mit Sachbeschädigung gemäß § 241 Abs. 1, § 303 Abs. 1, § 52 StGB; *2. Tatkomplex*: Nötigung gemäß § 240 Abs. 1 StGB; *3. Tatkomplex*: versuchter Mord in Tateinheit mit versuchter Brandstiftung mit Todesfolge gemäß § 211 Abs. 1, §§ 306c, 22, 23 Abs. 1, § 52 StGB. Nehmen Sie ausführlich zum möglichen Rechtsfolgenausspruch Stellung und schließen Sie Ihr Gutachten mit einem konkreten Entscheidungsvorschlag.

Lösung

Der Fall behandelt eine Problematik, die im Studium meist vernachlässigt wird, in der Praxis aber gerade im Zusammenhang mit schwereren Delikten durchaus bedeutsam ist: Wie geht das Strafrecht mit psychisch kranken oder gestörten Tätern um? Die Problematik stellt sich auf zwei Ebenen: Bei den Voraussetzungen für eine Strafrahmenmilderung nach § 21 StGB und bei der Anordnung der Unterbringung in einem psychiatrischen Krankenhaus nach § 63 StGB. Die Strafrahmenmilderung nach § 21 StGB ist schon in anderen Fällen behandelt worden, bislang allerdings ausschließlich unter den Gesichtspunkten der Suchtmittelabhängigkeit (→ oben Fall 4) bzw. der Alkoholisierung (→ oben Fall 7). Der vorliegende Fall nimmt auf ein weiteres Störungsbild Bezug (Persönlichkeitsstörung; „schwere andere seelische Abartigkeit"), über die ein Student ebenfalls Bescheid wissen sollte.

Im Übrigen unterscheidet sich der vorliegende Fall von den anderen Fällen darin, dass die Strafbarkeit des Angeklagten hier bereits in der Aufgabenstellung vorgegeben wird. Das erleichtert die Bearbeitung, da die materiellrechtliche Beurteilung des Falls eine Vielzahl von Fragen aufwerfen würde. Indes ist auch die Auseinandersetzung mit den Rechtsfolgen nicht ganz einfach; insbesondere muss ein Bearbeiter erkennen, dass im dritten Tatkomplex nicht nur eine Strafrahmenmilderung nach § 21 StGB, sondern auch eine Milderung nach § 23 Abs. 2 StGB im Raum steht, also eine doppelte Strafrahmenmilderung, wie sie – unter anderen Vorzeichen – bereits im vorangegangenen Fall (→ Fall 7) behandelt wurde. Hinzu kommen auch hier wieder Fragen der Strafzumessung bei Tateinheit und -mehrheit.

Lehrbuch: Teil 5, Abschnitt 3.1 (S. 270 – 283)

I. Gutachten zum Strafmaß

1. Strafmaß für den ersten Tatkomplex

a) Strafrahmen

Zunächst ist der gesetzliche Strafrahmen zu bestimmen, dem im konkreten Einzelfall die Strafe zu entnehmen ist. A hat sich im ersten Tatkomplex wegen Bedrohung in Tateinheit mit Sachbeschädigung gemäß § 241 Abs. 1, § 303 Abs. 1, § 52 StGB strafbar gemacht. Damit ist nach dem sog. **Absorptionsprinzip** nur auf eine Strafe zu erkennen. Diese ist der Vorschrift zu entnehmen, die im Höchstmaß die nach Art und Höhe schwerste Strafe androht, vgl. § 52 Abs. 2 StGB. Es gilt allerdings, die Sperrwirkung des milderen Gesetzes nach den in § 52 Abs. 2, 3 und 4 StGB normierten Regeln zu beachten. Die Prüfung, welche Vorschrift die schwerere Strafe androht, darf erst erfolgen, nachdem für jeden einzelnen Tatbestand der im konkreten Einzelfall anzuwendende Strafrahmen festgestellt wurde (→ oben Fall 6, II. 1.).

aa) Strafrahmen der Bedrohung

(1) Regelstrafrahmen

Die Strafandrohung in § 241 StGB lautet: Freiheitsstrafe bis zu einem Jahr oder Geldstrafe. Der Regelstrafrahmen beträgt demnach Freiheitsstrafe von einem Monat (vgl. § 38 Abs. 1 StGB) bis zu einem Jahr oder Geldstrafe von fünf bis zu 360 Tagessätzen (vgl. § 40 Abs. 1 StGB).

(2) Fakultative Strafrahmenmilderung nach §§ 21, 49 Abs. 1 StGB

Aufgrund der Ergebnisse des Sachverständigengutachtens ist die Möglichkeit einer Strafrahmenverschiebung nach §§ 21, 49 Abs. 1 StGB zu erörtern. Diese kommt dann in Betracht, wenn die Schuldfähigkeit des Täters zur Tatzeit erheblich vermindert war und keine Umstände vorliegen, die der nur fakultativen Strafrahmenverschiebung entgegenstehen.

(a) Voraussetzungen der Strafrahmenmilderung

Die Strafrahmenmilderung nach § 21 StGB knüpft an zwei Voraussetzungen an: Es muss eine der in § 20 StGB genannten psychischen Störungsformen vorliegen und es muss als Folge dieser Störung eine erhebliche Verminderung der Einsichts- oder Steuerungsfähigkeit festgestellt werden.[2] Es genügt nicht, sich lediglich mit der ersten Prüfungsstufe zu beschäftigen, sondern es muss auch immer eine Auseinandersetzung damit erfolgen, ob das Hemmungsvermögen bei der Tat in rechtlich relevanter Weise beeinträchtigt war. Hierfür kommt es darauf an, ob die Fähigkeit des Täters, den Tatanreizen zu widerstehen und sich normgemäß zu verhalten, im Vergleich mit der Fähigkeit eines „Durchschnittsbürgers" in erheblichem Maß verringert war.[3] Entscheidend ist also stets, ob und wie sich der psychische Zustand auf die konkrete Tat ausgewirkt hat.[4] Ob die Verminderung als „erheblich" i.S. des § 21 StGB anzusehen ist, ist eine ausschließlich vom Gericht zu beantwortende Rechtsfrage.[5] Zunächst bedarf es jedoch der Prüfung des Vorliegens einer der in § 20 StGB genannten Eingangsvoraussetzungen.

Ausweislich des Sachverständigengutachtens leidet A an einer dauerhaft bestehenden schweren Persönlichkeitsfehlentwicklung. Das Verhalten des A ist von emotional-instabilen, abhängigen und suizidalen Tendenzen geprägt. Da sich die diagnostizierte Persönlichkeitsstörung nicht als „krankhafte seelische Störung" einordnen lässt – hierunter werden nur körperlich begründbare seelische Krankheiten (Psychosen) verstanden[6] –, ist zu prüfen, ob hierin eine „schwere andere seelische Abartigkeit" i.S. des § 20 StGB zu sehen ist.

---

[2] Zur Normstruktur genauer HK-GS/*Verrel*, § 21 Rn. 1.
[3] BGH StraFo 2004, 19 (20).
[4] BGH NStZ-RR 1998, 106; 2007, 105 (106).
[5] *Fischer*, § 21 Rn. 7.
[6] *Schöch*, in: *Kröber u.a.*, Handbuch der Forensischen Psychiatrie, 109 ff.

Der Begriff der **schweren seelischen Abartigkeit** bezeichnet psychische Anomalien, bei denen eine körperliche Ursache nicht ersichtlich ist oder vermutet werden kann, die aber in ihrer den Betroffenen belastenden Wirkung einer „krankhaften seelischen Störung" gleich stehen. Den „anderen seelischen Abartigkeiten" werden vor allem Persönlichkeitsstörungen und Neurosen (seelische bzw. psychosozial bedingte Gesundheitsstörungen), aber z.b. auch sexuelle Verhaltensabweichungen (z.b. Fetischismus, Sadismus) zugerechnet.[7]

Vom Oberbegriff der **Persönlichkeitsstörung** sind grundsätzlich sehr unterschiedliche Varianten umfasst, die in weiten Bereichen auch Verhaltensweisen oder bloße Auffälligkeiten im Charakter umfassen, die strafrechtlich nicht relevant sind bzw. auch bei schuldfähigen Menschen vorkommen. Persönlichkeitsstörungen sind in ihren Temperaments- und Charaktermerkmalen besonders auffällige Persönlichkeitsstrukturen, die sich vor allem durch ein tiefgreifend abnormes und andauerndes Verhaltensmuster auszeichnen.[8]

Der Sachverständige hat bei A eine solchermaßen gestörte Persönlichkeitsstruktur festgestellt. Die Diagnose einer wie auch immer gearteten Persönlichkeitsstörung lässt indes für sich genommen noch keine Aussage über die Frage der Schuldfähigkeit zu.[9] Vielmehr bedarf es einer Gesamtschau verschiedener Faktoren, um feststellen zu können, ob die Persönlichkeitsstörung des Täters in der Gewichtung ihres Schweregrades an einer krankhaften seelischen Störung zu messen ist. Erforderlich ist der Vergleich, ob die Persönlichkeitsstörung Symptome aufweist, die in ihrer Gesamtheit das Leben des Angeklagten vergleichbar schwer und mit ähnlichen sozialen Folgen stören, belasten oder einengen wie krankhafte seelische Störungen.[10] In diese Prüfung sind die Persönlichkeit des Angeklagten, ihre Entwicklung, die Vorgeschichte, der unmittelbare Anlass und die Ausführung der Tat sowie das Verhalten des Angeklagten einzubeziehen.

Richtig ist, dass die genannten Eigenschaften und Verhaltensweisen des A durchaus auch bei schuldfähigen Menschen vorkommen können. Insofern erscheint es fraglich, diese ohne weiteres als Symptome einer die Schuldfähigkeit erheblich beeinträchtigenden seelischen Abartigkeit anzusehen[11]. Dennoch ist nicht zuletzt mit Blick auf den **Zweifelgrundsatz** davon auszugehen, dass A aufgrund seiner schwierigen Persönlichkeitsstruktur in einer konflikthaften Grenzsituation – wie sie hier in Gestalt der akuten Trennungssituation gegeben war – in einen Zustand geraten ist, der die Annahme erheblich verminderter Schuldfähigkeit i.S. des § 21 StGB rechtfertigt.

Die emotionale Labilisierung des A hatte sich bereits nach der Trennung und schon vor den ersten Delikten zugespitzt. Dies ergibt sich daraus, dass es bereits vor dem Auszug der Nebenklägerin zu bedrohlichen, aber nur verbalen Auseinandersetzungen gekommen war. Infolge der Trennung, des Verlusts seiner Bezugsperson und der wiederholten Versagung einer Versöhnung war A in einen situati-

---

[7] *Schöch*, in: *Kröber u.a.*, Handbuch der Forensischen Psychiatrie, 120 ff.
[8] *Schöch*, in: *Kröber u.a.*, Handbuch der Forensischen Psychiatrie, 121; vgl. auch *Dreßing*, in: *Foerster/Dreßing*, Psychiatrische Begutachtung, 310 ff.
[9] BGH StV 2001, 565; NStZ-RR 2007, 6 (7).
[10] BGHSt 37, 397 (401) unter Hinweis auf BGHSt 34, 22 (28).
[11] So auch der BGH im Ausgangsfall, vgl. BGH NStZ 2006, 154.

onsübergreifenden Zustand der Dekompensation seiner Fehlentwicklung geraten. Er war nicht mehr in der Lage, seiner problematischen Persönlichkeitsstruktur möglicherweise ausgleichende Elemente entgegenzusetzen. Damit bestand ein enger Zusammenhang zwischen den Persönlichkeitsproblemen des A und der Tat. Es liegt deshalb nahe, bei A für den Tatzeitpunkt von einer auf die Persönlichkeitsstörung des A – einer „schweren anderen seelischen Abartigkeit" – zurückzuführenden erheblichen Herabsetzung seiner Steuerungsfähigkeit auszugehen.[12]

Fazit: Die Persönlichkeitsstörung des A erreicht im Allgemeinen nicht den Ausprägungsgrad einer schweren seelischen Abartigkeit. Denn in der Regel vermag sich A sozial anzupassen, seine Persönlichkeitsfehlentwicklung auszugleichen. Die konkret gegebene Konfliktsituation und die mit der Trennung einhergehende erhebliche psychische Belastung haben jedoch dazu geführt, dass A zu dieser Kompensation nicht mehr in der Lage war. Dass infolgedessen der Grad einer schweren seelischen Abartigkeit zur Tatzeit erreicht und dadurch im Ergebnis eine erheblich verminderte Schuldfähigkeit im Sinne des § 21 StGB gegeben war, ist jedenfalls nicht gänzlich auszuschließen. Im Ergebnis ist deshalb zugunsten des A für den Tatzeitpunkt vom Vorliegen einer erheblich verminderten Schuldfähigkeit auszugehen.

(b) Entscheidung über die Vornahme der Strafrahmenmilderung

Nach der Rechtsprechung[13] und weiten Teilen der Literatur[14] kann die fakultative Strafrahmenverschiebung abgelehnt werden, wenn der Ausnahmezustand verschuldet herbeigeführt wurde und die im Ausnahmezustand begangenen Taten wenigstens vorhergesehen werden konnten. Dies ist insbesondere bei alkoholbedingt verminderter Schuld von Bedeutung (→ Fall 7, II. 1. b. bb.). Anhaltspunkte dafür, dass A die Entwicklung des Dekompensationszustands schuldhaft nicht verhindert hat oder er die Begehung der hier in Rede stehenden Taten hätte vorhersehen müssen, liegen nicht vor. Unmittelbar vor dem ersten Tatkomplex war es zwar zu verbalen Ausfällen gegenüber der Nebenklägerin gekommen; A neigte in der Vergangenheit in für ihn konflikthaften Situationen jedoch eher zu demonstrativen Selbsttötungsversuchen, die als Hilferufe oder Versuche, die emotionale Bindung zu erneuern, anzusehen waren. Zu erheblichen Drohungen oder tätlichen Auseinandersetzungen war es bislang nicht gekommen. Die Umstände im Vorfeld des Tatgeschehens können deshalb für sich genommen nicht dazu führen, dass die Strafrahmenverschiebung nach §§ 21, 49 Abs. 1 StGB zu versagen ist.

---

[12] Vgl. zu den hierbei zugrunde zu legenden Kriterien BGHSt 49, 45 (53); *Schäfer/Sander/van Gemmeren*, Praxis der Strafzumessung, Rn. 535.
[13] BGHSt 35, 143; 43, 66 (77 f.).
[14] HK-GS/*Verrel*, § 21 Rn. 7; MüKo-*Streng*, § 21 Rn. 22; S/S-*Lenckner/Perron*, § 21 Rn. 20 f.; *Lackner/Kühl*, § 21 Rn. 4 f.

(3) Zwischenergebnis

Damit ist der Strafrahmen der Bedrohung gemäß §§ 21, 49 Abs. 1 StGB im Höchstmaß auf Freiheitsstrafe bis zu 9 Monaten zu senken.

bb) Strafrahmen der Sachbeschädigung

Die Strafandrohung des § 303 Abs. 1 StGB lautet: Freiheitsstrafe bis zu zwei Jahren oder Geldstrafe, so dass der Regelstrafrahmen von fünf Tagessätzen Geldstrafe bis zu zwei Jahren Freiheitsstrafe Anwendung reicht.

Hinsichtlich der fakultativen Strafrahmenverschiebung nach §§ 21, 49 Abs. 1 StGB gilt das soeben Gesagte entsprechend. Der gemilderte Strafrahmen reicht demnach von 5 Tagessätzen Geldstrafe bis zu 1 Jahr und 6 Monaten Freiheitsstrafe. Gegenüber dem nach §§ 21, 49 Abs. 1 StGB gemilderten Strafrahmen der Bedrohung sieht der gemilderte Strafrahmen der Sachbeschädigung im Höchstmaß die schwerere Strafe vor, so dass dieser zugrunde zu legen ist.

cc) Ergebnis

Die für den ersten Tatkomplex festzulegende Einzelstrafe ist demnach einem Strafrahmen zu entnehmen, der Geldstrafe von 5 bis 360 Tagessätzen oder Freiheitsstrafe von einem Monat bis zu 1 Jahr und 6 Monaten beträgt.

b) Schuldrahmen

Innerhalb des ermittelten Strafrahmens ist nach der in der Praxis maßgeblichen Spielraumtheorie der Schuldrahmen zu bilden, der nach unten durch die schon und nach oben durch die noch schuldangemessene Strafe begrenzt wird. Dabei bilden die Modalitäten der Tatbestandsverwirklichung den wichtigsten Anknüpfungspunkt für die Bestimmung des Schuldrahmens. Darüber hinaus sind namentlich die Beweggründe und Ziele des Täters, der bei der Tat aufgewendete Wille sowie das Vor- und Nachtatverhalten relevant (→ oben Fall 1, II. 1. b.).

Da die Strafe dem Strafrahmen des § 303 Abs. 1 StGB zu entnehmen ist, muss zunächst das Ausmaß der Sachbeschädigung Berücksichtigung finden. An der vom Angeklagten eingetretenen Wohnungstür ist ein Schaden in Höhe von 375 Euro entstanden. Es ist daher davon auszugehen, dass die Beschädigung der Tür nicht nur geringfügiger Natur war. Im Ergebnis bewegt sie sich aber im unteren Bereich dessen, was in Fällen der Sachbeschädigung denkbar ist.

Strafmildernd ist das vollumfängliche Geständnis des A zu berücksichtigen, das einen eigenständigen positiven Handlungswert begründet, der dem Unwert der Tat entgegengestellt werden kann.[15] Da die beiden Vorverurteilungen des A nicht einschlägiger Natur sind, können sie nicht strafschärfend berücksichtigt werden.[16]

Zu Lasten fällt allerdings die **gleichzeitige Verwirklichung eines weiteren Straftatbestands**, der Bedrohung nach § 241 Abs. 1 StGB, ins Gewicht. Genau genommen liegt gerade darin innerhalb dieses Tatkomplexes der Schwerpunkt der Vorwerfbarkeit. Denn der persönliche Rechtsfrieden der Nebenklägerin, das von § 241 StGB erfasste Schutzgut, wurde durch die Tat des A empfindlich gestört. Seine eigentliche Bedeutung erhielt das Eintreten der Wohnungstür erst dadurch, dass A hiermit das Ziel verfolgte, zur Nebenklägerin vorzudringen, um sie in Angst zu versetzen und einzuschüchtern. Die Tatbegehungsmodalitäten der Bedrohung können ohne Verstoß gegen das Doppelverwertungsverbot des § 46 Abs. 3 StGB herangezogen werden, da die Strafe § 303 Abs. 1 StGB entnommen wird. Möglich ist die strafschärfende Berücksichtigung darüber hinaus deshalb, weil § 241 StGB gegenüber § 303 StGB ein anderes Rechtsgut schützt und die zusätzliche Verwirklichung dieses Delikts daher ein höheres Unrecht bedeutet.[17]

Fazit: Insbesondere die tateinheitliche Verwirklichung der Bedrohung wirkt erheblich strafschärfend, während das Geständnis zugunsten des A zu Buche schlägt. Ein Einstieg in den Strafrahmen kann – auch unter Beachtung des weiteren Tatgeschehens – allerdings nur im Bereich einer kurzen Freiheitsstrafe liegen. Die Verhängung einer Geldstrafe erscheint trotz der zu Gunsten des A sprechenden Gesichtspunkte nicht ausreichend, um dem Angeklagten das Unrecht seiner Tat hinreichend vor Augen zu führen, vielmehr macht die Schwere der Tat eine fühlbare Einwirkung auf A erforderlich. Eine kurze Freiheitsstrafe ist deshalb als unerlässlich i.S. des § 47 Abs. 1 StGB anzusehen. Denn aus dem Gesamtbild der Tatbestandverwirklichung einschließlich der ihr nachfolgenden weiteren Eskalation sowie aus der Täterpersönlichkeit mit ihrer besonderen psychischen Ausrichtung lässt sich folgern, dass jedes andere Reaktionsmittel, namentlich eine hohe Geldstrafe, die erforderliche spezialpräventive Einwirkung auf A nicht gewährleisten würde (vgl. hierzu bereits → oben Fall 4, II. 1. c.).

c) Ergebnis

Die Einzelstrafe für den ersten Tatkomplex sollte in einem Bereich von 3 bis 5 Monaten Freiheitsstrafe, konkret bei 4 Monaten Freiheitsstrafe liegen. Damit ist das Mindestmaß der Freiheitsstrafe von einem Monat den strafschärfenden Umständen entsprechend deutlich erhöht, der zur Verfügung stehende Strafrahmen jedoch aufgrund der zu Gunsten des Angeklagten sprechenden Umstände noch nicht nach oben hin ausgeschöpft.

---

[15] BGHSt 42, 191 (195); 43, 195 (209 f.); LK-*Theune*, § 46 Rn. 206; krit. S/S-*Stree*, § 46 Rn. 41a.

[16] Zur Bedeutung von Vorstrafen bei der Strafzumessung: *Fischer*, § 46 Rn. 37 ff.; *Schäfer/Sander/van Gemmeren*, Praxis der Strafzumessung, Rn. 362 ff. sowie → oben Fall 2, II. 1. b.).

[17] BGHSt (GS) 39, 100 (109).

2. Strafmaß für den zweiten Tatkomplex

a) Strafrahmen

Gemäß § 240 Abs. 1 i.V.m. § 38 Abs. 1, § 40 Abs. 1 StGB beträgt der Strafrahmen der Nötigung Geldstrafe von 5 bis 360 Tagessätzen oder Freiheitsstrafe von einem Monat bis zu 3 Jahren. Dieser ist nach §§ 21, 49 Abs. 1 StGB auf Freiheitsstrafe bis zu 2 Jahren und 3 Monaten zu mildern. Obwohl sich die Tat gegen ein anderes Opfer als im 1. Tatkomplex richtete (nämlich den Schwiegervater), war auch sie Ausdruck der situationsübergreifenden Probleme des A im Umgang mit der Trennungssituation.

b) Schuldrahmen

Auch hinsichtlich des Schuldrahmens gelten ähnliche Erwägungen. Art und Ausmaß der tatbestandsmäßigen Rechtsgutsverletzung bilden erneut die primär maßgeblichen Anknüpfungspunkte.

A hat seinen Schwiegervater über einen gewissen Zeitraum hinweg und auch noch nach Erreichen des Nötigungsziels während des Telefonats durch das Vorhalten eines Messers bedroht. Die Beeinträchtigung der Freiheit zur Willensentschließung und Willensbetätigung ist damit von erheblicher Intensität. Auch ist eine besondere Gefährlichkeit des Nötigungsmittels, des zur Drohung und Einschüchterung vorgehaltenen Messers, gegeben.

Anhaltspunkte für besonders gravierende Tatfolgen – etwa eine erhebliche psychische Belastung des Tatopfers – sind ebenso wenig gegeben wie für ein zu berücksichtigendes Mitverschulden des Schwiegervaters, das z.B. in einer Provokation des Angeklagten liegen könnte. Darüber hinaus können die nicht einschlägigen Vorstrafen auch hier keine straferschwerende Wirkung entfalten, das vollumfängliche Geständnis hingegen wirkt erneut zu Gunsten des A.

Fazit: Der Einstieg in den Strafrahmen kann auch hier aus den genannten Gründen nur im Bereich einer Freiheitsstrafe liegen. Der zunehmenden Gefährlichkeit der Tatbegehung ist durch eine gegenüber dem ersten Tatkomplex erhöhte Einzelstrafe Rechnung zu tragen. Da sich die Tat aus der im ersten Tatkomplex geschaffenen Gesamtsituation heraus entwickelte und im Übrigen auch hier Umstände wie das Geständnis zu Gunsten des Angeklagten sprechen, ist die „Einstiegstelle" unterhalb der Mitte[18], im unteren Drittel des Strafrahmens einer möglichen Freiheitsstrafe zu suchen.

c) Ergebnis

Eine Strafe am unteren Rand des Strafrahmens, also im Bereich einer Geldstrafe, kommt vorliegend nicht in Betracht. Dieser Bereich ist für die leichteren Fälle der

---

[18] Genauer zur „Einstiegstelle" unterhalb der Mitte: BGHSt 27, 2 (4f.).

Nötigung vorgesehen. Die Einzelstrafe sollte vielmehr im Bereich zwischen 6 und 8 Monaten Freiheitsstrafe, konkret bei 7 Monaten Freiheitsstrafe liegen.

3. Strafmaß für den dritten Tatkomplex

a) Strafrahmen

Im dritten Tatkomplex hat sich A wegen versuchten Mordes in Tateinheit mit versuchter Brandstiftung mit Todesfolge strafbar gemacht. Wiederum ist zunächst der im Einzelfall anzuwendende Strafrahmen für jedes einzelne Delikt zu ermitteln, bevor festgestellt werden kann, welche Vorschrift die nach Art und Maß schwerste Strafe androht.

aa) Strafrahmen des versuchten Mordes

(1) Regelstrafrahmen

Der Regelstrafrahmen des § 211 StGB beträgt nach dessen Absatz 1 lebenslange Freiheitsstrafe. Diese schwerste Form der Bestrafung eines Angeklagten ist in ihrer Ausgestaltung maßgeblich durch die Rechtsprechung des BVerfG geprägt, das keinen Zweifel daran gelassen hat, dass es die lebenslange Freiheitsstrafe für eine grundsätzlich mit der Verfassung vereinbare Form der Sanktionierung hält.[19]

(2) Fakultative Strafrahmenverschiebung nach § 23 Abs. 2, § 49 Abs. 1 StGB

Da der Tod der Nebenklägerin ausgeblieben, mithin lediglich ein Mordversuch gegeben ist, kommt zunächst eine Strafrahmenverschiebung nach § 23 Abs. 2, § 49 Abs. 1 StGB in Betracht.

Allein die Tatsache, dass die Tat im Versuchsstadium stecken geblieben ist, reicht zur Begründung der Strafrahmenverschiebung nicht aus. Vielmehr ist hier nach ständiger Rechtsprechung eine Gesamtschau aller strafzumessungserheblichen Gesichtspunkte vorzunehmen, wobei den versuchsbezogenen Umständen – Nähe zur Tatvollendung, Gefährlichkeit des Versuchs und aufgewandte kriminelle Energie – besonderes Gewicht zukommt.[20] Der Frage, ob der Versuch beendet, unbeendet oder fehlgeschlagen ist, kommt demgegenüber keine entscheidende Bedeutung zu.[21] Je mehr der Versuch in die Nähe der Vollendung rückt, umso mehr gelangen jedoch die wesentlichen Strafzumessungstatsachen für Versuch und Vollendung zur Deckung, so dass eine Unterscheidung in der Bestrafung

---

[19] BVerfGE 45, 187 (223 ff.); 86, 288 (310 ff.).
[20] BGHSt 16, 351 (352 f.); 35, 347 (355 f.); 36, 1 (18); vgl. aber auch MüKo-*Herzberg*, § 23 Rn. 17 ff. mit ausführlicher Darstellung des Streitstands, welche Umstände bei der Entscheidung über die Strafmilderung berücksichtigt werden dürfen; der Text folgt insoweit der in der Rechtsprechung vertretenen Auffassung.
[21] *Fischer*, § 23 Rn. 3.

unangebracht wäre.[22] Aber auch in diesem Fall ist eine besonders sorgfältige Abwägung geboten, da die Wahl zwischen lebenslanger und zeitiger Freiheitsstrafe besteht.[23]

Der Versuch des A, die Nebenklägerin durch Entzünden ausgeschütteten Benzins zu töten, war durch hohe Gefährlichkeit geprägt. Dies gilt umso mehr als A die wichtigsten Vorbereitungen bereits abgeschlossen – das Benzin bereits verschüttet und eines der drei mitgebrachten Feuerzeuge bereits angezündet – hatte, so dass es nur noch eines Funkens bedurfte, um das Benzin in Brand zu setzen. Auf der anderen Seite muss zugunsten des A berücksichtigt werden, dass der letzte Akt gerade ausgeblieben ist. Trotz zweimaligen Ansetzens gelang es A wegen des Widerstands der Nebenklägerin und des hinzu gerufenen Polizeibeamten nicht, das Benzin zu entflammen. Die **letzte Eskalationsstufe**, die aus dem noch unbeendeten einen beendeten Versuch gemacht und das Leben der Nebenklägerin in unmittelbare Gefahr gebracht hätte, wurde **nicht erreicht**; beim Tatopfer ist es tatsächlich zu keinerlei physischen Verletzungen gekommen. Wenn man sich vergegenwärtigt, dass selbst dann, wenn A das Benzin in Brand gesetzt hätte, der Tod der Nebenklägerin keineswegs die zwingende Folge gewesen wäre, sondern dass es auch in diesem Fall durchaus noch möglich gewesen wäre, dass die Nebenklägerin den Anschlag überlebt, lag die Tatvollendung zum Zeitpunkt des Abbruchs des Versuchs noch in deutlicher Ferne. Dass A die weitere Tatausführung nicht aus autonomen Motiven heraus aufgab, sondern von einem benachbarten Polizisten daran gehindert wurde, darf für eine Versagung der Strafrahmenverschiebung nicht ins Feld geführt werden. Denn dann würde entgegen dem Doppelverwertungsverbot des § 46 Abs. 3 StGB der nicht erfolgte Rücktritt strafschärfend berücksichtigt werden.[24]

Fazit: Bei Berücksichtigung der Ferne zur Tatvollendung, aber auch des Geständnisses des A und des Fehlens einschlägiger Vorstrafen ist die fakultative Strafrahmenmilderung nach § 23 Abs. 2, § 49 Abs. 1 StGB trotz der insgesamt hohen Gefährlichkeit des Vorgehens zu gewähren. Der Strafrahmen des § 211 Abs. 1 StGB – lebenslange Freiheitsstrafe – ist daher gemäß § 49 Abs. 1 i.V.m. § 38 Abs. 2 StGB auf Freiheitsstrafe von 3 bis zu 15 Jahren zu mildern.

(3) Nochmalige Milderung nach §§ 21, 49 Abs. 1 StGB

Aufgrund der im Rahmen des ersten Tatkomplexes dargelegten Erwägungen zur verminderten Schuldfähigkeit (→ oben 1. a. aa. 2.), die auch hier zum Tragen kommen, muss eine weitere Strafrahmenmilderung nach §§ 21, 49 Abs. 1 Nr. 2 und 3 StGB erfolgen.[25] Demnach ist vorliegend von folgendem Strafrahmen auszugehen: Freiheitsstrafe von 6 Monaten bis zu 11 Jahren und 3 Monaten.

---

[22] *Schäfer/Sander/van Gemmeren*, Praxis der Strafzumessung, Rn. 544.
[23] BGH NStZ 2004, 620.
[24] *Schäfer/Sander/van Gemmeren*, Praxis der Strafzumessung, Rn. 544.
[25] Vgl. zur doppelten Strafrahmenmilderung bereits → Fall 7, II. 1. b) cc).

bb) Strafrahmen der versuchten Brandstiftung mit Todesfolge

Um entscheiden zu können, welches der tateinheitlich verwirklichten Delikte die nach Art und Höchstmaß schwerste Strafe androht, ist schließlich der Strafrahmen der versuchten Brandstiftung mit Todesfolge zu ermitteln. Schon hinsichtlich des Regelstrafrahmens besteht eine Besonderheit.

(1) Regelstrafrahmen

Die Strafandrohung des § 306c StGB lautet: lebenslange Freiheitsstrafe oder Freiheitsstrafe nicht unter 10 Jahren. In Verbindung mit § 38 Abs. 2 StGB ergibt sich folglich ein Strafrahmen von lebenslanger Freiheitsstrafe oder Freiheitsstrafe von 10 bis zu 15 Jahren. § 306c StGB beinhaltet also eine **alternative Androhung von zeitiger und lebenslanger Freiheitsstrafe**.

Das Tatgericht muss sich damit in einem ersten Schritt zwischen diesen beiden Alternativen entscheiden. Bevor es die Möglichkeit einer Strafrahmenverschiebung nach § 23 Abs. 2, § 49 Abs. 1 StGB in den Blick nimmt, muss es unter Berücksichtigung aller Umstände des Tatgeschehens und der Persönlichkeit des Täters festlegen, welcher Regelstrafrahmen angemessen ist.[26] Dabei hat sich das Tatgericht zu fragen, ob gegen den Angeklagten – käme eine Strafrahmenmilderung gar nicht erst in Betracht – lebenslange oder zeitige Freiheitsstrafe verhängt werden müsste.[27] Eine Tatvollendung unterstellt, wird bei mindestens bedingt vorsätzlicher Tatbegehung sowie Verursachung des Todes mehrerer Menschen in der Regel lebenslange Freiheitsstrafe zu verhängen sein.[28]

A kam es in erster Linie darauf an, seine Ehefrau und vermutlich auch sich selbst zu töten. Dabei nahm er billigend in Kauf, dass daneben nicht nur benachbarte Wohnungen in Brand geraten, sondern auch Nachbarn an Leib und Leben zu Schaden kommen könnten. Die **besondere Gefährlichkeit** seines Handelns – auch für unbeteiligte Dritte – folgt nicht zuletzt daraus, dass A zur Nachtzeit in die Wohnung seiner Schwägerin einstieg und in der geschilderten Art und Weise handelte. Hätte die Nebenklägerin nicht erfolgreich auf sich aufmerksam machen und der benachbarte Polizeibeamte das Entzünden des Benzins verhindern können, wäre mit hoher Wahrscheinlichkeit eine Mehrzahl von Menschen zu Tode gekommen, zumindest aber gefährdet worden, da sie von einem Übergreifen des Feuers oder auch nur der mit einem Brand einhergehenden starken Rauchentwicklung im Schlaf überrascht worden wären. Die inneren und äußeren Tatumstände sprechen vorliegend dafür, dass die Verhängung einer lebenslangen Freiheitsstrafe angemessen wäre.[29]

---

[26] BGH NStZ 1994, 485 (486).
[27] BGH StV 1998, 546.
[28] *Fischer*, § 306c Rn. 6.
[29] Mit entsprechender Begründung ist es auch vertretbar, vom Regelstrafrahmen der zeitigen Freiheitsstrafe auszugehen. Auf das Gesamtergebnis hat dies keinen Einfluss; vgl. → unten Fn. 32.

(2) Fakultative Strafrahmenverschiebung nach § 23 Abs. 2, § 49 Abs. 1 StGB

In einem zweiten Schritt ist zu entscheiden, ob die Strafrahmenmilderung wegen Versuches gemäß §§ 23 Abs. 2, 49 Abs. 1 StGB gewährt werden sollte. Im Wesentlichen kann hier auf die bereits dargelegten Erwägungen zurückgegriffen werden, d.h. auch hier sind eine Gesamtschau aller strafzumessungserheblichen Umstände und die besondere Berücksichtigung der versuchsbezogenen Aspekte maßgeblich. Die erkennbare Ferne zur Tatbestandsvollendung spricht auch hier für die Gewährung der Strafrahmensenkung. Gravierende Umstände, die gegen eine Strafrahmenverschiebung sprechen, liegen nicht vor. Mit Blick darauf, dass die Tat über das Versuchsstadium nicht hinausgelangt ist, ist der Strafrahmen deshalb gemäß § 23 Abs. 2, § 49 Abs. 1 i.V.m. § 38 Abs. 2 StGB auf Freiheitsstrafe von 3 bis 15 Jahren zu mildern.[30]

(3) Nochmalige Milderung nach §§ 21, 49 Abs. 1 StGB

Auch für die versuchte Brandstiftung mit Todesfolge hat eine weitere Milderung des Strafrahmens wegen erheblich verminderter Schuld gemäß §§ 21, 49 Abs. 1 StGB zu erfolgen. Zur Begründung kann auf die bereits erfolgten Ausführungen zur verminderten Schuldfähigkeit und ihrer Beurteilung verwiesen werden (→ oben 1. a. aa. 2.). Der erneut gemilderte Strafrahmen beträgt demnach Freiheitsstrafe von 6 Monaten bis zu 11 Jahren und 3 Monaten.[31]

cc) Ergebnis

Die für den konkreten Einzelfall ermittelten Strafrahmen des versuchten Mordes sowie der versuchten Brandstiftung mit Todesfolge drohen nach Art und Maß gleich schwere Strafen an. Ausgangspunkt für die weitere Strafzumessung ist demnach ein Strafrahmen von 6 Monaten bis zu 11 Jahren und 3 Monaten Freiheitsstrafe. Es empfiehlt sich, das mit Blick auf den höheren Regelstrafrahmen abstrakt schwerere Delikt – den Mordversuch – in diesen Strafrahmen nach den üblichen Kriterien einzuordnen und dabei das besondere Unrecht der tateinheitlichen hinzutretenden versuchten Brandstiftung mit Todesfolge zu berücksichtigen.[32]

---

[30] Bei einer Entscheidung für den Regelstrafrahmen der zeitigen Freiheitsstrafe lautet das Zwischenergebnis: Freiheitsstrafe von 2 Jahren bis zu 11 Jahren und 3 Monaten.

[31] Bei einer Entscheidung für den Regelstrafrahmen der zeitigen Freiheitsstrafe lautet das Zwischenergebnis: Freiheitsstrafe von 6 Monaten bis zu 8 Jahren und 5 Monaten. Der an sich zu errechnende Wert (8 Jahre 5 ¼ Monate) wird zugunsten des Täters abgerundet, vgl. *Fischer*, § 49 Rn. 4; *Schäfer/Sander/van Gemmeren*, Praxis der Strafzumessung, Rn. 506.

[32] Im Ergebnis wäre auch bei einer Entscheidung für den Regelstrafrahmen der zeitigen Freiheitsstrafe nicht anders zu verfahren. Dann wäre der Strafrahmen des versuchten Mordes zugrunde zu legen, da er die im Höchstmaß schwerere Strafe androht; die tateinheitliche Verwirklichung der versuchten Brandstiftung mit Todesfolge würde auch in diesem Fall lediglich straferschwerend berücksichtigt werden.

b) Schuldrahmen

Erneut ist nach den Grundsätzen des § 46 StGB der Schuldrahmen zu bestimmen. Hinsichtlich der relevanten Kriterien gilt das bisher Gesagte entsprechend. Solche Kriterien, die bereits zur Strafrahmenwahl herangezogen wurden (wie der Umstand, dass die Tat im Versuchsstadium stecken geblieben ist), sind nach § 46 Abs. 3 StGB als verbraucht anzusehen und dürfen nicht erneut Berücksichtigung finden.

Hinsichtlich des Mordversuchs ist festzustellen, dass der Angriff auf das Leben der Nebenklägerin bereits weit fortgeschritten war. Auch wenn A noch nicht das Stadium des beendeten Versuchs erreicht hatte, war das Benzin bereits ausgeschüttet und das erste Feuerzeug bereits angezündet. Strafschärfend wirkt, dass A seinen **Willen zur Tat** durch umsichtige Vorbereitungen deutlich machte: Er stieg zur Nachtzeit in die Wohnung seiner Schwägerin ein, in der die Nebenklägerin in besonderer Weise schutzlos erschien, er brachte eine vergleichsweise große Menge an Benzin mit und er hatte sich gleich mit drei Feuerzeugen ausgestattet, um sicherzugehen, dass er sein Vorhaben auf jeden Fall in die Tat umsetzen konnte. Strafmildernd wirkt sich zwar auch in diesem Tatkomplex das Geständnis aus. Und auch der Umstand, dass sich die Tat aus der Trennungssituation und dem Fehlschlag der vorangegangenen Versuche, die anstehende Scheidung zu verhindern, entwickelt hat, muss zugunsten des A gewürdigt werden. Die von A verübte schwere Gewaltkriminalität ist – was nicht zuletzt durch das Sachverständigengutachten bestätigt wird – eine Beziehungstat und nicht Ausdruck einer allgemein gewaltbereiten Haltung des A zu seiner Umwelt. Hierfür spricht auch das Fehlen einschlägiger Vorstrafen. Das gesamte, auf die Nebenklägerin bezogene Tatgeschehen ist jedoch durch eine rapide **Zunahme der Gefährlichkeit** des Täterhandelns gekennzeichnet, was straferschwerend gewürdigt werden muss. Die tateinheitliche Verwirklichung der versuchten Brandstiftung kommt ebenfalls straferschwerend zum Tragen, da A die Gefährdung oder Verletzung unbeteiligter Dritter in Kauf nahm, um sein Ziel zu erreichen.

Fazit: Eine Einzelstrafe im oberen Bereich des zur Verfügung stehenden Strafrahmens kommt mit Blick auf die zu Gunsten des A sprechenden Umstände nicht in Betracht. Angesichts des hohen Handlungsunwertes der Tat kommt aber auch eine Freiheitsstrafe im unteren Bereich des zur Verfügung stehenden Strafrahmens nicht mehr in Betracht. Die „Einstiegstelle" dürfte etwa in der Mitte des Strafrahmens liegen.

c) Ergebnis

Die festzusetzende Einzelstrafe sollte zwischen 5 Jahren und 7 Jahren und 6 Monaten, konkret bei 6 Jahren und 4 Monaten liegen.

4. Gesamtstrafenbildung

Für die Gesamtstrafenbildung ist aus den drei Einzelstrafen nach den Grundsätzen des § 54 Abs. 1 Satz 2, Abs. 2 StGB zunächst der **Strafrahmen** zu bestimmen.

Ausgangspunkt ist die Einsatzstrafe, d.h. die höchste der verwirkten Einzelstrafen. Im vorliegenden Fall ist dies die Einzelstrafe für den dritten Tatkomplex (6 Jahre und 4 Monate Freiheitsstrafe). Diese Einsatzstrafe ist entsprechend der Schwere von Unrecht und Schuld des Gesamtgeschehens zu verschärfen. Das Mindestmaß der Verschärfung liegt bei einer Strafeinheit, hier bei einem Monat, vgl. § 39 StGB. Gemäß § 54 Abs. 2 Satz 1 StGB darf auf der anderen Seite die Summe der Einzelstrafen (7 Jahre und 3 Monate Freiheitsstrafe) nicht erreicht werden. Der Strafrahmen für die Gesamtstrafenbildung beträgt mithin Freiheitsstrafe von 6 Jahren und 5 Monaten bis zu 7 Jahren und 2 Monaten.

Im Rahmen der Gesamtstrafenbildung ist eine **zusammenfassende Würdigung** der Person des Täters sowie der einzelnen Straftaten erforderlich. Abwägungskriterien sind vor allem die Zahl der Taten und ihr Zusammenhang, die Gleichheit oder Verschiedenheit der verletzten Rechtsgüter sowie das Gesamtgewicht des abzuurteilenden Sachverhalts (→ oben Fall 1, II. 3.). Das Verhältnis der einzelnen Straftaten zueinander ist dabei von wesentlicher Bedeutung. Besteht zwischen den Taten ein enger zeitlicher, sachlicher und situativer Zusammenhang ist es nach der Rechtsprechung geboten, die Gesamtstrafe enger zusammenzuziehen.[33] Gemeint ist, dass dieser besondere Zusammenhang zwischen den Taten einen bestimmenden Strafzumessungsgrund darstellt, welchem dadurch Rechnung zu tragen ist, dass die Erhöhung der Einsatzstrafe maßvoller ausfällt als ohne das Vorliegen eines solchen Zusammenhangs.[34]

Zwischen dem ersten und zweiten Tatkomplex ist im vorliegenden Fall ein enger zeitlicher Zusammenhang gegeben. Unmittelbar nachdem die Nebenklägerin den A der Wohnung ihrer Eltern verweisen konnte, begab sich dieser zur Gartenlaube seiner Schwiegereltern und nötigte dort seinen Schwiegervater, ihm ein Telefonat mit der Nebenklägerin zu ermöglichen. Zwischen den ersten beiden und dem letzten Tatkomplex liegt zwar eine deutliche zeitliche Zäsur, Tatopfer der im ersten und letzten Tatkomplex verwirklichten Straftaten war jedoch jedes Mal die Ehefrau des A. Auch war der motivatorische Hintergrund der unterschiedlichen Straftaten stets derselbe: A wollte seine Ehefrau zur Rückkehr bewegen bzw. eine endgültige Trennung gewaltsam verhindern. Da die Taten demnach in einem engen zeitlichen, sachlichen und situativen Zusammenhang stehen, hat die Erhöhung der Einzelstrafe niedriger ausfallen als in anderen Fällen.

Relevant ist darüber hinaus, dass dem Angeklagten erstmals die Verurteilung zu einer (hohen) Freiheitsstrafe und damit auch die erstmalige Strafverbüßung droht. Dass von einer hohen Gesamtstrafe naturgemäß tiefgreifende **Auswirkungen auf das weitere berufliche und private Leben** des Täters zu erwarten sind, muss in die erforderliche Gesamtwürdigung einbezogen werden.[35] Die bereits verbüßte Untersuchungshaft von 6 Monaten ist hingegen in erster Linie im Rahmen der Strafvollstreckung zu beachten, vgl. § 51 Abs. 1 Satz 1 StGB. Zeigt sich der erstmals im Rahmen der Untersuchungshaft während des Verfahrens inhaftier-

---

[33] BGH StV 1993, 302; 2003, 555 (556); NStZ 1995, 77.
[34] *Fischer*, § 54 Rn. 7a; *Schäfer/Sander/van Gemmeren*, Praxis der Strafzumessung, Rn. 662 ff.
[35] BGH StV 1988, 103 (104).

te Täter von dieser Erfahrung besonders beeindruckt, so kann dieser Umstand allerdings bereits im Urteil unter dem Gesichtspunkt der geringeren spezialpräventiven Einwirkungsnotwendigkeit strafmildernd berücksichtigt werden.[36]

Fazit: Ergebnis der erneut vorzunehmenden Gesamtwürdigung ist, dass eine Gesamtfreiheitsstrafe von 6 Jahren und 8 Monaten als tat- und schuldangemessen anzusehen ist. Dadurch wird die Einsatzstrafe maßvoll erhöht, der Strafrahmen der Gesamtfreiheitsstrafe jedoch nicht voll ausgeschöpft.

II. Anordnung der Maßregel nach § 63 StGB

Zur Beantwortung der allgemein gefassten Frage nach den möglichen Rechtsfolgen ist darüber hinaus zu erörtern, ob neben der Verhängung einer Freiheitsstrafe die Anordnung einer Maßregel der Besserung und Sicherung – konkret – der Unterbringung in einem psychiatrischen Krankenhaus gemäß § 63 StGB, in Betracht kommt.

Das Maßregelrecht wird von der Idee der rechtsstaatlichen **Spezialprävention** durchzogen. Gemeinsames Ziel der sehr unterschiedlich ausgestalteten Maßregeln ist die Verhinderung von Straftaten, die von einer bestimmten Person in Zukunft drohen.[37] Ihre Anordnung ist auch bei Schuldunfähigkeit möglich und tritt bei Schuldfähigen ggf. neben die parallel verhängte Strafe. Die Anordnung erfolgt im Urteil, genauer: im Urteilstenor. Wird sie vom Gericht abgelehnt, so findet sich die Ablehnung hingegen nur in den Urteilsgründen.[38] Ob die Anordnung einer Maßregel aus Anlass und als Rechtsfolge einer rechtswidrigen Tat erfolgt, hängt insbesondere von der Gefährlichkeitsprognose ab, die notwendiger Prüfungsbestandteil aller Maßregeln der Besserung und Sicherung ist.[39]

Die freiheitsentziehende Maßregel des § 63 StGB dient dem Schutz der Allgemeinheit vor psychisch kranken Tätern. Diese können untergebracht werden, wenn sie im Zustand verminderter Schuldfähigkeit (§ 21 StGB) oder der Schuldunfähigkeit (§ 20 StGB) eine rechtswidrige Tat begangen haben und von ihnen infolge ihres Zustands eine Gefahr für die Allgemeinheit ausgeht. Zur Erstellung der Gefährlichkeitsprognose sind der Täter und seine Tat einer Gesamtwürdigung zu unterziehen, wie sie auch sonst für die Prognose erforderlich ist (→ oben Fall 5, II. 1. d. aa.). Zur Vorbereitung der Prognose ist die Mitwirkung eines Sachverständigen im Verfahren zwingend vorgeschrieben (§§ 80a, 246a StPO). Darüber hinaus ist der in § 62 StGB ausdrücklich genannte, für alle Maßregeln geltende Grundsatz der Verhältnismäßigkeit zu beachten.

---

[36] *Schäfer/Sander/van Gemmeren*, Praxis der Strafzumessung, Rn. 434.
[37] *Meier*, Strafrechtliche Sanktionen, 236.
[38] BGH bei Dallinger, MDR 52, 530; *Meyer-Goßner*, § 260 Rn. 38;.
[39] Dies gilt auch für die Entziehung der Fahrerlaubnis nach § 69 StGB (→ oben Fall 6), wo die Gefährlichkeitsprognose als „Ungeeignetheit" zum Führen von Kraftfahrzeugen geprüft wird.

1. Anlasstat

Die Anordnung der Unterbringung im psychiatrischen Krankenhaus setzt zunächst voraus, dass der Täter eine **rechtswidrige Tat** i.S. des § 11 Abs. 1 Nr. 5 StGB begangen hat. Gesteigerte Anforderungen etwa i.s. der „Erheblichkeit" werden nicht gestellt; die Anlasstat muss aber verfolgbar sein und soweit es sich um Antragsdelikte handelt, ist ein gestellter Strafantrag erforderlich.[40] Diese Voraussetzung ist im vorliegenden Fall erfüllt. A hat sich wegen Bedrohung in Tateinheit mit Sachbeschädigung, wegen Nötigung sowie wegen versuchten Mordes in Tateinheit mit versuchter Brandstiftung mit Todesfolge strafbar gemacht. Sämtliche Taten sind rechtswidrige Taten i.S. des § 11 Abs. 1 Nr. 5 StGB und verfolgbar.

2. Erheblich verminderte Schuldfähigkeit

Voraussetzung für die Anordnung der Maßregel ist ferner ein zum Tatzeitpunkt bestehender Zustand zumindest möglicher Schuldunfähigkeit i.S. des § 20 StGB oder positiv festgestellter erheblich verminderter Schuldfähigkeit i.S. des § 21 StGB, auf welchem die Begehung der Tat beruht.[41] Die Schuldunfähigkeit bzw. verminderte Schuldfähigkeit muss auf einem **länger dauernden**, nicht nur vorübergehenden **psychischen Defekt** beruhen.[42] Darüber hinaus muss durch den Zustand des Täters ein Zusammenhang zwischen der Anlasstat und den für die Zukunft zu erwartenden weiteren Taten vermittelt werden; Anlasstat und künftige Taten müssen für den Zustand des Täters **symptomatisch** sein.[43]

Im vorliegenden Fall birgt die Persönlichkeitsfehlentwicklung des A zweifellos die Gefahr in sich, dass es bei jedem zukünftigen Verlust einer engen Bezugsperson zu einer erneuten Dekompensation mit entsprechenden Verhaltensweisen und damit zu weiteren schwerwiegenden Straftaten kommen kann.[44] Dennoch darf die Anordnung der Unterbringung nach § 63 StGB nicht erfolgen. Zwar hat es im Rahmen der Strafzumessung zur Annahme der Voraussetzungen des § 21 StGB genügt, dass infolge der trennungsbedingten Dekompensation der Persönlichkeitsstörung des A eine erheblich verminderte Steuerungsfähigkeit zu den Tatzeitpunkten nicht auszuschließen war (→ oben I. 1. 1. aa. 2.). Diese Lösung beschwert den Angeklagten nicht, da sie zu einer für ihn günstigen Entscheidung – der Gewährung der Strafrahmenmilderung nach §§ 21, 49 StGB – geführt hat; sie ist deshalb sachgerecht.

Psychische Auffälligkeiten, die die Voraussetzungen einer schweren seelischen Abartigkeit nicht erreichen, sondern nur in bestimmten Konfliktsituationen bei besonders psychischer Belastung die Voraussetzungen erfüllen und zur erheblichen Einschränkung der Steuerungsfähigkeit führen können, reichen jedoch für

---

[40] BGHSt 31, 132 (134).
[41] BGH NJW 1983, 350; Fischer, § 63 Rn. 5.
[42] BGHSt 34, 22 (26 f.), 42, 385 (386).
[43] *Meier*, Strafrechtliche Sanktionen, 272 f.
[44] So offenbar die Argumentation des LG, das sich im vorliegenden für eine Anordnung der Maßregel nach § 63 StGB entschieden hatte, vgl. BGH NStZ 2006, 154.

eine Unterbringung nach § 63 StGB nicht aus.[45] Denn als freiheitsentziehende Maßregel stellt die Unterbringung einen massiven Eingriff in die Grundrechte des Angeklagten dar, weshalb in diesem Kontext höhere Anforderungen zu stellen sind. Würde man hier die zum Tatzeitpunkt nicht ausgeschlossene Verminderung der Schuldfähigkeit genügen lassen, so würde dies zu einer den Angeklagten beschwerenden Entscheidung führen, die bei nicht zweifelsfrei festgestelltem länger andauerndem Defekt nicht tragbar ist. Besteht – wie hier – nur die allgemeine Möglichkeit, dass der Angeklagte in zukünftigen und ähnlichen Konfliktlagen aufgrund seiner Störung erneut eine gleichartige Tat begehen könnte, so genügt dies zudem nicht für die erforderliche Gefährlichkeitsprognose.

Im vorliegenden Fall ist der für die Anordnung erforderliche positive Nachweis eines länger andauernden psychischen Defekts nicht erbracht, so dass von einer Anordnung der Maßregel nach § 63 StGB abzusehen ist.

III. Entscheidungsvorschlag

Auf der Grundlage der Ergebnisse des Gutachtens zum Rechtsfolgenausspruch, ergibt sich folgender Vorschlag hinsichtlich des Urteilstenors:

„Der Angeklagte wird wegen Bedrohung in Tateinheit mit Sachbeschädigung, wegen Nötigung sowie wegen versuchten Mordes in Tateinheit mit versuchter Brandstiftung mit Todesfolge zu einer Gesamtfreiheitsstrafe von 6 Jahren und 8 Monaten verurteilt.[46] Weiterhin trägt der Angeklagte die Kosten des Verfahrens."

---

[45] So auch der BGH im Ausgangsfall, vgl. BGH NStZ 2006, 154 (155).
[46] Im Ausgangsfall verurteilte das Landgericht B. den Angeklagten zu einer Gesamtfreiheitsstrafe von 7 Jahren und 4 Monaten, die vom BGH nicht beanstandet wurde. Dort war allerdings im letzten Tatkomplex außerdem die tateinheitliche Verwirklichung einer Körperverletzung zu berücksichtigen, die hier aus Gründen der Vereinfachung aus dem Sachverhalt genommen wurde.

Fall 9 (**)

Wiederholt auffällig

Fehlender Strafantrag – Vorstrafen – Gesamtstrafenbildung – Unterbringung in der Sicherungsverwahrung – Widerruf der Strafaussetzung zur Bewährung

Sachverhalt

Die Ermittlungen in dem gegen A geführten Strafverfahren haben Folgendes ergeben:[1]

Nach seiner letzten Haftentlassung lebte A – wie bereits in der Vergangenheit – von illegalen Einkünften, die er u.a. aus Drogengeschäften bezog. Am 13. November 2006 begab er sich zu D, den er als Drogenabnehmer kannte, trat, als D ihm nicht öffnete, dessen Wohnungstür ein, schlug ihm ins Gesicht und nahm ihm sein Bargeld ab (ca. 150 €). Anschließend zwang er D unter der Drohung, ihm ansonsten die Ohren abzuschneiden, sich in verschiedene Handy-Shops zu begeben und dort auf seinen (D´s) Namen drei Vertragshandys zu erwerben, die er nach seiner Rückkehr A aushändigen musste. Schließlich zwang A den D, indem er bedeutungsvoll mit einer Schere vor seinen Ohren wedelte, unter Verwendung einer auf einen Dritten (Y) ausgestellten und von A zuvor entwendeten EC-Karte in einem nahe gelegenen Supermarkt für A einzukaufen. D tätigte mit der EC-Karte des Y einen Großeinkauf im Wert von ca. 200 €; die Einkäufe lieferte er ebenfalls an A ab. Die Taten wurden bekannt, als Y wegen des Verlusts der EC-Karte Anzeige erstattete und die Polizei die Ermittlungen gegen A aufnahm. Am 15. November 2006 wurde A vorläufig festgenommen und befindet sich seitdem in Untersuchungshaft. Bei der Festnahme konnten sowohl die 150 € als auch die drei Handys sichergestellt werden. A hat sich im Verfahren nicht zur Sache eingelassen. D hat wegen der Taten am 13. November 2006 keinen Strafantrag gestellt.

Bei den dargestellten Taten war die Schuldfähigkeit des A, einer Persönlichkeit mit dissozialen (d.h. durch mangelndes Einfühlungsvermögen gekennzeichneten) Zügen, trotz vorausgegangenen Konsums von „liquid Ecstasy" und Cannabis nicht erheblich eingeschränkt; insbesondere war bei ihm keine Drogenabhängigkeit zu

---

[1] Fall in Anlehnung an BGH NStZ-RR 2009, 11.

erkennen. Der mittlerweile 27jährige mehrfach vorbestrafte A konsumierte bereits im Alter von 9 Jahren Alkohol und Nikotin und beging kleinere Straftaten. Im Alter von 12 Jahren begann er mit dem Konsum von Cannabis und Kokain.

Unter anderem durch Urteil des LG Köln vom 17. Mai 1995 wurde er – damals 15 Jahre alt – wegen versuchten Mordes in Tateinheit mit räuberischem Angriff auf einen Kraftfahrer in Tateinheit mit versuchtem schweren Raub zu einer Jugendstrafe von 3 Jahren verurteilt. Gemeinsam mit einem Freund hatte er versucht, einen Taxifahrer unter Zuhilfenahme eines zuvor selbst gefertigten Würgewerkzeugs und eines Messers zu töten, um sich in den Besitz des Taxis zu bringen, was nur an dem heftigen Widerstand des anschließend schwer traumatisierten Opfers scheiterte. Wegen gemeinschaftlichen schweren Raubs wurde A am 21. Juni 2000 erneut zu einer Jugendstrafe von 3 Jahren und am 30. August 2005 wegen gefährlicher Körperverletzung zu einer Freiheitsstrafe von 5 Monaten verurteilt. Zuletzt wurde A am 24. September 2006 durch Urteil des AG Köln wegen Nötigung zu einer Freiheitsstrafe von 6 Monaten verurteilt, deren Vollstreckung zur Bewährung ausgesetzt wurde. Die Bewährungszeit betrug 3 Jahre. Das Urteil ist seit dem 31. September 2006 rechtskräftig.

Im März 2007 sind die Ermittlungen so weit fortgeschritten, dass die Sache anklagereif erscheint.

Aufgabe

Sie sind Referendar bei der Staatsanwaltschaft Köln; Ihr Ausbilder ist als Dezernent für die Durchführung des besagten Strafverfahrens zuständig. Er bittet Sie, in einem Gutachten zur Strafbarkeit des A Stellung zu nehmen und anzugeben, mit welchem Strafmaß zu rechnen ist. Er bittet Sie außerdem, in dem Gutachten auch auf die Frage einzugehen, ob ein Antrag auf Unterbringung des A in der Sicherungsverwahrung sowie ein Antrag auf Widerruf der im Urteil vom 24. September 2006 gewährten Strafaussetzung zur Bewährung aussichtsreich erscheinen.

Lösung

Der Fall behandelt die Problematik des Umgangs mit Beschuldigten, die wiederholt mit schweren Straftaten in Erscheinung treten. Die sich in diesem Zusammenhang stellenden Fragen sind auf ganz unterschiedlichen Ebenen angesiedelt. Zum einen geht es – wie auch schon in anderen Fällen (vgl. etwa → oben Fall 2 und 4) – darum, ob und unter welchen Voraussetzungen Vorstrafen bei der Strafzumessung berücksichtigt werden dürfen. Nach der höchstrichterlichen Rechtsprechung (BGHSt 24, 198) ist hier jeder Schematismus zu vermeiden. Maßgebliche Bedeutung kommt damit der Begründung zu, auf die sich die Berücksichtigung der Vorstrafen in einem konkreten Fall stützt. Dabei ist zwischen Erwägungen zur Schuld und zur spezialpräventiven Einwirkungsnotwendigkeit zu differenzieren. Zum zweiten stellt sich bei Tätern, die mit mehreren schweren Gewalttaten in Erscheinung treten, häufig auch die Frage nach den Voraussetzungen für die Unterbringung in der Sicherungsverwahrung. Die Anordnung der Maßregel steht nicht im Ermessen des Gerichts, sondern muss zwingend dann erfolgen, wenn die Voraussetzungen hierfür erfüllt sind. Da der Gesetzgeber den Anwendungsbereich der Maßregel seit 1998 ausgebaut hat, führt die Sicherungsverwahrung heute kein „Schattendasein" mehr; die Anordnungsvoraussetzungen müssen einem Bearbeiter bekannt sein. Zum dritten stellt sich die Frage nach den Voraussetzungen für den Widerruf der Strafaussetzung zur Bewährung nach § 56f StGB im Fall erneuter Straftaten während der Bewährungszeit. Die Diskussion wird hier maßgeblich durch eine Entscheidung des EGMR aus dem Jahr 2002 geprägt, die einem Bearbeiter ebenfalls bekannt sein sollte.

Lehrbuch: Teil 4, Abschnitt 4.1.4.7 (S. 179-183), Teil 5, Abschnitt 3.3 (S. 297-317)

I. Strafbarkeit des A

1. Raub, § 249 Abs. 1 StGB

A hat sich wegen Raubes gem. § 249 Abs. 1 StGB strafbar gemacht, indem er D ins Gesicht schlug und dessen Bargeld an sich nahm. Bei dem Bargeld handelte es sich um für A fremde bewegliche Sachen. Indem A den D ins Gesicht schlug, setzte er das qualifizierte Nötigungsmittel der Gewalt gegen eine Person ein. Der Gewalteinsatz diente auch der Ermöglichung der Wegnahme, so dass Finalität ebenfalls bejaht werden kann. A erfüllt den subjektiven Tatbestand, der neben dem Vorsatz eine rechtswidrige Zueignungsabsicht verlangt; er handelte rechtswidrig und schuldhaft.

Durch den Schlag ins Gesicht des D hat A auch eine Körperverletzung gem. § 223 Abs. 1 StGB begangen. Der nach § 230 StGB erforderliche Strafantrag ist jedoch nicht gestellt worden. Auch der Hausfriedensbruch gem. § 123 Abs. 1 StGB kann nicht verfolgt werden, da D den nach § 123 Abs. 2 StGB erforderlichen Strafantrag nicht gestellt hat. Dasselbe gilt für eine etwaige Sachbeschädigung, die A begangen haben könnte, als er die Wohnungstür eintrat; auch insoweit fehlt es am Strafantrag (§ 303c StGB).

2. Räuberische Erpressung, § 253 Abs. 1, § 255 StGB

Indem A dem D androhte, dass er ihm die Ohren abschneiden werde, wenn er nicht mehrere Handyverträge abschließe, und sich anschließend die drei von D erworbenen Handys aushändigen ließ, hat er den Tatbestand der räuberischen Erpressung gem. § 253 Abs. 1, § 255 StGB erfüllt. Die räuberische Erpressung erfordert den Einsatz von qualifizierten Nötigungsmitteln, d.h. die Drohung muss mit gegenwärtiger Gefahr für Leib oder Leben verbunden sein. Dies ist mit der Androhung, D ansonsten die Ohren abzuschneiden, gegeben.

Voraussetzung ist ferner ein Handeln, Dulden oder Unterlassen des Genötigten als Folge der Nötigung. Unter dem Eindruck der von A ausgesprochenen Drohung hat D in drei Geschäften verschiedene Handyverträge abgeschlossen und die Geräte anschließend an A ausgehändigt. Alle drei Handlungen waren Folge der Nötigung. Ob für den Tatbestand der Erpressung mit der herrschenden Lehre[2] das Erfordernis einer Vermögensverfügung bejaht wird oder ob mit der ständigen Rechtsprechung[3] gerade keine Vermögensverfügung verlangt wird, kann vorliegend dahinstehen. Jedenfalls kann in der Übergabe der Handys an A ein Verhalten gesehen werden, das sich für D unmittelbar vermögensmindernd auswirkte, womit die Voraussetzungen einer Vermögensverfügung erfüllt sind.

Die Erpressung ist vollendet, wenn bei dem Genötigten oder einem Dritten ein Vermögensnachteil eingetreten ist. Durch die Übergabe der drei Handys und den damit verbundenen Besitzverlust ist bei D ein solcher Nachteil eingetreten. Auch die subjektiven Voraussetzungen der § 253 Abs. 1, § 255 StGB hat A erfüllt: Er handelte vorsätzlich und mit der Absicht der rechtswidrigen Bereicherung. Rechtswidrigkeit und Schuld sind gegeben.

Durch die eine Drohung, D die Ohren abzuschneiden, hat A den D dazu gebracht, drei Handyverträge abzuschließen und sich drei Handys zu verschaffen, die er anschließend an A aushändigen musste. Durch die eine Handlung wurde dasselbe Strafgesetz mithin mehrfach verletzt; dies ist ein Fall der gleichartigen Idealkonkurrenz i.S. des § 52 Abs. 1 StGB. A hat sich wegen räuberischer Erpressung in drei Fällen strafbar gemacht. Die tatbestandlich mitverwirklichte Bedrohung nach § 241 StGB – das angedrohte Abschneiden der Ohren würde den Verbrechenstatbestand des § 226 Abs. 1 Nr. 2 StGB erfüllen – tritt im Wege der Gesetzeskonkurrenz hinter den Tatbestand der räuberischen Erpressung zurück.[4]

---

[2] *Wessels/Hillenkamp*, Rn. 711; S/S-*Eser*, § 253 Rn. 8 f.; *Lackner/Kühl*, § 253 Rn. 3.
[3] BGHSt 7, 252 (254); 14, 386 (390); 25, 224 (228); 42, 196 (199).
[4] *Fischer*, § 241 Rn. 7.

3. Nötigung, § 240 Abs. 1 und 2 StGB

Durch das bedeutungsvolle Wedeln mit der Schere vor den Ohren des D erreichte A, dass D mit der EC-Karte des Y einen Großeinkauf für A tätigte und anschließend die Einkäufe bei A ablieferte; dies erfüllt den Tatbestand einer Nötigung gem. § 240 Abs. 1 und 2 StGB.

Eine räuberische Erpressung i.S. der § 253 Abs. 1, § 255 StGB gegenüber D zum Nachteil des Y scheidet demgegenüber aus. Hier ist die Situation eine andere als im vorangegangenen Sachverhaltsabschnitt. D verfügt nicht über sein eigenes Vermögen, sondern er tätigt die Einkäufe mit der EC-Karte des Y; geschädigt wird also das Vermögen des Y. Eine Dreieckserpressung setzt ein Näheverhältnis zwischen Genötigtem und Geschädigtem voraus.[5] Die Anforderungen, die an das Näheverhältnis zu stellen sind, werden dabei zwischen Rechtsprechung und Literatur uneinheitlich gesehen. Die Literatur greift auf die zum Betrug entwickelte „Lagertheorie" zurück, d.h. der Verfügende muss im Lager des Geschädigten stehen.[6] Nach der Rechtsprechung kommt es demgegenüber nicht auf eine rechtliche oder tatsächliche Verfügungsmacht an, sondern nur darauf, dass der Genötigte spätestens im Zeitpunkt der Tatbegehung schutzbereit auf der Seite des Vermögensinhabers steht.[7] Ein näheres Eingehen auf die Ansichten erübrigt sich jedoch, da D nach beiden Ansichten in keinem Näheverhältnis zu Y stand. A hatte die EC-Karte entwendet und an D übergeben; D war nur zufällig in den Besitz der Karte und damit in eine Position gelangt, in der er auf das Vermögen des Y einwirken konnte. Dies genügt nach keiner Ansicht für die Annahme einer Dreieckserpressung. Der Nötigungstatbestand setzt demgegenüber nur einen Nötigungserfolg in Form einer Handlung, Duldung oder Unterlassung voraus. Dieser ist hier dadurch gegeben, dass D im Supermarkt für A mit der EC-Karte des Y einkauft.

Auch hier tritt die tatbestandlich mitverwirklichte Bedrohung nach § 241 StGB im Wege der Gesetzeskonkurrenz hinter den Tatbestand der Nötigung zurück.[8]

4. Anstiftung zum Betrug, § 263 Abs. 1, § 26 StGB

Darüber hinaus ist eine Strafbarkeit des A wegen Anstiftung des D zum Betrug gegeben. Indem D mit der EC-Karte des Y für A im Supermarkt Einkäufe tätigte, hat er einen Betrug zu Lasten des Y begangen. Durch die Vorlage der Karte hat er die Kassiererin über seine Berechtigung zur Verwendung der Karte getäuscht. Die Kassiererin hat über das Vermögen des Y verfügt, indem sie das Konto des Y mit dem zu zahlenden Betrag belastet hat; es handelt sich um einen Dreiecksbetrug, bei dem das erforderliche Näheverhältnis zwischen der Kassiererin und Y durch die Teilnahme des Supermarkts am EC-Verkehr und die dadurch eröffnete Zugriffsmacht auf das Vermögen des Y hergestellt wird. Drittbereicherungsabsicht

---

[5] *Wessels/Hillenkamp*, Rn. 714.
[6] HK-GS/*Duttge*, § 253 Rn. 20; Müko-*Sander*, § 253 Rn. 23; *Wessels/Hillenkamp*, Rn. 714.
[7] BGHSt 41, 123 (125).
[8] *Fischer*, § 241 Rn. 7.

zugunsten des A hatte D ebenso wie er rechtswidrig handelte. Die Konstellation des Nötigungsnotstandes, der das Handeln des D entschuldigt erscheinen lassen könnte, scheidet vorliegend mangels gegenwärtiger Gefahr aus; als D im Supermarkt für A einkaufte, war A nicht in der Nähe. A hat D zu der Tat angestiftet; er handelte rechtswidrig und schuldhaft, so dass die Voraussetzungen einer Strafbarkeit wegen Anstiftung zum Betrug nach § 263 Abs. 1, § 26 StGB gegeben sind.

5. Konkurrenzen und Ergebnis

Die Nötigung und die Anstiftung zum Betrug wurden durch eine Handlung – das bedeutungsvolle Wedeln mit der Schere – begangen; sie stehen in Tateinheit gem. § 52 StGB. Im Übrigen stehen sämtliche Delikte in Tatmehrheit gem. § 53 StGB. A setzte D auf unterschiedliche Weise unter Druck: Er schlug ihm ins Gesicht, er drohte ihm offen an, ihm die Ohren abzuschneiden, und er bedrohte ihn konkludent, indem er bedeutungsvoll mit der Schere wedelte. Infolge dieser drei Handlungen traten unterschiedliche Rechtsgutsverletzungen ein: D verlor sein Bargeld und übergab A die Handys, und das Konto des Y wurde mit den Kosten für den Großeinkauf belastet. A hat sich daher wegen dreier Taten in Tatmehrheit nach §§ 249, 253, 255, 240, 263, 26, 52, 53 StGB strafbar gemacht.

II. Gutachten zum Strafmaß

1. Raub

a) Strafrahmen

Der Regelstrafrahmen für Raub reicht von einem Jahr bis zu 15 Jahren Freiheitsstrafe, § 249 Abs. 1, § 38 Abs. 2 StGB. Für die Annahme eines minder schweren Falls und damit die Anwendung des Sonderstrafrahmens des § 249 Abs. 2 StGB (Freiheitsstrafe von 6 Monaten bis zu 5 Jahren) ist im vorliegenden Fall kein Raum. Die Annahme eines **minder schweren Falles** kann dann erfolgen, wenn die Tat im Ganzen unter Berücksichtigung der Täterpersönlichkeit so sehr von den erfahrungsgemäß gewöhnlich vorkommenden Fällen abweicht, dass der Regelstrafrahmen zu Ahndung der Tat unangemessen erscheint. Die Beurteilung, ob es sich um einen minder schweren Fall handelt, obliegt dem Tatrichter; dieser hat die Frage in einer Gesamtwürdigung zu beurteilen (→ oben Fall 7, II. 1. b. aa.).

Im vorliegenden Fall bleiben die Intensität und das Ausmaß der Tat nicht wesentlich hinter denen eines Falles zurück, der im Regelstrafrahmen berücksichtigt werden kann. A hat zwar ein nur geringes Maß an Gewalt angewandt, als er D ins Gesicht schlug, und auch der Wert des entwendeten Bargelds (150 €) war nicht übermäßig hoch. Dies reicht für sich genommen jedoch noch nicht aus, um einen minder schweren Fall anzunehmen. Auch wenn man den Umstand hinzunimmt, dass A vor der Tat Cannabis und liquid Ecstasy konsumiert hatte, rechtfertigt dies nicht die Annahme eines minder schweren Falles, da die Steuerungsfähigkeit des

A hierdurch nicht erheblich eingeschränkt wurde und A auch nicht drogenabhängig war. Berücksichtigt werden müssen nämlich auf der anderen Seite auch diejenigen Umstände, die in eine gegenläufige Richtung weisen: das gewaltsame Eindringen in die Wohnung des D und die massive Vorbelastung des A. Beide Umstände stehen einer Einordnung der Tat als minder schwerer Fall entgegen.

Da die Schuldfähigkeit des A zum Zeitpunkt der Tat nicht erheblich eingeschränkt war, kommt eine Strafrahmenverschiebung nach § 21, § 49 Abs. 1 StGB ebenfalls nicht in Betracht.

b) Schuldrahmen

Der Schuldrahmen für die Ahndung der Tat ist damit innerhalb des Regelstrafrahmens des § 249 Abs. 1 StGB zu suchen. Dabei ist auch hier wieder die Spielraumtheorie zugrunde zu legen (→ oben Fall 1, II. 1. b.; Fall 2, II. 1. b.). Den maßgeblichen Ausgangspunkt bilden die Modalitäten der Tatbegehung, bei § 249 StGB also das Maß der angewandten Gewalt und die Höhe des angerichteten Schadens.

aa) Tatmodalitäten

Hinsichtlich der Modalitäten ist festzustellen, dass die Tatschwere auf den ersten Blick gering erscheint. Die angewandte Gewalt war zwar wirksam genug, um D zur Duldung der Wegnahme des Bargelds zu motivieren, aber sie führte nicht zu einer weitergehenden Beeinträchtigung. Auch der Betrag, den A entwendete, bewegte sich eher in einem unteren Rahmen. Zudem muss berücksichtigt werden, dass das Geld bei der Festnahme bei A sichergestellt werden konnte; es wird also in voller Höhe an D zurückgeführt werden, so dass auch in materieller Hinsicht kein bleibender Schaden entstanden ist.

Die Tatschwere wird im vorliegenden Fall aber auch dadurch gekennzeichnet, dass A gegen den Willen des D gewaltsam in die Wohnung eingedrungen ist. Die **Bedrohlichkeit der Situation** ergab sich für D gerade daraus, dass D durch das vorangegangene Eintreten der Tür bereits eingeschüchtert worden war und sich in seiner Wohnung nach dem Eindringen des A in einer schutzlosen, nach außen abgeschotteten Lage befand. D hat zwar insoweit keinen Strafantrag gestellt, so dass das von A beim Eindringen in die Wohnung verwirklichte Unrecht nicht eigenständig verfolgt werden kann. In der Rechtsprechung ist jedoch anerkannt, dass auch wegen Fehlens eines Strafantrags nicht verfolgbare Tatbestandserfüllungen bei der Strafzumessung berücksichtigt werden dürfen.[9] Die Problematik ähnelt derjenigen, die sich auch bei der Berücksichtigung von nach § 154 StPO ausgeschiedenen Taten stellt (→ oben Fall 1, II. 1. b.); hier wie dort kommt es darauf an, dass in der Hauptverhandlung ein entsprechender Hinweis nach § 265 StPO ergeht. Soweit dies jedoch gegeben ist, ist davon auszugehen, dass sich das gewaltsame Eindringen in den geschützten Lebensbereich des D, das sich

---

[9] BGH NJW 2001, 1874 (1876); LK-*Theune*, § 46 Rn. 178; *Fischer*, § 46 Rn. 38b.

ein das Handlungsunrecht deutlich erhöhender, strafschärfender Umstand darstellt, in der Strafzumessung verwertet werden darf.

bb) Persönliche Verhältnisse

Wie sich in den Ermittlungen gezeigt hat, ist A zwar nicht drogenabhängig, weist aber eine lange Karriere des Drogenkonsums auf. Er ist jetzt 27 Jahre alt, hat aber seit seinem 9. Lebensjahr Alkohol und Nikotin konsumiert und mit 12 Jahren begonnen, Cannabis und Kokain einzunehmen. Auch vor der Tat hatte er Drogen konsumiert. Wie dargelegt, war A's Schuldfähigkeit durch diese Umstände nicht erheblich eingeschränkt, so dass § 21 StGB nicht angewendet werden kann (→ oben a.). Eine Enthemmung durch Alkohol oder Drogen kann aber auch dann bei der Strafzumessung berücksichtigt werden, wenn die Voraussetzungen des § 21 StGB nicht vorliegen.[10] Zwar ist zweifelhaft, ob sich hieraus im vorliegenden Fall wirklich ein Strafmilderungsgrund ableiten lässt. Nach den Grundsätzen, die der BGH zur Strafmilderung bei Alkoholisierung entwickelt hat (→ oben Fall 7, II. 1. b. bb.), kann die Strafmilderung dann versagt werden, wenn für A das Risiko der Begehung von Gewalttaten vorhersehbar war, als er liquid Ecstasy und Cannabis zu sich genommen hatte.[11] Allerdings sind insoweit bislang noch keine Ermittlungen durchgeführt worden, so dass zugunsten des A davon auszugehen ist, dass ihm eine strafmildernde Berücksichtigung seiner drogenbedingten Enthemmung nicht versagt werden kann.

cc) Vorstrafen

Bei der Einordnung der Tat in den Strafrahmen muss schließlich auch das Vorleben des Täters, konkret: die massive strafrechtliche Vorauffälligkeit des A, berücksichtigt werden. Die Vorstrafen können sich in zweierlei Hinsicht auswirken: Zum einen können sie Auswirkungen auf die Bemessung der Strafzumessungsschuld haben (hierzu sogleich) und zum anderen können sie für die Konkretisierung der Präventionserfordernisse relevant werden, weil das Vorleben des Täters für die Prognose über das zukünftige Verhalten oft den wichtigsten Anhaltspunkt liefert (→ unten III.). Im vorliegenden Zusammenhang sind die Auswirkungen auf die Strafzumessungsschuld maßgeblich.[12]

Unter Schuldgesichtspunkten bedarf es einer sorgfältigen Prüfung, welche Umstände aus welchen Gründen herangezogen werden dürfen. Nur dann, wenn sich feststellen lässt, dass sich der Täter frühere Verurteilungen nicht zur Warnung dienen lassen hat, dass er „nichts gelernt" und sich über die ihm in den früheren Urteilen konkret vor Augen geführten Verbote hinweggesetzt hat, ist es gerechtfertigt, in der hierin liegenden Missachtung der früheren Urteile einen Strafschär-

---

[10] *Fischer*, § 46 Rn. 33.
[11] BGHSt 49, 239 (241 ff.).
[12] Insoweit zusammenfassend LK-*Theune*, § 46 Rn. 169 ff.; NK StGB-*Streng*, § 46 Rn. 66 ff.; S/S-*Stree*, § 46 Rn. 31 ff.; *Schäfer/Sander/van Gemmeren*, Praxis der Strafzumessung, Rn. 362 ff.; *Meier*, Strafrechtliche Sanktionen, 179 ff.

fungsgrund zu sehen (→ oben Fall 2, II. 1. b.). Konsequenz ist, dass nicht jede frühere Verurteilung strafschärfend berücksichtigt werden darf, sondern nur solche, die zu den aktuell abgeurteilten Taten in einem **inneren, „kriminologischen"**[13] **Zusammenhang** stehen. Dafür müssen die Delikte strafrechtssystematisch miteinander verwandt sein (z.B. muss es sich bei allen Taten um Vermögensdelikte handeln) oder sie müssen Ausdruck einer generellen Rechtsgleichgültigkeit des Täters sein; die herangezogenen Umstände müssen sich jedenfalls zum tatbestandlichen Unrecht der gegenwärtigen Tat in eine innere Beziehung setzen lassen. Dies ist erforderlich, damit bei der Bemessung der Strafzumessungsschuld nur die dem Täter zur Last gelegte Tat berücksichtigt und nicht allgemein ein Urteil über seine strafrechtsauffällige Lebensführung gefällt wird.[14] In der Praxis bedeutet dies, dass bei der Strafzumessung vor allem darauf geachtet wird, ob die Vorstrafen „**einschlägig**" (also mit der gegenwärtigen Tat strafrechtssystematisch verwandt) oder nicht einschlägig sind. Ungeachtet des dahinter stehenden Schematismus'[15] ist diese Vorgehensweise im Kern nicht zu beanstanden.

A ist vielfach vorbestraft. Die kleineren Straftaten, die A bereits im Kindesalter begangen hat, sind für die Strafzumessung zu vernachlässigen; die Ermittlungen haben sich hierauf auch nicht bezogen, so dass nicht gesagt werden kann, um was für Delikte es sich dabei handelte.

Der Verurteilung durch das LG Köln vom 17.05.1995 liegt eine Tat zugrunde, die zu der aktuellen Tat in einem erkennbaren Zusammenhang steht. A wurde 1995 ebenfalls wegen schwerer Gewaltdelikte verurteilt, bei denen es auch um die Erlangung fremden Eigentums ging; A und sein Freund hatten versucht, einen Taxifahrer zu töten, um sich in den Besitz des Taxis zu bringen. Zwischen dieser Vorverurteilung und der aktuellen Tat liegen mehr als 11 Jahre; insofern könnte es fraglich sein, ob sie auf die Beurteilung der jetzigen Tat noch Einfluss haben kann. Die Tat von 1995 zeichnet sich jedoch – soweit ohne genauere Aktenkenntnis erkennbar – durch eine erhebliche Brutalität und Eigensucht aus, was auch in dem für einen 15-jährigen Verurteilten erheblichen Strafmaß von 3 Jahren Jugendstrafe zum Ausdruck kommt. Zwischen ihr und der aktuellen Tat besteht eine einheitliche Linie, sowohl was die Motivation zur Tat als auch was die Vorgehensweise und das hierin gezeigte Aggressionspotential betrifft. Die **Vergleichbarkeit der Taten** lässt es deshalb trotz des langen Zeitablaufs gerechtfertigt erscheinen, in der Missachtung der in der früheren Verurteilung liegenden Warnung bei der Strafzumessung für die neue Tat einen schuldsteigernden, straferhöhenden Umstand zu sehen. Die 1995 verhängte Jugendstrafe hat A trotz ihrer Dauer nicht von der Begehung weiterer Straftaten abgehalten; die frühere und die jetzige Tat erscheinen vielmehr als Ausdruck einer bereits vom Jugendalter an vorhandenen gleichgültigen Einstellung gegenüber den Rechtsgütern Dritter. Die Vortat von 1995 darf daher strafschärfend berücksichtigt werden.

---

[13] *Schäfer/Sander /van Gemmeren*, Praxis der Strafzumessung, Rn. 365.
[14] *Meier*, Strafrechtliche Sanktionen, 180 ff.
[15] Vgl. insoweit die Kritik in BGHSt 24, 198 (199).

Die bereits 1995 erkennbare Linie setzt sich in den nachfolgenden Verurteilungen fort. Am 21. Juni 2000 wurde A wegen gemeinschaftlichen schweren Raubes erneut zu einer Jugendstrafe von drei Jahren verurteilt. Der Zeitraum zwischen dieser Verurteilung und der Begehung der aktuellen Tat beträgt gut sechs Jahre, wovon A wahrscheinlich etwa die Hälfte der Zeit im Strafvollzug verbrachte. Die schwere Raubtat aus dem Jahr 2000 bringt A´s gleichgültige Einstellung erneut zum Ausdruck, sie ist daher ebenfalls strafschärfend zu berücksichtigen.

Am 30. August 2005 wurde A wegen gefährlicher Körperverletzung zu einer Freiheitsstrafe von 5 Monaten verurteilt. Dabei handelt es sich zwar nicht um eine direkt einschlägige Vorstrafe; dies steht ihrer Heranziehung jedoch nicht grundsätzlich entgegen. Eine Verurteilung wegen gefährlicher Körperverletzung lässt darauf schließen, dass A gegenüber seinem Opfer Gewalt angewandt hat. Da dies auch die Grundlage der aktuellen Tat bildet, kann auch die Vorverurteilung wegen Körperverletzung strafschärfend berücksichtigt werden.

Zuletzt wurde A vom AG Köln wegen Nötigung zu einer Freiheitsstrafe von sechs Monaten verurteilt, deren Vollstreckung zur Bewährung ausgesetzt wurde. Diese Verurteilung lag weniger als zwei Monate zurück, als A die ihm im vorliegenden Verfahren zur Last gelegten Taten begangen hat. Die Gründe dafür, warum das AG Köln die Freiheitsstrafe zur Bewährung ausgesetzt hat, sind ohne genauere Aktenkenntnis nicht bekannt. Hierauf kommt es vorliegend allerdings auch nicht entscheidend an. Maßgeblich ist vielmehr, dass auch die Verurteilung aus dem Jahr 2006 wiederum wegen eines Gewaltdelikts erfolgte. Raub, wie er vorliegend in Rede steht, und Nötigung haben die gleiche Schutzrichtung, wenn auch der Unrechtsgehalt des Raubes gegenüber dem der Nötigung wesentlich erhöht ist. Die in der erneuten Missachtung der Verurteilung von 2006 liegende Einstellung sowie die **Kürze des Rückfallintervalls** können gleichfalls strafschärfend herangezogen.

Bei der Strafzumessung muss im Übrigen noch Folgendes berücksichtigt werden. Da die Bewährungszeit für die Verurteilung wegen Nötigung noch läuft, kann auch die Tatsache, dass A **unter laufender Bewährung erneut straffällig geworden** ist, zu seinen Ungunsten verwertet werden.[16] Die im Urteil vom 24. September 2006 geäußerte Erwartung, dass sich der Verurteilte schon die Verurteilung zur Warnung dienen lässt (vgl. § 56 Abs. 1 StGB), hat A nicht erfüllt. Die Verurteilung hat ihm gerade nicht als Warnung gedient, sondern er hat nur ein gutes Jahr nach der Verurteilung die aktuelle Tat begangen. Allerdings muss in diesem Zusammenhang ebenfalls berücksichtigt werden, dass A, eben *weil* er diese Erwartung enttäuscht hat, mit dem Widerruf der im Urteil vom 24. September 2006 gewährten Aussetzung rechnen muss; es ist zu erwarten, dass er auch die vom AG Köln festgesetzte Freiheitsstrafe von 6 Monaten verbüßen muss (vgl. dazu → unten IV.). Diese ihn mittelbar belastende Folge der Tat wirkt sich bei der Strafzumessung für die Tat vom 13. November 2006 zu seinen Gunsten aus, § 46

---

[16] Vgl. BGH Urteil vom 8.4.2004, 3 StR 105/04.

Abs. 1 Satz 2 StGB.[17] Die gegenläufigen Erwägungen führen dazu, dass die Strafschärfung wegen des Bewährungsversagens moderat bleiben muss.

Im Ergebnis wirken sich die vielfachen Vorauffälligkeiten sämtlich zu Ungunsten des A aus. Sie erhöhen die Vorwerfbarkeit der aktuellen Tat und lassen eine erhebliche Strafschärfung sachgerecht erscheinen.

c) Fazit

Die Tatmodalitäten des Raubes vermitteln kein einheitliches Bild. Das Maß der gegen D angewandten Gewalt war gering und ebenso der entwendete Geldbetrag, der sichergestellt werden konnte, während das Maß der gegen die Tür verübten Gewalt und das Eindringen in die Wohnung des D erheblich waren. Der Drogenkonsum vor der Tat ist zu Gunsten des A zu berücksichtigen. Die einschlägigen Vorstrafen, die bereits hohe Freiheitsstrafen als Sanktionen nach sich zogen, belasten A wiederum stark, ebenso wie der Umstand, dass es sich bei A um einen Bewährungsversager handelt. Der Raub ist damit als Regelfall einzuordnen, für den die richtige „Einstiegsstelle" im unteren Strafrahmendrittel zu suchen ist.

Die Tatsache, dass A Wiederholungstäter ist, begründet für ihn eine **ungünstige Prognose**. Er wurde in der Vergangenheit mehrfach zu – teilweise sehr erheblichen – Freiheitsstrafen verurteilt; diese Verurteilungen bzw. die entsprechend vollstreckten Strafen haben ihn jedoch nicht davon abgehalten, weitere Straftaten zu begehen.[18] Es erscheint daher unter Präventionsgesichtspunkten nicht sinnvoll, eine zu kurz bemessene Freiheitsstrafe gegen A zu verhängen. Wenn man von einem Schuldrahmen ausgeht, der zwischen 2 und 4 Jahren Freiheitsstrafe liegt, sollte sich das Strafmaß deshalb nicht am unteren Rand bewegen. Zur Ahndung des Raubs am Bargeld dürfte vielmehr eine Freiheitsstrafe von 3 Jahren angebracht sein.[19]

2. Räuberische Erpressung in drei Fällen

a) Strafrahmen

§ 255 StGB verweist hinsichtlich des Strafrahmens auf § 249 StGB („gleich einem Räuber zu bestrafen"); der Strafrahmen sieht folglich mindestens ein Jahr und höchstens 15 Jahre Freiheitsstrafe vor. Die Milderungsmöglichkeit des § 249 Abs. 2 StGB ist auch auf § 255 StGB anzuwenden,[20] scheidet vorliegend jedoch aus den gleich Gründen wie beim Raub aus (→ oben 1. a.). Eine Strafrahmenverschiebung nach §§ 21, 49 Abs. 1 StGB kommt auch hier nicht in Betracht. Der

---

[17] Vgl. OLG Köln NStZ 2004, 205 (206); *Radtke*, in: *Britz u.a.*, Festschrift für Müller-Dietz, 613 ff.
[18] Zu den Vorstrafen als Prädiktor für die Prognose *Meier*, Kriminologie, 182 f.
[19] In dem vom BGH entschiedenen Fall hatte das LG für den Raub in Tateinheit mit Körperverletzung eine Einzelstrafe von 2 Jahren und 9 Monaten festgesetzt.
[20] S/S-*Eser*, § 255 Rn. 4.

Umstand, dass A eine räuberische Erpressung in drei Fällen begangen hat und ein Fall der gleichartigen Idealkonkurrenz i.S. des § 52 Abs. 1 Satz 1 StGB vorliegt, wirkt sich nicht auf den Strafrahmen aus.[21]

b) Schuldrahmen

Die Gewalt, die A dem D androhte, war massiv, was auch darin zum Ausdruck kommt, dass schon die bloße Bedrohung mit dem Abschneiden der Ohren einen eigenständigen Straftatbestand verwirklicht (§ 241 StGB), der im vorliegenden Fall allerdings im Wege der Gesetzeskonkurrenz zurücktritt. Nachdem A bereits gewaltsam in die Wohnung eingedrungen war und D bereits geschlagen hatte, musste D die Drohung auch glaubhaft erscheinen. Indes ist zugunsten des A zu berücksichtigen, dass A diese Drohung nur einmal in der Wohnung des D ausgesprochen und nicht wiederholt hat. Er war auch nicht anwesend, als D die Handyverträge abschloss; D hätte also die Möglichkeit zur Flucht oder zur Verständigung der Polizei gehabt. Die Drohung des A wirkte zwar noch nach, als sich D in die Handyshops begab, jedoch geht von einer einmalig geäußerten Drohung eine andere Wirkung aus, als sie gegeben gewesen wäre, wenn A den D begleitet und in den Handyshops neben ihm gestanden hätte.

Die Vermögensschäden, die D erlitten hat, sind insgesamt eher als gering einzuordnen. Durch die Abschlüsse der Handyverträge – an die ein Teilnehmer erfahrungsgemäß für jeweils 24 Monate gebunden ist – wurde D mit monatlichen Zahlungsverpflichtungen belastet. Die Grundgebühren sind, sofern D keine „flat rate" vereinbart hat, in der Regel niedrig, so dass sich die Schäden in erster Linie aus den Verbindungsgebühren errechnen. Die Handys wurden jedoch bei der Festnahme des A am Tag nach der Tat sichergestellt, so dass es ab diesem Zeitpunkt weder für A oder noch für einen anderen möglich war, mit den Handys Telefonate zu führen, für deren Kosten D einzustehen hat. D ist tatsächlich nicht mehr mit der Gefahr unvorhergesehener Zahlungen belastet. Sollten die Verträge nicht gekündigt werden können, begründen allein die monatlichen Grundgebühren den jeweiligen Schaden.

Bezüglich der persönlichen Verhältnisse des A und der Vorstrafen gilt das bei der Festlegung des Schuldrahmens für den Raub Gesagte entsprechend. Der Umstand, dass A den D zum Abschluss von drei Verträgen und zur Aushändigung von drei Handys gezwungen hat, erhöht den Erfolgsunwert der Tat und wirkt sich strafschärfend aus.[22]

Fazit: Die räuberische Erpressung hinsichtlich der Handys stellt sich etwas anders als der Raub am Bargeld dar, weil zwischen der Bedrohung und dem tatbestandlichen Erfolg ein längerer Zeitraum lag, den D zur Flucht hätte nutzen können. Insofern ist von einem etwas geringeren Handlungsunwert der Tat auszugehen. Auf der anderen Seite hat A den Tatbestand dreimal verwirklicht, was sich zu seinen Ungunsten auswirkt.[23] Im Ergebnis dürfte die räuberische Erpressung damit

---

21 *Schäfer/Sander/van Gemmeren*, Praxis der Strafzumessung, Rn. 498.
22 LK-*Rissing-van Saan*, § 52 Rn. 41; S/S-*Stree/Sternberg-Lieben*, § 52 Rn. 33.
23 S/S-*Stree/Sternberg-Lieben*, § 52 Rn. 33; HK-GS/*Steinmetz*, § 52 Rn. 40.

ebenso einzuordnen sein wie der Raub. Für die Tat erscheint ein Strafmaß von 2 Jahren und 6 Monaten Freiheitsstrafe angebracht.

3. Nötigung in Tateinheit mit Anstiftung zum Betrug

a) Strafrahmen

Beim Vorliegen von ungleichartiger Idealkonkurrenz bestimmt sich der Strafrahmen nach dem Gesetz, das die schwerste Strafe androht, § 52 Abs. 2 Satz 1 StGB. Der Betrugstatbestand sieht eine Strafe von bis zu fünf Jahren oder Geldstrafe vor, § 263 Abs. 1 StGB. Die Mindestfreiheitsstrafe ist ein Monat, § 38 Abs. 2 StGB, der Strafrahmen für die Geldstrafe reicht von 5 bis 360 Tagessätzen, § 40 Abs. 1 Satz 2 StGB. Nach § 26 StGB „wird der Anstifter gleich einem Täter bestraft", d.h. der Strafrahmen des Betrugs wird auf den Anstifter erstreckt. Der Nötigungstatbestand sieht demgegenüber nur eine Höchststrafe von 3 Jahren Freiheitsstrafe vor, § 240 Abs. 1 StGB; hinsichtlich der Mindeststrafe und der Geldstrafe gilt dasselbe wie beim Betrug. Da das Gesetz für die Anstiftung zum Betrug die schwerere Strafe androht, ist für die Strafzumessung mithin ein Strafrahmen von ein Monat bis 5 Jahre Freiheitsstrafe oder Geldstrafe von 5 bis 360 Tagessätzen zugrunde zu legen.

b) Schuldrahmen

Das Mittel, das A einsetzte, um bei D den Tatentschluss zur Begehung eines Betrugs hervorzurufen, bestand auch hier wieder in der Androhung massiver Gewalt. A bedrohte D erneut mit dem Abschneiden der Ohren, wenn auch nicht ausdrücklich, so doch konkludent durch das bedeutungsvolle Wedeln mit der Schere. Die Haupttat selbst, der Betrug des D gegenüber der Kassiererin des Supermarkts zum Nachteil des Y, führte zu einem Schaden, der zwar nicht als gering, aber auch nicht als übermäßig hoch einzustufen ist (200 €). Anders als bei den beiden anderen Taten – dem Raub am Bargeld und der räuberischen Erpressung hinsichtlich der Handys – ist dieser Schaden endgültig eingetreten. Die Gegenstände, die D auf Kosten des Y gekauft hatte, wurden von der Polizei nicht sichergestellt und wären für Y im Übrigen auch kein angemessener Ausgleich gewesen, da davon auszugehen ist, dass Y sein Geld lieber anders verwendet hätte. Im Übrigen lässt sich auch hier wieder zugunsten des A anführen, dass sich die Bedrohung durch das Wedeln mit der Schere auf den Zeitpunkt beschränkte, als sich A und D gemeinsam in der Wohnung des D befanden. Bis zur Vollendung der Nötigung – dem Einkauf im Supermarkt – verstrich auch hier wieder ein längerer Zeitraum, den D zur Flucht oder zur Verständigung der Polizei hätte nutzen können.

Bezüglich der persönlichen Verhältnisse des A und der Vorstrafen kann auf die Ausführungen zum Raub verwiesen werden (→ oben 1. b.). Die Vorstrafen des A sind auch für die hier in Rede stehenden Delikte – die Anstiftung zum Betrug in Tateinheit mit Nötigung – einschlägig, da es auch hier um die gewaltsame Erlangung von fremden Vermögenswerten geht.

Bei der Einordnung der Tat in den Strafrahmen ist davon auszugehen, dass Betrug und Nötigung nach der gesetzgeberischen Vorentscheidung weniger schwer wiegen als Raub und räuberische Erpressung; es handelt sich um **Vergehen, nicht um Verbrechen**. Zu berücksichtigen ist allerdings auch, dass die drei dem A zur Last gelegten Taten in einer Linie stehen; weder im Grad der Einwirkung auf die Willensfreiheit des D noch in der Höhe des angerichteten Schadens sind gravierende Unterschiede erkennbar. Vom Durchschnittsfall des Betrugs unterscheidet sich der vorliegende Fall darin, dass hier die Drohung mit Gewalt im Hintergrund steht, vom Durchschnittsfall der Nötigung darin, dass die Nötigung hier auf die Erlangung von Vermögenswerten abzielt. In Art und Schwere ist die zu beurteilende Tat mit dem Raub am Bargeld und der räuberischen Erpressung hinsichtlich der Handys vergleichbar.

Fazit: Für die Ahndung der Anstiftung zum Betrug in Tateinheit mit Nötigung ist mit Blick auf den geringeren Strafrahmen, aber auch den geringeren Handlungsunwert eine Freiheitsstrafe von einem Jahr und 6 Monaten angemessen.

4. Gesamtstrafenbildung

Aus den drei Einzelstrafen ist nach § 53 Abs. 1 StGB eine Gesamtstrafe zu bilden; dies hat nach den Grundsätzen des § 54 Abs. 1 Satz 2, Abs. 2 StGB zu geschehen. Die Gesamtstrafenbildung ist ein selbständiger Strafzumessungsvorgang; die Einsatzstrafe wird dabei erhöht (→ oben Fall 1, II. 3.).

Für die Gesamtstrafe muss zunächst wiederum ein **Strafrahmen** gebildet werden, dessen Untergrenze höher sein muss als die Einsatzstrafe und dessen Obergrenze unter der Summe der Einzelstrafen liegen muss. Die Einsatzstrafe ist vorliegend die Strafe für den Raub, also die Freiheitsstrafe 3 Jahren. Das Mindestmaß der Verschärfung beträgt einen Monat (vgl. § 39 StGB), so dass die Untergrenze des Rahmens für die Gesamtstrafenbildung bei 3 Jahren und einem Monat Freiheitsstrafe liegt. Die Summe der Einzelstrafen beträgt vorliegend 7 Jahre Freiheitsstrafe. Diese Summe ist um eine Strafeinheit zu reduzieren[24], so dass die Obergrenze für die Gesamtstrafenbildung bei 6 Jahren und 11 Monaten Freiheitsstrafe liegt.

Der Summe der Einzelstrafen kommt für die Gesamtstrafenbildung nur ein geringes Gewicht zu,[25] es kommt vielmehr auf eine **angemessene Erhöhung der Einsatzstrafe** unter Berücksichtigung sämtlicher strafzumessungsrelevanter Faktoren an, vgl. § 54 Abs. 1 Satz 3 StGB. Die Erhöhung der Einsatzstrafe fällt dabei niedriger aus, wenn zwischen den einzelnen Taten ein enger zeitlicher, sachlicher und situativer Zusammenhang besteht.[26] Im vorliegenden Fall spielte sich das gesamte Tatgeschehen in der Wohnung des D ab; sämtliche strafbaren Handlungen des A lagen zeitlich dicht beieinander. Dass die Vermögensschäden erst nach den Beiträgen des D eingetreten sind, ändert an dem engen zeitlichen Zusammenhang der dem A zuzurechnenden Taten nichts. Sämtliche Handlungen richteten

---

[24] *Meier*, Strafrechtliche Sanktionen, 161 f.
[25] BGH NStZ-RR 2003, 295.
[26] BGH NJW 1995, 1038; NStZ 2001, 365 (366).

sich unmittelbar gegen D. Zwar ist Y der Geschädigte des Betrugs; D wurde jedoch zu diesem Betrug von A angestiftet und genötigt.

Aufgrund dieses engen Zusammenhangs zwischen den drei Taten wäre eine zu starke Erhöhung der Einsatzstrafe verfehlt. Eine Erhöhung der Einsatzstrafe um ein Jahr ist als tat- und schuldangemessen anzusehen, so dass eine Gesamtstrafe von 4 Jahren Freiheitsstrafe zu bilden ist.

III. Unterbringung in der Sicherungsverwahrung

Ein Antrag auf Unterbringung des A in der Sicherungsverwahrung hat dann Aussicht auf Erfolg, wenn die Voraussetzungen für die Unterbringung nach § 66 StGB gegeben sind. Die Vorschrift regelt drei Fallkonstellationen, in denen die Unterbringung erfolgen muss; der Grundfall findet sich in § 66 Abs. 1 StGB.

1. Formelle Voraussetzungen

In formeller Hinsicht setzt die Unterbringung in der Sicherungsverwahrung voraus, dass der Täter wegen einer vorsätzlichen Straftat **zu einer Freiheitsstrafe von mindestens 2 Jahren verurteilt** wird. Bei Verurteilung zu einer Gesamtstrafe muss darin wenigstens eine Einzelstrafe von 2 Jahren Freiheitsstrafe enthalten sein.[27] Vorliegend ist diese Voraussetzung erfüllt; es ist zu erwarten, dass A wegen des Raubs am Bargeld zu einer Freiheitsstrafe von 3 Jahren verurteilt werden wird.

Der Täter muss ferner wegen vorsätzlicher Straftaten schon **zweimal jeweils zu einer Freiheitsstrafe von mindestens einem Jahr verurteilt** worden sein, § 66 Abs. 1 Nr. 1 StGB. Ist der Täter zu einer Jugendstrafe verurteilt worden, müssen die Besonderheiten des Jugendstrafrechts berücksichtigt werden: Hier werden keine Gesamtstrafen nach § 53 StGB, sondern Einheitsstrafen gebildet (§ 31 Abs. 1 JGG). In diesem Fall muss das Urteil des Jugendgerichts erkennen lassen, dass der Täter bei einer der ihr zugrunde liegenden Taten eine Jugendstrafe von mindestens einem Jahr verwirkt hat.[28] Diese Voraussetzung ist im vorliegenden Fall ebenfalls erfüllt, da die Verurteilungen vom 17. Mai 1995 und vom 21. Juni 2000 nur wegen einer einzigen Tat im materiellrechtlichen Sinn erfolgt sind. In beiden Fällen wurde A zu einer Jugendstrafe von drei Jahren verurteilt. Beide Verurteilungen liegen zwar mehr als 5 Jahre zurück, so dass sie nach § 66 Abs. 4 Satz 3 StGB nicht mehr berücksichtigungsfähig sein könnten. In die Frist wird jedoch die Zeit nicht eingerechnet, die A im Jugendstrafvollzug verbracht hat, § 66 Abs. 4 Satz 4 StGB. Die Verbüßungszeiten müssten im Einzelnen anhand der Vorstrafenakten berechnet werden. Vorbehaltlich einer genaueren Überprüfung ist

---

[27] BGH NJW 1972, 834; *Fischer*, § 66 Rn. 6; ablehnend *Eisenberg*, § 17 Rn. 37; MüKo-*Ullenbruch*, § 66 Rn. 62.
[28] BGHSt 26, 152 (154 f.).

jedoch davon auszugehen, dass die Verurteilungen von 1995 und 2000 nicht der Verjährung unterfallen.

Dritte formelle Voraussetzung ist, dass der Täter wegen einer oder mehrerer der Taten für die Dauer von **mindestens zwei Jahren Freiheitsstrafe verbüßt** hat, § 66 Abs. 1 Nr. 2 StGB. Auch insoweit wird die Verbüßung von Jugendstrafe gleichgestellt.[29] Im vorliegenden Fall müssen die Verbüßungszeiten des A auch für das Vorliegen dieser Voraussetzung anhand der Vorstrafenakten geprüft werden. Nach § 88 Abs. 2 Satz 2 JGG darf die Reststrafenaussetzung bei der ein Jahr übersteigenden Jugendstrafe jedoch erst erfolgen, wenn der Verurteilte wenigstens ein Drittel der Strafe verbüßt hat. Es ist daher anzunehmen, dass A die beiden gegen ihn verhängten Jugendstrafen wenigstens für die Dauer von insgesamt zwei Jahren verbüßt hat.

2. Materielle Voraussetzungen

In materieller Hinsicht setzt die Unterbringung in der Sicherungsverwahrung voraus, dass der Täter infolge eines Hangs zu erheblichen Straftaten, namentlich zu solchen, durch die die Opfer seelisch oder körperlich schwer geschädigt werden oder schwerer wirtschaftlicher Schaden angerichtet wird, für die Allgemeinheit gefährlich ist, § 66 Abs. 1 Nr. 3 StGB. Die Feststellung setzt eine **Gesamtwürdigung** des Täters und seiner Taten voraus.

Insoweit muss zum einen geprüft werden, ob bei dem Täter ein **Hang zu erheblichen Straftaten** festgestellt werden kann. Als „Hang" bezeichnet die Rechtsprechung den „eingeschliffenen inneren Zustand des Täters, der ihn immer wieder neue Straftaten begehen lässt. Hangtäter ist derjenige, der dauernd zu Straftaten entschlossen ist, oder der aufgrund einer fest eingewurzelten Neigung, deren Ursache unerheblich ist, immer wieder straffällig wird, wenn sich die Gelegenheit dazu bietet."[30] Ob und inwieweit diese Voraussetzung im vorliegenden Fall gegeben ist, lässt sich aufgrund der in der Aufgabenstellung mitgeteilten Angaben nicht zuverlässig beurteilen. Es gibt jedoch Hinweise, die das Vorliegen eines Hangs zu erheblichen Straftaten nahelegen. Sämtliche Verurteilungen, die bislang erfolgt sind, sind wegen Gewalttaten ergangen, die gegen andere gerichtet waren. Dabei sticht die Verurteilung aus dem Jahr 1995 heraus, weil sie von besonderer Brutalität getragen war; aber auch die Verurteilung aus dem Jahr 2000 ist nicht nur wegen einfachen, sondern wegen schweren Raubs erfolgt. Die Ermittlungen haben ergeben, dass es sich bei A um eine Persönlichkeit mit dissozialen Zügen handelt, was auf konsistente Verhaltensauffälligkeiten, fehlende Empathie, Impulsivität und fehlende Reflexionsfähigkeit hindeutet.[31] Diese Ausprägungen zeigen sich auch in der Tat vom 13. November 2006; auch hier setzte sich A rücksichtslos über die Interessen des D hinweg. Die Ermittlungen haben ferner ergeben, dass A bereits über lange eine Karriere des Drogenkonsums verfügt, die be-

---

[29] S/S-*Stree*, § 66 Rn. 13.
[30] BGH NStZ 2003, 201 (202); 2005, 265; NStZ-RR 2009, 11.
[31] Vgl. *Müller-Isberner/Eucker*, in: *Foerster/Dreßing*, Psychiatrische Begutachtung, 424 f.

reits im Alter von 12 Jahren beginnt und die ebenfalls in der Tat vom 13. November 2006 zum Tragen kommt. Der frühe Beginn sowohl des Drogenkonsums als auch der Begehung von Straftaten sind Indikatoren für eine „fest eingewurzelte" Fehlhaltung.[32]

Zum anderen muss geprüft werden, ob der Täter infolge seines Hangs **für die Allgemeinheit gefährlich** ist. Es geht also um die Prognose des weiteren Legalverhaltens und die Beurteilung der Frage, ob von dem Täter in Zukunft weitere erhebliche rechtswidrige Taten zu erwarten sind.[33] Während mit dem Begriff des „Hangs" ein aufgrund umfassender Vergangenheitsbetrachtung festgestellter gegenwärtiger Zustand beschrieben wird, schätzt die Gefährlichkeitsprognose die Wahrscheinlichkeit dafür ein, ob sich der Täter in Zukunft trotz seines Hangs erheblicher Straftaten enthalten kann oder nicht.[34] Auch für die Prognose gilt, dass sie sich im vorliegenden Fall aufgrund der in der Aufgabenstellung mitgeteilten Angaben nicht zuverlässig stellen lässt. Allerdings lässt sich aus den Hinweisen, die für das Vorliegen eines Hangs zu erheblichen rechtswidrigen Taten sprechen, auch ein Indiz dafür ableiten, dass auch in Zukunft mit weiteren erheblichen Taten zu rechnen ist. Umstände, die darauf hindeuten, dass es in der Entwicklung des A Veränderungen gegeben hat, die zu einer prognostisch günstigeren Einschätzung Anlass bieten, sind jedenfalls nicht ermittelt worden. In der Rechtsprechung wird es im Übrigen für zulässig gehalten, den Hang zu erheblichen Taten als wesentliches Prognosekriterium anzusehen; wenn die Hangtätereigenschaft festgestellt worden ist, sei die Wahrscheinlichkeit künftiger Straffälligkeit i.S. der Gefährlichkeitsprognose in der Regel gegeben.[35]

Zum Vorliegen der materiellen Voraussetzungen für die Anordnung der Unterbringung in der Sicherungsverwahrung muss in der Hauptverhandlung ein **Sachverständigengutachten** eingeholt werden, § 246a StPO. Eine Anordnung der Unterbringung ohne vorherige Anhörung eines Sachverständigen stellt einen mit der Revision anfechtbaren Verfahrensfehler dar.[36] Um das weitere Verfahren zu beschleunigen, empfiehlt es sich, dem Sachverständigen schon vor der Anklageerhebung die Gelegenheit zur Vorbereitung des Gutachtens zu gewähren, § 80a StPO.

3. Ergebnis

Vorbehaltlich der genaueren Prüfung der formellen Unterbringungsvoraussetzungen anhand der Vorstrafenakten sowie des Ergebnisses des Sachverständigengutachtens zu den materiellen Voraussetzungen erscheint der Antrag auf Unterbringung des A in der Sicherungsverwahrung aussichtsreich.

---

[32] Vgl. auch die weitergehenden Hinweise in BGH NStZ-RR 2009, 11 f.
[33] BGH NStZ-RR 2003, 108; *Fischer*, § 66 Rn. 33.
[34] BGHSt 50, 188 (196).
[35] BGHSt 50, 188 (196); BGH NStZ 2007, 464; *Fischer*, § 66 Rn. 27.
[36] BGHSt 9, 1 (3); 27, 166 (168).

IV. Widerruf der Strafaussetzung zur Bewährung

Ein Antrag auf Widerruf der im Urteil vom 24. September 2006 gewährten Strafaussetzung zur Bewährung hat dann Aussicht auf Erfolg, wenn die Voraussetzungen für den Widerruf nach § 56f StGB gegeben sind. Die Vorschrift regelt drei Fallkonstellationen, in denen die Strafaussetzung vom Gericht widerrufen wird. Vorliegend ist die erste Konstellation einschlägig: der Widerruf wegen der **Begehung einer erneuten Straftat** in der Bewährungszeit, § 56f Abs. 1 Satz 1 Nr. 1 StGB.

Nach den Ermittlungen ist A hinreichend verdächtig, sich am 13. November 2006 wegen Raubs, räuberischer Erpressung in drei Fällen sowie wegen Anstiftung zum Betrug in Tateinheit mit Nötigung strafbar gemacht zu haben. Diese Straftaten hat A innerhalb der Bewährungszeit begangen, die mit dem Eintritt der Rechtskraft des Urteils vom 24. September 2006 begonnen hat, § 56a Abs. 2 Satz 1 StGB.

Problematisch ist, dass die Ermittlungen wegen der neuen Taten zwar bereits abgeschlossen sind und die Sache anklagereif ist, dass sich A aber bis zur rechtskräftigen Verurteilung wegen der neuen Taten auf die **Unschuldsvermutung** nach Art. 6 Abs. 2 EMRK berufen kann. Nach einer Entscheidung des EGMR aus dem Jahr 2002 ist es mit der Unschuldsvermutung nicht vereinbar, wenn das über den Widerruf der Strafaussetzung entscheidende Gericht feststellt, dass der Verurteilte in der Bewährungszeit eine neue Straftat begangen hat, bevor er wegen dieser verurteilt worden ist.[37] Unklar und umstritten ist, welche Konsequenzen sich hieraus für die Zulässigkeit eines Widerrufs *vor* dem Eintritt der Rechtskraft der Verurteilung wegen der neuen Straftat ergeben.

Die überwiegende Rechtsprechung und wohl auch Literatur halten es unter bestimmten Voraussetzungen nach wie vor für zulässig, dass die Aussetzungsentscheidung schon vor der Rechtskraft der neuen Verurteilung widerrufen wird. Ein Verstoß gegen die Unschuldsvermutung ist nach dieser Auffassung dann nicht gegeben, wenn der Betroffene die neue Straftat glaubhaft vor einem Richter **gestanden** hat.[38] Ebenfalls für zulässig wird es gehalten, die Aussetzung zu widerrufen, wenn der Betroffene wegen der neuen Tat zwar **verurteilt** worden, die Entscheidung aber **noch nicht rechtskräftig** geworden ist.[39] Der andere Teil der Rechtsprechung und der Literatur hält demgegenüber zumindest das Vorliegen eines Geständnisses nicht für ausreichend, um hierauf den Widerruf zu stützen. Das Geständnis kann nach dieser Auffassung den richterlichen Schuldspruch deshalb nicht entbehrlich machen, weil der Beschuldigte hieran nicht gebunden ist;

---

[37] EGMR NJW 2004, 43 (45).
[38] BVerfG NJW 2005, 817; OLG Düsseldorf, NJW 2004, 790; OLG Köln NStZ 2004, 685 (686); NK StGB-*Ostendorf*, § 56f Rn. 7; MüKo-*Groß*, § 56f Rn. 41; HK-GS/*Braasch*, § 56f Rn. 4; *Schäfer/Sander/van Gemmeren*, Praxis der Strafzumessung, Rn. 196.
[39] *Fischer*, § 56f Rn. 7.

das Geständnis kann jederzeit widerrufen werden. Dabei ist ein Widerruf auch noch in der Berufungsinstanz möglich.[40]

Im vorliegenden Verfahren hat sich A nicht zur Sache eingelassen; ein richterliches Geständnis ist nicht gegeben. Auch nach der von der überwiegenden Rechtsprechung und Literatur vertretenen Auffassung kommt daher vor einer Verurteilung des A wegen der neuen, am 13. November 2006 begangenen Straftaten kein Widerruf der Aussetzungsentscheidung vom 24. September 2006 in Betracht. Würde die Aussetzungsentscheidung schon zeitlich vor einem neuen Urteil widerrufen, so bestünde die Gefahr, dass zwar das AG Köln, das als Gericht des ersten Rechtszugs über den Widerruf zu entscheiden hat (§ 453 Abs. 1 Satz 1, § 462a Abs. 2 StPO), die Aussetzung widerruft, dass aber im nachfolgenden Verfahren wegen der am 13. November 2006 begangenen Straftaten ein Freispruch ergeht; A müsste dann die 6-monatige Freiheitsstrafe verbüßen, obwohl ein Widerrufsgrund in Wirklichkeit nicht gegeben ist. Die Unschuldsvermutung des Art. 6 Abs. 2 EMRK dient auch und gerade dazu, derartige Rechtsbeeinträchtigungen zu verhindern.

Fazit: Ein Antrag auf Widerruf der im Urteil vom 24. September 2006 gewährten Strafaussetzung zur Bewährung erscheint zum gegenwärtigen Zeitpunkt nicht aussichtsreich.

---

[40] OLG Hamm StV 2004, 83 (84); *Lackner/Kühl*, § 56f Rn. 3.

Fall 10 (**)

Vorsicht besser als Nachsicht?

Nachträgliche Anordnung der Sicherungsverwahrung – neue Tatsachen – Gefährlichkeitsprognose – Hang zu erheblichen Straftaten – prozessuale Voraussetzungen

Sachverhalt

Die am 28. Januar 2009 vor dem Landgericht A durchgeführte Hauptverhandlung hat Folgendes ergeben[1]:

Am 6. November 1995 war B vom Landgericht A wegen Vergewaltigung in Tateinheit mit Beischlaf zwischen Verwandten, sexueller Nötigung, sexuellem Missbrauch von Kindern, sexuellem Missbrauch von Schutzbefohlenen und gefährlicher Körperverletzung, ferner wegen gefährlicher Körperverletzung in vier Fällen, vorsätzlicher Körperverletzung und vorsätzlichen Fahrens ohne Fahrerlaubnis zu einer Gesamtfreiheitsstrafe von 15 Jahren verurteilt worden. Als höchste Einzelstrafe verhängte die Kammer für das tateinheitlich verwirkte Verbrechen gemäß § 177 StGB a.F. eine Freiheitsstrafe von 13 Jahren.

Hauptsächlicher Gegenstand des Urteils waren etwa 1.500 bis 2.000 massive sexuelle Übergriffe des B auf seine Frau und seine am 28. Oktober 1978 geborene Tochter im Zeitraum zwischen Juni 1985 und November 1995. B hatte mit seiner Tochter gegen deren Willen bis zu fünf Mal täglich den Vaginal- und Oralverkehr ausgeübt und sie und ihre Mutter zu verschiedenen Sexualpraktiken gezwungen. Daneben kam es zu Gewalttätigkeiten, indem B seine Ehefrau und Tochter grundlos schlug, an ihrem Körper Zigaretten ausdrückte oder seine Tochter bis zum Eintritt der Bewusstlosigkeit würgte. Hinzugezogene Sachverständige diagnostizierten dem in der damaligen Hauptverhandlung geständigen Angeklagten psychische Auffälligkeiten in Form einer Persönlichkeitsstörung mit Gamma-Alkoholismus (Betroffener ist süchtiger Trinker, nur zu kurzer Abstinenz fähig, psychische und physische Abhängigkeit) und Sexualdeviation (abweichendes Sexualverhalten).

---

[1] Fall in Anlehnung an BGH, Beschl. v. 24. März 2006 – 1 StR 27/06 (www.bundesgerichtshof.de).

Das Landgericht A sah seinerzeit von einer Unterbringung in der Sicherungsverwahrung ab, da zu berücksichtigen sei, dass keine Erfahrungen mit dem Betroffenen vorlägen, aus denen geschlossen werden könne, dass er durch Haft nicht zu beeindrucken sei. Zudem sei zu erwarten, dass sich während der langjährigen Haftverbüßung neue Lebensbedingungen für die Tatopfer herausbilden würden und B eine innere Distanz zu seiner Familie finden würde.

Im Verlaufe des Strafvollzuges begann B, seine Taten zu leugnen. Nach wie vor versucht er, Briefkontakt zu seiner Familie – seine Ehefrau ließ sich inzwischen von ihm scheiden – herzustellen. B ist der Auffassung, seine Tochter und Ehefrau liebten und vermissten ihn und er werde nach der Haftentlassung zu ihnen und seinem bisherigen Leben zurückkehren können. Tatsächlich haben Frau und Tochter noch immer große Angst vor B und meiden seit Jahren den Kontakt. Auch sonst verfügt B über keinerlei Sozialkontakte; er hat weder eine Wohnung noch eine Arbeitsstelle in Aussicht. Im Strafvollzug lebt er zurückgezogen und ohne Kontakte zu Mitgefangenen oder einem der Dienste der Anstalt (Sozialdienst, psychologischer oder kirchlicher Dienst). Da er eine solche nicht für notwendig hielt, lehnte B eine ihm angebotene Sexualtherapie ab.

Ausweislich der beiden eingeholten unabhängigen Sachverständigengutachten trat bei B im Jahre 1998 eine sog. paranoid-halluzinatorische Schizophrenie in Erscheinung, an welcher dieser bis heute erkrankt ist. Aufgrund dieser Erkrankung, die seit einiger Zeit medikamentös behandelt wird, hat sich bei B ein systematischer Wahn mit hoher Aggressivität bei fehlender Krankheitseinsicht und Behandlungsmotivation entwickelt.

Im Hinblick auf seine Familie und die ihm zur Last gelegten Taten besteht bei B ein vollumfänglicher Wahrnehmungsverlust, infolgedessen er sich nicht nur für unschuldig, sondern sich und seine Familie auch für Opfer eines Justizkomplotts hält. Dies äußert er seither immer wieder in Briefen an Frau und Tochter sowie gegenüber den Beamten des Allgemeinen Vollzugsdienstes innerhalb der Justizvollzugsanstalt (JVA). In nahezu allen Briefen und auch während eines Besuches seiner Tochter in der JVA schwor er dieser, sich durch die vermeintliche Verschwörung nicht aufhalten zu lassen. Er äußerte wiederholt, er werde „alles tun", um die Familie wieder zu vereinen und Frau und Tochter – notfalls mit Gewalt – aus dem unterdrückenden Einfluss der Behörden befreien.

Aufgabe

Die Staatsanwaltschaft hat die Anordnung der nachträglichen Sicherungsverwahrung beantragt, die Verteidigung deren Ablehnung. Der Vorsitzende der zur Entscheidung berufenen Kammer des Landgerichts A bittet Sie um die Erstellung eines ausführlichen Gutachtens. Gehen Sie auch auf die prozessualen Voraussetzungen einer nachträglichen Anordnung der Sicherungsverwahrung ein und schließen Sie Ihr Gutachten mit einem konkreten Tenorierungsvorschlag.

Lösung

Während § 66 StGB die sog. primäre, vom erkennenden Gericht im Urteil angeordnete Sicherungsverwahrung regelt (hierzu → Fall 9), ermöglicht es die 2004 in das StGB eingeführte Vorschrift des § 66b StGB, solche Täter bis zu 10 Jahre oder darüber hinaus (vgl. § 67d Abs. 3 StGB) in Verwahrung zu halten, deren Gefährlichkeit für die Allgemeinheit sich erst während des Vollzugs der Freiheitsstrafe erweist. Rechtspolitisch sieht sich die Vorschrift vielfältiger Kritik ausgesetzt.[2] Grund dafür ist u.a. die Tatsache, dass mit der Maßnahme nicht nur in elementare Grundrechte des Betroffenen, sondern auch in die Rechtskraft des Urteils des erkennenden Gerichts eingegriffen wird, das die Anordnung der Sicherungsverwahrung erwogen und – wie im vorliegenden Fall – aus guten Gründen abgelehnt haben kann. Fragen zur Zulässigkeit der Sicherungsverwahrung und ihrer nachträglichen Anordnung waren somit bereits Gegenstand bundesverfassungsgerichtlicher Entscheidungen, wobei das BVerfG das Institut der Sicherungsverwahrung jedoch weder in seiner Grundgestalt nach § 66 StGB noch in seinen Formen nach §§ 66a und 66b StGB beanstandet hat.[3] Ein Bearbeiter sollte diesen rechtspolitischen Hintergrund kennen, weil sich aus ihm die allseits vertretene Forderung nach restriktiver, auf eng begrenzte Ausnahmefälle beschränkter Nutzung der durch § 66b StGB eröffneten Möglichkeiten ergibt.

In prozessualer Hinsicht enthält § 275a StPO maßgebliche Regelungen zur nachträglichen Anordnung der Sicherungsverwahrung. Dass für das Verfahren die Form der Hauptverhandlung und nicht, wie im Gesetzgebungsverfahren zunächst befürwortet, das Beschlussverfahren vor der Strafvollstreckungskammer gewählt wurde, entspricht der sachgerechten Erwägung, dass es für einen so schwerwiegenden Eingriff wie die Sicherungsverwahrung einer vollwertigen Hauptverhandlung mit ihren schützenden Förmlichkeiten bedarf.

Lehrbuch: Teil 5, Abschnitt 3.3 (S. 297-317)

I. Nachträgliche Anordnung der Sicherungsverwahrung

Die **nachträgliche Anordnung der Sicherungsverwahrung** kann sowohl gegenüber **Wiederholungstätern** (§ 66b Abs. 1 StGB) als auch gegenüber **Ersttätern** (§ 66b Abs. 2 StGB) erfolgen. Die Anordnung gegenüber Wiederholungstätern verweist auf die Voraussetzungen des § 66 StGB, wo geregelt ist, dass die Sicherungsverwahrung sowohl gegenüber Tätern mit mehreren Vor*strafen* (§ 66 Abs. 1 und 3 StGB; → oben Fall 9) als auch gegenüber Tätern mit mehreren Vor*taten* angeordnet werden kann (§ 66 Abs. 2 und 3 StGB).[4] Im vorliegenden Fall ist über etwaige Vorstrafen des B nichts bekannt. Bekannt geworden ist lediglich, dass er

---

[2] Vgl. die Nachweise hierzu bei *Fischer*, § 66b Rn. 6.
[3] BVerfGE 109, 133; BVerfG StraFo 2008, 516.
[4] Vgl. BGH NStZ 2006, 178 (179).

eine Vielzahl von Einzel*taten* begangen hat, für die er am 6. November 1995 abgeurteilt worden ist. Als Rechtsgrundlage für die nachträgliche Anordnung der Sicherungsverwahrung kommen deshalb allein § 66b Abs. 1 i.V.m. § 66 Abs. 2 bzw. 3 StGB oder § 66b Abs. 2 StGB in Betracht. Wenn die Anordnung auf § 66b Abs. 1 i.V.m. § 66 Abs. 2 bzw. 3 StGB gestützt werden soll, muss bekannt sein, welche Strafe B für die begangenen Taten „verwirkt" hat, d.h. welche Einzelstrafen hierfür festgesetzt worden sind. Das ist nicht bekannt; in der Aufgabenstellung wird lediglich mitgeteilt, dass in dem Urteil vom 6. November 1995 als Einsatzstrafe für eine Vergewaltigung (= § 177 StGB a.F.) eine Freiheitsstrafe von 13 Jahren festgesetzt worden ist. Die nachträgliche Anordnung der Sicherungsverwahrung kann deshalb im vorliegenden Fall allein auf § 66b Abs. 2 StGB gestützt werden.

1. Formelle Voraussetzungen

a) Qualifizierte Verurteilung

In formeller Hinsicht setzt die nachträgliche Anordnung der Sicherungsverwahrung die **Verurteilung** zu einer Freiheitsstrafe von **mindestens 5 Jahren** voraus. Diese Voraussetzung ist erfüllt. B wurde durch Urteil vom 6. November 1995 zu einer Gesamtfreiheitsstrafe von 15 Jahren verurteilt, in der eine Einzelstrafe von 13 Jahren enthalten war.

Die Verurteilung muss **wegen eines oder mehrerer Verbrechen** gegen das Leben, die körperliche Unversehrtheit, die persönliche Freiheit, die sexuelle Selbstbestimmung, wegen schweren Raubs oder Raubs mit Todesfolge erfolgt sein. Auch diese Voraussetzung ist erfüllt. Dabei kann erneut auf die Einzelstrafe wegen Vergewaltigung abgestellt werden. Die Vergewaltigung war im früheren, 1995 gültigen Recht als eigenständiger Tatbestand erfasst und mit Freiheitsstrafe nicht unter zwei Jahren bedroht; es handelte sich um ein Verbrechen. Auch heute, wo die Vergewaltigung lediglich noch als besonders schwerer Fall der sexuellen Nötigung erfasst ist (§ 177 Abs. 2 Satz 2 Nr. 1 StGB), bestehen am Verbrechenscharakter der Tat keine Zweifel.

b) Neue Tatsachen

Ebenso wie § 66b Abs. 1 StGB setzt § 66b Abs. 2 StGB voraus, dass **nach** der **Anlassverurteilung**, aber noch vor dem Ende des Vollzugs der Freiheitsstrafe **neue Tatsachen** erkennbar werden, die auf eine erhebliche Gefährlichkeit des Verurteilten für die Allgemeinheit hinweisen. In zeitlicher Hinsicht (nachträgliche Erkennbarkeit der Tatsachen) weist dieses Merkmal formelle Bedeutung auf, in ihrem indiziellen Gehalt für die Gefährlichkeit des Verurteilten materiellen Charakter.[5]

---

[5] *Peglau* JR 2006, 14 f.

An die Bewertung von Tatsachen als „neu" sind strenge Anforderungen zu stellen. Berücksichtigt werden dürfen nur Tatsachen, die erst nach der letzten Entscheidung in der Tatsacheninstanz erkennbar geworden sind.[6]

Ausweislich der beiden Sachverständigengutachten trat bei B erstmals im Jahre 1998 eine paranoid-halluzinatorische Schizophrenie zu Tage, an welcher dieser bis heute erkrankt ist. Deren Folge ist ein systematischer Wahn mit hoher Aggressivität bei fehlender Krankheitseinsicht und Behandlungsmotivation. Auch **innere Tatsachen**, wie Veränderungen in der Persönlichkeit oder Psyche eines Verurteilten, können neue Tatsachen im Sinne des § 66b StGB sein.[7] Gleiches gilt im Einzelfall für sog. psychiatrische Befundtatsachen[8]. Hierbei gilt es zu beachten, dass Umstände, die dem ersten Tatrichter bekannt waren oder die er bei pflichtgemäßer Sorgfalt hätte erkennen und gegebenenfalls näher hätte aufklären müssen, bei der nachträglichen Anordnung der Sicherungsverwahrung keine Berücksichtigung finden dürfen.[9] Bei psychiatrischen Auffälligkeiten kommt es nicht darauf an, wann diese erstmals zur **Diagnose einer psychischen Erkrankung** oder Störung geführt haben; abzustellen ist vielmehr darauf, ob die der psychologischen oder medizinischen Bewertung zugrunde liegenden Anknüpfungstatsachen im Zeitpunkt der Aburteilung bereits vorlagen, bekannt oder zumindest erkennbar waren[10]. Tatsachen, die zwar nach der Anlassverurteilung auftreten, aber lediglich einen im Ausgangsverfahren bekannten Zustand bestätigen, sind ebenfalls nicht „neu" im Sinne des § 66b StGB.[11]

Um einen solchen Fall nachträglicher Diagnose auf der Grundlage bereits früher bekannter oder erkennbarer Tatsachen handelt es sich vorliegend jedoch nicht. Zwar sind bereits im Ausgangsverfahren bei B Verhaltensweisen und Auffälligkeiten festgestellt worden, die die damals hinzugezogenen Sachverständigen als Persönlichkeitsstörung mit Gamma-Alkoholismus und Sexualdeviation eingestuft hatten. Das Ergebnis der Hauptverhandlung vom 28. Januar 2009 belegt jedoch, dass sich die nunmehrige Diagnose einer paranoiden Schizophrenie auf Tatsachen bezieht, die im Zeitpunkt der Anlassverurteilung noch nicht aufgetreten waren. Dazu zählen halluzinatorische Wahrnehmungen des B und wahnhafte Äußerungen mit hoher Aggressivität. Zu dieser Symptomatik zählt des Weiteren, dass B seine Taten nunmehr leugnet und in sein wahnhaftes Gedankengebäude einer gegen ihn gerichteten Justizverschwörung einbezogen hat. Demgegenüber hatte sich B im Ausgangsverfahren zu seinen Taten bekannt und ein Geständnis abgelegt.

Die seit 1998 bestehende psychische Erkrankung und ihre Anknüpfungstatsachen als „neu" anzusehen, stellt folglich keine Umbewertung von bereits bei der Anlassverurteilung erkennbaren Tatsachen dar. Es handelt sich um „neue" Tatsachen i.S. des § 66b StGB.

---

[6] BGHSt 50, 180 (187 f.); 275 (278); BGH NStZ 2005, 561 (562).
[7] BGH NStZ-RR 2007, 301 (302).
[8] BGH NStZ 2006, 155 (156).
[9] BGHSt 50, 180 (187); 373 (378 f.).
[10] BGHSt 50, 275 (278 f.); 51, 191 (195 ff.); BGH NStZ-RR 2006, 302.
[11] BGH StV 2007, 29 (30).

2. Materielle Voraussetzungen

a) Gefährlichkeitsprognose[12]

Materielle Voraussetzung der nachträglichen Anordnung der Sicherungsverwahrung ist, dass im Rahmen einer **Prognose über das weitere Legalverhalten** die Gefährlichkeit des Verurteilten festgestellt werden kann. Dies bedeutet, dass eine hohe Wahrscheinlichkeit dafür besteht, dass der Verurteilte in Freiheit erhebliche Straftaten begehen wird, durch welche die Opfer seelisch oder körperlich schwer geschädigt werden. Dabei gilt es, die angesprochene Doppelfunktion der „neuen Tatsachen" zu berücksichtigen. Die in zeitlicher Hinsicht neuen Tatsachen müssen materiell erheblich in dem Sinn sein, dass sie die Gefährlichkeitsprognose in einem deutlich anderen Licht erscheinen lassen als zum Zeitpunkt der Vorentscheidung.[13]

Da die Unterbringung in der nachträglichen Sicherungsverwahrung nach voller Verbüßung der verhängten Schuldstrafe eine außerordentlich beschwerende Maßnahme bildet, ist im Hinblick auf diesen erheblichen Eingriff in das Freiheitsgrundrecht des Verurteilten die Anordnung nur dann verhältnismäßig, wenn die Gefahrenprognose auf einer umfassenden **Gesamtwürdigung** beruht, die sich an die Feststellung der neuen Tatsachen anschließt und in die sämtliche weitere prognoserelevanten Umstände einfließen.[14] Diese Gesamtwürdigung soll die Person des Verurteilten, seine Taten – d.h. die Anlasstat sowie sonstige Vortaten oder neue Taten – und ergänzend seine Entwicklung während des Strafvollzugs einbeziehen. Die einzelnen Bewertungsschritte der Gesamtwürdigung lassen sich nur schwer trennen. Im Ergebnis müssen sie zu der wertenden Beurteilung führen, dass von dem Verurteilten eine hohe, seine Entlassung nicht rechtfertigende Gefahr ausgeht.[15]

aa) Gefahr erheblicher Straftaten

Bereits die Gesetzesmaterialien betonen, dass monokausale Erklärungen bei der Beurteilung der Gefährlichkeit verfehlt sind[16]. In Anbetracht der Schwere des Eingriffs, der nach dem Willen des Gesetzgebers restriktiv, auf wenige Einzelfälle beschränkt gehandhabt werden soll, müssen die neuen Tatsachen schon für sich Gewicht haben und auf eine erhebliche Gefahr der Beeinträchtigung des Lebens, der körperlichen Unversehrtheit, der Freiheit oder der sexuellen Selbstbestimmung anderer durch den Betroffenen hindeuten.[17] Im Falle einer psychischen Erkran-

---

[12] Der Aufbau weicht hier vom Aufbau in Fall 9 (III. 2.) ab, da umstritten ist, ob der „Hang zu erheblichen Straftaten" im Rahmen des § 66 Abs. 2 StGB überhaupt geprüft werden muss, → unten b.
[13] BGHSt 50, 284 (296 f.); HK-GS/*Rössner/Best*, § 66b Rn. 10.
[14] BGHSt 50, 121 (125); 275 (277 f.).
[15] *Fischer*, § 66b Rn. 44.
[16] BT-Drucks. 15/2887, 12 f.; vgl. auch BVerfG NJW 2006, 3483 (3485).
[17] BGHSt 50, 284 (296 f.).

kung des Betroffenen ist daher zu verlangen, dass diese sich während der Strafhaft nach außen manifestiert hat. Denn erst konkrete Auswirkungen einer Krankheit verbreitern die Entscheidungsgrundlage in der von § 66b StGB geforderten Weise und verleihen der Erkrankung ein die Gefährlichkeitsprognose tragendes Gewicht.[18]

Der Ausbruch der Psychose, d.h. der psychischen Erkrankung des B, stellt hier deshalb nicht nur eine „neue", sondern auch eine für die Gefährlichkeitsprognose relevante Tatsache dar, weil sich das von B aufgrund seiner negativen Entwicklung im Strafvollzug ausgehende Risiko hierdurch maßgeblich erhöht hat. B lebt aufgrund eines paranoiden Wahnsystems und selbst unter Medikation in seiner eigenen Welt. Infolge der Psychose hängt er verstärkt seiner Verschwörungstheorie an und glaubt, seine geschiedene Frau und Tochter ständen unter staatlichem Einfluss und Druck. Diese Krankheit des B ist seit 1998 hinreichend nach außen in Erscheinung getreten. Sie zeigt sich nicht nur in seinem Verhalten, sondern insbesondere in dem Inhalt der an seine Tatopfer gerichteten Briefe oder der Äußerungen gegenüber Vollzugsbeamten oder seiner Tochter. Diese Äußerungen weisen einen teilweise bedrohlichen, immer aber völlig realitätsfremden Charakter auf und lassen so die Bereitschaft erkennen, nach der Entlassung aus dem Strafvollzug erhebliche Straftaten zu begehen. Denn bei dem krankheitsuneinsichtigen B würde es im Falle einer Entlassung zu einem Absetzen der Medikamente und damit zu einer Verstärkung seines paranoiden Syndroms kommen. Bei einer Konfrontation mit Exfrau und Tochter sowie den früheren Erlebnissen ist eine fremdaggressive Reaktion nicht auszuschließen. Im Gegenteil: Zu erwarten ist, dass B seine wahnhaften Vorstellungen mit gewalttätigen Mitteln durchsetzen wird und hiervon Teile der Allgemeinheit – namentlich seine Familie und staatliche Organe, die er für seine Inhaftierung verantwortlich macht – betroffen sein werden.

Die Annahme einer erheblichen Gefährlichkeit des B lässt sich darüber hinaus auch darauf stützen, dass er über keinerlei stabilisierende Faktoren verfügt. Denn auch Unterkunft, Arbeit und soziale Bindungen bilden Umstände, die in die Gesamtwürdigung einzustellen sind.[19] Nach einer Haftentlassung hat B weder eine Wohnung noch eine Arbeitsstelle in Aussicht. Infolge seiner selbst gewählten Isolation verfügt er weder innerhalb noch außerhalb der JVA über soziale Kontakte. Der Verlauf seiner Strafhaft kann nur als ungünstig bezeichnet werden, da B sich allen Angeboten therapeutischer, seelsorgerischer oder betreuender Natur verschließt.

bb) Gegenwärtigkeit der Gefahr

Die erhebliche **Gefahr weiterer Straftaten** allein vermag eine Anordnung nach § 66b Abs. 2 StGB noch nicht zu rechtfertigen. Nach der Rechtsprechung des BVerfG ist darüber hinaus eine gewisse **Gegenwärtigkeit** dieser Gefahr zu for-

---

[18] BGHSt 51, 191 (196).
[19] Vgl. BGHSt 50, 121 (127).

dern[20]. Durch diesen Aspekt hebt sich die zu prognostizierende Gefährlichkeit von der allgemeinen Rückfallgeschwindigkeit ab.[21] Das Merkmal der Gegenwärtigkeit besagt nicht, dass die Begehung weiterer und erheblicher Straftaten durch den Verurteilten unmittelbar bevorstehen muss. Der Rechtsprechung des BVerfG lässt sich insofern **keine** nach **starren zeitlichen Kriterien** zu bemessende Rückfallfrequenz i.S. einer umgehend zu erwartenden neuen Tat entnehmen. Ein nur mittel- oder langfristig bestehendes Risiko genügt jedoch nicht.

Unter Berücksichtigung der Ergebnisse der beiden Sachverständigengutachtens ist hier davon auszugehen, dass B ein hohes Gewaltpotential aufweist, welches mit hoher Wahrscheinlichkeit zum Durchbruch kommen wird, wenn er in Freiheit feststellt, dass die durch sein Wahnsystem aufgebauten Erwartungen sich nicht erfüllen; mit hoher Wahrscheinlichkeit ist davon auszugehen, dass es zu Straftaten gegen das Leben und die körperliche Unversehrtheit der Ehefrau, seiner Tochter und eines jeden Dritten kommen wird, der seinen wahnhaften Vorstellungen entgegentritt.[22] Diese Einschätzung wird dadurch unterstützt, dass B bei diesem abzusehenden Einsturz seiner Vorstellungswelt keinerlei unterstützende Umstände zur Verfügung stehen.

Die Gesamtwürdigung der Persönlichkeit des B, seiner Taten und seiner Entwicklung im Strafvollzug lässt den Schluss zu, dass von B innerhalb kürzester Zeit nach einer Entlassung die Begehung erheblicher Straftaten zu erwarten ist. Beide Tatopfer verweigern inzwischen jeglichen Kontakt mit dem Verurteilten. Dafür macht dieser jedoch nicht deren freie Willensentschließung verantwortlich, sondern ein vermeintliches, manipulierendes und kontrollierendes Dazwischentreten staatlicher Stellen. Die unmittelbar nach der Entlassung aus dem Strafvollzug zu erwartende Konfrontation des B mit der von seiner Vorstellungswelt erheblich abweichenden Realität lässt es sachgerecht erscheinen, hier nicht nur von einem mittel- oder langfristigen Risiko auszugehen, eine gegenwärtige Gefahr erheblicher rechtswidriger Straftaten in dem vom BVerfG vorausgesetzten Sinn anzunehmen.

cc) Gefahr für die Allgemeinheit

Aus dem Verweis in § 66b Abs. 2 StGB auf die „Tatsachen der in Absatz 1 genannten Art" folgt, dass die (neuen) Tatsachen auf die „Gefährlichkeit des Verurteilten für die Allgemeinheit" hinweisen müssen. Soweit sich die von B aufgrund seiner Wahnvorstellungen in Zukunft zu erwartenden **Taten gegen** die Familie des B und damit gegen **nahe Angehörige** richten, vermag dies die Gefährlichkeit „für die Allgemeinheit" nicht in Zweifel zu ziehen. Es ist davon auszugehen, dass die Allgemeinheit ein Interesse daran hat, Rechtsgutsträger unabhängig davon zu schützen, in welcher Beziehung sie zum Täter stehen. Daher sind zu erwartende

---

[20] BVerfGE 109, 190 (242); BVerfG StraFo 2008, 516 (517); vgl. auch BGH StraFo 2008, 435 (436).
[21] BVerfG NJW 2006, 3483 (3485).
[22] Im Ausgangsfall sah der BGH diese Annahme des LG als rechtlich fehlerfrei an.

Angriffe auf nahestehende Personen stets auch als „für die Allgemeinheit gefährlich" einzustufen.[23]

b) Hang zu erheblichen Straftaten

Anders als § 66b Abs. 1 StGB enthält § 66b Abs. 2 StGB nicht die Klausel „ ... und wenn die übrigen Voraussetzungen des § 66 erfüllt sind." Zweifelhaft ist deshalb, ob die nachträgliche Anordnung der Sicherungsverwahrung bei Ersttätern in materieller Hinsicht lediglich die Gefährlichkeitsprognose verlangt oder ob darüber hinaus die **Feststellung eines „Hangs zu erheblichen Straftaten"** i.S. des § 66 Abs. 1 Nr. 3 StGB (hierzu → oben Fall 9) erforderlich ist.

Nach Auffassung des BVerfG ist wegen des fehlenden Verweises in § 66b Abs. 2 StGB auf § 66 Abs. 1 StGB von einem Verzicht des Gesetzgebers auf die Feststellung eines solchen Hangs auszugehen. Im Einzelfall könne jedoch eine Feststellung geboten sein, wenn dies für die Annahme der Gefährlichkeit erforderlich sei.[24] Der BGH geht demgegenüber und trotz dieser Bewertung durch das BVerfG davon aus, dass ein Verzicht auf die Feststellung eines Hangs im Rahmen der Anordnung nach § 66b Abs. 2 StGB trotz der fehlenden Verweisung nicht angezeigt ist.[25] Die Literatur schließt sich dieser Auffassung überwiegend an.[26] In der Sache geht es um das Problem, dass bei Ersttätern i.S. des § 66b Abs. 2 StGB meist nur wenige Anhaltspunkte vorliegen, auf die sich die Beurteilung eines Hangs zu erheblichen Straftaten stützen lässt; die **Beurteilungsbasis** ist bei den von § 66 Abs. 1 StGB erfassten Wiederholungstätern breiter. BGH und Literatur bezweifeln, dass es sachgerecht ist, bei Ersttätern nur mit Blick auf die schmalere Beurteilungsgrundlage auf das Hangerfordernis zu verzichten.

Dass es auch **bei Ersttätern** notwendig ist, auf den Hang als Bezugspunkt für die Gefährlichkeitsprognose abstellen zu können – und damit die Auffassung des BGH vorzuziehen ist –, wird vor allem in den Fällen deutlich, in denen – wie auch vorliegend – psychische Erkrankungen des Betroffenen eine Rolle spielen. In diesen Fällen stellt sich nämlich die Notwendigkeit, die Maßregel der (nachträglichen) Sicherungsverwahrung zur Maßregel der Unterbringung in einem psychiatrischen Krankenhaus abzugrenzen. Der „Zustand", an den § 63 StGB anknüpft, ist nicht identisch mit dem „Hang" i.S. des § 66 StGB; beide Maßregeln sollen unterschiedliche Tätergruppen erfassen. Die Grundlage für eine Unterbringung nach § 63 StGB bildet eine andauernde psychische Störung des Betroffenen, die ihren Ausdruck in der Anlasstat gefunden hat. Die (nachträgliche) Sicherungsverwahrung dient demgegenüber in erster Linie dem Schutz der Allgemeinheit vor hochgefährlichen nicht-kranken Rechtsbrechern, deren Lebens- und Kriminalgeschichte die Begehung weiterer schwerwiegender Straftaten erwarten lässt.[27] Führt das Auftreten einer psychischen Erkrankung – wie hier – zur Einleitung eines auf die

---

[23] BGHSt 26, 321 (323 f.); MüKo-*Ullenbruch*, § 66 Rn. 134.
[24] BVerfG NJW 2006, 3483 (3484); zustimmend HK-GS/*Rössner/Best*, § 66b Rn. 14.
[25] BGHSt 50, 373 (381); 51, 191 (198).
[26] MüKo-*Ullenbruch*, § 66b Rn. 123; *Fischer*, § 66b Rn. 33 f.
[27] Vgl. zum Verhältnis der Maßregeln auch S/S-*Stree*, § 66 Rn. 76.

nachträgliche Anordnung der Sicherungsverwahrung gerichteten Verfahrens, so darf ihre Einordnung als „neue Tatsache" nicht den Blick darauf verstellen, dass die Erkrankung in erster Linie einen Zustand begründet, der unter den weiteren Voraussetzungen des § 63 StGB nur eine Unterbringung in einem psychiatrischen Krankenhaus rechtfertigen könnte; eine „nachträgliche" Unterbringung in einem psychiatrischen Krankenhaus ist dem Gesetz jedoch fremd. Erst durch die Feststellung, dass die Entäußerungen der Krankheit eine Gefahr für die Allgemeinheit i.S. des § 66b StGB indiziert und in einen symptomatischen Zusammenhang mit der Anlasstat gebracht werden können, vermag die nachträgliche Anordnung der Sicherungsverwahrung zu begründen.[28]

Im vorliegenden Fall kann eine Entscheidung über die Erforderlichkeit des Hang-Kriteriums dahingestellt bleiben, da ein solcher Hang bei B in jedem Fall bejaht werden kann. Unter einem „Hang zu erheblichen Straftaten" i.S. des § 66 Abs. 1 Nr. 3 StGB ist nach der Rechtsprechung eine auf charakterlicher Anlage beruhende oder durch Übung erworbene intensive Neigung zu Rechtsbrüchen zu verstehen.[29] Auf die Ursachen des Hangs kommt es nicht an.[30] Das Merkmal verlangt vielmehr einen **„eingeschliffenen inneren Zustand"** des Täters, der ihn immer wieder neue Straftaten begehen lässt. Bei Wiederholungstätern beurteilt sich das Vorliegen eines Hanges danach, ob die Vorverurteilungen und/oder die abzuurteilende(n) Anlasstat(en) symptomatisch für die Neigung des Täters und die von ihm ausgehende Gefährlichkeit sind. Die Taten sind mit anderen Worten daraufhin zu würdigen, ob aus ihnen auf einen Hang zur Begehung erheblicher Straftaten – namentlich zu solchen, durch die die Opfer seelisch oder körperlich schwer geschädigt werden oder durch die schwerer wirtschaftlicher Schaden angerichtet wird – geschlossen werden kann, ob sich also in ihnen ein solcher Hang hinreichend deutlich manifestiert.[31] Bei Ersttätern i.S. des § 66b Abs. 2 StGB fehlt diese Beurteilungsbasis zwar typischerweise, aber gerade im vorliegenden Fall ist die Prüfung eines „Hangs zu erheblichen Straftaten" dennoch möglich.

Das Urteil aus dem Jahre 1995 befasste sich mit 1.500 bis 2.000 massiven sexuellen und gewalttätigen Übergriffen des B auf seine damalige Ehefrau und Tochter, welche sich über einen Zeitraum von mehreren Jahren hinweg ereigneten. Wenngleich nicht näher zu bestimmen ist, ob einzelne Übergriffe Konflikts- oder Spontantaten darstellten, so wird durch den langen Zeitraum der Übergriffe und ihre Häufigkeit insgesamt ein „eingeschliffenes Verhaltensmuster" des B deutlich. Auch ohne die mittlerweile bestehende psychische Erkrankung liegt bei B eine **Persönlichkeitsstörung** der genannten Art vor, die durch abweichendes Sexualverhalten, fehlende Rücksichtnahme und fehlende Empathie sowie durch eigensüchtiges Durchsetzen des eigenen Willens gekennzeichnet ist.

---

[28] BGHSt 51, 191 (199 f.).
[29] BGH NStZ 2003, 201 (202); 2005, (265); *Fischer*, § 66 Rn. 24.
[30] BGHSt 24, 160 (161).
[31] BGH NStZ-RR 2008, 337.

3. Ergebnis

Die Voraussetzungen einer nachträglichen Anordnung der Unterbringung in der Sicherungsverwahrung nach § 66 b Abs. 2 StGB liegen nach alledem vor. Die **Anordnung** steht **im pflichtgemäßen Ermessen** des Gerichts. Angesichts der Schwere der zu erwartenden Taten und der hohen Wahrscheinlichkeit, dass es nach einer Entlassung aus dem Strafvollzug zu diesen Taten kommen wird, sollte die Unterbringung trotz des verfassungsrechtlichen Gebots zu äußerst sparsamem Gebrauch[32] gegen B angeordnet werden.

II. Verfahrensfragen

1. Prozessuale Voraussetzungen der Unterbringung

Die verfahrensmäßige Behandlung der Anordnung der Sicherungsverwahrung nach einem Vorbehalt im Urteil (§ 66a StGB) oder bei nachträglicher Anordnung (§ 66b StGB) richtet sich nach § 275a StPO. Das Landgericht A ist das in diesem Fall für eine Entscheidung über die nachträgliche Anordnung der Sicherungsverwahrung zuständige Gericht, vgl. § 74f Abs. 1 GVG.

Das **gerichtliche Verfahren**, welches in seinem Wesen der Hauptverhandlung i.S. der §§ 213 bis 275 StPO nachempfunden ist (vgl. § 275a Abs. 2 StPO), findet **auf Antrag** der Staatsanwaltschaft statt. Um dem Betroffenen **rechtliches Gehör** zu gewähren, muss die Staatsanwaltschaft den Betroffenen in Kenntnis setzten, wenn sie einen Antrag auf nachträgliche Anordnung der Sicherungsverwahrung erwägt; eine Mitteilung darüber, dass ein solcher Antrag geprüft wird (vgl. § 275a Abs. 1 Satz 2 StPO), braucht nicht zu erfolgen.[33] Der Antrag soll 6 Monate vor dem Zeitpunkt gestellt werden, zu dem der Freiheitsentzug endet (vgl. § 275a Abs. 1 Satz 3 StGB), besser aber schon ca. ein Jahr vorher.[34] Der Antrag soll inhaltlich einer Anklageschrift bzw. einer Antragsschrift nach § 414 Abs. 2 StPO entsprechen und muss eine Begründung enthalten, aus der sich ergibt, auf welcher Variante des § 66b StGB der Antrag beruht und insbesondere welche neuen Tatsachen erkennbar geworden sind, die Anlass zur Antragstellung geben.[35]

Vorliegend sind keine Anhaltspunkte dafür erkennbar, dass diese prozessualen Anforderungen seitens der Staatsanwaltschaft nicht eingehalten wurden. Auch die gemäß § 275a Abs. 4 Satz 2 StPO einzuholenden **externen** (vgl. Satz 3) **Sachverständigengutachten** liegen vor. Ob es sich bei den Sachverständigen um zwei Fachärzte mit psychiatrischer Ausrichtung oder um solche anderer Fachrichtungen – etwa Psychologen – handelte, ist unerheblich.[36]

---

[32] MüKo-*Ullenbruch*, § 66b Rn. 124.
[33] *Folkers* NStZ 2006, 431; *Meyer-Goßner*, § 475a Rn. 6.
[34] *Folkers* NStZ 2006, 427.
[35] BGHSt 50, 284 (290 f.); *Meyer-Goßner*, § 275a Rn. 6a; Beispiel für eine Antragsschrift bei *Folkers* NStZ 2006, 432 ff.
[36] Vgl. BGHSt 50, 121 (129 f.).

Das Gericht hat über die nachträgliche Anordnung der Sicherungsverwahrung durch Urteil zu entscheiden, indem es die Anordnung entweder trifft oder den Antrag ablehnt. Die Urteilsgründe müssen – wie sonst auch nach § 267 Abs. 1 Satz 1 StPO – klar, geschlossen und erschöpfend sowie aus sich heraus verständlich sein. Eine Bezugnahme auf das Ausgangsurteil ist zulässig.[37]

2. Überweisung in ein psychiatrisches Krankenhaus

Im Hinblick auf das Krankheitsbild des B stellt sich über die nachträgliche Anordnung der Sicherungsverwahrung hinaus die Frage, ob die Überweisung in den **Maßregelvollzug nach § 63 StGB**, die Unterbringung in einem psychiatrischen Krankenhaus, in Betracht kommt.[38] Diese Möglichkeit nach § 67a Abs. 2 Satz 1 StGB besteht nach dem Willen des Gesetzgebers auch bei nachträglicher Anordnung der Sicherungsverwahrung.[39] Diesbezüglich gilt es jedoch Folgendes zu beachten:

Eine nachträgliche Unterbringung nach § 63 StGB ist seitens des Gesetzgebers gerade nicht gewollt, eine solche Regelung fehlt. Die gleichzeitige Anordnung nach § 66b StGB (nachträgliche Anordnung der Sicherungsverwahrung) und § 67a Abs. 2 StGB (Überweisung in den Vollzug eines psychiatrischen Krankenhauses) liefe im Ergebnis auf eine faktische Einführung dieser vom Gesetzgeber nicht gewollten nachträglichen Unterbringung hinaus, so dass eine **gleichzeitige Anordnung** beider Maßnahmen nach der Rechtsprechung des BGH **nicht zulässig** ist.[40] Darüber hinaus wäre für eine solche Entscheidung nach § 67a Abs. 2 StGB aber auch die Strafvollstreckungskammer zuständig (§ 463 Abs. 6, §§ 462, 462a Abs. 1 StPO), nicht die nach § 74f Abs. 1 GVG zuständige Kammer des Landgerichts. Eine Überweisung zugleich mit der nachträglichen Anordnung der Sicherungsverwahrung entzöge B deshalb auch seinem gesetzlichen Richter (Art. 101 Abs. 1 Satz 2 GG).[41] Eine Anregung seitens des Landgerichts A, den Verurteilten alsbald nach Rechtskraft des Urteils in den Vollzug der Maßregel nach § 63 StGB zu überweisen, kann unter Umständen Anlass zur Sorge bieten, dass in Wahrheit eine nachträgliche Unterbringung im psychiatrischen Krankenhaus angeordnet werden sollte.[42] Darüber sollte sich die Kammer im Klaren sein.

---

[37] *Meyer-Goßner*, § 275a Rn. 13a.
[38] Auf das Erfordernis einer Prüfung dieser Möglichkeit hat der BGH auch im Ausgangsfall hingewiesen.
[39] BT-Drucks. 15/2887, 14; vgl. auch BVerfGE 109, 190 (242 f.).
[40] BGH NStZ-RR 2006, 303; 2007, 301 (303).
[41] NStZ-RR 2006, 303.
[42] Vgl. BGH NStZ-RR 2007, 310 (303).

III. Tenorierungsvorschlag

Folgender Tenor wird vorgeschlagen:
„Die Unterbringung des Verurteilten in der Sicherungsverwahrung wird angeordnet."

Fall 11 (**)

Wenn der Fernsehmechaniker zweimal klingelt...

Revisibilität der Strafzumessungsentscheidung – Begründung der Strafzumessung im Urteil – unvertretbar niedriges Strafmaß – Beschränkung der Revision auf die Rechtsfolgen

Sachverhalt

Am Freitag, den 24. Oktober 2008 verurteilte das Landgericht K den 33 Jahre alten Angeklagten A wegen versuchten Raubes in Tateinheit mit gefährlicher Körperverletzung zu einer Freiheitsstrafe von einem Jahr und setzte deren Vollstreckung zur Bewährung aus. Den Feststellungen des am Dienstag, den 18. November 2008 zugestellten Urteils ist Folgendes zu entnehmen:[1]

„Der dreifach wegen vorsätzlicher Körperverletzung zu Geldstrafen verurteilte Angeklagte suchte Ende Mai 2008 in seiner Eigenschaft als Fernsehmechaniker die seinerzeit fast 90-jährige, aber noch rüstige und wohlhabende Geschädigte S auf, deren Fernsehgerät defekt war. Bei dieser Gelegenheit bat ihn die ältere Dame, auch ihren Türsummer an der Eingangstür zu reparieren, was der Angeklagte ihr für einen späteren Zeitpunkt zusagte. In der Folgezeit beschlossen der Angeklagte und dessen Kollege K, Frau S unter dem Vorwand, ihren Türsummer reparieren zu wollen, zu bestehlen. Der Angeklagte und der gesondert verfolgte K wollten ihr Vorhaben erforderlichenfalls unter Anwendung von Drohungen und notfalls mit Gewalt durchführen. Mit seinem erwarteten Beuteanteil wollte A unter anderem bestehende Spielschulden begleichen.

Am 3. Juni 2008 erschienen A und K bei Frau S und gaben vor, den Türsummer reparieren zu wollen. Während sich der Angeklagte zunächst dem Fernsehgerät zuwandte, an welchem erneut Störungen aufgetreten waren, packte K die Geschädigte plötzlich von hinten an den Hals, würgte sie und hielt ihr die Nase zu. Um K zu „bremsen" und dem Opfer „die Todesangst zu nehmen", rief der Angeklagte seinem Kollegen zu, man wolle Frau S nicht töten, sie vielmehr nur ohn-

---

[1] Fall in Anlehnung an BGH, Urt. v. 26. April 2006 – 5 StR 51/06 (www.bundesgerichtshof.de).

mächtig machen. Anschließend holte er aus der Küche ein Glas Wasser für das Opfer.

Gleichwohl nutzte A dem gefassten Plan entsprechend die durch K geschaffene Lage aus und forderte die Geschädigte auf, Bargeld herauszugeben und den Tresor zu öffnen. Da ihm jedoch das im Tresor aufgefundene Bargeld, der Schmuck und die Kreditkarten nicht reichten, verlangte er nun 20.000 €. Frau S simulierte daraufhin einen Schwächeanfall, legte sich auf ihr Bett und versuchte, den dort befindlichen Alarmknopf zu drücken. Als der Angeklagte sie fragte, ob sie Alarm ausgelöst habe, antwortete Frau S: „Ja, verschwinden Sie schnellstens!" Fluchtartig verließen A und K daraufhin ohne Beute das Haus."

Das Landgericht hat mit ausführlicher Begründung das Vorliegen minder schwerer Fälle verneint und folgenden Strafrahmen zugrunde gelegt: Freiheitsstrafe von 6 Monaten bis zu 11 Jahren und 3 Monaten. Zur Strafzumessung im engeren Sinne führt die Kammer aus, das umfassende und von Reue getragene Geständnis des Angeklagten sei zu seinen Gunsten zu berücksichtigen. Dadurch seien der hoch betagten Geschädigten ein Auftreten in der Hauptverhandlung und eine belastende Begegnung mit dem Angeklagten erspart geblieben. Dass der Angeklagte außerdem die Identität seines den Strafverfolgungsbehörden bislang unbekannt gebliebenen Mittäters preisgegeben habe, obwohl er von dessen Seite Sanktionen befürchten müsse, sei ebenfalls strafmildernd zu bewerten. Strafschärfend sei hingegen zu würdigen, dass der Angeklagte das Vertrauen des Opfers missbraucht, sich so Zutritt zu dessen Wohnung verschafft und es gemeinsam mit dem gesondert verfolgten K in Todesangst versetzt habe. Gleiches gelte bezüglich der Verwirklichung zweier Straftatbestände. Strafschärfend hat die Kammer weiterhin die drei einschlägigen Vorverurteilungen wegen Körperverletzungsdelikten gewertet.

Die Kammer führt schließlich aus, aufgrund der geordneten persönlichen Verhältnisse des Angeklagten sei eine günstige Kriminalprognose zu bejahen, so dass die Strafaussetzung zur Bewährung auszusprechen sei. Diese werde auch durch die Beiordnung eines Bewährungshelfers gestützt, der dem Angeklagten zur weiteren Stabilisierung zur Seite gestellt werde. Die Verteidigung der Rechtsordnung gebiete die Vollstreckung der Strafe nicht.

Aufgabe

Die Staatsanwaltschaft hatte noch am 24. Oktober 2008 Revision gegen das Urteil des Landgerichts eingelegt, da sie insbesondere mit dem ausgeurteilten Strafmaß nicht einverstanden war. Sie werden am 20. November 2008 gebeten, die Erfolgsaussichten dieser Revision zu begutachten. Gehen Sie dabei auch auf die Zweckmäßigkeit des weiteren Vorgehens ein. Werden Anträge an ein Gericht empfohlen, so sind diese im Anschluss an das Gutachten auszuformulieren.

Lösung

Aufgaben, die nach den Erfolgsaussichten einer Revision fragen, gelten als schwierig, weil sich hier materiellrechtliche und prozessuale Fragen in einer auf den ersten Blick nicht ganz klaren Weise mischen. Für die Erstellung revisionsrechtlicher Gutachten gibt es jedoch Aufbauschemata, die auch im vorliegenden Fall zugrunde gelegt werden können; im Wesentlichen folgen sie der Unterscheidung von Zulässigkeit und Begründetheit und differenzieren im Rahmen der Begründetheit weiter zwischen Verfahrens- und Sachrügen.[2] Bei genauerer Betrachtung zeigt sich, dass der vorliegende Fall keinerlei prozessrechtliche Schwierigkeiten aufweist; in prozessualer Hinsicht geht es allein um die Darstellung der aus dem Gesetz ableitbaren Zulässigkeitsvoraussetzungen der Revision. In materiellrechtlicher Hinsicht ist der Fall indes anspruchsvoller. Hier geht es um die Prüfung der Frage, ob das Strafmaß und die vom Gericht hierzu gelieferte Begründung den strafzumessungsrechtlichen Anforderungen genügen. Insoweit muss auch auf die Frage eingegangen werden, ob und inwieweit die Rechtsfolgenentscheidung des Gerichts, die früher einmal als „Domäne des Tatrichters" gegolten hat, in der Revisionsinstanz überprüfbar ist. Auf die vom Gesetzgeber 2004 neu gefasste, in der Anwendung nicht ganz einfache Vorschrift des § 354 StPO braucht für die Falllösung nicht eingegangen zu werden, da nur nach den Erfolgsaussichten der Revision, aber nicht nach den Entscheidungsmöglichkeiten des Revisionsgerichts gefragt ist. Vom Aufbau her weist die Lösung im Übrigen Ähnlichkeiten zu dem Fall auf, in dem nach den Möglichkeiten, gegen einen Strafbefehl vorzugehen, gefragt wird (→ Fall 3).

Lehrbuch: Teil 4, Abschnitte 3.1, 3.2, 4.1.4 und 7.1 bis 7.3 (S. 154-159, 170-192, 207-215)

A. Erfolgsaussichten der Revision

Die bereits eingelegte Revision hat Aussicht auf Erfolg, wenn sie zulässig und begründet ist.

I. Zulässigkeit

1. Statthaftigkeit, Rechtsmittelberechtigung und Beschwer

Da es sich bei dem Urteil des Landgerichts K vom 24. Oktober 2008 um das Urteil einer Strafkammer handelt, ist dagegen das Rechtsmittel der Revision statthaft, vgl. § 333 StPO. Die Rechtsmittelberechtigung der Staatsanwaltschaft folgt aus

---

[2] Vgl. etwa *Schmidt-Hieber* JuS 1988, 710 ff., 794 ff.; 1989, 41 ff.; Anwendungsbeispiel aus neuerer Zeit *Meier/Homuth* JuS 2009, 51 ff.

§ 296 Abs. 1 StPO. Während der Angeklagte durch die anzufechtende Entscheidung beschwert sein muss[3], gelten für die Staatsanwaltschaft besondere Grundsätze.

Die Staatsanwaltschaft ist im Strafverfahren nicht Partei, sondern erfüllt Aufgaben der staatlichen Rechtspflege. Deshalb ist sie berechtigt, nach pflichtgemäßem Ermessen Entscheidungen unabhängig davon anzufechten, ob sie jemanden beschweren oder nicht. Abzustellen ist ausschließlich darauf, ob das Urteil den Geboten der Rechtspflege entspricht oder nicht.[4] Will die Staatsanwaltschaft zu Gunsten des Angeklagten von den ihr zustehenden Rechtsmitteln Gebrauch machen (vgl. § 296 Abs. 2 StPO), so ist dies auch ohne dessen Einverständnis, sogar gegen seinen Widerspruch möglich, jedoch nur, wenn er durch die Entscheidung beschwert ist.[5]

Vorliegend handelt es sich um eine **zuungunsten des Angeklagten** eingelegte Revision, da die Staatsanwaltschaft die verhängte Rechtsfolge für zu gering erachtet. Darauf, ob der Angeklagte beschwert ist, kommt es demnach nicht an. Für die Ermessensentscheidung über die Einlegung des Rechtsmittels sind die Grundsätze in Nr. 147 Abs. 1 RiStBV[6] zu beachten. Danach ist ein Rechtsmittel zur Überprüfung des Strafmaßes seitens der Staatsanwaltschaft nur dann einzulegen, wenn die Strafe in einem offensichtlichen Missverhältnis zu der Schwere der Tat steht, vgl. Nr. 147 Abs. 1 Satz 3 RiStBV. Von einem solchen Missverhältnis ist die Staatsanwaltschaft ausgegangen; ob es tatsächlich besteht, wird zu prüfen sein.

2. Ordnungsgemäße Revisionseinlegung, § 341 StPO

Da die Staatsanwaltschaft noch am Tage der Urteilsverkündung Revision gegen das Urteil des Landgerichts eingelegt hat, ist die Frist des § 341 Abs. 1 StPO gewahrt. In Ermangelung anderweitiger Hinweise ist davon auszugehen, dass die Einlegung außerdem in der von § 341 Abs. 1 StPO vorgesehenen Form – schriftlich oder zu Protokoll der Geschäftsstelle; bei dem Gericht, dessen Urteil angefochten wird – erfolgt ist. Die ordnungsgemäße Revisionseinlegung kann somit bejaht werden.

3. Ordnungsgemäße Revisionsbegründung, §§ 344, 345 Abs. 1 StPO

Für die Zulässigkeit der Revision ist außerdem eine ordnungsgemäße Revisionsbegründung erforderlich. Maßgebliche Vorschriften hinsichtlich der äußeren Form und der inhaltlichen Anforderungen sind die §§ 344, 345 StPO. Richtiger Adressat

---

[3] *Meyer-Goßner*, Vor § 296 Rn. 8.
[4] *Meyer-Goßner*, Vor § 296, Rn. 16.
[5] RGSt 42, 399 (400); OLG Koblenz NJW 1982, 1770.
[6] Richtlinien für das Strafverfahren und das Bußgeldverfahren vom 1. Januar 1977 in der ab 1.2.1997 geltenden Fassung, abgedruckt in *Meyer-Goßner*, Anhang 12.

der Revisionsbegründung ist – wie bei der Revisionseinlegung – das Gericht, dessen Urteil angefochten wird, vgl. § 345 Abs. 1 Satz 1 StPO.

Da hier die Zustellung des Urteils erst nach Ablauf der Revisionseinlegungsfrist erfolgte, wird die nach § 43 StPO zu berechnende Monatsfrist für die Revisionsbegründung erst mit der Urteilszustellung in Gang gesetzt, vgl. § 345 Abs. 1 Satz 2 StPO. Voraussetzung dafür ist wiederum eine wirksame Zustellung nach §§ 37, 40, 41 StPO. Von der Wirksamkeit der Zustellung des Urteils an die Staatsanwaltschaft K am Dienstag, den 18. November 2008 ist auszugehen. Unter Berücksichtigung der vorstehend genannten Regelungen (§ 43 StPO) endet die Revisionsbegründungsfrist mit Ablauf des 18. Dezember 2008. Zum Zeitpunkt der Begutachtung am 20. November 2008 ist eine ordnungsgemäße Revisionsbegründung innerhalb der in § 345 Abs. 1 StPO genannten Monatsfrist demnach noch möglich.

Ebenso wie der Angeklagte hat auch die Staatsanwaltschaft die eingelegte Revision zu begründen, vgl. Nr. 156 Abs. 1 RiStBV. Die besondere Form des § 345 Abs. 2 StPO gilt jedoch nur für den Angeklagten. Für Revisionsbegründungen der Staatsanwaltschaft genügt einfache Schriftform und die handschriftliche Unterzeichnung der Begründungsschrift, vgl. Nr. 149 RiStBV. Die Erhebung der allgemeinen Sachrüge genügt in diesem Kontext zwar den gesetzlichen Anforderungen; nach der innerdienstlich bindenden Soll-Regelung in Nr. 156 Abs. 2 RiStBV hat jedoch eine weitergehende Begründung zu erfolgen. Über Nr. 156 Abs. 3 RiStBV ist für die staatsanwaltschaftliche Revisionsbegründung nicht nur die Regelung des § 344 Abs. 2 Satz 2 StPO zu beachten; vielmehr finden sich hier weitergehende Anforderungen.

4. Ergebnis

Die vorliegende Revision der Staatsanwaltschaft ist statthaft, ordnungsgemäß eingelegt und – vorbehaltlich der Erfüllung der an eine ordnungsgemäße Revisionsbegründung gestellten Anforderungen – insgesamt als zulässig anzusehen.

II. Begründetheit

Damit die Revision Aussicht auf Erfolg hat, müsste sie begründet sein. Dies ist sie dann, wenn das angefochtene Urteil auf einer **Verletzung des Gesetzes** beruht, § 337 Abs. 1 StPO.

§ 337 Abs. 2 StPO definiert den Begriff der Gesetzesverletzung als die Nicht- oder Falschanwendung einer Rechtsnorm. In Betracht kommt die Erhebung sog. Verfahrensrügen und der sog. Sachrüge, vgl. § 344 Abs. 2 Satz 1 StPO. Mit der Sachrüge wird das Urteil selbst angegriffen, mit der Verfahrenrüge gleichsam der Weg beanstandet, auf dem das Tatgericht zu seinen Feststellungen und dem Urteil gelangt ist[7]. Außerdem kann die Beanstandung des Urteils darauf gestützt werden,

---

[7] BGHSt 19, 273 (275); vgl. aber auch *Barton* JuS 2007, 977 ff.

dass bestimmte zwingende Verfahrensvoraussetzungen nicht eingehalten wurden bzw. das Vorliegen von sog. Prozesshindernissen vom erkennenden Gericht nicht beachtet wurde.[8]

1. Verfahrensvoraussetzungen/Verfahrensrügen

Es liegen weder Anhaltspunkte dafür vor, dass seitens des Gerichts bestehende Prozesshindernisse oder die Einhaltung von Verfahrensvoraussetzungen nicht beachtet wurden, noch dafür, dass Vorschriften über das Verfahren verletzt wurden. Hierauf kann die Revision folglich nicht gestützt werden.

2. Sachrüge

Damit kommt nur das Erheben der Sachrüge in Betracht. Gerügt wird hier die Verletzung materiellen Rechts.[9] Auf die allgemeine oder ausgeführte[10] Sachrüge hin, wird das gesamte Urteil in materiell-rechtlicher Hinsicht überprüft.

Das sachliche Recht ist im Sinne des § 337 StPO verletzt, wenn eine auf den festgestellten Sachverhalt anzuwendende Norm nicht oder nicht richtig angewendet worden ist oder eine unanwendbare Rechtsnorm Anwendung gefunden hat oder eine „Norm" angewendet wurde, die keine Rechtsnorm ist. Der Fehler kann insbesondere in der falschen Auslegung der Norm oder in falscher Subsumtion liegen.[11] Weiterhin kann mit der Sachrüge beanstandet werden, dass die Feststellungen des Urteils keine genügende Grundlage für die Rechtsanwendung bilden.[12]

a) Strafbarkeit wegen versuchten Raubes in Tateinheit mit gefährlicher Körperverletzung

In Betracht kommt zunächst ein Fehler hinsichtlich der rechtlichen Würdigung des festgestellten Sachverhalts. Dieser wäre zu bejahen, wenn die getroffenen Feststellungen eine Verurteilung wegen versuchten Raubes in Tateinheit mit gefährlicher Körperverletzung nicht tragen.

---

[8] *Meyer-Goßner*, § 337 Rn. 6.
[9] Zu berücksichtigen ist, dass die Sachrüge, auch soweit sie speziell ausgeführt wird, immer von den Feststellungen selbst ausgehen muss und diese nicht in Frage stellen darf. Die Feststellungsbindung reicht dabei so weit, wie die tatrichterlichen Feststellungen rechtsfehlerfrei sind.
[10] Vgl. *Meyer-Goßner*, § 344 Rn. 17 ff.; für die Staatsanwaltschaft Nr. 156 Abs. 2 RiStBV
[11] *Meyer-Goßner*, § 337 Rn. 33.
[12] *Meyer-Goßner*, § 344 Rn. 15.

aa) Strafbarkeit gemäß § 249 Abs. 1, §§ 22, 23 Abs. 1 § 25 Abs. 2 StGB

Gegen die Verurteilung des A wegen mittäterschaftlich versuchten Raubes gemäß § 249 Abs. 1, §§ 22, 23 Abs. 1, § 25 Abs. 2 StGB bestehen keine Bedenken. Die Nichtvollendung der Tatbestandsverwirklichung resultiert aus der Flucht des Angeklagten und seines gesondert verfolgten Komplizen aus der Wohnung der Geschädigten ohne Mitnahme der in Aussicht genommenen Beute, bestehend aus Bargeld, Schmuck und Kreditkarten. Die Versuchsstrafbarkeit folgt aus § 249 Abs. 1, § 23 Abs. 1, § 12 Abs. 1 StGB.

Der erforderliche **Tatentschluss** wurde vom Angeklagten und seinem Komplizen bereits einige Tage vor der Tat vom 3. Juni 2008 gefasst und erstreckte sich insbesondere auch auf den Einsatz von Gewalt als Nötigungsmittel zum Zwecke der Beuteerlangung. Allerdings stellt sich die Frage, ob A auch mit Wegnahmevorsatz handelte. Unbeachtlich ist in diesem Zusammenhang, dass A und K während des Tatgeschehens arbeitsteilig vorgingen. Dies liegt in der Tatsache begründet, dass § 249 StGB kein eigenhändiges Delikt ist. Solange die Mittäter, wie im vorliegenden Fall, einem gemeinsamen Tatplan folgen und der Wegnehmende vom Einsatz des Nötigungsmittels gegen das Opfer gerade zum Zweck der Wegnahme gewusst und diese außerdem gewollt hat, ist Mittäterschaft auch in arbeitsteiliger Form möglich.

Beachtlich könnte jedoch sein, dass sich das Kerngeschehen der Tat – also das dem Opfer abgenötigte Verhalten – seinem äußeren Erscheinungsbild nach eher als eine Preisgabe bzw. Herausgabe seitens des Opfers denn als eine **Wegnahme** seitens des Angeklagten darstellte.[13] A forderte S explizit dazu auf, ihren Tresor zu öffnen und Bargeld „herauszugeben". Erst durch ihre Mitwirkung gelangte er an Bargeld, Schmuck und Kreditkarten. Als ihm dies nicht genügte, „verlangte" er weiteres Bargeld (20.000 €), forderte S also auch insoweit zur Herausgabe auf. Indes führen allein das Öffnen des Tresors und die Preisgabe des Verstecks, in dem S das weitere Bargeld aufbewahrte, noch nicht dazu, dass in dieser Mitwirkungshandlung der S eine Vermögensverfügung i.S. der §§ 253 Abs. 1, § 255 StGB gesehen werden kann. Durch ihre Mitwirkungshandlung sollte S ihr Vermögen zwar in Gefahr bringen, aber letztlich sollte sie nur ermöglichen, dass A und K die Gegenstände selbst wegnehmen konnten.[14] Im Öffnen des Tresors und der Preisgabe des Verstecks liegt auch kein Einverständnis damit, dass A und K die Gegenstände wegnehmen. Trotz der notwendigen Mitwirkungshandlung richtete sich der Tatentschluss der beiden Komplizen deshalb nicht auf die Vornahme einer Vermögensverfügung durch S, sondern auf die Durchführung einer von ihnen selbst durchgeführten Wegnahme.[15]

A handelte in der Absicht, sich gemeinsam mit K die entwendeten Gegenstände zuzueignen, denn er wollte seinen Beuteanteil zur Tilgung bestehender Spiel-

---

[13] Zum Abstellen auf das äußere Erscheinungsbild BGHSt 7, 252 (255); 41, 123 (126).
[14] BGH (Holtz) MDR 1984, 276; die Frage ist umstritten, vgl. *Wessels/Hillenkamp*, Strafrecht. Besonderer Teil 2, Rn. 732.
[15] Auch im vorliegenden Fall hat der BGH die Verurteilung wegen versuchten Raubes gebilligt.

schulden verwenden. Er hat außerdem subjektiv die Schwelle zum „Jetzt geht es los" überschritten und demnach unmittelbar zur Tatbestandsverwirklichung angesetzt.[16] Zur Vollendung der Wegnahme kam es ausschließlich deshalb nicht, weil das Opfer erfolgreich den Eindruck vermitteln konnte, Hilfe verständigt zu haben.

Nach den Urteilsfeststellungen kann nicht davon ausgegangen werden, dass A und sein Komplize bei der Tat eine Waffe oder ein anderes gefährliches Werkzeug bei sich führten oder verwendeten. Mit Blick auf das Vorgehen des K bei der Gewaltanwendung gegenüber S könnte zwar an einen schweren Raub gemäß § 250 Abs. 2 Nr. 3 a) StGB gedacht werden. Allerdings bieten die getroffenen Feststellungen auch insoweit keine hinreichenden Anhaltspunkte dazu, dass es zu einer schweren körperlichen Misshandlung des Opfers im erforderlichen Sinne gekommen ist. Ohne Zweifel stellen das Würgen und Nasezuhalten eine üble unangemessene Behandlung des Tatopfers dar. Ob es aber zu erheblichen gesundheitlichen Folgen oder Schmerzen[17] gekommen ist, kann den Feststellungen nicht entnommen werden.

Dass vorliegend auch **nicht** von einem strafbefreienden **Rücktritt** im Sinne des § 24 StGB ausgegangen werden kann, liegt in folgendem Umstand begründet: A und K entschlossen sich nicht freiwillig, die weitere Ausführung der Tat aufzugeben (§ 24 Abs. 1 Satz 1 StGB), sondern verließen die Wohnung der Geschädigten deshalb fluchtartig und ohne Beute, weil S erfolgreich die Alarmierung von Hilfe vortäuschte. Nur der freiwillige Rücktritt vermag jedoch die bereits eingetretene Versuchsstrafbarkeit wieder aufzuheben. Da es in jedem Falle am Kriterium der Freiwilligkeit mangelt, kommt es auf eine Unterscheidung zwischen beendetem und unbeendetem Versuch und die sich daraus ergebenden unterschiedlichen Anforderungen an die Rücktrittshandlung nicht mehr an.

bb) Strafbarkeit gemäß § 223 Abs. 1, § 224 Abs. 1 Nr. 4, § 25 Abs. 2 StGB

Die Annahme einer Strafbarkeit wegen gefährlicher Körperverletzung ist rechtlich ebenfalls nicht zu beanstanden. Die Handlungen des K gegen S – Würgen und Nasezuhalten – stellen eine üble und unangemessene Behandlung dar, welche das körperliche Wohlbefinden sowie die körperliche Unversehrtheit der S nicht nur unerheblich beeinträchtigt haben. Daher handelt es sich hier um eine körperliche Misshandlung im Sinne des § 223 Abs. 1 StGB.[18] Diese ist A aufgrund des bewussten und gewollten Zusammenwirkens zwischen ihm und K auf der Grundlage des zuvor gemeinsam gefassten Tatplans nach den Grundsätzen des § 25 Abs. 2 StGB zuzurechnen. Daran ändert auch die Tatsache nichts, dass A zur Beruhigung des Opfers äußerte, man wolle es nicht töten, sondern lediglich ohnmächtig machen.

---

[16] Vgl. BGHSt 31, 178 (181); 43, 177 (179 ff.).
[17] So in diesem Kontext vorauszusetzen, vgl. BGH NStZ 1998, 461; S/S-*Eser*, § 250 Rn. 33.
[18] Vgl. BGHSt 14, 269 (271); 25, 277 f.

Die Erfüllung des Qualifikationstatbestandes gründet sich darauf, dass die Körperverletzung mit einem anderen Beteiligten **gemeinschaftlich** erfolgte, vgl. § 224 Abs. 1 Nr. 4 StGB. In diesem Zusammenhang ist Mittäterschaft nicht erforderlich. Ausreichend, aber auch erforderlich ist vielmehr, dass die Beteiligten am Tatort bewusst zusammenwirken. Die eigenhändige Ausführung von Verletzungshandlungen ist dazu nicht notwendig.[19] Es genügt, wenn eine am Tatort anwesende Person den unmittelbar Tatausführenden aktiv physisch oder psychisch unterstützt. Die psychische Unterstützung muss sich als Demonstration von Einsatzbereitschaft und daher als Erhöhung der qualifikationsspezifischen Gefahr darstellen.[20] Wenngleich A gegenüber S nicht selbst körperliche Gewalt anwendete, so arbeitete er doch bewusst mit K zusammen, um das angestrebte Ziel zu erreichen. Seine Äußerung, man wolle S nicht töten, nur ohnmächtig machen, ist trotz der nach Angaben des A positiven Intention auch geeignet, dieses gemeinsame Handeln und Auftreten zu bekräftigen. Sie zeigt, dass A und K einem gemeinsam gefassten Plan folgten und gegenüber dem Opfer als Einheit auftraten. Obwohl darüber hinaus an § 224 Abs. 1 Nr. 3 und 5 StGB zu denken ist, genügen die Feststellungen jedoch nicht für die Annahme einer das Leben gefährdenden Behandlung, und auch ein plötzlicher Angriff von Hinten unter Ausnutzung des Überraschungsmomentes begründet für sich allein genommen noch keinen hinterlistigen Überfall im Sinne des § 224 Abs. 1 Nr. 3 StGB.[21]

cc) Ergebnis

A hat sich nach den Feststellungen wegen mittäterschaftlich versuchten Raubes in Tateinheit mit vollendeter gefährlicher Körperverletzung gemäß § 249 Abs. 1, §§ 22, 23 Abs. 1; § 223 Abs. 1, § 224 Abs. 1 Nr. 4; § 25 Abs. 2; § 52 StGB strafbar gemacht. Der Schuldspruch weist keine Rechtsfehler auf.

b) Strafmaß

Auch der Rechtsfolgenausspruch ist als Rechtsanwendung vom Revisionsgericht überprüfbar,[22] so dass die Revision unter diesem Aspekt begründet sein könnte. Da die Festsetzung des Strafmaßes in erster Linie Aufgabe des Tatrichters ist und dem ihm dabei eingeräumten Ermessen hohe Bedeutung zukommt, ist die Überprüfung durch das Revisionsgericht allerdings nur eingeschränkt möglich; das Revisionsgericht hat grundsätzlich die Rechtsfolgenentscheidung des Tatgerichts hinzunehmen, solange die konkrete Strafe nicht offensichtlich den noch zulässigen Ermessensrahmen überschreitet.[23] In der Praxis wird die Rechtsfolgenentschei-

---

[19] Vgl. *Fischer*, § 224 Rn. 11.
[20] BGHSt 47, 383 (386 f.).
[21] BGH NStZ 2004, 93; 2005, 40; 97.
[22] Eingehend dazu SK StPO-*Frisch*, § 337 Rn. 147 ff.; *Dahs/Dahs*, Die Revision im Strafprozess, Rn. 437 ff.; *Zipf*, Die Strafmaßrevision, 171 ff.
[23] *Fischer*, § 46 Rn. 115.

dung des Tatrichters jedoch stärker überprüft als es nach diesen Grundsätzen zu erwarten wäre.[24]

In sachlich-rechtlicher Hinsicht überprüft das Revisionsgericht im Bereich der Strafzumessung, ob diese auf dem richtigen Weg und nach den richtigen Kriterien vorgenommen worden ist. Es prüft auch, ob sich die verhängte Strafe von ihrer Bestimmung, gerechter Schuldausgleich zu sein, gelöst hat, ob sie also unter Berücksichtigung des zur Verfügung stehenden Strafrahmens unvertretbar hoch oder niedrig ist.[25] Grundlage der revisionsrechtlichen Prüfung sind die Strafzumessungsgründe des angefochtenen Urteils, welche das Gericht gemäß § 267 Abs. 3 Satz 1 StPO in einem die Nachprüfung ermöglichenden Umfang[26] darzulegen hat; eine umfassende Aufzählung aller in § 46 Abs. 2 Satz 2 StGB genannten Umstände ist nicht erforderlich.[27]

aa) Strafrahmen

Ausweislich der Urteilsgründe hat die Strafkammer das Vorliegen minder schwerer Fälle verneint und ihrer Entscheidung folgenden Strafrahmen zugrunde gelegt: Freiheitsstrafe von 6 Monaten bis zu 11 Jahren und 3 Monaten. Zu prüfen ist, ob sie diesen Strafrahmen zutreffend bestimmt hat; ist dies nicht der Fall, kann die Revision darauf gestützt werden.

A hat sich des versuchten Raubes in Tateinheit mit gefährlicher Körperverletzung schuldig gemacht. Liegt der Verurteilung eine tateinheitliche Verwirklichung mehrerer Delikte zugrunde, so ist nur auf eine Strafe zu erkennen. Diese ist der Vorschrift zu entnehmen, die im Höchstmaß die nach Art und Höhe schwerste Strafe androht, vgl. § 52 Abs. 2 StGB. Es gilt allerdings, die Sperrwirkung des milderen Gesetzes nach den in § 52 Abs. 2, 3 und 4 StGB normierten Regeln zu beachten. Die Prüfung, welche Vorschrift die schwerere Strafe androht, darf erst erfolgen, nachdem für jeden einzelnen Tatbestand der im konkreten Einzelfall anzuwendende Strafrahmen festgestellt wurde (→ oben Fall 6, II. 1.).

(1) Strafrahmen des versuchten Raubes gemäß § 249 Abs. 1, §§ 22, 23 Abs. 1 StGB

Der Regelstrafrahmen des Raubes beträgt gemäß § 249 Abs. 1 i.V.m. § 38 Abs. 2 StGB Freiheitsstrafe von einem Jahr bis zu 15 Jahren. Da im vorliegenden Fall nur eine Strafbarkeit wegen Versuchs gegeben ist, kommt eine (fakultative) Strafrahmenverschiebung nach § 23 Abs. 2, § 49 Abs. 1 StGB in Betracht. Gleichzeitig ist die Annahme eines minder schweren Falles i.S. des § 249 Abs. 2 StGB nicht ausgeschlossen. Mit dem BGH ist ein **minder schwerer Fall** dann anzunehmen, wenn das gesamte Tatbild einschließlich aller subjektiven

---

[24] LK-*Theune*, § 46 Rn. 341; *Schäfer/Sander/van Gemmeren*, Praxis der Strafzumessung, Rn. 464.
[25] BGHSt 17, 35 (36 f.); 20, 264 (266 f.); 24, 132 (133); BGH NJW 1990, 846.
[26] OLG Düsseldorf NStZ 1988, 325 (326).
[27] BGH NStZ 2006, 227 (228).

Momente und der Täterpersönlichkeit vom Durchschnitt der gewöhnlich vorkommenden Fälle in so erheblichem Maße abweicht, dass die Anwendung des Ausnahmestrafrahmens geboten erscheint.[28]

Bei Fallkonstellationen wie dieser – Zusammentreffen eines gesetzlich vertypten Milderungsgrundes (Versuch) mit der Möglichkeit eines minder schweren Falles – ist nach ständiger Rechtsprechung vorrangig zu prüfen, ob und aufgrund welcher allgemeinen Milderungsgründe ein minder schwerer Fall gegeben ist. Begründen allgemeine Milderungsgründe einen minder schweren Fall nicht, so ist dann zu prüfen, ob das Hinzutreten des vertypten Milderungsgrundes die Tat als minder schweren Fall erscheinen lässt. Die Bedeutung dieser „**Prüfungsreihenfolge**" liegt insbesondere darin, dass der vertypte Milderungsgrund nicht gemäß § 50 StGB verbraucht ist, wenn bereits die allgemeinen, nicht vertypten Milderungsgründe einen minder schweren Fall begründen.[29] Das Tatgericht kann aber auch dazu kommen, dass zur Ahndung des Unrechts der wegen des vertypten Milderungsgrundes nach § 49 Abs. 1 StGB gemilderte Strafrahmen besser geeignet ist als der des minder schweren Falles. Die Entscheidung über den zugrunde zu legenden Strafrahmen hat das Tatgericht aufgrund einer Gesamtwürdigung der maßgeblichen Umstände zu treffen (vgl. hierzu ausführlich → oben Fall *I).

Allgemeine täterbezogene **Milderungsgründe** sind vorliegend insbesondere das umfassende und von Reue getragene Geständnis des A sowie die damit in Zusammenhang stehende Benennung des bislang unbekannt gebliebenen Tatkomplizen K. Mit dem BGH ist bei der Frage nach dem Vorliegen eines minder schweren Falles aufgrund allgemeiner Milderungsgründe allerdings zu fragen, ob diese Gründe die Strafwürdigkeit im Vergleich zu den erfahrungsgemäß vorkommenden und bei der Bestimmung des ordentlichen Strafrahmens vom Gesetzgeber schon bedachten Fällen so sehr verringern, dass die Anwendung des Regelstrafrahmens nicht angebracht erscheint.[30] Dies hat die Strafkammer hier in rechtlich nicht zu beanstandender Form verneint. Denn die übrigen Aspekte der Tatbegehung – Ausnutzen eines zuvor geschaffenen Vertrauensverhältnisses, zielgerichtete Tatplanung und ein insgesamt gegenüber dem betagten Tatopfer rüdes Vorgehen – sprechen gegen eine erhebliche Herabsetzung der Strafwürdigkeit in dem soeben dargelegten Sinne.

Dass die Kammer außerdem die Annahme eines minder schweren Falles unter Hinzutreten des **gesetzlich vertypten Milderungsgrunds** verneint hat, ist ebenfalls nicht zu beanstanden. Richtig ist, dass schon das Vorliegen *eines* vertypten Milderungsgrundes die Annahme des minder schweren Falles zu rechtfertigen vermag.[31] Entscheidend ist aber eine Gesamtwürdigung und Abwägung durch das zur Entscheidung berufene Gericht. Dabei ist namentlich zu erwägen, ob das Schwergewicht der Milderung bei dem Grund nach § 49 StGB oder den übrigen Umständen liegt. Im Zweifel wird sich das Gericht für den dem Täter günstigeren Strafrahmen zu entscheiden haben.[32] Wesentlich ist, dass die Urteilsgründe erken-

---

[28] BGHSt 4, 8 (9 f.); 26, 97 (98); BGH NStZ 1985, 547.
[29] *Schäfer/Sander/van Gemmeren*, Praxis der Strafzumessung, Rn. 512, 582.
[30] Vgl. BGH NStZ 1983, 119.
[31] BGH NStZ-RR 2004, 14.
[32] BGHSt 33, 92 (93); LK-*Theune*, § 50 Rn. 14.

nen lassen, dass sich das Gericht der unterschiedlichen Möglichkeiten bewusst war und insoweit eine Ermessensentscheidung getroffen hat.

Vorliegend hat das Landgericht die Entscheidung über die Ablehnung des minder schweren Falles ausführlich begründet, sich mithin eingehend mit dieser Möglichkeit auseinandergesetzt. Trotz der bestehenden allgemeinen Milderungsgründe zeigt sich im Rahmen einer **Gesamtschau** der Umstände des Einzelfalles, dass der Schwerpunkt einer Milderung nur in dem vertypten Milderungsgrund nach § 23 Abs. 2, § 49 Abs. 1 StGB gesehen werden kann. Daran vermag auch das „Bremsen" des Komplizen und das kurzzeitig „fürsorgliche" Verhalten des Angeklagten gegenüber dem Tatopfer nichts zu ändern; dieser hielt dennoch an dem gefassten Tatplan fest und setzte ihn rigoros um. Es erscheint daher sachgerechter, eine Milderung nach § 23 Abs. 2, § 49 Abs. 1 StGB vorzunehmen, als vom Vorliegen eines minder schweren Falles auszugehen. Der danach gemilderte Strafrahmen ist nach den zugrunde zu legenden Gesamtumständen besser geeignet, das durch A begangene Unrecht zu ahnden. Da er außerdem im Mindestmaß unterhalb des Strafrahmens des minder schweren Falles liegt (minder schwerer Fall des Raubs: 6 Monate bis zu 5 Jahre; Strafmilderung bei Versuch: 3 Monate bis zu 11 Jahren und 3 Monaten), ist er zumindest diesbezüglich für A auch günstiger.

Nach alledem war die Kammer vertretbar in der Lage, den Regelstrafrahmen des Raubs nach § 23 Abs. 2, § 49 Abs. 1 StGB zu mildern. Bei der auch in diesem Kontext erforderlichen Abwägung kommt dem Maß der Schuldmilderung, das sich aus dem jeweiligen Milderungsgrund ergibt, besonderes Gewicht zu, so dass der vertypte Milderungsgrund regelmäßig geringere Schuld indiziert und die Strafmilderung nur dann abgelehnt werden darf, wenn erschwerende Umstände vorliegen (→ oben Fall 4, 5). Bei der gebotenen Gesamtschau aller strafzumessungserheblichen Kriterien sind die versuchsbezogenen Umstände – Nähe zur Tatvollendung, Gefährlichkeit des Versuchs und aufgewandte kriminelle Energie – besonders zu berücksichtigen.[33]

Die durch § 249 Abs. 1 StGB geschützten Rechtsgüter – Eigentum und persönliche Freiheit – waren durch das Handeln des A bereits in erhöhtem Maße gefährdet. Dies gilt unabhängig davon, dass die Geschädigte schließlich einen Weg gefunden hat, A und den gesondert verfolgten K in die Flucht zu schlagen. Dass A und K das Opfer in seiner Wohnung und damit in seinem geschützten privaten Umfeld attackierten und es zunächst in Todesangst versetzten, unterstreicht die Gefährlichkeit des Versuchs. Tatplanung und -durchführung sprechen für ein nicht geringes Maß an krimineller Energie. Auf der anderen Seite sind die genannten Umstände zwar als strafschärfend zu qualifizieren, wiegen aber nicht derart schwer, dass sie gegen die Gewährung einer Strafrahmenmilderung wegen Versuchs sprechen. Daher liegt kein Rechtsfehler darin, bei der Frage nach dem zugrunde zu legenden Strafrahmen an dieser Stelle von dem nach § 23 Abs. 2, § 49 Abs. 1 Nr. 2 und 3 StGB gemilderten Strafrahmen – Freiheitsstrafe von 3 Monaten bis zu 11 Jahren und 3 Monaten – auszugehen.

---

[33] BGHSt 35, 347 (355); 36, 1 (18).

(2) Strafrahmen der gefährlichen Körperverletzung

Die Annahme eines minder schweren Falls hat die Kammer auch hier in vertretbarer Weise und nach gründlicher Auseinandersetzung mit der bestehenden Möglichkeit abgelehnt. Zwar sprechen auch hier die bereits genannten Milderungsgründe (Geständnis, Reue, Unterstützung der Strafverfolgungsbehörden) für das Vorliegen eines minder schweren Falles nach § 224 Abs. 1, 2. Alt. StGB. Die Abwägung mit den zu Lasten des A wirkenden Tatumständen – drei nunmehr einschlägige Vorverurteilungen, Versetzen des Opfers in Todesangst, Ausnutzen des bestehenden Vertrauensverhältnisses – lässt das gesamte Tatbild einschließlich aller subjektiven Momente und der Täterpersönlichkeit jedoch nicht vom Durchschnitt der gewöhnlich vorkommenden Fälle in so erheblichem Maße abweichen, dass die Anwendung des Ausnahmestrafrahmens geboten erscheint. Demnach ist hier vom Regelstrafrahmen des § 224 Abs. 1, 1. Alt. StGB, Freiheitsstrafe von 6 Monaten bis zu 10 Jahren, auszugehen.

(3) Ergebnis

Da der wegen Versuchs gemilderte Strafrahmen des § 249 Abs. 1 StGB die im Höchstmaß schwerere Strafandrohung enthält (11 Jahre 3 Monate), ist dieser gemäß § 52 Abs. 2 Satz 1 StGB zugrunde zu legen. Das Mindestmaß bestimmt sich jedoch aufgrund der in § 52 Abs. 2 Satz 2 StGB getroffenen Regelung nach § 224 Abs. 1 StGB (**Sperrwirkung des milderen Gesetzes**). Denn danach ist das höchste Mindestmaß der anwendbaren Gesetze zur Bestimmung des Strafrahmens heranzuziehen. Die Strafkammer ist somit in rechtlich zutreffender Weise zu dem festgestellten Strafrahmen von Freiheitsstrafe von 6 Monaten bis zu 11 Jahren und 3 Monaten gelangt. Auf einen unzutreffend bestimmten Strafrahmen kann die Revision daher nicht gestützt werden.

bb) Strafzumessungserwägungen

Die Revision der Staatsanwaltschaft ist jedoch auch dann begründet, wenn die vom Gericht in diesem Rahmen angestellten Strafzumessungserwägungen unter Berücksichtigung des dem Tatgericht zustehenden weiten Ermessensspielraums bei der Festsetzung der Rechtsfolge – eingeräumt durch die nach der Rechtsprechung maßgebliche Spielraumtheorie (→ oben Fall 1, II. 1. b.) – in sich fehlerhaft sind oder gegen anerkannte Strafzwecke verstoßen. Gleichermaßen ist sie begründet, wenn sich die verhängte Strafe von ihrer Bestimmung, gerechter Schuldausgleich zu sein, so weit gelöst hat, dass sie nicht mehr innerhalb des eingeräumten Spielraums liegt.[34]

---

[34] BGHSt 17, 35 (36 f.); 29, 319 (320); 34, 345 (349); BGH NJW 1990, 846; SK StPO-*Frisch*, § 337 Rn. 175 ff.; vgl. auch *Schäfer/Sander/van Gemmeren*, Praxis der Strafzumessung, Rn. 464: Der Tatrichter muss sich „in der Oktave vergriffen" haben.

(1) Strafzumessungstatsachen

Nimmt man zunächst die vom Gericht in der Begründung zum Strafmaß genannten Strafzumessungstatsachen in den Blick, zeigt sich folgendes Bild: Dass die Strafkammer dem **Geständnis** des Angeklagten ein strafmilderndes Gewicht beigemessen hat, stellt keinen Rechtsfehler dar. Denn ein umfassendes Geständnis, das von Reue getragen ist und zudem einen deutlichen Beitrag zur Vereinfachung der Beweisaufnahme leistet, begründet einen eigenständigen Handlungs- und Erfolgsunwert, welcher dem Unwertgehalt der begangenen Tat entgegengesetzt werden kann.[35] Dies gilt hier umso mehr als der Angeklagte durch seine umfassende Einlassung den Verzicht auf die Aussage des betagten Opfers ermöglicht hat. Dadurch wurde der Geschädigten ein belastendes Zusammentreffen mit dem Angeklagten erspart.

Des Weiteren ist es nicht zu beanstanden, dass das Gericht strafmildernd berücksichtigt hat, dass A den Strafverfolgungsbehörden die **Identität** seines Komplizen **preisgegeben** hat. Auch hierin liegt ein eigenständiger Handlungs- und Erfolgswert, der mit der Tat in einem inneren Zusammenhang steht. Dass der Unterstützung der Strafverfolgungsbehörden bei der Aufklärung der Tat strafmildernde Bedeutung beizumessen ist, hat der Gesetzgeber auch in anderen Zusammenhängen anerkannt (§ 31 BtMG).[36] Die Berücksichtigung dieses Umstands im vorliegenden Fall war umso näherliegend als nach den Urteilsfeststellungen davon auszugehen ist, dass A von seinem Komplizen nunmehr Sanktionen zu befürchten hat. In der Preisgabe der Identität zeigen sich die Reue des A und sein Bestreben um eine nachhaltige Bewältigung des Vorgefallenen.

Dem Tatgericht kann nicht entgegengehalten werden, es habe die **Bedeutung der Tat für das Opfer** nicht in seine Erwägungen einbezogen. Dies verdeutlichen die Ausführungen zur strafschärfenden Berücksichtigung des Vertrauensmissbrauchs, des Eindringens in den persönlichen Lebensbereich und des Versetzens der S in Todesangst. Keiner eigenständigen Würdigung hat das Gericht allerdings den **Wert der Gegenstände** unterzogen, die A und sein Komplize entwenden wollten. Insbesondere der Umstand, dass die beiden Täter mit dem im Tresor aufgefundenen Bargeld, dem Schmuck und den Kreditkarten nicht zufrieden waren, sondern darüber hinaus die Herausgabe von 20.000 € verlangten, macht deutlich, dass A und K auf die Erlangung erheblicher Werte abzielten. Dies wäre vom Gericht strafschärfend zu berücksichtigen gewesen. Allerdings brauchen im Urteil nicht sämtliche berücksichtigten Strafzumessungstatsachen aufgelistet zu werden, sondern lediglich diejenigen, die für die Strafzumessung „bestimmend" gewesen sind (§ 267 Abs. 3 Satz 1 StPO).[37] Insoweit mag es genügen, dass das Gericht im Urteil lediglich auf die weiteren Belastungen des Opfers hingewiesen hat. Ein Rechtsfehler kann der Kammer deshalb insoweit nicht zur Last gelegt werden.

---

[35] BGHSt 42, 191 (195); 43, 195 (209 f.); LK-*Theune*, § 46 Rn. 206; krit. S/S-*Stree*, § 46 Rn. 41a.
[36] Vgl. BGH StV 1997, 638.
[37] BGH NStZ 2006, 227 (228); *Meyer-Goßner*, § 267 Rn. 18.

Die übrigen bestimmenden Strafzumessungstatsachen wurden seitens der Kammer in rechtlich nicht zu beanstandender Weise in den Strafzumessungsvorgang einbezogen. Die strafschärfende Berücksichtigung der **tateinheitlichen Verwirklichung zweier Straftatbestände** ist jedenfalls dann rechtlich zulässig, wenn die Tatbestände jeweils unterschiedliche Rechtsgüter schützen und die zusätzliche Verwirklichung eines Delikts daher ein höheres Unrecht darstellt.[38] So liegt der Fall hier. Während § 249 StGB das Eigentum und die persönliche Freiheit schützt, ist geschütztes Rechtsgut i.S. der §§ 223 ff. StGB die körperliche Unversehrtheit. Da nicht jede Gewalt im Sinne des § 249 StGB automatisch eine Körperverletzung darstellen muss, bedeutet die tateinheitlich verwirklichte vollendete gefährliche Körperverletzung hier ein höheres Unrecht.

Die im Hinblick auf die gefährliche Körperverletzung einschlägigen **Vorstrafen** waren zulässigerweise mit straferschwerender Wirkung zu berücksichtigen. Weder lag hier Tilgungsreife nach dem BZRG vor, noch lagen die Vorverurteilungen bereits lange Zeit zurück.

Die von der Kammer im Urteil genannten Strafzumessungstatsachen sind nach alledem von den in § 46 Abs. 2 StGB genannten Strafzumessungsgrundsätzen gedeckt. Ein Rechtsfehler ist insoweit nicht erkennbar.

(2) Gewichtung

Fraglich ist allerdings, ob die Kammer die benannten Strafzumessungstatsachen zutreffend gewichtet hat. Die vom Tatgericht verhängte Freiheitsstrafe von einem Jahr ist als außerordentlich milde anzusehen. Weiter noch: Die verhängte Strafe weicht so weit nach unten ab, dass ein **grobes Missverhältnis** zwischen Schwere der Schuld und dem Strafmaß deutlich wird. Auch „nach unten" darf sich die Strafe nicht von ihrer Bestimmung lösen, gerechter Schuldausgleich zu sein.

In der Rechtsprechung ist zwar anerkannt, dass das Maß der Schuld nicht das alleinige Kriterium für die schuldangemessene Strafe darstellt, sondern dass daneben weitere Faktoren relevant werden können. Um einen gerechten Schuldausgleich zu gewährleisten, kann etwa einer (gegenüber anderen Tätern) erhöhten Strafempfindlichkeit des Angeklagten durch die Verhängung einer geringeren als der sonst schuldangemessenen Strafe Rechnung getragen werden.[39] Nichtsdestotrotz muss sich die Strafe stets am **Maßstab des Schuldprinzips** messen lassen. Zwar mag es im Einzelfall zweifelhaft sein, ob die Strafe den durch die Schuldschwere gezogenen Rahmen „nach unten" verlassen darf, wenn und soweit dies aus präventiven Gründen geboten ist.[40] Darum geht es hier jedoch nicht; das Landgericht hat sich für die Begründung des außerordentlich milden Strafmaßes nicht auf präventive Erwägungen bezogen.

---

[38] BGH GSSt 39, 100 (109); *Schäfer/Sander/van Gemmeren*, Praxis der Strafzumessung, Rn. 500 ff.
[39] BGHSt 7, 28 (31); *Schäfer/Sander/van Gemmeren*, Praxis der Strafzumessung, Rn. 412 ff.
[40] Vgl. *Meier*, Strafrechtliche Sanktionen, 147.

Die für die Bestimmung des Strafmaßes in § 46 Abs. 1 Satz 1 StGB zur Grundlage gemachte Strafzumessungsschuld bezeichnet den Inbegriff derjenigen Umstände, aus deren Vorliegen oder Nichtvorliegen das Maß des gegen den Täter erhobenen Vorwurfs abgeleitet werden kann. Für die Strafzumessungsschuld ist gerade ihre Steigerungsfähigkeit wesentlich: Eine höhere Strafe setzt höhere Schuld, eine geringere Strafe geringere Schuld voraus. Je mehr sich die im Einzelfall verhängte Strafe dem unteren oder oberen Rand des zur Verfügung stehenden Strafrahmens nähert, umso höher sind die Anforderungen, die an eine umfassende Abwägung und eine erschöpfende Würdigung der für die Bemessung der Strafe maßgeblichen straferschwerenden und strafmildernden Umstände zu stellen sind.[41] Die Kammer hat aber auch insoweit im Urteil **keine Begründung** dafür angegeben, warum sie das Strafmaß lediglich bei einem Jahr Freiheitsstrafe festgesetzt hat.

Die von der Kammer ausgeurteilte Freiheitsstrafe von einem Jahr liegt erkennbar am untersten Rand des zur Verfügung stehenden Strafrahmens, welcher Freiheitsstrafe von 6 Monaten bis zu 11 Jahren und 3 Monaten beträgt (→ oben aa] [3]). Der im Strafrahmen enthaltene Bereich zwischen Mindest- und Höchststrafe soll alle Schweregrade der jeweils zu beurteilenden Gesetzesverletzung abdecken.[42] Die Einordnung der Tat in das untere Drittel des Strafrahmens ist grundsätzlich nicht zu beanstanden, da gewichtige Umstände zu Gunsten des A sprechen. Allerdings ist der **unterste Rand** eines zur Verfügung stehenden Strafrahmens für die denkbar leichtesten Fälle der Deliktsverwirklichung reserviert. Aufgrund der zu Lasten des Angeklagten anzuführenden Strafzumessungsgesichtspunkte (Ausnutzen eines zuvor geschaffenen Vertrauensverhältnisses, dadurch ermöglichtes Eindringen in den häuslichen Lebensbereich der Geschädigten, erhebliches Ausmaß an Gewalt, erheblicher Wert der zur Entwendung bestimmten Gegenstände, tateinheitliche Begehung mehrerer Delikte, einschlägige Vorverurteilungen) liegt eine Einordnung der Tat in diesen untersten Bereich fern; eine solche stünde im **Widerspruch zum Maß der Strafzumessungsschuld** des Angeklagten.

Richtig ist, dass der Angeklagte erstmals eine gravierende Tat verübt und daher erstmals die Konsequenz der Verurteilung zu einer Freiheitsstrafe zu tragen hat. Würde diese Freiheitsstrafe auch vollstreckt, so träfe sie den Angeklagten als sog. Erstverbüßer unter Umständen härter als eine Person, für die ein solcher Eingriff in ihre Freiheit keine neue Erfahrung darstellt[43]. Dieser Umstand alleine vermag jedoch noch nicht die Notwendigkeit zu begründen, die eigentlich tat- und schuldangemessene Strafe erheblich zu unterschreiten. Denn weitere Anhaltspunkte für eine darüber hinausgehende besondere Strafempfindlichkeit – etwa hohes Alter oder infolge schwerer Krankheit reduzierte Lebenserwartung – liegen nicht vor.

Fazit: Wenngleich die Strafzumessung des Tatrichters sogar in Zweifelsfällen bis an die Grenze des Erträglichen hinzunehmen ist, so ist die Strafe im vorliegenden Fall auch unter Berücksichtigung der gewichtigen zu Gunsten des Angeklag-

---

[41] BGH StV 1983, 102; 1986, 57.
[42] BGHSt 27, 2 (3).
[43] BGH NStZ 2003, 495.

ten sprechenden Umstände als deutlich zu milde anzusehen.[44] Die Ausführungen der Kammer bieten zwar eine Begründung des konkreten Strafmaßes und zählen die Strafzumessungstatsachen auf, lassen eine besondere Auseinandersetzung mit der Nähe der äußerst geringen Strafe zur unteren Strafrahmengrenze jedoch vermissen und daher nicht erkennen, worin die Kammer die Besonderheit des Falles und den Grund für eine derart milde Strafe gesehen hat. Die Strafe steht nicht im Verhältnis zum Unrechtsgehalt und zur Gefährlichkeit der Tat sowie zum Grad der persönlichen Schuld des Täters.

(3) Ergebnis

Das nach § 337 Abs. 1 StPO erforderliche Beruhen des Urteils auf einem Rechtsfehler ist bereits dann anzunehmen, wenn dieser ursächliche Zusammenhang jedenfalls nicht mit Sicherheit ausgeschlossen werden kann.[45] Bei fehlerhaften Strafzumessungserwägungen, die mit der Sachrüge geltend gemacht werden, ist praktisch nie auszuschließen, dass das Urteil anders ausgefallen wäre, wenn der Fehler vermieden worden wäre.[46] Daher kann die Revision vorliegend darauf gestützt werden, dass die Kammer in rechtlich zu beanstandender Weise zu einem deutlich zu milden Strafausspruch gelangt, sich erkennbar „in der Oktave vergriffen"[47] hat.

cc) Strafaussetzung zur Bewährung

Ausgehend von den getroffenen Feststellungen ist schließlich die Entscheidung der Kammer zu überprüfen, dem Angeklagten die Strafaussetzung zur Bewährung zu bewilligen.

Eine **günstige Kriminalprognose** im Sinne des § 56 Abs. 1 Satz 1 StGB konnte die Kammer bejahen, da der Angeklagte in geregelten persönlichen Verhältnissen lebt, er sich nach der Tat reuig und geständig zeigte und aufgrund dessen zu erwarten stand, dass er sich die erstmalige Verurteilung zu einer Freiheitsstrafe zur Warnung dienen lassen und künftig ein straffreies Leben führen werde. Den Feststellungen ist hinreichend zu entnehmen, dass sich die Kammer im Rahmen der erforderlichen Gesamtabwägung auch der gegen eine günstige Prognose sprechenden Gesichtspunkte bewusst war, so etwa der im Hinblick auf die tateinheitlich verwirklichte gefährliche Körperverletzung einschlägigen Vorverurteilungen. Sie durfte jedoch auf eine durch die genannten Tatsachen begründete Wahrscheinlichkeit zukünftiger Straffreiheit abstellen, da eine diesbezügliche sichere Gewähr für eine günstige Prognose nicht erforderlich ist (→ oben Fall 5).

Nach den getroffenen Feststellungen war die Vollstreckung der ausgeurteilten Freiheitsstrafe auch nicht im Sinne des § 56 Abs. 3 StGB zur **Verteidigung der**

---

[44] Im Ausgangsfall hielt der BGH eine Freiheitsstrafe von 2 Jahren für „außerordentlich milde", aber gerade noch tat- und schuldangemessen.
[45] *Meyer-Goßner*, § 337 Rn. 37.
[46] SK StPO-*Frisch*, § 337 Rn. 200.
[47] *Schäfer/Sander/van Gemmeren*, Praxis der Strafzumessung, Rn. 464.

Rechtsordnung geboten. Da der Fall keine schwerwiegenden Besonderheiten aufweist (etwa besonders schwere Tatfolgen, eine ungewöhnliche Gleichgültigkeit des Täters, rasche Wiederholungstaten oder ein Rückfall in der Bewährungszeit), ist die Aussetzung der Strafvollstreckung weder für das allgemeine Rechtsempfinden unerträglich noch wird durch sie das Vertrauen der Bevölkerung in die Unverbrüchlichkeit des Rechts erschüttert.

Dass die Kammer dem Angeklagten bei einer verhängten Freiheitsstrafe von einem Jahr eine Strafaussetzung zur Bewährung gewährt hat, ist – ausgehend von den getroffenen Feststellungen – grundsätzlich nicht zu beanstanden, da sie nach dem zuvor Gesagten die Voraussetzungen des maßgeblichen § 56 Abs. 1 Satz 1 StGB als gegeben betrachten durfte. Eine erneute Entscheidung über den Strafausspruch wird allerdings ggf. eine andere Entscheidung bezüglich der Strafaussetzung notwendig machen: Liegt die neu auszusprechende Freiheitsstrafe in einem Bereich von über einem, jedoch nicht mehr als zwei Jahren, ist eine (erneute) Strafaussetzung zur Bewährung nur dann möglich, wenn besondere Umstände gegeben sind. Dies sind Milderungsgründe von besonderem Gewicht, die eine Strafaussetzung trotz eines erheblichen Unrechts- und Schuldgehalts, der sich in der Strafhöhe widerspiegelt, als nicht unangebracht und den strafrechtlich geschützten Interessen nicht zuwiderlaufend erscheinen lassen.[48] Liegt sie über zwei Jahren, folgt die abweichende Entscheidung über eine Strafaussetzung zur Bewährung daraus, dass die Vollstreckung einer Freiheitsstrafe von über zwei Jahren nicht mehr aussetzungsfähig ist, vgl. § 56 Abs. 2 StGB.

c) Zwischenergebnis

Der Strafausspruch begegnet durchgreifenden rechtlichen Bedenken, da die vom Landgericht ausgeurteilte Strafe unvertretbar milde ist.

3. Ergebnis

Die bereits eingelegte Revision ist nicht nur zulässig, sondern auch begründet. Sie hat daher Aussicht auf Erfolg.

B. Zweckmäßigkeit des Vorgehens

Die Aufhebung des Urteils erfolgt gemäß § 353 Abs. 1 StPO nur, soweit die Revision begründet ist. Aus dem Gutachten geht hervor, dass die Revision nur hinsichtlich des Strafmaßes Aussicht auf Erfolg hat; der Schuldspruch ist nicht zu beanstanden. Zu denken ist daher an eine **Revisionsbeschränkung**.

Die Revision kann nach § 344 Abs. 1 StPO („inwieweit") ebenso wie die Berufung (§ 318 Satz 1 StPO) und der Einspruch gegen den Strafbefehl (§ 410

---

[48] BGHSt 29, 370 (371); *Fischer*, § 56 Rn. 20.

Abs. 2 StPO; → oben Fall 3) auf bestimmte Beschwerdepunkte beschränkt werden. Nach der sog. **Trennbarkeitsformel**[49] ist eine Beschränkung dann wirksam, wenn sie sich auf einen Teil der in der Urteilsformel enthaltenen Entscheidung bezieht, der vom neuen Tatrichter losgelöst vom übrigen Urteilsinhalt geprüft und beurteilt werden kann. Darüber hinaus dürfen durch die neue Entscheidung keine Widersprüche zu dem Entscheidungsteil entstehen, dessen Bestand nicht angegriffen wird.[50] Eine Beschränkung der Revision konkret auf den Rechtsfolgenausspruch ist dann zulässig, wenn die Feststellungen zum Schuldspruch, die als doppeltrelevante Tatsachen auch für die Strafzumessung wesentliche Modalitäten enthalten, klar und widerspruchsfrei sind.[51] Wird ein Urteil nur im Strafausspruch angefochten und hebt das Revisionsgericht das Urteil in Anwendung des § 353 Abs. 2 StPO auf, so erwächst der nicht beanstandete Schuldspruch in **Teilrechtskraft**,[52] weshalb die Aspekte der Trennbarkeit und Widerspruchsfreiheit von solcher Relevanz sind.

Im vorliegenden Fall kann der Rechtsfolgenausspruch vom übrigen Urteilsinhalt getrennt geprüft und beurteilt werden. Die Gesetzesverletzung, mit der die Revision begründet werden kann, liegt allein in der fehlerhaften Gewichtung der vom Gericht festgestellten Strafzumessungstatsachen. Es ist daher kein Nachteil, wenn die Feststellungen der Kammer zum Schuldspruch in Rechtskraft erwachsen und der Strafzumessungssachverhalt lediglich noch einmal einer erneuten Gewichtung unterzogen wird. Die Revision sollte daher auf die Rechtsfolgenentscheidung beschränkt werden.

C. Antragsvorschlag

Die Ergebnisse des Gutachtens legen folgenden Antragsvorschlag nahe:

„In der Strafsache
gegen A *[Personalien des Angeklagten]*
wegen versuchten Raubes u.a.
[Aktenzeichen]

wird die gegen das Urteil des Landgerichts K vom 24. Oktober 2008 mit Schriftsatz vom 24. Oktober 2008 eingelegte Revision auf den Rechtsfolgenausspruch beschränkt. Es wird beantragt, das Urteil insoweit aufzuheben und zur erneuten Verhandlung und Entscheidung an eine andere Kammer des Landgerichts K zurückzuverweisen.[53]"

---

[49] BGHSt 10, 100 (101); 19, 46 (48); 41, 57 (59).
[50] BGHSt 29, 359 (366); BGH NStZ-RR 1999, 359.
[51] OLG Koblenz NStZ-RR 2005, 178; *Meyer-Goßner*, § 318 Rn. 16.
[52] *Schäfer/Sander/van Gemmeren*, Praxis der Strafzumessung, Rn. 739.
[53] Der Antrag auf Aufhebung und Zurückverweisung orientiert sich an § 353 Abs. 1, § 354 Abs. 2 Satz 1 StPO.

Fall 12 (***)

Rache ist süß

Revisionsbegründungsfrist – Begründung der Strafzumessung im Urteil – Begründungsfehler – Entscheidungsmöglichkeiten des Revisionsgerichts – Erfolg des Rechtsmittels im Kostenrecht

Sachverhalt

Der 54 Jahre alte B aus P kommt am 20.06.2008 zu Strafverteidiger V in die Kanzlei und überreicht diesem ein Urteil des Amtsgerichts P. Mit dem bereits am Dienstag, den 22.04.2008 verkündeten Urteil hatte das Schöffengericht des Amtsgerichts P den B wegen Brandstiftung zu einer Freiheitsstrafe von einem Jahr und 6 Monaten verurteilt, deren Vollstreckung es zur Bewährung aussetzte. Den Feststellungen des von B überreichten Urteils ist hinsichtlich des Sachverhalts Folgendes zu entnehmen:

„Am 15. Januar 2008 traf sich der Angeklagte mit zwei Freunden in seiner Stammkneipe in P. Während die drei Freunde und insbesondere der Angeklagte eifrig dem Alkohol zusprachen, erhitzten sich ihre Gemüter, da sie über die neuesten politischen Entwicklungen und die Stellung ihres Lieblingsvereins in der Bundesliga diskutierten. Da sich der Angeklagte durch lautstarke und zum Teil unflätige Äußerungen hervortat, forderte ihn der Wirt des Lokals, der Zeuge W, gegen 0.45 Uhr auf, die Kneipe nunmehr zu verlassen. Während er sich zunächst über den „Rauswurf" erregte, gab der Angeklagte schließlich nach und verließ gegen kurz vor 1 Uhr die Kneipe; seine beiden Freunde blieben noch.

Der Angeklagte war zutiefst verärgert darüber, aus seiner Stammkneipe hinausgeworfen worden zu sein. Während er vor dem Lokal noch eine Zigarette rauchte, entschloss er sich, W dafür eine Lektion zu erteilen. Der Angeklagte, dem bekannt war, welches Auto W fuhr, begab sich zum Hinterhof des Lokals. Dort fand er den abgestellten PKW der Marke Mazda MX5 vor, welcher zur Tatzeit einen Wert von 21.000 Euro hatte. Der durchschnittlich an Alkohol gewöhnte Angeklagte, dessen BAK zur Tatzeit 1,9 ‰ betrug, stellte fest, dass die Fahrertür des Wagens offen war und entnahm der in der Nähe stehenden randvollen Papiermülltonne einen großen Stapel Altpapier. Diesen schichtete er auf dem Fahrersitz des Autos auf und entzündete ihn mit seinem Feuerzeug. Sämtliche Sitzpolster des Wagens sowie die Türverkleidungen waren aus Stoff, das Lenkrad sowie das sonstige Innenleben aus Kunststoff. Nachdem er sicher war, dass die Flammen des

Papierstapels auf das Sitzpolster übergegriffen hatten, verließ der Angeklagte die Örtlichkeit. Am PKW des W entstand durch den Brand im Innenraum ein Schaden in Höhe von ca. 9.000 Euro." Darüber hinaus enthalten die Urteilsgründe folgende Ausführungen:

„Der Angeklagte hat sich der Brandstiftung gemäß § 306 Abs. 1 Nr. 4 StGB schuldig gemacht; das Gesetz sieht dafür Freiheitsstrafe von einem Jahr bis zu 10 Jahren vor. Innerhalb dieses Strafrahmens hat sich das Gericht von folgenden Erwägungen leiten lassen: Zugunsten des Angeklagten hat das Gericht gewertet, dass dieser trotz drei bestehender Vorstrafen, die bereits längere Zeit zurückliegen, bislang nicht einschlägig strafrechtlich in Erscheinung getreten ist. Erschwerend fiel ins Gewicht, dass der Angeklagte aus nichtigem Anlass heraus handelte und der durch seine Tat entstandene Schaden erheblich ist. Ebenso hat das Gericht erschwerend berücksichtigt, dass sich der Angeklagte bislang jeglicher Einlassung enthalten und dadurch nicht zur Aufklärung der Tat beigetragen hat. (...)".

Durch Nachfragen bei B, sowie dem ehemaligen Verteidiger des B und beim Amtsgericht P erfährt V noch Folgendes: Am Freitag, den 25.04.2008 legte der ehemalige Verteidiger des B gegen das Urteil schriftlich Revision ein. B wünschte ein Vorgehen gegen das Urteil, da sich das Geschehen zwar grundsätzlich wie im Urteil dargestellt zugetragen habe, er sich aber durch das Gericht ungerecht behandelt und zu hart bestraft fühlte. B machte außerdem seinem Verteidiger schwere Vorwürfe, weshalb er ihn nach einer Auseinandersetzung am 29.04.2008 als Verteidiger entließ, was dieser dem Gericht auch am selben Tag noch mitteilte. Die Zustellung des Urteils an B erfolgte am Mittwoch, den 14.05.2008, die Zustellung an seinen damaligen Verteidiger am 16.05.2008. Die Fertigstellung des Sitzungsprotokolls erfolgte am 20.05.2008.

Aufgabe

B bittet V um Beratung hinsichtlich der Frage, wie gegen das Urteil des Amtsgerichts P weiter vorgegangen werden könnte. V übergibt Ihnen am Dienstag, den 24.06.2008 die Angelegenheit und wünscht, dass Sie ein umfassendes Gutachten bezüglich der Erfolgsaussichten der bereits eingelegten Revision, welches außerdem Erwägungen zur Zweckmäßigkeit enthält, erstellen. Sollten Anträge an ein Gericht empfohlen werden, so sind diese am Ende auszuformulieren.

Lösung

Der Fall knüpft an den vorangegangenen Fall an und behandelt das Strafzumessungsrecht wiederum aus einer revisionsrechtlichen Perspektive. Die strafzumessungsrechtlichen Probleme sind hier etwas anders gelagert: Es geht weniger um das Strafmaß, das das Schöffengericht festgesetzt hat (ein Jahr, 6 Monate Freiheitsstrafe), als um die im Urteil hierfür gelieferte Begründung (vgl. § 267 Abs. 3 Satz 1 StPO). Insoweit muss der Bearbeiter prüfen, ob die Entscheidung ausreichend begründet ist und auf zulässigen Erwägungen beruht. Fehler, die dem Gericht insoweit unterlaufen, können in der Revision mit der Sachrüge geltend gemacht werden.

Die Probleme des Falls gehen allerdings darüber hinaus und zielen auf Bearbeiter ab, die über gute Kenntnisse im Strafprozessrecht verfügen. Zunächst ist schon die Zulässigkeit der Revision problematisch. Die für die richtige Lösung notwendige Norm findet sich weder im Revisionsrecht noch bei den allgemeinen Normen über Zustellungen und Fristen, sondern an einer etwas versteckten Stelle (§ 273 Abs. 4 StPO). Anspruchsvoll ist die Aufgabe aber vor allem, soweit Erwägungen zur Zweckmäßigkeit angestellt werden sollen. Für die sachgerechte Beratung des B kommt es nämlich nicht allein darauf an, ob die Revision in dem Sinn „durchgeht", dass in der Strafzumessungsbegründung des Gerichts eine Gesetzesverletzung i.S. des § 337 StPO gefunden wird. Aus der Sicht des B stellt sich auch – und wahrscheinlich vornehmlich – die Frage, ob die zulässige und begründete Revision im Ergebnis zu einer Herabsetzung der Strafe führt. Mittelbar muss deshalb auch in diesem Fall geprüft werden, welches Strafmaß für die Ahndung der Tat des B angemessen ist. Wenn nicht zu erwarten ist, dass die vom Schöffengericht verhängte Strafe im Ergebnis deutlich herabgesetzt wird, ist die Durchführung der Revision für B mit kostenrechtlichen Nachteilen verbunden. Hierüber muss B von seinem Verteidiger im Beratungsgespräch aufgeklärt werden.

Lehrbuch: Teil 4, Abschnitte 3.1, 3.2 und 4.1.4 (S. 154-159, 170-192)

A. Erfolgsaussichten der Revision

Die bereits eingelegte Revision hat Aussicht auf Erfolg, wenn sie zulässig und begründet ist.

I. Zulässigkeit der Revision

1. Statthaftigkeit, Rechtsmittelberechtigung und Beschwer

Vorliegend ist die Revision als sog. Sprungrevision im Sinne des § 335 Abs. 1 StPO statthaft, da es sich bei dem anzufechtenden Urteil um ein solches des Schöffengerichts handelt, gegen welches gemäß § 312 StPO Berufung zulässig ist.

Die erforderliche Rechtsmittelberechtigung folgt für B aus § 296 StPO. Aus § 297 StPO folgt die **Befugnis des Verteidigers**, für seinen Mandanten Rechtsmittel einzulegen. Als Verteidiger im Sinne des § 297 StPO ist, ohne dass es einer weiteren Vollmacht bedarf[1], der im bisherigen Verfahren tätig gewesene Wahl- oder Pflichtverteidiger anzusehen. Rechtsmittel einlegen kann aber auch, wer erst später zum Verteidiger bestellt worden ist. Dessen Vollmacht muss dann vor der Rechtsmitteleinlegung erteilt werden, kann aber auch zu einem späteren Zeitpunkt noch nachgewiesen werden.[2] V war im Ausgangsverfahren nicht als Verteidiger des B tätig. Das Rechtsmittel wurde aber durch den damaligen Verteidiger eingelegt und zwar bevor es zu dem Zerwürfnis mit B kam. Damit war der damalige Verteidiger des B zum Zeitpunkt der Revisionseinlegung (noch) rechtsmittelberechtigt. Will nunmehr V für B tätig werden, so muss er sich eine sog. Verteidigervollmacht erteilen lassen und diese gegenüber dem Gericht nachweisen.

B müsste weiterhin durch das Urteil des Amtsgerichts **beschwert** sein. Diese allgemeine Beschwer ist bei einer unmittelbaren Beeinträchtigung der Rechte oder schutzwürdigen Interessen des Betroffenen durch die Entscheidung gegeben. Sie folgt ausschließlich aus dem Entscheidungsausspruch, nicht jedoch aus den Gründen eines Urteils.[3] Dies gilt selbst dann, wenn die Art der Entscheidungsbegründung Grundrechte verletzt.[4] B wurde durch das Urteil des Amtsgericht P wegen Brandstiftung zu einer Freiheitsstrafe von einem Jahr und 6 Monaten verurteilt, deren Vollstreckung zur Bewährung ausgesetzt worden ist. Er ist demnach durch die Urteilsformel, welche aus dem Schuld- und dem Rechtsfolgenausspruch besteht,[5] im erforderlichen Sinne beschwert. Dass die Vollstreckung der Freiheitsstrafe zur Bewährung ausgesetzt worden ist, ändert am Vorliegen der Beschwer nichts.

2. Ordnungsgemäße Revisionseinlegung, § 341 StPO

Weitere Zulässigkeitsvoraussetzung der Revision ist, dass diese ordnungsgemäß eingelegt worden ist. Maßgebliche Vorschrift hinsichtlich der Revisionseinlegung ist § 341 StPO. – Die Revisionseinlegung beim Schöffengericht des Amtsgerichts P war ordnungsgemäß, da gemäß § 341 Abs. 1 StPO richtiger Adressat der Erklärung über die Revisionseinlegung der sog. iudex a quo ist, also der Richter bzw. das Gericht, dessen Urteil angefochten wird.

Die Revision muss außerdem schriftlich oder zu Protokoll der Geschäftsstelle eingelegt werden, § 341 Abs. 1 StPO. – Vorliegend erfolgte die Revisionseinlegung noch durch den vormaligen Verteidiger des B sowie schriftlich, so dass die Anforderungen an eine formgerechte Rechtsmitteleinlegung erfüllt sind.

Revision wurde durch den ehemaligen Verteidiger des B am 25.04.2008 eingelegt. Gemäß § 341 Abs. 1 StPO hat die Einlegung der Revision binnen einer Wo-

---

[1] BGHSt 12, 367 (370 f.).
[2] BGHSt 36, 259 (260); OLG Hamm VRS 108, 266 267).
[3] BGHSt 7, 153; 16, 374 (376 ff.).
[4] *Meyer-Goßner*, Vor § 296 Rn. 9, 11 und 13.
[5] HK-GS/*Brehmeier-Metz*, § 260 StPO, Rn. 6 ff.

che nach Urteilsverkündung zu erfolgen, sofern es sich nicht um einen Fall des § 341 Abs. 2 StPO handelt. Ein solcher liegt nicht vor; das Urteil wurde am 22.04.2008 in Anwesenheit des B verkündet. Demnach ist die Wochenfrist zur Revisionseinlegung eingehalten worden, so dass insgesamt eine ordnungsgemäße Rechtsmitteleinlegung bejaht werden kann.

3. Ordnungsgemäße Revisionsbegründung, §§ 344, 345 StPO

Darüber hinaus müsste allerdings zum Zeitpunkt der Begutachtung auch noch eine ordnungsgemäße Begründung der Revision möglich sein. Denn das Gesetz schreibt für die Zulässigkeit dieses Rechtsmittels eine Revisionsbegründung zwingend vor.[6] Maßgebliche Vorschriften hinsichtlich der äußeren Form und der inhaltlichen Anforderungen sind §§ 344, 345 StPO. Richtiger Adressat der Revisionsbegründung ist ebenfalls der iudex a quo, vgl. § 345 Abs. 1 Satz 1 StPO.

a) Form

Das Gesetz sieht in §§ 344, 345 Abs. 2 StPO strenge Formerfordernisse für die Revisionsrechtfertigung vor. Der Angeklagte selbst kann die Begründung zu Protokoll der Geschäftsstelle des zuständigen Gerichts erklären oder die Revision muss durch einen vom Verteidiger oder einem Rechtsanwalt unterzeichneten Schriftsatz begründet werden, § 345 Abs. 2 StPO. Auch i.S. des § 345 Abs. 2 StPO ist Verteidiger zunächst der in dem unteren Rechtszug bereits tätig gewesene Verteidiger. Wird demgegenüber ein neuer Verteidiger bestellt, so muss die Vollmacht in der Frist des § 345 Abs. 1 StPO zumindest mündlich erteilt worden sein.[7]

Daneben muss die Revisionsbegründung **inhaltlichen Anforderungen** genügen, welche sich aus § 344 StPO ergeben. Der Revisionsantrag besteht aus der Erklärung des Revisionsführers, inwieweit er das Urteil anfechten und dessen Aufhebung beantragen will, § 344 Abs. 1, § 352 Abs. 1 StPO. Darüber hinaus muss aus der Begründung hervorgehen, ob das Urteil mittels einer Verfahrensrüge oder einer Sachrüge angefochten wird, vgl. § 344 Abs. 2 S. 1 StPO (→ oben Fall 11, II.). Gemäß § 344 Abs. 2 Satz 2 StPO müssen im Fall einer Verfahrensrüge in der Revisionsbegründungsschrift die den Mangel des Urteils enthaltenden Tatsachen angegeben werden. – Für den vorliegenden Fall gilt, dass die Revision bislang noch nicht begründet worden ist, eine ordnungsgemäße Revisionsbegründung ist zum Zeitpunkt der Begutachtung (24.06.2008) noch möglich.

b) Frist

Allerdings ist auch die Revisionsbegründung an eine Frist gebunden. Nach § 345 Abs. 1 Satz 1 StPO ist die Revision binnen eines Monats nach Ablauf der Frist zur

---

[6] Insofern anders als bei der Berufung, vgl. HK-GS/*Unger/Halbritter*, § 317 Rn. 1.
[7] *Meyer-Goßner*, § 345 Rn. 11.

Einlegung des Rechtsmittels zu begründen; war zu diesem Zeitpunkt das Urteil noch nicht zugestellt, so beginnt die Frist erst mit der Urteilszustellung, § 345 Abs. 1 Satz 2 StPO. Da das Urteil zum Zeitpunkt des Ablaufs der Revisionseinlegungsfrist am Dienstag, den 29.04.2008, noch nicht zugestellt war, könnte hinsichtlich des **Fristbeginns** auf eine der beiden Urteilszustellungen abzustellen sein. Die Zustellung an B erfolgte am Mittwoch, den 14.05.2008, die an seinen im ersten Rechtszug tätigen Verteidiger am Freitag, den 16.05.2008.

Grundsätzlich erfordert der Fristbeginn eine wirksame **Urteilszustellung** nach §§ 37, 40 StPO; die Berechnung der Frist erfolgt nach § 43 Abs. 1 und 2 StPO. Zum Empfang der Zustellung berechtigt ist derjenige, für den die Zustellung bestimmt ist[8], im Falle der Urteilszustellung grundsätzlich der Angeklagte. Hat der Angeklagte einen Verteidiger, so haben Zustellungen grundsätzlich an diesen zu erfolgen; Doppelzustellungen an den Angeklagten und seinen Verteidiger sind an sich nicht vorgesehen (vgl. § 145a Abs. 3 StPO). Erfolgt die Zustellung dennoch an mehrere Empfangsberechtigte – wie hier an den B selbst und zwei Tage später an den ehemaligen Verteidiger des B –, so lässt erst die letzte wirksame Urteilszustellung die Frist zur Revisionsbegründung beginnen. Dies ergibt sich wiederum aus § 37 Abs. 2 StPO.

Nach alledem könnte auf die Zustellung an den damaligen Verteidiger des B abzustellen sein, die Begründungsfrist würde mit der Zustellung am Mittwoch, den 16.05.2008 beginnen und am Montag, den 16.06.2008 enden (§ 43 StPO). Zu beachten ist allerdings, dass eine **wirksame Zustellung** an den Verteidiger gerade nicht vorliegt, wenn zum Zeitpunkt der Zustellung kein Verteidigungsverhältnis mehr besteht und dies dem Gericht auch mitgeteilt wird.[9] Denn § 145a Abs. 1 StPO setzt ein wirksames Verteidigungsverhältnis voraus und wirkt nur bis zum Zeitpunkt seiner Beendigung. Da B seinen damaligen Verteidiger nach der Auseinandersetzung am 29.04.2008 aus der Verteidigerstellung entließ und dieser das dem Gericht auch mitteilte, war der damalige Verteidiger zum Zeitpunkt der Urteilszustellung am 16.05.2008 nicht mehr Verteidiger des B. Demnach kann auf diese Zustellung nicht abgestellt werden, sondern es müsste für den Fristbeginn die Zustellung an B selbst herangezogen werden. Allerdings wäre die Monatsfrist zur Revisionsbegründung zum Zeitpunkt der Begutachtung in einem wie im anderen Fall bereits abgelaufen, so dass dies dahingestellt bleiben kann.

Dennoch ist die Revision nicht unzulässig. Denn die Frist zur Begründung der Revision konnte durch die Zustellung an B gar nicht erst in Gang gesetzt werden. Grund dafür ist, dass die Zustellung eines Urteils erst erfolgen darf, nachdem das **Sitzungsprotokoll fertiggestellt** ist, § 273 Abs. 4 StPO. Eine vor Fertigstellung vorgenommene Zustellung ist unwirksam und setzt die von der Urteilszustellung abhängigen Fristen nicht in Lauf; dies gilt auch und insbesondere für die Revisionsbegründungsfrist des § 345 Abs. 1 Satz 2 StPO.[10] – Wie V in Erfahrung bringen konnte, wurde das Sitzungsprotokoll erst am 20.05.2008, also zeitlich nach

---

[8] *Meyer-Goßner*, § 37 Rn. 3.
[9] OLG Düsseldorf NStZ 1988, 327; 1993, 403; LR-*Lüderssen/Jahn*, § 145a Rn. 6; KK StPO-*Laufhütte*, § 145a Rn. 2.
[10] BGHSt 27, 80; KK StPO-*Engelhardt*, § 273 Rn. 33; *Meyer-Goßner*, § 273 Rn. 34.

der Urteilszustellung, fertiggestellt, so dass die Frist zur Begründung der Revision nicht in Gang gesetzt wurde und folglich zum Zeitpunkt der Begutachtung noch nicht verstrichen sein kann. Eine ordnungsgemäße, weil form- und fristgerechte Revisionsbegründung ist mithin zum Zeitpunkt der Begutachtung am 24.06.2008 noch möglich.

4. Ergebnis

Die Revision ist, vorbehaltlich der Einhaltung der Anforderungen an die Begründung, zulässig.

II. Begründetheit der Revision

Damit sie Aussicht auf Erfolg hat, müsste die Revision auch begründet sein. Dies ist sie dann, wenn das angefochtene Urteil auf einer Verletzung des Gesetzes beruht, § 337 Abs. 1 StPO.
§ 337 Abs. 2 StPO definiert den Begriff der Gesetzesverletzung als die Nicht- oder Falschanwendung einer Rechtsnorm. In Betracht kommt die Erhebung von Verfahrens- und Sachrügen, vgl. § 344 Abs. 2 S. 1 StPO. Mit der Sachrüge wird das Urteil selbst angegriffen, mit der Verfahrensrüge gleichsam der Weg beanstandet, auf dem das Tatgericht zu seinen Feststellungen und dem Urteil gelangt ist. Außerdem kann die Beanstandung des Urteils darauf gestützt werden, dass bestimmte zwingende Verfahrensvoraussetzungen nicht eingehalten wurden bzw. das Vorliegen von sog. Prozesshindernissen vom erkennenden Gericht nicht beachtet wurde (→ Fall 11, A. II.).

1. Verfahrensvoraussetzungen/ Verfahrensrügen

Es liegen weder Anhaltspunkte dafür vor, dass seitens des Gerichts bestehende Prozesshindernisse oder die Einhaltung von Verfahrensvoraussetzungen nicht beachtet wurden, noch dafür, dass Vorschriften über das Verfahren verletzt wurden. Hierauf kann die Revision folglich nicht gestützt werden.

2. Sachrüge

Damit kommt nur das Erheben der Sachrüge in Betracht. Gerügt wird hier die Verletzung materiellen Rechts. Auf die allgemeine oder ausgeführte Sachrüge hin wird das gesamte Urteil in materiell-rechtlicher Hinsicht überprüft.
Das sachliche Recht ist im Sinne des § 337 StPO verletzt, wenn eine auf den festgestellten Sachverhalt anzuwendende Norm nicht oder nicht richtig angewendet worden ist, eine unanwendbare Rechtsnorm Anwendung gefunden hat oder eine „Norm" angewendet wurde, die keine Rechtsnorm ist. Der Fehler kann insbesondere in der falschen Auslegung der Norm oder in falscher Subsumtion liegen.

Weiterhin kann mit der Sachrüge beanstandet werden, dass die Feststellungen des Urteils keine genügende Grundlage für die Rechtsanwendung bilden (→ Fall 11, A. II. 2.).

a) Strafbarkeit wegen § 306 Abs. 1 Nr. 4 StGB

Fehler hinsichtlich der rechtlichen Würdigung des festgestellten Sachverhalts sind nicht ersichtlich. Das Schöffengericht ist zutreffend davon ausgegangen, dass sich B wegen Brandstiftung gemäß § 306 Abs. 1 Nr. 4 StGB strafbar gemacht hat.

Es hat richtigerweise die Tathandlung des **Inbrandsetzens** bejaht. Denn darunter ist das Entzünden eines Gegenstandes, so dass er vom Feuer ergriffen wird[11], zu verstehen. Für die Vollendung ist dabei erforderlich, dass der Brand Teile des geschützten Gegenstandes – hier eines Kfz im Sinne von § 306 Abs. 1 Nr. 4 StGB – erfasst hat, die für dessen bestimmungsgemäßen Gebrauch wesentlich sind,[12] und dass diese selbständig, d.h. ohne Fortwirken des Zündstoffes, weiterbrennen.[13] Das von B auf dem Fahrersitz des PKW des W entzündete Altpapier griff auf das Sitzpolster über. Sitzpolster, Lenkrad und das weitere Innenleben eines Autos sind nach der Verkehrsanschauung wesentliche Teile eines Fahrzeuges. Auch den erforderlichen Vorsatz des B hat das Schöffengericht festgestellt und bejaht, ebenso die Rechtswidrigkeit des Handelns. Richtigerweise ist das Tatgericht nicht vom Vorliegen der Voraussetzungen des § 20 StGB aufgrund der Alkoholisierung des B ausgegangen; hierfür war nach den Feststellungen kein Anlass. Eine Sachrüge verspricht daher unter diesem Gesichtspunkt keine Aussicht auf Erfolg; das Urteil ist unter diesem Gesichtspunkt nicht anfechtbar.

b) Strafmaß

Allerdings ist auch der Rechtsfolgenausspruch als Rechtsanwendung vom Revisionsgericht überprüfbar, so dass die Revision unter diesem Aspekt begründet sein könnte. Da die Festsetzung des Strafmaßes jedoch in erster Linie Aufgabe des Tatrichters ist und dem ihm dabei eingeräumten Ermessen hohe Bedeutung zukommt, ist die Überprüfung durch das Revisionsgericht insofern nur eingeschränkt möglich; das Revisionsgericht hat grundsätzlich die Rechtsfolgenentscheidung des Tatgerichts hinzunehmen, solange die konkrete Strafe nicht offensichtlich den noch möglichen Ermessensrahmen überschreitet.

In sachlich-rechtlicher Hinsicht überprüft das Revisionsgericht im Bereich der Strafzumessung, ob diese auf dem richtigen Weg und nach den richtigen Kriterien vorgenommen worden ist. Ein sachlich-rechtlicher Mangel liegt in diesem Zusammenhang auch dann vor, wenn in den Urteilsgründen Umstände nicht berücksichtigt werden, die für die Bewertung des Unrechts- oder Schuldgehalts im konkreten Fall von besonderer Bedeutung sein mussten und deren ausdrückliche

---

[11] HK-GS/*Weiler*, § 306 Rn. 7.
[12] BGHSt 18, 363 (365); BGH NStZ 1994, 130 (131); *Fischer*, § 306 Rn. 14.
[13] RGSt 71, 193 (194); BGHSt 7, 37 (38); 18, 363 (364).

Einbeziehung in die Zumessungserwägungen daher erforderlich war.[14] Grundlage der revisionsrechtlichen Prüfung sind die Strafzumessungsgründe des angefochtenen Urteils, welche gemäß § 267 Abs. 3 Satz 1 StPO die bestimmenden Strafzumessungserwägungen in einem die Nachprüfung ermöglichenden Umfang zu enthalten und darzulegen haben; eine umfassende Aufzählung aller in § 46 Abs. 2 Satz 2 StGB genannten Umstände ist allerdings nicht erforderlich (→ Fall 11, A. II. 2. b]).

aa) Strafrahmen

Nach dem zuvor Gesagten könnte zunächst ein Rechtsfehler darin zu sehen sein, dass dem Urteil eine genauere Begründung zu dem vom Tatgericht zugrunde gelegten Strafrahmen nicht zu entnehmen ist.

Der Regelstrafrahmen der Brandstiftung beträgt gemäß § 306 Abs. 1 StGB Freiheitsstrafe von einem Jahr bis zu 10 Jahren. Wie dem Urteil zu entnehmen ist, ist das Schöffengericht von diesem Strafrahmen auch ausgegangen. Es hat jedoch nicht begründet, warum es, obwohl B nach den Feststellungen zur Tatzeit eine BAK von 1,9 ‰ aufwies, keinen minder schweren Fall nach § 306 Abs. 2 StGB angenommen oder von der Möglichkeit der Strafrahmenverschiebung nach den §§ 21, 49 Abs. 1 StGB Gebrauch gemacht hat.[15]

(1) Annahme eines minder schweren Falles

Ein minder schwerer Fall liegt nach der Rechtsprechung dann vor, wenn das gesamte Tatbild einschließlich aller subjektiven Momente und der Täterpersönlichkeit vom Durchschnitt der gewöhnlich vorkommenden Fälle so erheblich abweicht, dass die Anwendung des Ausnahmestrafrahmens geboten erscheint.[16] In neueren Entscheidungen spricht der BGH etwas offener davon, dass der Fall insgesamt minder schwer wiegen müsse; erforderlich ist eine **Gesamtabwägung** aller strafzumessungserheblichen Umstände[17]. Vorrangig ist insoweit zunächst das Vorliegen allgemeiner Milderungsgründe zu prüfen (hierzu bereits → oben Fall 7 und 11). Solche allgemeinen Milderungsgründe sind jedoch im vorliegenden Fall nicht gegeben. Weder hat die Tat nur einen ungewöhnlich geringen Schaden zur Folge gehabt noch liegen irgendwelche allgemeinen täterbezogenen Milderungsgründe vor (z.B. ein Geständnis), die in diesem Zusammenhang Bedeutung erlangen könnten.

Damit stellt sich die Frage, ob ein minder schwerer Fall aus dem Gesichtspunkt hergeleitet werden kann, dass A zur Tatzeit eine BAK von 1,9 ‰ aufwies. Indes lässt sich auch unter diesem Gesichtspunkt kein minder schwerer Fall begründen.

---

[14] BGHSt 28, 318 (323); BGH NJW 1992, 3309)3310); *Fischer*, § 46 Rn. 106.
[15] Zum Zusammentreffen der Möglichkeit eines minder schweren Falls mit einem gesetzlich vertypten Milderungsgrund vgl. bereits → oben Fall 7 und 11.
[16] BGHSt 4, 8 (10 f.); 8, 186 (188 f.); 26, 97 (98).
[17] BGH NStZ 1991, 529 (530); vgl. auch *Schäfer/Sander/van Gemmeren*, Praxis der Strafzumessung, Rn. 580.

Gesetzlich vertypten Milderungsgründen, wie etwa der erheblich verminderten Schuldfähigkeit nach § 21 StGB, kommt zwar ein besonders stark milderndes Gewicht zu, weshalb sie grundsätzlich auch zur Annahme eines minder schweren Falls führen können; zwingend ist dies jedoch nicht. Gegen die Annahme eines minder schweren Falles infolge der Alkoholisierung spricht vorliegend insbesondere, dass das Schwergewicht einer möglichen Milderung allein in der Alkoholisierung des B liegt, während es umgekehrt mit der Höhe des angerichteten Schadens (9.000 Euro) auch gewichtige Umstände gibt, die bei einer Gesamtbetrachtung der Einordnung der Tat als minder schwerem Fall entgegenstehen. Hinzu kommt, dass die Annahme eines minder schweren Falls nach § 306 Abs. 2 StGB für B auch nicht günstiger ist als eine etwaige Strafrahmenmilderung nach §§ 21, 49 Abs. 1 StGB; im ersten Fall liegt die Mindeststrafe bei 6 Monaten, im zweiten Fall bei 3 Monaten Freiheitsstrafe. Dass das Schöffengericht nicht von einem minder schweren Fall ausgegangen ist, ist daher nicht zu beanstanden.

(2) Fakultative Strafrahmenverschiebung nach §§ 21, 49 Abs. 1 StGB

Fraglich ist jedoch, ob dies auch für die Nichtvornahme einer Strafrahmenmilderung nach §§ 21, 49 Abs. 1 StGB gilt. Da bei der Beurteilung der Schuldfähigkeit BAK-Werte nicht schematisch auf Grade der Schuldfähigkeit übertragen werden dürfen (etwa: § 21 StGB ist immer gegeben, wenn die BAK mehr als 2,0 Promille beträgt[18]), muss hier zunächst danach gefragt werden, ob die Voraussetzungen des § 21 StGB aufgrund der Alkoholisierung des B gegeben sind. Voraussetzung hierfür ist, dass die Einsichts- oder Steuerungsfähigkeit des Täters infolge des konsumierten Alkohols zur Tatzeit erheblich vermindert war. Maßgeblich ist eine Gesamtbewertung der objektiven und subjektiven Umstände des Tatgeschehens und der Persönlichkeitsverfassung des Täters vor, während und nach der Tat. Neben der Alkoholmenge sind dabei auch sog. psycho-diagnostische Kriterien zu beachten, die einen Rückschluss auf die Schuldfähigkeit zur Tatzeit erlauben. Will das Gericht – auch schon bei einer nahe an der Grenze zu dem Wert der 2,0 ‰ liegenden BAK – die volle Schuldfähigkeit des Angeklagten annehmen, bedarf es einer eingehenden **Würdigung des Gesamtverhaltens** des Angeklagten.[19]

Neben der Höhe der Tatzeit-BAK des durchschnittlich an Alkohol gewöhnten B ist dabei auf der einen Seite zu berücksichtigen, dass sich B aufgrund des zuvor erfolgten „Rauswurfs" aus seiner Stammkneipe in einer aufgewühlten Stimmung befand, die seine Steuerungsfähigkeit vermutlich ebenfalls beeinträchtigt hat. Auf der anderen Seite sind die fortdauernde Zielorientierung seines Handelns und die planmäßige Ausführung der Tat (Aufsuchen des Fahrzeuges auf dem Hinterhof des Gebäudes, Stapeln des Altpapiers und Warten auf das Übergreifen der Flammen), mithin die in der Tatsituation nach wie vor vorhandene „Leistungsfähigkeit" des B, zu berücksichtigen; sie spricht gegen die Annahme einer erheblich verminderten Schuldfähigkeit. Auch das Fehlen anderweitiger, typischerweise alkoholbedingter körperlicher Ausfallerscheinungen (Koordinations- und Gleichgewichts-

---

[18] Vgl. BGH StV 1996, 600 (601 ff.); NStZ-RR 2003, 71.
[19] BGHSt 43, 66 (71 ff.).

störungen, verlängerte Reaktionszeit, Übelkeit) spricht gegen die Annahme der Voraussetzungen des § 21 StGB und damit gegen eine fakultative Strafrahmenverschiebung nach §§ 21, 49 Abs. 1 StGB. Dass das Schöffengericht nicht von einem nach § 49 Abs. 1 StGB gemilderten Strafrahmen ausgegangen ist, ist daher nicht zwingend zu beanstanden.

Zu berücksichtigen ist allerdings, dass dem angefochtenen Urteil nicht zu entnehmen ist, dass sich das Gericht der Möglichkeiten eines minder schweren Falles oder der fakultativen Strafrahmenverschiebung nach §§ 21, 49 Abs. 1 StGB überhaupt bewusst war und bezüglich des Strafrahmens eine durchdachte Ermessensentscheidung getroffen hat. In Fallkonstellationen wie der vorliegenden besteht eine **sachlich-rechtliche Begründungspflicht**. Denn aufgrund der festgestellten Tatzeit-BAK von beinahe 2,0 ‰ waren das Vorliegen eines minder schweren Falles und eine Strafrahmenverschiebung nach §§ 21, 49 StGB im Rahmen der Festlegung des Strafrahmens zwingend zu diskutieren; dies sind die unentbehrlichen Anforderungen an das Urteil, wenn – wie hier – die Anwendung verschiedener Strafrahmen in Betracht kommt.[20]

Enthalten die Urteilsgründe diese „bestimmenden" Umstände und Erwägungen nicht, so ist die Strafzumessung rechtlich fehlerhaft und die Sachrüge greift zunächst durch; mag das Ergebnis auch noch so richtig erscheinen.[21] Denn das Revisionsgericht kann anhand der Urteilsgründe nicht nachprüfen, ob die Voraussetzungen des § 21 StGB rechtsfehlerfrei beurteilt wurden. Auch für die Strafzumessung gilt die Vermutung, dass in den schriftlichen Urteilsgründen nicht erwähnte Feststellungen nicht getroffen und nicht mitgeteilte Strafzumessungserwägungen auch nicht angestellt wurden.[22] Die **Nichterörterung** aufgrund tatsächlicher Umstände nahe liegender Strafzumessungserwägungen – hier: bezüglich des zugrunde zu legenden Strafrahmens – stellt einen sachlich-rechtlichen Fehler des Urteils dar.[23] Diese Unzulänglichkeit der Urteilsgründe begründet die Sachrüge.[24]

(3) Ergebnis

Die Strafzumessung des Urteils begegnet unter dem soeben dargestellten Aspekt rechtlichen Bedenken. Richtig ist, dass das bereits ergangene Urteil auf einem nachträglichen Begründungsmangel, wie er hier gegeben ist, nicht im klassischen Sinne „beruhen" kann. Allerdings ist bei sachlich-rechtlichen Mängeln, die mit der Sachrüge geltend gemacht werden – darunter fällt auch der festgestellte Begründungsmangel – praktisch nie auszuschließen, dass das Urteil anders ausgefallen wäre, wenn der Fehler vermieden worden wäre.[25]

---

[20] BGH StV 1988, 385; NStZ 1991, 529 (530); dazu auch: *Schäfer/Sander/van Gemmeren*, Praxis der Strafzumessung, Rn. 796 ff.
[21] Vgl. nunmehr jedoch die Möglichkeit des § 354 Abs. 1a StPO; hierzu → unten B. II.
[22] *Schäfer/Sander/van Gemmeren*, Praxis der Strafzumessung, Rn. 761.
[23] OLG Hamm StraFo 1998, 387 (388).
[24] Ausführlich *Dahs/Dahs*, Die Revision im Strafprozess, Rn. 437 ff.
[25] *Meyer-Goßner*, § 337 Rn. 37, 40.

bb) Strafzumessungserwägungen

Unter Beachtung des dem Tatgericht zukommenden weiten Ermessensspielraums bei der Festsetzung der Rechtsfolge, welcher durch die nach der Rechtsprechung maßgeblichen Spielraumtheorie eingeräumt wird, kommt weiterhin ein Verstoß gegen die sich aus § 46 StGB ergebenden Grundsätze der Strafzumessung in Betracht.

(1) Nichtbeachtung der Alkoholisierung

Auch wenn die Voraussetzungen des § 21 StGB im Ergebnis nicht erfüllt sein mögen, wären die erhebliche Alkoholisierung des B und ihre entlastende Wirkung im Rahmen der Frage nach dem Schuldrahmen im Sinne des § 46 Abs. 1 StGB zu berücksichtigen gewesen. Das Schöffengericht hat hier unzutreffend eine Berücksichtigung unterlassen. Da B den Tatentschluss noch nicht gefasst hatte, bevor oder während er Alkohol konsumierte, die Tat für ihn zu diesem Zeitpunkt auch noch nicht vorhersehbar war, kann die strafmildernde Berücksichtigung der Alkoholisierung auch nach den einschränkenden Grundsätzen der neueren Rechtsprechung (→ oben Fall Fall 7, II. 1. b] bb]) vorgenommen werden.[26]

(2) Strafschärfende Verwertung des Fehlens eines Geständnisses

Auch dadurch, dass das Schöffengericht strafschärfend gewertet hat, dass B weder im Rahmen des Ermittlungsverfahrens eine geständige Einlassung abgegeben noch in der Hauptverhandlung ein Geständnis abgelegt hat, hat es gegen die aus § 46 StGB folgenden Grundsätze der Strafzumessung verstoßen.

Grundsätzlich ist das Verhalten des Täters nach der Tat zwar als Strafzumessungsgrund im Sinne des § 46 Abs. 2 StGB verwertbar. Dabei bildet insbesondere das Geständnis einen eigenständigen und positiven Handlungs- und ggf. Erfolgswert, welcher dem Unwert der Tat entgegengestellt werden kann[27]. Der Versuch, sich der Strafverfolgung zu entziehen oder zulässiges Prozessverhalten des Täters dürfen jedoch nicht strafschärfend berücksichtigt werden.[28]

Zu den Verteidigungsrechten des Angeklagten zählt – im Sinne einer passiven Verteidigung – auch sein **Schweigerecht**, welches den § 136 Abs. 1 Satz 2, § 163a Abs. 4, § 243 Abs. 4 StPO zu entnehmen ist (sog. „nemo tenetur"-Grundsatz). Verweigert der Angeklagte in vollem Umfang die Einlassung, so darf das Gericht daraus keine für den Angeklagten negativen Schlüsse ziehen. Insbesondere ist es

---

[26] BGHSt 49, 239 (242 ff.); *Schäfer/Sander/van Gemmeren*, Praxis der Strafzumessung, Rn. 540 f.
[27] BGHSt 42, 191 (195); 43, 195 (209 f.); LK-*Theune*, § 46 Rn. 206; krit. S/S-*Stree*, § 46 Rn. 41a.
[28] LK-*Theune*, § 46 Rn. 207; *Meyer-Goßner*, § 46 Rn. 53.

unzulässig, das Fehlen eines Geständnisses – wie hier geschehen – strafschärfend zu werten.[29]

(3) Zwischenergebnis

Da das Beruhen des Urteils auf dem Rechtsfehler i.S. des § 337 Abs. 1 StPO bereits dann anzunehmen ist, wenn dieser ursächliche Zusammenhang jedenfalls nicht mit Sicherheit auszuschließen ist, kann dieses Erfordernis an dieser Stelle bejaht werden. Es ist nicht auszuschließen, dass das Urteil des Schöffengerichts P im Rechtsfolgenausspruch unter strafmildernder Berücksichtigung der Alkoholisierung des B sowie ohne die straferschwerende Berücksichtigung des Fehlens eines Geständnisses und damit ohne diese Verstöße gegen die Grundsätze der Strafzumessung anders ausgefallen wäre.

c) Ergebnis

Aufgrund der Gesetzesverletzungen im Zusammenhang mit der durch das Schöffengericht vorgenommenen Strafzumessung begegnet das Strafmaß durchgreifenden rechtlichen Bedenken, so dass unter diesem Aspekt von der Begründetheit der Revision auszugehen ist und die Revision damit grundsätzlich Aussicht auf Erfolg hat.

B. Zweckmäßigkeit

I. Revisionsbeschränkung

Die Aufhebung des Urteils erfolgt gemäß § 353 StPO nur, soweit das Rechtsmittel begründet ist. Da das Gutachten zu den Erfolgsaussichten der Revision zu dem Ergebnis geführt hat, dass die Revision nur hinsichtlich der Sachrüge und nur bezogen auf das Strafmaß aussichtsreich ist, ist zu überlegen, ob die Revision auf diesen Punkt beschränkt werden soll.

Die **Revisionsbeschränkung** auf bestimmte Beschwerdepunkte ist gemäß § 344 Abs. 1 StPO grundsätzlich zulässig. Nach der sog. Trennbarkeitsformel[30] ist sie dann wirksam, wenn sie sich auf einen Teil der in der Urteilsformel enthaltenen Entscheidung bezieht, der vom neuen Tatrichter losgelöst vom übrigen Urteilsinhalt geprüft und beurteilt werden kann. Darüber hinaus dürfen durch die neue Entscheidung keine Widersprüche zu dem Entscheidungsteil entstehen, dessen Bestand nicht angegriffen wird. Eine Beschränkung der Revision konkret auf den Rechtsfolgenausspruch ist dann im Sinne der Trennbarkeitsformel zulässig, wenn die Feststellungen zum Schuldspruch die auch für die Strafzumessung wesentlichen Modalitäten als doppelrelevante Tatsachen enthalten und klar und wi-

---

[29] *Fischer*, § 46 Rn. 50a.
[30] BGHSt 10, 100 (101); BGHSt 19, 46 (48); BGHSt 41, 57 (59).

derspruchsfrei sind. Wird ein Urteil nur im Strafausspruch angefochten und hebt das Revisionsgericht das Urteil in Anwendung des § 353 Abs. 2 StPO auf, so erwächst der nicht beanstandete Schuldspruch in Teilrechtskraft (→ oben Fall 11, B.).

Im vorliegenden Fall kann das Strafmaß vom übrigen Urteilsinhalt getrennt geprüft und beurteilt werden. Der Fehler des Gerichts liegt in der unterlassenen Auseinandersetzung mit den Voraussetzungen eines minder schweren Falls oder einer Strafrahmenmilderung nach § 49 Abs. 1 StGB, beides mit Blick auf die festgestellte erhebliche Alkoholisierung des B zur Tatzeit, sowie in der fehlerhaften Strafzumessungsbegründung. Die anfechtbaren Urteilsteile betreffen nicht den Schuldspruch, die Verurteilung wegen Brandstiftung; insbesondere gibt es keine Hinweise darauf, dass B zur Tatzeit schuldunfähig i.S. des § 20 StGB gewesen wäre.[31] Die Revision kann daher wirksam auf das Strafmaß beschränkt werden.

II. Prozess- und Kostenrisiko

Die Entscheidung, ob und wie gegen das Urteil des Amtsgerichts P vorgegangen werden soll, liegt bei B.[32] Daher ist dieser einerseits über die Möglichkeiten, andererseits aber auch über die Risiken des weiteren Vorgehens aufzuklären. Für den vorliegenden Fall bedeutet dies insbesondere, dass B darauf hinzuweisen ist, welche Entscheidungsmöglichkeiten dem Revisionsgericht zur Verfügung stehen, wie es also voraussichtlich mit dem ausgemachten Rechtsfehler verfahren wird, und welche Konsequenzen sich hieraus für das von B zu tragende Kostenrisiko ergeben.

1. Entscheidungsmöglichkeiten des Revisionsgerichts

Erachtet das Revisionsgericht – wovon nach dem Ergebnis des Gutachtens auszugehen ist – die Revision für begründet und hebt das Urteil nach § 353 StPO einschließlich der Feststellungen in dem angefochtenen Umfang auf, wird die Sache grundsätzlich zur erneuten Entscheidung an die Vorinstanz **zurückverwiesen**, vgl. § 354 Abs. 2 StPO. Unter bestimmten Voraussetzungen kann das Revisionsgericht das Urteil aber auch aufheben und eine **eigene Sachentscheidung** treffen. Zulässig ist dies bei Urteilsaufhebungen wegen sachlich-rechtlicher Mängel, wenn die von der Vorinstanz getroffenen Feststellungen von der Urteilsaufhebung nicht betroffen sind.[33] Die Entscheidungsmöglichkeiten des Revisionsgerichts sind in diesem Fall jedoch beschränkt. Dabei kommen die in § 354 Abs. 1 StPO aufgeführten Entscheidungsmöglichkeiten (Freispruch, Einstellung, Verhängung einer

---

[31] In diesem Fall wäre die Beschränkung der Revision auf den Strafausspruch unwirksam, vgl. BGHSt 46, 257 (259).
[32] Dies folgt aus der Wertung des § 297 StPO, wonach der Verteidiger ein Rechtsmittel nicht gegen den Willen des Beschuldigten einlegen darf.
[33] KK StPO-*Kuckein* § 354 Rn. 2; *Meyer-Goßner*, § 354 Rn. 2.

absolut bestimmten oder der gesetzlich niedrigsten Strafe, Absehen von Strafe) im vorliegenden Fall ersichtlich nicht in Betracht. Die Befugnisse des Revisionsgerichts zur eigenen Sachentscheidung sind jedoch durch § 354 Abs. 1a und 1b StPO – eingeführt durch das 1. JuMoG vom 24.8.2004 – erweitert worden. Denn nach § 354 Abs. 1a StPO kann das Revisionsgericht bei einer Gesetzesverletzung, die sich ausschließlich auf die Zumessung der Rechtsfolgen bezieht, von der Aufhebung des angefochtenen Urteils nunmehr auch dann absehen, wenn es die von der Vorinstanz verhängte Rechtsfolge – gleichsam „trotz" des ausgemachten Rechtsfehlers – für angemessen erachtet (§ 354 Abs. 1a Satz 1 StPO) oder auf Antrag der Staatsanwaltschaft angemessen herabsetzt (§ 354 Abs. 1a Satz 2 StPO). Ob die durch das Tatgericht verhängte Rechtsfolge angemessen ist, hat das Revisionsgericht auf der Grundlage der Feststellungen des angefochtenen Urteils unter Berücksichtigung aller maßgeblichen Gesichtspunkte selbst zu beurteilen.[34] Dabei hat es nach pflichtgemäßem Ermessen zu entscheiden, ob es nach § 354 Abs. 1a Satz 1 StPO vorgehen oder die Sache nach § 354 Abs. 2 StPO an die Vorinstanz zurückverweisen will.

Unabhängig davon, ob das Revisionsgericht das Urteil in den angefochtenen Beschwerdepunkten aufhebt und die Sache nach § 354 Abs. 2 StPO zur erneuten Entscheidung an die Vorinstanz zurückverweist oder nach § 354 Abs. 1a StPO eine eigene Entscheidung trifft, ist damit zu rechnen, dass eine **erneute Entscheidung** für B **nicht wesentlich günstiger** ausfallen wird als die Entscheidung des Schöffengerichts. Die durch das Amtsgericht P vom 22.4.2008 verhängte Freiheitsstrafe von einem Jahr und 6 Monaten, deren Vollstreckung zur Bewährung ausgesetzt wurde, ist im Ergebnis nicht als deutlich zu hoch anzusehen. Dies ergibt sich aus folgenden Überlegungen:

Für die Strafzumessung steht auch in dem für B günstigsten Fall der Strafrahmenmilderung nach §§ 21, 49 Abs. 1 StGB ein **Strafrahmen** von 3 Monaten bis 7 Jahre 6 Monate Freiheitsstrafe zur Verfügung. In diesem mit Blick auf die Alkoholisierung des B gemilderten Rahmen kommt der Größe des angerichteten **Schadens** eine maßgebliche Rolle zu. Durch die Tat des B entstand an dem betroffenen Fahrzeug ein Schaden in Höhe von 9.000 Euro, welcher nicht nur für sich genommen, sondern auch im Verhältnis zum Wert des Fahrzeuges von 21.000 Euro als erheblich einzustufen ist. Weitere bedeutsame Strafzumessungsfaktoren sind bei den Brandstiftungsdelikten das **Ausmaß der Beschädigung** des angezündeten Gegenstands und der mit der Inbrandsetzung einhergehenden **Gefährdung der Allgemeinheit**.[35] Ob und inwieweit der PKW des W nach dem Feuer noch gebrauchsfähig ist, ist offen. Allerdings ist zur Gefährdung der Allgemeinheit festzustellen, dass die Tat im Hinterhof des Lokals stattfand, in dem trotz der vorgerückten Stunde noch Betrieb war, und dass in der Nähe eine gefüllte Papiermülltonne stand. Dies deutet darauf hin, dass mit dem Inbrandsetzen des PKW auch eine gewisse Gefahr für die umstehenden Gebäude und die sich darin

---

[34] BGHSt 49, 371 /372 ff.); BGH NStZ 2006, 587 (588); vgl. hierzu auch BVerfG NJW 2007, 2977 (2978 ff.).
[35] Vgl. BGH NStZ 1982, 420 (421); 1985, 408 (409) (beide zu § 306 StGB a.F.); *Fischer*, § 306 Rn. 23.

aufhaltenden Personen geschaffen wurde. Hinzu kommt, dass B aus einem vergleichsweise **nichtigen Anlass** heraus handelte, zu dem er durch seine lautstarken und unflätigen Äußerungen selbst mit beigetragen hatte; seine Beweggründe und Ziele bei der Tat waren durch ein erhebliches Maß an Eigensucht bestimmt. Selbst wenn man strafmildernd außer dem Umstand, dass B erheblich alkoholisiert war, auch den Umstand, dass er noch nicht einschlägig vorbestraft ist, in Ansatz bringt, bewegt sich die Tat damit in einem Schwerebereich, der deutlich oberhalb des unteren Rands des Strafrahmens liegt.

Es ist deshalb nicht ganz unwahrscheinlich, dass ein Gericht, das über die Sache nach der Aufhebung und Zurückverweisung zu entscheiden hat, zu **demselben Ergebnis** gelangt wie das Schöffengericht in seinem Urteil vom 22.4.2008. Ebenso ist es nicht ganz unwahrscheinlich, dass das Revisionsgericht dann, wenn es zu einer eigenen Sachentscheidung entschließt, das vom Schöffengericht festgesetzte Strafmaß, für **angemessen** erachtet. Trotz des sachlich-rechtlichen Fehlers, von dem nach dem Ergebnis des Gutachtens zu den Erfolgsaussichten der Revision auszugehen ist, würde sich das Strafmaß in beiden Fällen im Ergebnis nicht ändern.

2. Kostenrisiko

Die Konsequenz, dass sich das Strafmaß mit einer hohen Wahrscheinlichkeit im Ergebnis nicht ändert, ist vor allem unter kostenrechtlichen Gesichtspunkten bedeutsam. Gemäß § 465 Abs. 1 Satz 1 StPO trägt der Angeklagte im Falle seiner Verurteilung die Kosten des Verfahrens, d.h. er muss außer seinen eigenen Auslagen[36] auch die Gebühren und Auslagen[37] der Staatskasse zahlen (§ 464a Abs. 1 Satz 1 StPO).

Im Fall der Durchführung einer Revision treten zu den Kosten für das erstinstanzliche Verfahren die Kosten für das Rechtsmittelverfahren hinzu, wenn und soweit B mit der Revision erfolglos bleibt. **Erfolglos** ist ein Rechtsmittel dann, wenn es als unzulässig oder unbegründet verworfen wird oder nur einen ganz unwesentlichen Teilerfolg hat. Auch eine Zurückverweisung im Sinne des § 354 Abs. 2 StPO ist dabei lediglich ein vorläufiger Erfolg; im Revisionsverfahren ergeht keine Kostenentscheidung, da erst die abschließende Sachentscheidung des Gerichts, an das die Sache zurückverwiesen worden ist, maßgebend für die Beurteilung des Erfolgs im Rechtsmittelverfahren ist. Bleibt es bei einer im Wesentlichen gleichen Verurteilung, wenn auch aus einem anderen Rechtsgrund, so wird der Verurteilte – außer im Falle des § 357 StPO – auch mit den Kosten des Rechtsmittelverfahrens belastet.[38] Die Regelung ist ungerecht, weil B damit das Kosten- und Auslagenrisiko dafür trägt, dass die richtige – rechtsfehlerfreie –

---

[36] Insbesondere den Kosten für den Verteidiger, soweit es sich bei V um einen Wahlverteidiger handelt.

[37] Im Fall der Bestellung eines Pflichtverteidigers gehören hierzu auch die für die bestellten Rechtsanwälte nach dem RVG gezahlten Beträge, vgl. KV Nr. 9007 (Anlage 1 zu § 3 Abs. 2 GKG).

[38] HK-GS/*Meier*, § 473 Rn. 2; *Meyer-Goßner*, § 473 Rn. 6 f.

Entscheidung nicht schon im ersten Rechtszug getroffen wird; B haftet kostenrechtlich für die „Selbstkorrektur der Justiz". Dies ist jedoch geltendes Recht und deshalb von B hinzunehmen.[39]

Diese Grundsätze gelten auch dann, wenn das Rechtsmittel – was B zu empfehlen ist (→ oben I.) – auf die Anfechtung des Strafmaßes **beschränkt** ist. § 473 Abs. 3 StPO bestimmt die Kostentragungspflicht für ein beschränkt eingelegtes Rechtsmittel. Auch dieses hat nur dann vollen Erfolg, wenn der Rechtsmittelführer sein erklärtes Ziel im Wesentlichen erreicht. Bei einer Beschränkung des Rechtsmittels auf das Strafmaß kommt es entscheidend auf einen Vergleich zwischen der in der Vorinstanz erkannten Strafe und der aufgrund des Rechtsmittels erreichten Milderung an. Wenn dabei die Strafmilderung in das Ermessen des Gerichts gestellt ist, liegt ein voller Erfolg schon vor, wenn die Strafe erheblich (mindestens um ein Viertel) herabgesetzt wurde.[40] Wird nur ein teilweiser Erfolg erreicht, so kann dem zwar kostenrechtlich Rechnung getragen werden (§ 473 Abs. 4 StPO). Insoweit handelt es sich jedoch nur um eine Billigkeitsentscheidung des Gerichts; im Grundsatz bleibt die Kostentragungspflicht des Verurteilten bestehen.

Für den vorliegenden Fall ergibt sich daraus Folgendes: Wenn mit hoher Wahrscheinlichkeit zu erwarten ist, dass sich das Strafmaß trotz der fehlerhaften Strafzumessungsbegründung des Schöffengerichts nicht ändert, bleibt die Revision im Ergebnis kostenrechtlich erfolglos. B muss dann neben den Kosten für das erstinstanzliche Verfahren auch die Kosten für das Revisionsverfahren (bei einer Entscheidung nach § 354 Abs. 1a StPO) und ggf. das weitere Verfahren nach der Aufhebung und Zurückverweisung in die Vorinstanz (bei einer Entscheidung nach § 354 Abs. 2 StPO) tragen. Darauf ist der Mandant schon aus Gründen der anwaltlichen Vorsicht hinzuweisen.

3. Ergebnis

Unter Berücksichtigung des hohen Prozess- und Kostenrisikos erscheint es richtig, B zu einer Zurücknahme des Rechtsmittels zu raten. Dies ist nach Maßgabe der §§ 302, 303 StPO möglich. Eine durch V abgegebene Rücknahmeerklärung bedarf der ausdrücklichen Ermächtigung durch B, vgl. § 302 Abs. 2 StPO. Für die Zurücknahme des Rechtsmittels gelten die gleichen Formerfordernisse wie für dessen Einlegung. Außerdem muss die Zurücknahme eindeutig, wenn auch nicht unter Verwendung dieses Wortes, erklärt werden. Die Rücknahmeerklärung ist wirksam, wenn sie dem mit der Sache befassten Gericht zugeht.[41]

Rechtsfolge der Rücknahmeerklärung ist, dass eine Entscheidung über das zurückgenommene Rechtsmittel überflüssig wird und lediglich eine selbstständige Kostenentscheidung nach § 464 Abs. 1 und 2 StPO ergeht.[42] B wird darin zwar verpflichtet werden, die Kosten des zurückgenommen Rechtsmittels zu tragen,

---

[39] *Meyer-Goßner*, § 473 Rn. 7.
[40] RGSt 63, 311 (312); HK-GS/*Meier*, § 473 Rn. 5; *Meyer-Goßner*, § 473 Rn. 21.
[41] *Meyer-Goßner*, § 302 Rn. 7 f.
[42] Vgl. HK-GS/*Meier*, § 464 Rn. 9.

vgl. § 473 Abs. 1 Satz 1 StPO. Im Fall der Zurücknahme der Revision sind die Kosten jedoch geringer als im Fall der Durchführung, vgl. KV Nr. 3130 f. GKG.

C. Erklärung an das Gericht

Entschließt sich B in Ansehung des Risikos zu einer Revisionsrücknahme, lautet die Rücknahmeerklärung gegenüber dem Gericht wie folgt:

„In der Strafsache gegen Herrn B.
wegen Brandstiftung
Aktenzeichen:...

wird die gegen das Urteil des Amtsgerichts P vom 22.04.2008 mit Schriftsatz vom 25.04.2008 eingelegte Revision zurückgenommen."

Literatur

Barton, S., Die Abgrenzung der Sach- von der Verfahrensrüge bei der klassischen und der erweiterten Revision in Strafsachen, JuS 2007, 977-983.

Britz, G. u.a. (Hrsg.), Grundfragen staatlichen Straffens. Festschrift für H. Müller-Dietz, München: Beck, 2001.

Dahs, H., Dahs, H., Die Revision im Strafprozess, 7. Aufl., München: C.H. Beck, 2008.

Dölling, D., Duttge, G., Rössner, D. (Hrsg.), Gesamtes Strafrecht. Handkommentar, Baden-Baden: Nomos, 2008 (HK-GS/*Bearbeiter*).

Eisenberg, U., Jugendgerichtsgesetz, 12. Aufl., München: Beck, 2007.

Fischer, T., Strafgesetzbuch, 55. Aufl., München: Beck, 2008.

Foerster, K, Dreißing, H. (Hrsg.), Psychiatrische Begutachtung. Ein praktisches Handbuch für Ärzte und Juristen, 5. Aufl., München, Jena: Urban & Fischer, 2009

Folkers, S., Die nachträgliche Sicherungsverwahrung in der Rechtsanwendung. Eine Zwischenbilanz, NStZ 2006, 426-434.

Geiß, K. u.a. (Hrsg.), 50 Jahre Bundesgerichtshof. Festschrift aus Anlass des fünfzigjährigen Bestehens von Bundesgerichtshof, Bundesanwaltschaft und Rechtsanwaltschaft beim Bundesgerichtshof, Köln u.a.: Carl Heymanns, 2000.

Haller, K., Conzen, K., Das Strafverfahren, 5. Aufl., Heidelberg: C.F. Müller, 2008.

Hannich, R. (Hrsg.), Karlsruher Kommentar zur Strafprozessordnung, 6. Aufl., München: Beck (KK StPO-*Bearbeiter*).

Hellmann, U., Strafprozessrecht, 2. Aufl., Berlin u.a.: Springer, 2006.

Kindhäuser, U., Neumann, U., Paeffgen, H.-U. (Hrsg.), Nomos Kommentar Strafgesetzbuch, 2. Aufl., Bd. 1, Baden-Baden: Nomos, 2005

Krehl, C., Die Berücksichtigung von Verbindlichkeiten bei der Geldstrafenbemessung, NStZ 1989, 463-465.

Kröber, H.-L., Dölling, D., Leygraf, N., Sass, H. (Hrsg.), Handbuch der Forensischen Psychiatrie, Bd. 1, Darmstadt: Steinkopff Verlag, 2007.

Lackner, K., Kühl, K., Strafgesetzbuch, 26. Aufl., München: Beck, 2007.

Laufhütte, H.W., Rissing-van Saan, R., Tiedemann, K. (Hrsg.), Strafgesetzbuch. Leipziger Kommentar, Berlin: De Gruyter Recht, 2. Bd. (§§ 32-55) 2006, 3. Bd. (§§ 56-79b) 2008 (LK-*Bearbeiter*).

Maiwald, M., Die Verteidigung der Rechtsordnung – Analyse eines Begriffs, GA 1983, 49-72.

Meier, B.-D., Kriminologie, 3. Aufl., München: Beck, 2007.

Meier, B.-D., Strafrechtliche Sanktionen, 3. Aufl., Berlin u.a.: Springer, 2009.

Meier, B.-D., Homuth, A., Schwerpunktbereichsklausur – Strafverfolgung und Strafverteidigung: Die entwendete Kamera, JuS 2009, 51-55.

Meyer-Goßner, L., Appl, E., Die Urteile in Strafsachen, 28. Aufl., München: Vahlen, 2008.

Meyer-Goßner, L., Strafprozessordnung, 51. Aufl., München: Beck, 2008.

Montenbruck, A., Gesamtstrafe – eine verkappte Einheitsstrafe? JZ 1988, 332-339.

Löwe, E., Rosenberg, W., Die Strafprozessordnung und das Gerichtsverfassungsgesetz, Berlin: De Gruyter Recht, 25. Aufl., hrsg. von R. Rieß, 7. Bd. (§§ 1-198 GVG), 2003; 26. Aufl., hrsg. von Erb u.a., 4. Bd. (§§ 112-150 StPO), 2007 (LR-*Bearbeiter*).

Peglau, J., Mehrfache Verfahren zur nachträglichen Verhängung der Sicherungsverwahrung – Ein prozessuales Problem der strafrechtlichen Gefahrenabwehr, JR 2006, 14-17.
Rudolphi, H.-J., u.a., Systematischer Kommentar zum Strafgesetzbuch, München/ Unterschleißheim: Wolters Kluwer, 2009 (SK StGB-*Bearbeiter*)
Rudolphi, H.-J., u.a., Systematischer Kommentar zur Strafprozessordnung und zum Gerichtsverfassungsgesetz, München/ Unterschleißheim: Wolters Kluwer, 2007 (SK StPO-*Bearbeiter*)
Schäfer, G., Sander, G., van Gemmeren, G., Praxis der Strafzumessung, 4. Aufl., München: Beck, 2008.
Schall, H., Schirrmacher, G., Doppelverwertungsverbot und Bewertungsrichtung in der Systematik des richterlichen Strafzumessungsaktes, Jura 1992, 514-519, 624-631.
Schmidt-Hieber, W., Grundlagen der strafrechtlichen Revision, JuS 1988, 710-714, 794-796, JuS 1989, 41-45.
Schönke, A., Schröder, H., Strafgesetzbuch, 27. Aufl., München: Beck, 2006 (S/S-*Bearbeiter*).
Statistisches Bundesamt, Statistisches Jahrbuch 2008 für die Bundesrepublik Deutschland, Wiesbaden.
Streng, F., Strafrechtliche Sanktionen, 2. Aufl., Stuttgart: Kohlhammer, 2002.
Verrel, T., Hoppe, J.-D., Trunkenheit und schuldangemessene Strafe – BGH, NJW 2003, 2394, JuS 2005, 308-311.
von Heintschel-Heinegg, B. (Hrsg.), Münchener Kommentar zum Strafgesetzbuch, München: Beck, 1. Bd. (§§ 1-51) 2003, 2. Bd., 1. Teilbd. (§§ 52-79b) 2005, 3. Bd. (§§ 185-262) 2003, 4. Bd. (§§ 263-358) 2006 (MüKo-*Bearbeiter*).
Wessels, J., Beulke, W., Strafrecht. Allgemeiner Teil, 38. Aufl., Heidelberg: C.F. Müller, 2008.
Wessels, J., Hillenkamp, T., Strafrecht. Besonderer Teil 2, 31. Aufl., Heidelberg: C.F. Müller, 2008.
Wolters, G., Gubitz, M., Das Strafurteil in der Assessorklausur, JuS 1998, 737-744.
Zipf, H., Die Strafmaßrevision, München: C.H. Beck, 1969.

Sachverzeichnis

A
Abschreckung 7, 77, 101 f.
Absorptionsprinzip 93, 129
Alkohol 4, 15, 47, 89, 91, 152, 208
Alkoholisierung 4, 6, 93 f., 117 ff., 208 ff.
Anrechnung 25, 84
Auflage 78 f.
Aufrechterhaltung 24 f.

B
Bagatelldelikt 45
Bagatellkriminalität 19, 53, 59
Blutalkoholkonzentration (BAK) 4, 93, 114, 207
Bedrohung 130 ff., 148
Beförderungserschleichung 47 f., 51, 53 f., 57
berufsrechtliche Folgen 98
Beschaffungskriminalität 56
Beschränkung 33, 41, 196 f., 211
besondere Umstände 50 f., 67, 124 f., 196
besonders schwerer Fall 66, 72
Betrug 33 f., 149
Bewährung 52 ff., 59 ff. 73 ff., 83 f., 99 ff., 123 ff., 154, 162 f., 195 f.
Bewährungsbeschluss 52, 77 ff.
Bewährungshelfer 52, 81
Bewährungshilfe 81
Bewährungsversagen 50, 53, 59, 76, 83, 155
Bewährungszeit 52, 77 f.
Beweggründe und (Tat-)Ziele 16, 36, 68, 75, 99
Brandstiftung 136, 138 ff., 206

D
Diebstahl 17, 36, 46 f., 55, 64, 66 ff.
Doppelverwertungsverbot 15, 68, 72, 94, 115 f., 120, 134, 137
Drogenabhängigkeit 49, 55 f., 59

E
Einsatzstrafe 9, 23, 58, 73, 141, 158
Einspruch → siehe Strafbefehl
Entziehung der Fahrerlaubnis 24 f., 103 ff.
Entzugserscheinungen 55 f.
Ersatzfreiheitsstrafe 26 f., 44

F
fahrlässige Tötung 69 f., 104
Fahrlässigkeit 90, 94 f., 101
Fahrverbot 103 ff.
Führerschein 105 f.

G
Gefährlichkeit 170
Geldstrafe 18 ff., 27, 34, 50
gemeinnützige Leistungen 79
Generalprävention, positive 101
Gesamtstrafe 9, 23 f., 50
Gesamtwürdigung 4, 23, 37, 51, 57 f., 71, 73, 77, 93 f., 101 f., 106, 116, 118, 125, 141, 142, 150, 160, 170 ff.
Gesetzeskonkurrenz 5, 114, 148, 149, 156
Gesinnung 36
Geständnis 6, 17, 37, 49, 75, 96, 116, 121, 133, 162 f., 189, 192, 210

H
Hehlerei 13 ff.

I
Idealkonkurrenz 92, 93, 114, 148, 156, 157

J
Jugendstrafe 153 f., 159 f.

K

Körperverletzung 2, 44, 113 ff., 147, 154
Kriminalprognose 74, 124, 195
  → siehe auch Legal- oder Sozialprognose
kriminelle Energie 16, 36, 57, 116, 136, 190
kurze Freiheitsstrafe 18, 50 ff.

L

lebenslange Freiheitsstrafe 136 ff.
Legalprognose 52, 59 f., 74 ff., 83, 99 f.
  → siehe auch Kriminal- oder Sozialprognose
Leugnen 17, 75

M

Maß der Pflichtwidrigkeit 50, 94 f., 100
minder schwerer Fall 115 ff., 151, 188 ff., 207
Mitverschulden 5, 96, 102 f., 135
Modalitäten der Tatbestandsverwirklichung 5, 48, 67, 94, 133
  → siehe auch Tatmodalitäten
Mord 111, 136 ff., 140

N

Nachtatverhalten 11, 37, 57, 72, 116, 123, 133
nachträgliche Gesamtstrafe 21 ff.
Nebenentscheidungen 78
Nettoeinkommen 19 f., 38 f.
Nötigung 135 f.

P

Persönlichkeitsstörung 130 ff., 143, 169, 174
Prozessverhalten 17, 210
psychiatrisches Krankenhaus 142, 176

R

Ratenzahlung 25 f.
Raub 147 f., 150, 155, 184
räumlicher und zeitlicher Zusammenhang 8
  → siehe auch zeitlicher, sachlicher und situativer Zusammenhang
Rechtsgutsverletzung, Art und Schwere der 16
Regelbeispiel 67
Revision 181 ff., 201 ff.

Rücknahme 41, 215 f.
Rücktritt 111 f., 137

S

Sachbeschädigung 64, 133, 143
Schweigen 17
Schweigerecht 37, 210
Sicherungsverwahrung 159 ff.
  → nachträgliche 167 ff.
Sozialprognose 74
  → siehe auch Kriminal- oder Legalprognose
Sperrfrist 25, 105 ff.
Sperrwirkung 93, 129, 188, 191
Spezialprävention 142
  → positive 7
Spielraumtheorie 5, 15, 35, 48, 67, 94, 122, 133, 151, 191
Strafaussetzung 51, 73 ff., 83 ff., 101, 123 ff., 162 f., 195 f.
Strafbefehl 31 ff.
Strafrahmenverschiebung 4, 15, 35, 55 ff., 66 f., 70 ff., 93 f., 114 ff., 130 ff., 151, 155, 188, 207 ff.

T

Tagessatzanzahl 18 f., 34 ff.
Tagessatzhöhe 19 ff., 38 ff.
Tagessatzsystem 11, 34
Tateinheit 129, 157, 162
Täter-Opfer-Ausgleich 118, 120
Täterpersönlichkeit 51, 71, 75, 99, 115, 118, 134, 150, 207
Tatmehrheit 4, 15, 63, 150
Tatmodalitäten 35 f., 92, 119, 151 f., 155
  → siehe auch Modalitäten der Tatbestandsverwirklichung
Tenor 27, 60, 142, 144, 177
Trunkenheit 12, 101 f.

U

Ungeeignetheit 25, 104 f.
Unterbringung 142 ff., 159 ff., 170, 173 ff.
Unterhaltsverpflichtungen 39
Untersuchungshaft 76, 84 f., 141

V

Verärgerung 5
Verfallsklausel 26

Vergewaltigung 4, 168
verminderte Schuldfähigkeit 15, 47, 55f., 93 f., 114, 117, 131 ff., 143 ff.
Versuch 70 ff., 111 f., 136 ff., 188
Verteidiger 2, 29, 84 f., 202
Verteidigung der Rechtsordnung 18, 50, 76 f., 83, 89, 100 ff., 125 f., 195 f.
Vorleben 16 f., 36, 69, 75, 83, 123, 152
Vorstrafen 6, 16, 36, 49 f., 57, 69, 75, 83, 123, 135, 137, 140, 152 ff., 193
Vorverurteilungen 6, 16f., 36, 51, 69, 75, 82, 134, 191

W

Weisung 52, 80
Widerruf 53, 82
Wiedergutmachung 78, 118, 120 f., 125
Wiederholungstäter 7, 50, 155, 167, 173, 174
Wirkungen für das künftige Leben des Täters 96 f., 141
Wohnungswechsel 80

Z

Zahlungserleichterungen 25 f., 41, 52
zeitlicher, sachlicher und situativer Zusammenhang 9, 23, 141
→ siehe auch räumlicher und zeitlicher Zusammenhang

MIX
Papier aus verantwortungsvollen Quellen
Paper from responsible sources
FSC® C105338

If you have any concerns about our products,
you can contact us on
ProductSafety@springernature.com

In case Publisher is established outside the EU,
the EU authorized representative is:
**Springer Nature Customer Service Center GmbH
Europaplatz 3, 69115 Heidelberg, Germany**

Printed by Libri Plureos GmbH
in Hamburg, Germany